Sab Schönmayr/ Martin Kessel

Lexikon der Lustmittel

Sexspielzeug
von Action Rubber
bis Zaumzeug
und wie man
es lustvoll anwendet

Eichborn.

Frankfurt am Main, August 1999
Umschlaggestaltung: Christina Hucke
Innenlayout/Illustrationen: Oliver Schmitt
Lektorat: Ulrich Ritter
Druck und Bindung: Fuldaer Verlagsanstalt
ISBN 3-8218-1495-0

Verlagsverzeichnis schickt gern:
Eichborn Verlag, Kaiserstraße 66, 60329 Frankfurt,
http://www.eichborn.de

Vorwort

Wer blättert nicht gerne in den Katalogen großer Versandhäuser und schaut sich die Seiten mit den mysteriösen Massagestäben, den Geishakugeln und Cockringen an? Doch außer Größe und Preis gibt es dort keine Angaben zu den Erotikartikeln, weder zu Material noch zum Gebrauch. Man kann nur rätseln, wozu diese Geishakugeln gut sind. Sich vage vorstellen, was mit dem Cockring passieren soll. Aber wie man das Ding richtig anwendet und ob es vielleicht Nebenwirkungen hat, erfährt man natürlich nicht. Es steht auch nirgends der berühmte Satz »Zu Risiken und Nebenwirkungen befragen Sie bitte Ihren Arzt oder Apotheker«. Aber wo kann man sich tatsächlich Rat holen? Bei den Arbeitskollegen, den Nachbarn, den Freunden, dem Gynäkologen? Und wer geht schon gleich in den Sexshop, wenn er gar nicht genau weiß, was er will.

Es gibt Bücher über Sauerkraut oder das Falten von Servietten, Edelsteine, Liköre, Aufläufe und Ostereier. Aber kein Buch klärt über die geheimnisvolle Welt der Sextoys auf. Ein besonders für Deutschland merkwürdiges Phänomen, ist es doch das Land mit den meisten Sexshops der Welt. Erotik ist eine wunderschöne, sinnvolle und gesunde Energie, die wir mindestens genauso hegen und pflegen sollten wie unser Wissen über Spaghettizangen und Gartenzwerge. Es besteht jedoch eine große Diskrepanz zwischen der allgegenwärtigen Sexualität in der Werbung, am Kiosk oder im Fernsehen und dem ungebrochenen Bedürfnis, sachliche Information über Sexualität und den Körper zu bekommen. Auf der einen Seite ist Sex immer noch von Tabus besetzt, andererseits wird er zunehmend ins Rampenlicht der Medienöffentlichkeit gezerrt. Da entstehen dann so schizophrene Situationen wie, daß sich jemand schämt, das Wort »Muschi« in den Mund zu nehmen und gleichzeitig »fachmännisch« eine S/M-Sendung im Fernsehen kommentiert. Oder umgekehrt, jemand geht gerne in den Sexshop, kauft sich Pornomagazine, weiß aber nicht, wo seine Prostata liegt, und hat vielleicht noch nie bewußt eine Klitoris berührt, ganz zu schweigen vom G-Punkt.

Genau hier setzt dieses Buch an. Wir wollen all die Dinge, die in irgendeiner Form luststeigernd sind, aus der muffigen Sexshop-Ecke herausholen und aufzeigen, was Frau und Mann damit alles machen kann. Dabei beschränken wir uns nicht nur auf klassische Sextoys wie Vibratoren, Dildos und Cockringe, wir berichten auch über all die Möglichkeiten, die ein Liebesspiel zu einem erotischen

Highlight mit allem Drum und Dran werden lassen: Duftöle, Massagen, Licht, Musik, Zeit, Tantra, Spiele und vieles mehr. Denn Sexspielzeug und andere Lustmittel verfeinern die Erotik wie Gewürze, sie machen sie schärfer, exotischer, süßer oder herber. Je nach Wunsch. Wir wollen jedoch nicht den Sex zu einer instrumentualisierten und kommerzbestimmten Sache hochreden, es geht lediglich darum, die Möglichkeiten, die es gibt, genußvoll und spielerisch zu nutzen. Denn: Wissen ist Lust.

Wenn dem so ist, wünscht man sich natürlich auch, daß Sexshops aussehen wie ein feiner Teeladen oder ein Delikatessengeschäft. Ästhetisch eingerichtet, wohlriechend, mit freundlichem und vor allem kompetenten Personal. Doch weit gefehlt: Beim klassischen Sexshop hat man immer noch Lust, sich gleich die Hände zu waschen, nachdem man herausgekommen ist. Man hat den Eindruck, daß die Ware vorwiegend von Heteromännern designt wird, die keine Ahnung von der Anatomie und den Lustzentren der Kunden und vor allem der Kundinnen haben. Wann nehmen sich Designer endlich das Sexspielzeug vor?

Die Verpackung ist in der Regel um keinen Deut besser: Meist kommt sie mit mehr oder weniger pornografischen Darstellungen von Frauen daher, auch wenn es sich um Toys handelt, die eindeutig für Frauen gemacht sind. Außerdem scheint das Wort Beipackzettel oder Gebrauchsanweisung für die Branche ein Fremdwort zu sein.

Doch es gibt auch Lichtblicke am Ende des Horizonts: Das sind zum Beispiel die Kondomfachgeschäfte, die auf ein freundliches Ambiente und vor allem auf Aufklärung setzen. Oder spezielle Frauensexshops, die eine Art Wohnzimmeratmosphäre für Freundinnen beim Vibratortratsch schaffen oder auch diverse andere Sexshops, die aus der Ecke »Sexshop gleich orthopädische Hilfsmittelabteilung mit pornografischem Touch« rauskommen wollen. Und auch beim Versand und den neuen virtuellen »Erotikcommerces« im Internet gibt es Alternativen.

Wir haben erstmals Sextoys und andere Lustmittel von A – Z zusammengestellt, erklärt und getestet. Das Buch ist ein informatives Lexikon, das sich nicht nur auf die Beschreibung beschränkt, sondern auch Gebrauchsanweisungen bietet und auf eventuelle Nebenwirkungen hinweist.

Für die meisten Sextoys gibt es keinen allgemein eingeführten Namen. Oft haben sie die englischsprachige Bezeichnung beibehalten, die ihnen der Hersteller aus Hongkong, China oder Taiwan gegeben hat.

Im übrigen vergibt jeder größere Vertreiber von Sextoys für das gleiche Produkt seinen eigenen, oft sexistischen Namen. Wir haben den wichtigsten ausgewählt und meist noch zwei, drei andere erwähnt. Wenn Sie also ein Toy kaufen möchten, fixieren Sie sich nicht auf den im Buch verwendeten Namen. Einfach erklären, worum es geht und was Sie suchen.

Wir wünschen viel Spaß beim Schmökern, Entdecken und Ausprobierern.

Wer Lust hat, kann uns über seine ganz persönlichen Erfahrungen mit Sexspielzeug und anderen Lustmitteln schreiben und vielleicht Tips und Anregungen beisteuern. Die Adresse und mehr Infos dazu finden Sie im Adressenteil im Anhang.

Sab Schönmayr und Martin Kessel

A

Action Rubber

(**Klitorisreizer**, siehe auch ***Eroscillator, Klitoralstimulator, Penisring, Schamlippenkitzler***) Sorgt für Action an der richtigen Stelle: an der Klitoris. Der Rubber (engl: Radiergummi) ist ein Aufsatz für sein bestes Stück, das ihm bei der Stimulierung seiner Geliebten zu Hilfe kommt. Der Plastikring, an dem eine Art Plastikzunge und manchmal ein Analstimulierer voller kleiner Noppen befestigt sind, wird über den noch nicht ganz steifen Penis oder auch Dildo gezogen. Beim Sex drücken und reiben die Noppen Klitoris und Schamlippen. Doch Vorsicht: Nicht zu fest rubbeln, sonst wird das Lustzentrum der so Behandelten noch ausradiert. Nicht jede Frau gerät durch solchen Radiergummi-Sex in Ekstase. Der rosa Action Rubber verursacht unter Umständen mehr Schmerz als Lust. Ab circa 20 Mark, Preisvergleiche lohnen sich!

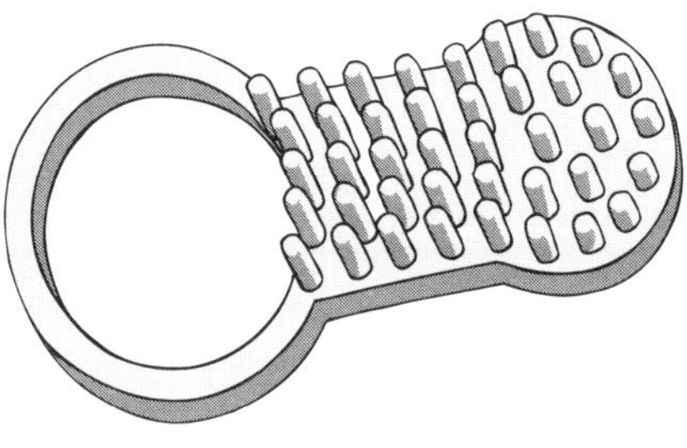

ADAC-Schutzbrief

(siehe auch ***Eros-Scheckheft***, ***Gag-Kondome***) Auch Autofahrer brauchen den richtigen Schutz. Dieser Sex-Funartikel sollte daher in keinem Auto fehlen. Näheres siehe Eros-Scheckheft.

Adult Baby

(siehe ***Bizarr Sex***, ***Diaper Lover***, ***Puerilismus***, ***Windelsex***) Manche wollen nie erwachsen werden. Ihr besonderer Kick ist es, beim Sex wie ein Baby behandelt zu werden. Gewickelt und in frische, große Pampers gepackt, mit Schnuller im Mund und Strampelhöschen werden sie besonders geil. Ein Fläschchen Milch und dann ins Bettchen geschickt werden, das heizt die Adult Babys (erwachsene Babys) richtig auf. Im Fachmagazin *Baby Gum* finden sich persönliche Berichte, im Spezialkatalog von Kunzmann die notwendigen Utensilien. Eine noch seltene Form des bizarren Sex, die besonders Männer anspricht. Bemuttert werden wie als Babys ist ihr Lustgewinn! Das Zubehör ist nicht billig und gezielt für Erwachsene hergestellt. Wundern Sie sich also nicht, falls ihr neuer Lover einen Schnuller zu Hause hat!

Ätherische Öle

(siehe auch ***Duft***, ***Räucherstäbchen***, ***Schlafzimmer***, ***Serailpastillen***) Den anderen riechen zu können, ist Voraussetzung für den Sex. Das Duftambiente beim Sex ist ebenso wichtig, denn es soll beim Schläferstündchen nicht nur nach Schweiß und Sperma riechen. Ätherische Öle verzaubern, heben die Stimmung oder wirken gar aphrodisierend. Die Essenzen sind eine echte Bereicherung des Liebeslebens. Statt kaltem Schlafzimmer mit gut gelüfteten Federbetten, schaffen sich sinnliche Lover mehr Lust durch Düfte: Ambra, Sandelholz, Rose, »Yin & Yang« und vieles mehr gibt es in Drogerien, Geschenkläden oder auch im esoterischen Buchladen. Ein bißchen Duft kostet nicht die Welt: ab 7 bis 15 Mark.

Äußerer Schamlippenring

(siehe auch ***Innerer Schamlippenring***, ***Intimschmuck***, ***Klitorisvorhautring***, ***Piercing***) Muschischmuck. Beim Piercing wird es erst richtig intim, wenn verdeckte Körperteile wie die Genitalien verziert sind. Das Pendant zum Ring durch das Frenulum beim Mann ist der Ring durch die äußeren Schamlippen.

Das stört vielleicht etwas beim Sex, ist jedoch auch ein sehr persönliches Schmuckstück, das nicht jede Frau hat! Die äußeren Labien bieten Raum für mehrere Ringe, aber Vorsicht, beim Radfahren können die ganz schön stören. Die Ringe kosten je nach Qualität 25 bis 200 Mark.

Amelotatismus

(siehe auch ***Amputismus, Bizarr Sex***) Manche Männer mögens lieber ohne: Beine und Arme. Sie finden es sexuell besonders erregend, mit einer Frau zu verkehren, deren Beine oder Arme amputiert sind. Diese spezielle sexuelle Vorliebe wird Amelotatismus genannt. Das Wort kommt aus dem Griechischen und bedeutet »kein Glied«, von »a« = nicht, kein und »melos« = Glied. In Amerika haben Amelotatisten sogar eine eigene Zeitschrift, in Deutschland gibt es Infos übers Internet unter *http://62.144.63.249/ameloinfo/interface/inhalt.htm.* Beliebt bei Menschen mit dieser sexuellen Neigung – es sind fast nur Männer – ist auch die sogenannte elektronische Chirurgie. Dabei werden Schauspielerinnen und Models am Bildschirm digital, also virtuell, Beine oder Arme amputiert.

Ampalang

(siehe auch ***Intimschmuck, Piercing, Prinz Albert***) Ein Goldstab für seinen Zauberstab. Der Ampalang ist ein Penisschmuck aus Borneo, wo er schon seit Jahrhunderten getragen wird. Der goldene Metallstab wird quer durch die Eichel gebohrt und an den beiden Enden eine Kugel oder Perle befestigt. Diese soll beim Sex das Scheideninnere der Geliebten stimulieren. Verständlicherweise suchen sich die Frauen in Borneo ihre Männer nach der Schönheit ihres Ampalangs aus. Das Einsetzen so eines Eichelstabes ist allerdings nicht ungefährlich, ziemlich schmerzhaft und heilt auch nur sehr langsam ab. Ob das was für zartbesaitete Europäer ist?

Amputismus

(siehe auch ***Amelotatismus***) »Amputisten« nennt man Männer, die ein eindeutiges Faible für Frauen mit fehlenden Gliedmaßen haben.

Amsterdam Poppers

(siehe auch ***Drogen, Poppers, Potenzmittel***) Der Kick aus dem Käseland. Die Sexdroge aus Holland riecht allerdings nicht nach Käse, sondern nach Kleber oder Nagellack. Wird vor allem in der Gay-Szene benutzt. Die Schnüffelstoffe kommen in kleinen Sniffläschchen daher und stürzen den Schnüffler in einen rauschhaften Sexflash. Der enthaltene Stoff Aminonitritfluid wirkt blutdrucksenkend, weitet die Blutbahnen und ist nicht ungefährlich. Es kann zum Verlust des Bewußtseins kommen.

Benutzer schwören auf die ekstatische, enthemmende Wirkung, außerdem soll Poppers den Orgasmus verstärken. In Holland, Frankreich und den USA werden auf dem Markt 10 bis 20 verschiedene Sorten angeboten, das Fläschchen kostet um die 15 Mark. In Deutschland ist Poppers offiziell verboten. Darf auf keinen Fall zusammen mit der Potenzpille Viagra genommen werden, da dies zu einem massiven Blutdruckabfall und zum Herzinfarkt führen kann.

Analkugeln

(siehe auch ***Bangkokperlen, Thai Beads***) Die etwas andere Perlenkette für Po-Fanatiker. Vor dreißig Jahren galt Analerotik noch als pervers, als eine »Art der sexuellen Fehlentwicklung«, wie es im Brockhaus nachzulesen ist. Heute haben immer mehr bereits erste Erfahrungen mit der »Poologie« gemacht. Analerotiker werden vom Markt mit den verschiedensten Toys verwöhnt, und niemand muß sich mehr mit scharfkantigen Staubsaugerrohren oder Flaschenhälsen vergnügen. Das führt nämlich nicht zum Höhepunkt, sondern oftmals direkt in die Notaufnahme.

Analkugeln hingegen sind ungefährlich. Die Kugeln aus Kunststoff, Jelly oder Latex sind mit mehr oder weniger großen Abständen auf einer Kunststoffschnur aufgefädelt. Am Ende der Kette befindet sich meist ein Ring aus Plastik zum Festhalten. Diese Kette kommt aber nicht um den Hals, sondern in den Hintern. Dann wird sie ruckartig, Kugel für Kugel wieder rausgezogen. Dabei wird der hochsensible Schließmuskel gereizt. Sollte in jeden Fall zusammen mit einem Gleitmittel angewendet werden, bei wiederholtem Gebrauch sollte man ein Kondom drüberziehen. Außerdem darf auf keinen Fall direkt vom Anus in die Vagina gewechselt werden. Vorher reinigen!

Die Kugeln gibt es auch mit Vibrierfunktion. Was auch nichts Neues ist, weil es im Orient schon vor ewigen Zeiten die Analvioline gab: An einer Elfenbeinkugel oder einem hartgekochten Ei wurde eine Darmsaite befestigt. Die Kugel kam in den Po, dann wurde die Saite mit einem Geigenbogen heftig gestrichen. Die dabei entstehende Vibration brachte den Bespielten zum Schreien: aus Lust.

Zurück zu den Rosetten-Ketten aus dem Sexshop: die Hygiene ist bedenklich, da sie sich nur schlecht reinigen lassen. Vor allem im Übergang von Schnur und Kugeln können sich Keime ablagern. Besser die latexüberzogene Variante benutzen, sie hat einen durchgehenden Überzug über Schnur und Kugeln. Außerdem sind die Kugeln, die meist billig in Asien hergestellt werden, manchmal ziemlich scharfkantig. Also vorher überprüfen und notfalls abfeilen. Manche dieser Beads (engl. Perlenkette) bestehen aus direkt aneinandergefügten Kugeln in grellen Farben mit einer Halteschleife und sehen aus wie eine echte Perlenkette. Stil geht eben auch hier über alles. Der Kugeldurchmesser variiert von 20 bis 30 mm. Die Gesamtlänge bei der Variante mit Perlenkette (siehe auch Bangkokperlen) beträgt stolze 26 Zentimeter. Preise: 16 bis 40 Mark.

Anal Plug

(oder ***Analstöpsel***, siehe auch ***Butt Plug, Popopumpe***) Der Stöpsel für die Rosette. Für Mann und Frau. Heute darf jeder mit Analspielzeug rummachen, während im alten Ägypten nur Herrscher und Götter an den sensiblen Schließmuskel durften. Auch die alten Griechen und Peruaner befriedigten sich und andere gerne von hinten. Die Griechen waren so fleißige Analmasturbierer, daß sie sogar ein eigenes Wort dafür hatten: Syphnisieren. Kommt von der Insel Syphnos. Bei den Indern hatte Analverkehr gar kultischen Charakter. Und an die Speerspitze eines göttlichen Ritters erinnert sie auch, die Spitze eines Anal Plugs. Das Teil sieht aus wie ein gleichschenkeliges Dreieck – beziehungsweise Rhombus, für die, die in Mathe aufgepaßt haben – und hat am Ende, gegenüber der Spitze, eine Verbreiterung. Diese soll verhindern, daß der Stöpsel auf nimmer Wiedersehen in den Tiefen des Benutzers oder der Benutzerin verschwindet. Genießer halten Anal Plugs für weniger lustbringend als Analketten oder den Analvibrator, da er – einmal drinnen – nicht mehr so stark wahrgenommen wird. Der Reiz besteht vor allem darin, den

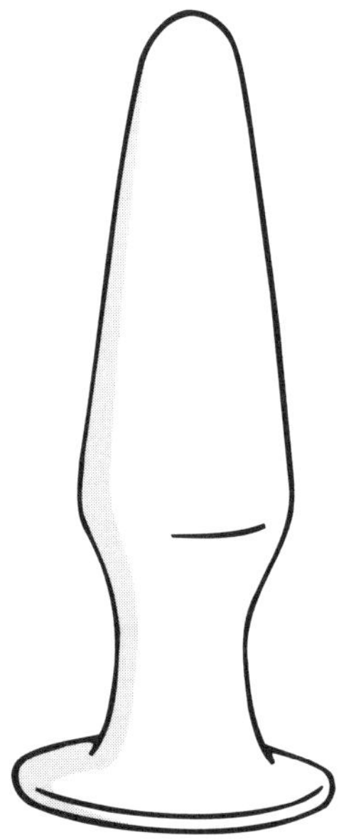

Schließmuskel zu überwinden. Daher wird der Anal Plug auch eher für das Tragen unterwegs empfohlen. Gibt es auch mit Umschnallmöglichkeit oder zum Aufblasen. Auch bei den Plugs sollte gegebenenfalls ein Kondom verwendet werden, vor allem bei den Modellen aus Jelly, da sie schnell porös werden. Ab 24 Mark je nach Durchmesser.

Analspekulum

(siehe auch ***Doktorspiele, Gynäkologenstuhl***) Doktorspiele haben die meisten schon als kleine Kinder geliebt. Große Kinder spielen noch immer gerne. Zum Beispiel mit einem Analspekulum, das fast jeder Sexshop im Angebot hat. Es ist etwas kleiner als ein Vaginalspekulum und besteht aus einem Entenschnabel, der eingeführt und dann gespreizt wird.
Manche Modelle haben auch eine eingebaute Lampe.

Gibt es aus Metall und Plastik. Der Arzt verwendet das Analspekulum vor allem zur Untersuchung von Hämorrhoiden. Preis zwischen 70 und 100 Mark für die metallenen Spekula. Die aus Plastik sind billiger.

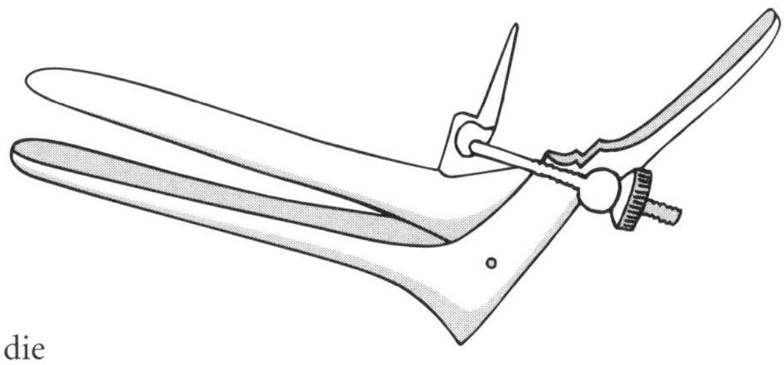

Analvibrator

(oder ***Analdildo***, siehe auch ***Double Stud, Pearl Tornado, Popopumpe, Totemfinger, Vibrator***) Der Vibrator ist wohl das berühmteste unter den Sextoys. Für alle, die es nicht wissen: Ein Vibrator ist ein Kunstschwanz mit einer Batterie, die ihn zum Vibrieren bringt. Analvibratoren sind etwas schmaler und spitzer als die herkömmlichen Rüttelpenisse und werden in den Po gesteckt. Ein Sexspielzeug, das auch Frauen gerne benutzen, um einmal zur Abwechslung in die Rolle der Penetrierer zu schlüpfen. Der Vibrator stimuliert die Prostata, ein Höchstgenuß für ihn, wenn er gleichzeitig am Schwanz masturbiert wird. Die Vibrierfunktion läßt sich verstellen, funktioniert aber sehr oft nur mit Unterbrechungen. Bei der Reinigung muß unbedingt darauf geachtet werden, daß kein Wasser oder Desinfiziermittel in das Batteriefach gelangt. Dann verrostet es, und der Vibrator kann nur noch als Dildo verwendet werden.

Analwunder

(siehe auch ***Double Fun, Double Stud, Hunnengurt***) Wer gern am Popo rumspielt, kann nicht nur blaue Wunder, sondern auch das Analwunder erleben. Es handelt sich dabei um ein Sexspielzeug für Fortgeschrittene. Das Wunder besteht aus einem biegsamen Gummivibrator, einer genoppten Manschette und zwei Reglern für die Vibrierfunktion. Der Mann legt sich die Manschette um den Penis und führt gleichzeitig den Vibrator in den Anus der Partnerin ein. Etwas akrobatisches Können und kräftige Hoden wären dabei von Vorteil. Und vor allem: Gleitmittel nicht vergessen. Es gibt extra Gels für den Analbereich etwa »Bioglide anal«, »Glitschi Exzess anal« oder »Glitschianal«, man kann aber auch jedes andere Gleitmittel verwenden. Circa 50 Mark.

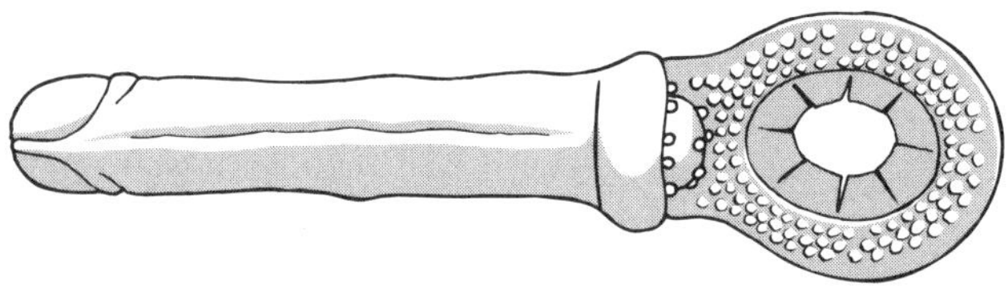

Anaphrodisiaka

(siehe auch ***Aphrodisiaka, Bier, Pharmaka, Potenzmittel***) Die Spanische Fliege turnt an, Bier macht schlaff. Genauso, wie es Substanzen und Drogen gibt, die die sexuelle Lust steigern, gibt es welche, die dafür sorgen, daß tote Hose herrscht. Bier, das weibliche Hormone enthält, ist in Deutschland bestimmt das am häuftigsten konsumierte Anaphrodisiakum. Bei regelmäßigen Genuß des liebsten Getränks der Deutschen ist es vorbei mit der Potenz des starken Geschlechts. Anaphrodisisch wirken auch Tabak, blutdrucksenkende Mittel und Antidepressiva. Nicht zu vergessen enge Jeans, die das beste Stück abquetschen. Auch Sport, die neue Sucht des Fitneßzeitalters, kann zu schlappen Gliedern führen.

Frauen in Äthiopien haben eine ganz besondere Methode, wollen sie die Kraft ihrer Liebhaber zum Erliegen bringen. Sie stecken sich heimlich Sicherheitsnadeln ins Haar. Der Magnetismus des Metalls läßt angeblich die Männer frühzeitig erschlaffen.

Andreaskreuz

(siehe auch ***Folter, Galgen, Möbel, Pranger, S/M-Spiele***) Das Andreaskreuz kennen wir alle aus dem Straßenverkehr. Hier geht es aber um einen anderen Verkehr, und das x-förmige Kreuz bedeutet nicht Stop. Sklaven und Sklavinnen werden bei S/M-Spielen ans Kreuz geschnallt, und so ziert das schwarze, mannshohe Kreuz aus Holz, gefertigt von Spezialmöbelherstellern, das Schlafzimmer von so manchem S/M-Fetischisten.

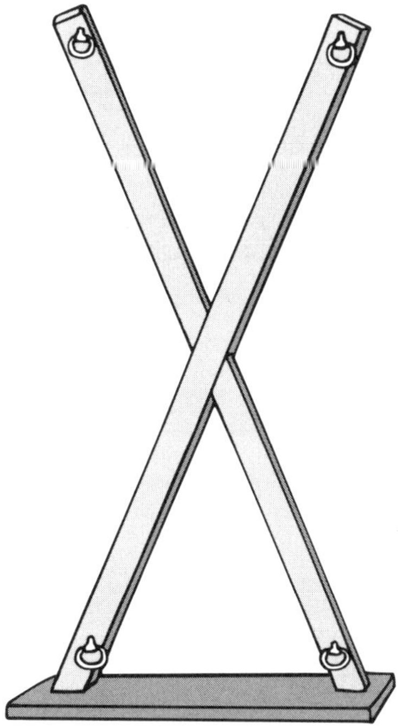

Aphrodisiaka

(siehe auch ***Anaphrodisiaka, Austern, Chili, Dauer-Bums-Dragees, Drogen, Duft, Elixier d'Égypte, Haschisch, Koriander, Liebessalben, Liebeszucker, Maripuama, Phantasie, Potenzmittel, Schokolade, Spanische Fliege, Weizenkeime, Yohimbe***) Die Erektion geht durch den Magen, so könnte man auch sagen, denn daß ein steifer Penis und Liebe für die Allgemeinheit, vor allem die männliche, häufig gleichzusetzen sind, zeigte die kürzlich durch die Erektionspille Viagra ausgelöste Hysterie.

Das Wort Aphrodisiakum stammt aus dem Griechischen, nach der Göttin der Schönheit und der sinnlichen Liebe Aphrodite. Der Name kommt von einer Frau, die meisten Aphrodisiaka sind allerdings für die Herren der Schöpfung bestimmt. Schon seit uralten Zeiten scheuen sie vor keinem noch so exotischen Kraut zurück, um ihre Manneskraft zu stärken. Ob sie nun Stierblut trinken, geraspelte Tigerschwänze kauen oder Nashornhörner aussaugen, wenn's um den Phallus geht, ist ihnen nichts zu teuer. Ganze Tierarten sind bedroht, vor allem in Asien, einem traditionellem Lieferanten von lendenaufweckenden Mittelchen. Hierzulande rollt der Rubel vor allem in den Sexshops, wo jede Menge Pillen, Tröpfchen und Pülverchen angeboten werden. Aber auch deutsche Apotheker verdienen

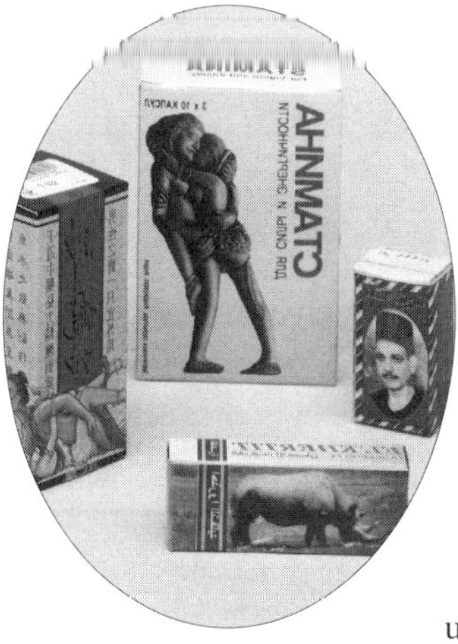

jährlich 21 Milliarden an den verschiedenen Geilheitstinkturen. Die meisten haben hauptsächlich Placebowirkung. Und auch hier gilt: Je mehr man bezahlt, desto größer ist der Glaube an die Wirkung. Selbst viele Sexshopbetreuer geben zu, daß das Zeug zwar harmlos ist, aber auch nicht wirkt. Es tut nur dem Bankkonto des Dealers gut. »Sie springen bestimmt nicht vor Lust an den Kronleuchter, diese Pillen wirken lediglich allgemein anregend«, erklärt einer, der es wissen muß. Oftmals enthalten sie nicht mehr als einen Cocktail aus Vitamin C und B sowie Coffein. Und das kann man sich am Obststand oder in der Drogerie nun wahrlich billiger beschaffen. Eine kräftige Fleischbrühe oder ein Glas Zitronensaft mit Honig tun es auch. Da fehlen dann allerdings so anmachende Namen wie Enthemmungstropfen, Potenzholz-Dragees, Liebesperlen, Dauer-Bums-Dragees oder Spanische Fliege.

Überhaupt gelten viele Nahrungsmittel als luststeigernd, so zum Beispiel Spargel. Diese langen Dinger mit dem eichelartigen Köpfchen sind auf jeden Fall optisch anregend, wenn sie eins nach dem anderen in einem sinnlichen Mund verschwinden. Auch Austern, Sellerie und Mangos sollen das Blut direkt in den Unterleib jagen.

In anderen Ländern, so zum Beispiel Ägypten, werden die Lustmittel gleich auf dem Gewürzmarkt verkauft. Halblegal wohlgemerkt. Die Händler bewahren die Tröpfchen und Pasten in zugedeckten Plastiktöpfchen im hintersten Teil ihres Ladens auf. Die pharaonischen Lustheber haben natürlich keinen Beipackzettel, und man muß den Aussagen des Erektionsdealers vertrauen: Die Ingredienzien sind angeblich Schwarzkümmel, Muskatnuß und Datteln. Und auch Rhinozeroshörner sollen darin verarbeitet sein.

Im fernen Sibirien setzt man auf Pferdewurst, die drei Stunden lang gekocht wird und den Mann zum Hengst machen soll. In Usbekistan trinkt man Wodka, in dem einen Monat lang eine Wurzel namens Goldrute eingelegt wurde. Und auch das Innere eines Elchgeweihs soll Wunder in der Hose bewirken, was dem Elchtest noch eine andere Dimension hinzufügt.

In Hongkong wiederum kann man die Liebespillen in jeder normalen Drogerie erstehen, leicht erkenntlich an den Bildern von Paaren in eindeutigen Positionen. Der Beipackzettel, hier zumindest vorhanden, schweigt sich über den Inhalt der kleinen Lustkapseln allerdings aus. Das Rezept ist streng geheim und wurde angeblich von Dynastie zu Dynastie weitergegeben, denn früher waren die Aphrodisiaka ausschließlich den Herrscherhäusern vorbehalten. Auch Indien, die Heimat des Kamasutras, hat einiges auf diesem Gebiet zu bieten. Ayurveda, die alte Medizinkunst Indiens, die immer mehr auch von Europäern entdeckt wird, hat in ihrem Medizinangebot ganz selbstverständlich auch Lustförderndes. Zum Beispiel Stamina, Kräuterkapseln für Energie und Lebenskraft. Das Hauptingredienz ist Ashwagandha, das die Testosteronproduktion steigert. Auch hier finden wir wieder das Muskat wie bei den Ägyptern.

Die ältesten Aphrodisiaka sind die seit alters her bekannten Drogen wie Alkohol, Kokain, Opium und Marihuana. Diese sind sicherlich wirksamer als die Mittelchen aus dem Sexshop, dafür aber zum Teil verboten und natürlich gefährlicher. Kokain wird nicht nur geschnupft, sondern gerne auch auf die Genitalien aufgetragen. Die Droge betäubt lokal und zögert somit den Höhepunkt hinaus. Drogen wie Alkohol wirken allerdings nur in Maßen libidosteigernd; siehe auch Bier. Bei größerem Konsum ist das Gegenteil der Fall.

Arab Stahl

(oder ***Arab Strab***, siehe auch ***Cockring, Dallas, Hodenband, Hunnengurt, Penisring, Stretcher***) Ein Mann, der was auf sich hält, trägt Arab Stahl und fühlt sich dabei wie ein Zuchthengst. Arab Stahl ist ein verstellbares Hodenband mit einem Penisring aus Metall und macht das Gerät – wie der Name suggeriert – hart wie Stahl. Näheres siehe Hunnengurt.
Preis: ab 24,50 Mark.

Asiatisches Ziegenauge

(siehe auch ***Action Rubber, Hunnengurt, Mata Kambing, Sleeves***) Penisring aus der Natur. Für all die, die sich den Spruch »Jute statt Plastik« aufs Banner geschrieben haben. Das asiatische Ziegenauge, «Mata Kambing«, ist ein uraltes indonesisches Spielzeug, das laut Überlieferung jede noch so orgasmusunfähige Frau zum Schreien bringt. »Mata« heißt auf indonesisch Auge und »Kambing« Ziege. Bei dem Wunderding handelt es sich um einen schmalen, runden Fellstreifen, von dem das borstige Ziegenhaar kreisförmig absteht. Sieht, mit etwas Phantasie, aus wie das getrocknete Lid eines Tieres.

Der Ring muß vor dem Tragen 15 Minuten in warmes Wasser gelegt werden, damit er sich weitet. Dann wird er über das nur halb erigierte Glied bis kurz über die Eichel gezogen. Sobald das Fell trocken ist, paßt es sich dem Penis an und sitzt fest. Der Schwanz sieht damit ein bißchen wie ein Staubwedel aus. Beim Sex kitzeln die abstehenden Borsten die Klitoris und das Innere der Vagina. Das Mata Kambing ist einfach eine sanftere Variante des Penisrings aus Metall oder Latex, auch preislich. Das Auge stimuliert nicht nur die Frau, es staut auch das Blut im Schwanz und macht die Erektion kräftiger. Preis: ab 10 Mark.

Augenbinde

(oder ***Augenmaske***, siehe auch ***Gasmaske, Henkersmaske, Maske, Rollenspiele***) Verbundene Augen gibt es nicht nur bei Gottschalk. Das Spiel nach dem Motto »Ich sehe was, was du nicht siehst« kann auch sexuell ganz schön erregend sein. Der Maskenträger befindet sich in vollkommener Dunkelheit und weiß nicht, was ihn erwartet. Wird er mit Eiswürfeln abgerieben, oder kriegt er gleich Honig um den Mund geschmiert? Sparfüchse klauen dazu die Schlafmasken an Bord eines Flugzeugs oder nehmen einfach ein Halstuch. Feinschmecker investieren schon ein bißchen mehr für Augenbinden aus Hartleder mit glänzenden Metallteilen und einem verstellbaren Verschluß. Vielleicht beeinflussen Material und Ausführung ja tatsächlich die Phantasie, und die erotischen Rollenspiele geraten mit einer Schlafmaske nun doch etwas lasch.

Die Variante »Parzival« von Good Vibrations zum Beispiel ist aus anschmiegsamem Nappaleder und im Augenbereich gepolstert. Sie kostet 89 Mark. Der Name Parzival klingt ziemlich martialisch, aber Augenbinden werden vor allem von Partnern verwendet, die auf sadomasochistische Rollenspiele stehen.

Austern

(siehe auch ***Aphrodisiaka, Chili, Liebeszucker, Koriander, Maripuama***) Salziges Muschelfleisch schlürfen gilt als besonders erotisch, und den schlüpfrigen Schalen wird nachgesagt, edle Liebeskräfte zu enthalten. Daher empfehlen nicht wenige Liebes-Ratgeber, als Aphrodisiakum Champagner und Austern zu sich zu nehmen. Das wird ein teures Vorspiel. Und Vorsicht: Austern sind nicht Jedermanns/-fraus Sache. Da kann die Angebetete schneller das Weite suchen, als Sie zum Kern vordringen. Mit den Perlen, die in Austern langsam wachsen, könnten Sie die Angebetete schon eher erfreuen und für sich einnehmen. Leider ist in den Austern vom Fischhändler um die Ecke selten eine Perle versteckt. Besuchen Sie deshalb einfach Ihre Perle und trinken mit ihr den Champagner ohne Austern. Und ein Glas Rotwein tut es genauso!

Auto Arouser

(siehe auch ***Droscillator, Remote Control Vibration Egg, Vibrator***) Ein geiles Spielzeug für Nichtraucherinnen, die die Buchse ihres Zigarettenanzünders im Auto gerne mal für andere Zwecke nutzen! Wie wir alle wissen: Rauchen ist out, Sexspielzeug ist in. Als logische Konsequenz aus dieser Erkenntnis wurde der sogenannte Auto Arouser erfunden. »Arouse« ist Englisch und heißt erregen, erfreuen. Befriedigt wird aber hier nicht das Auto, sondern die Fahrerin oder Beifahrerin. Und so geht's: Der Auto-Arouser, ein Vibrator, wird per Kabel in die Buchse des Zigarettenanzünders gesteckt, und ab geht die Post – ideal bei längeren Staus oder langen Autofahrten. Im Sommer besonders einfach, ein luftiger Rock und los geht die Fahrt nach Lusthausen. Raucherinnen haben Pech, die müssen sich weiter an ihrem Glimmstengel festhalten und sich so oral befriedigen. Übrigens auch genau das richtige für Campingfreunde oder Bootsfahrerinnen mit 12-Volt-Netz.

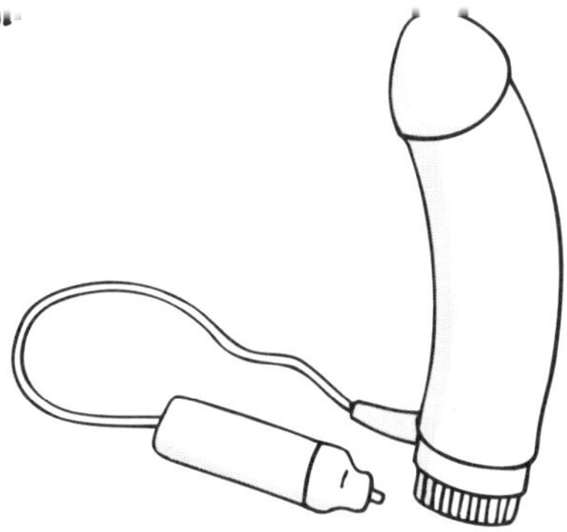

Der Auto Arouser ist mit 45 Mark nicht viel teurer als ein Batterie-Vibrator, jedoch nur in gut sortierten Sexshops zu erhalten. Das Teil fehlt wirklich noch im Shell-Shop oder beim Tiger-in-den-Tank-Shop.

Automat

(siehe auch ***Kondomautomaten***) Die wichtigsten Dinge im Leben sind rund um die Uhr erhältlich: Geld, Zigaretten, Schokolade und Kondome. Die blechernen Helfer pressen sich an Hauswände und sind immer für ihre Kunden da. 24 Stunden am Tag. Man braucht nur das nötige Kleingeld, um es in den Schlitz zu werfen. Wenn Sie nachts um drei plötzlich Lust auf ein erregendes Video haben oder unbedingt eine Tube Gleitmittel brauchen, genügt ein kurzer Besuch im Rotlichtviertel. Viele Sexshops haben im Eingangsbereich Automaten mit all den großen und kleinen Hilfsmitteln für die schönste Sache der Welt bereitgestellt.

Auto Suck

(siehe auch **Auto Arouser, Grüne Lippen, Oro-Stimulator, Seemannsbraut**)

Der Orientale denkt vielleicht an einen nahöstlichen PKW-Markt. Weit gefehlt. »Suck« kommt von »saugen« und wird ähnlich wie Sack ausgesprochen. Und um den Sack und den Penis kümmert sich auch der Auto Suck, eine neue Art elektrische Seemannsbraut für den Fernfahrer. Die Gummivagina mit Saugeffekt wird mittels Kabel im 12-V-Bordanschluß des Autos angeschlossen, und ab geht's. Sollten Sie an der Ampel neben sich einen Fahrer mit glasigen Augen treffen, versuchen Sie ruhig mal, in seinen Schoß zu schauen.

Auto-Suck-Geräte kauft der Long-distance-Driver, der einsame Handlungsreisende, der gestreßte Trucker und natürliche der überschäumende Jungspund mit Heckspoiler.

LKW-Fahrer mit 24-Volt-Anschluß »auf dem Bock« benötigen unter Umständen einen 12-Volt-Adapter, sonst brummt nur der Benz und nicht die Driver-Muschi. Der Autolutscher ist für circa 50 Mark im Sexfachhandel zu haben. Die Autobahntankstellen haben die Marktlücke noch nicht entdeckt.

B

Baby Doll

(siehe auch ***Dessous, Kimono, Negligé, Reizwäsche, Schulmädchen***) Polyestertraum aus durchsichtigem Stoff mit Spitzen und kindlichen Schleifen. Kurzes Nachthemd in Bonbonfarben, das gerade mal den Po bedeckt oder auch nur bis zu den Schamhaaren reicht. Wenn die Frau dazu noch eine rosa Schleife im Haar trägt und den Finger wie ein Mädchen in den Mund steckt ist die Baby Doll fertig. Baby Doll heißt Babypuppe. Baby meint hier auch: Liebling, Schätzchen. Der Name Baby Doll stammt von dem Fünfziger-Jahre-Film *Baby Doll – Begehre nie des anderen Weib* von Elia Kazan, der eine wahre Lolita-Welle auslöste.

Bananen

(siehe auch ***Birne, Dildo, Flasche, Gurke, Melone, Zucchini***) Die krumme Gelbe gilt seit jeher als die phallische Frucht par excellence. Folglich wird sie auch gerne als Sexspielzeug mißbraucht. Die Banane als exotischer Wegwerf-Ökodildo: Nicht umsonst ist sie die Lieblingsfrucht der Deutschen.

Auch Vibratoren werden dem krummen Ding nachempfunden, in Pornofilmen wird sie verschlungen, und mancher klemmt sich als Gag eine Banane in den Hosenschlitz. Auch zur Andeutung von Oralverkehr wird die exotische Frucht gerne in den Mund genommen. Banane müßte man sein!

Dazu noch ein Witz am Rande: Ein Ehepaar sieht auf einem Markt einen Stand mit exotischen Früchten. Lange starrt der Mann auf das Schild mit dem

Aufdruck »Import«. Die Marktfrau erklärt: »Die werden eingeführt.« »Siehst du«, sagt der Mann zu seiner Frau, »du hattest sie bestimmt gegessen«.

Bangkokperlen

(siehe auch ***Analkugeln, Thai Beads***) Bangkokperlen sind auf einer Schnur aufgereihte Kugeln, die in den Po gesteckt und ruckartig wieder herausgezogen werden.

Batterien

(siehe auch ***Eroscillator, Magic Wand, Müll, Verpackung***) Liefern den Saft für die Lust. Viele Sextoys vibrieren, stoßen oder saugen und brauchen dazu Batterien. Doch die Vibratoren, Lustgrotten und Co. werden fast immer ohne geliefert. Und dann wird in der Not die Batterie aus dem Feuerwehrauto des Sohnemanns geklaut oder eben die Mignonzelle aus dem Wecker entwendet. Nach der Befriedigung fühlt man sich so wohlig faul und vergißt doch glatt, die Batterie zurückzustecken. Am nächsten Tag wird verschlafen, und überlegen Sie sich dann mal eine Entschuldigung für Ihren Chef!

Da sollte Frau doch lieber gleich einen Vibrator mit Netzanschluß (Eroscillator) kaufen, die sind zwar anfänglich teurer, rentieren sich aber langfristig dann doch.

Batterien belasten die Umwelt, sie halten nie sehr lang und müssen am Ende zur Sammelstelle gebracht werden. Außerdem sollten die Saftzellen nicht im Vibrator oder im Oro-Stimulator vergessen werden. Es kann passieren, daß sie bei längerem Stillstand auslaufen, und dann ist das gute Stück hinüber. Von Akku-Batterien müssen wir leider abraten, weil sie den Motor belasten und der Vibrator schneller den Geist aufgibt. Die meisten aufladbaren Batterien haben nämlich 1,2 Volt, die herkömmlichen 1,5. Mittlerweile gibt es auch Akku-Batterien mit 1,5 Volt, und das ist dann die ideale Voraussetzung für Good Vibrations.

Bauchtanz

(siehe auch ***Beckenbodenübungen, Musik, Orient, Räucherstäbchen, Serailpastillen, Striptease***) 1001 sinnliche Hüftbewegungen für einen erotischen Abend. Der orientalische Bauchtanz gilt als der erotischste Tanz überhaupt. Zu den runden, aphrodisierenden Bewegungen kommt das glitzernde Kostüm in magischen Farben und mit tausend schillernden Pailletten. Ein wahrer Traum, für sie und für ihn. Doch nicht nur die Augen werden verwöhnt. Der Bauchtanz macht die Hüfte beweglich und stärkt die Beckenmuskulatur. Im Orient ist der

Bauchtanz Kultur, bei uns wird er oft in einschlägigen Etablissements zur billigen Anmache mißbraucht. Hier tanzen nur Frauen, während im Orient auch die Männer ihre Hüften aufreizend kreisen lassen können.

Beckenbodenübungen

(siehe auch ***PC-Muskel, Vaginalkonus***) Erotisches Fitneßtraining. Die Muskeln, die hier trainiert werden, kann man zwar niemandem vorführen, dafür führt das Muskelspiel direkt zum Höhepunkt. Und so geht's: Die Frau zieht während des Lust-Spiels ihren PC-Muskel (Pubococcygeus-Muskel) zusammen und umschließt dadurch den Penis fester. Der Lust-Muskel liegt bei Mann und Frau zwischen Schambein und Anus circa zwei bis drei Zentimeter unter der Hautoberfläche. Wer nicht weiß, wo er ist, muß nur versuchen den Urinstrahl zu stoppen: Das wird mit dem PC-Muskel gemacht. Je besser dieser Beckenmuskel trainiert ist, desto größer der Lustgewinn bei beiden Partnern. Falls der Muskel, etwa durch Geburten oder als Alterserscheinung erschlafft ist, kann er mit Hilfe eines Vaginalkonus oder einfach durch wiederholtes Zusammenziehen und wieder Loslassen gefestigt werden. Ein zu schwacher PC-Muskel kann auch der Grund sein, wenn es gar nicht zum Orgasmus kommt. Mehr zum PC-Muskeltraining nachzulesen bei Gerhard Eggetsberger, *Power für Paare, Wie Sie mit dem PcE-Training Ihr gemeinsames Lust-Erleben steigern,* Orac Verlag, Wien, oder im Internet unter *http://www.biofeedb.ac.at/.*

»Männer sollten weniger Pornohefte angucken und dafür mal ein Biologiebuch zur Hand nehmen«

Interview mit dem Guru des erotischen Fitneßtrainings Gerhard Eggetsberger über Lust und Frust beim Sex.

Fitneß ist in, dabei wird aber noch immer der PC-Muskel (siehe Beckenbodenmuskeltraining) vernachlässigt. Ohne diesen Muskel ist kein Orgasmus möglich, da er über Nervenstränge die sexuelle Stimulation direkt ans Gehirn weiterleitet. Und ohne Energie im Kopf passiert gar nichts in unseren Schlafzimmern.

Der Wiener Biochemiker und Leiter des Instituts für angewandte Biokybernetik und Feedbackfoschung in Wien, Gerhard Eggetsberger, hat die biologischen Vorgänge beim Sex erforscht. Er entwickelte sogenannte »Biofeedgeräte«, die es erstmals möglich machen, Sexualenergie meß- und sichtbar zu machen. Wichtig für die Wissenschaft und Medizin, da nur das technisch Bewiesene als real gilt. Eggetsberger ist es gelungen. Er hat außerdem mehrere Bücher zum Thema Sex verfaßt.

Ist Selbstbefriedigung genauso gesund für den Körper wie Sex zu zweit?

Nein, eigentlich nicht, und ja, vielleicht schon. Nein deshalb, weil Sex zu zweit natürlich noch eine psychologische Komponente hat, die durch Selbstbefriedigung nicht zu ersetzen ist. Aber an sich würde auch nichts gegen die Selbstbefriedigung sprechen, da hormonelle und auch Gehirnaufladungsabläufe stattfinden, die sehr wichtig für den einzelnen sind.

Rein körperlich hat also Selbstbefriedigung den gleichen Effekt wie Sex zu zweit?

Es ist nur *fast* das gleiche, da die energetische Aufladung, wenn Sie diese Sache mit jemanden machen, den Sie lieben oder begehren, höher ist, als wenn Sie das einfach manuell durchführen. Die wahren Abenteuer finden im Kopf statt, allein durch das Betrachten des anderen, durch die Erwartung und die Kommunikation können wir mehr Energie mobilisieren, als wenn wir allein dasitzen und Selbstbefriedigung betreiben. Der Auslöser fehlt. Man hat herausgefunden, daß der PC-Muskel schon schwingt, wenn ein Mann eine Frau nur sieht und umgekehrt. Ob sie ihm gefällt, spielt da noch gar keine Rolle. Das ist ein automatischer Reflex aus der Natur, ein Aufweckimpuls.

Also ein rein visueller Impuls. Da würde also auch ein Bild genügen?

Ja, sogar wenn ein Mann nur ein Dreieck und zwei Punkte in einem Bild versteckt sieht, wird der PC-Muskel-Impuls ausgelöst. Bei den Frauen ist es ein bißchen komplizierter.

Was halten Sie von Sextoys, Vibratoren, Dildos, Cockringen usw.?

Für ein PC-Muskeltraining ist ein Vibrator etwas sehr Sinnvolles. Und wenn eine Frau eine PC-Muskel-Schwäche hat, sollte sie ihn gegen einen Widerstand trainieren und da ist ein Vibrator sogar etwas, wozu wir den Leuten raten. Wenn jemand über einen Vibrator Befriedigung erlangt, ist das auch gut. Man sollte aufhören im Bereich Sexualität über gut oder schlecht zu reden. Ich würde sagen, was jemandem guttut, ist sinnvoll.

Sollte es Sextoys nicht auf Krankenschein geben wie Zähne und Brillen?

Na ja, das würde ich etwas übertrieben finden, diese Dinge sind so billig, daß sich das jeder ohnehin leisten kann. Man muß es halt einfach über Versand bekommen, damit es auch jemand, der sich schämt, erhalten kann, ohne seelische Probleme zu kriegen. Auf dem Land kann das schon schwierig sein. Das Geld dürfte nicht das Problem sein, da kostet schon eine Flasche Sekt mehr – zum Trinken, mein' ich.

Verwenden Sie selbst Dildos oder Analkugeln oder ähnliches Sexspielzeug?

Nein, ich bin ein Mann, vielleicht fehlt mir auch ein bißchen die Phantasie in der Richtung, aber ich würde es auch nicht schlecht finden. Wenn ich es wollte, würde ich es tun.

Warum haben Sie das Buch Was sie über Sex wissen sollten *geschrieben, glauben Sie, daß die Menschen nach wie vor zu wenig informiert sind?*

Ich wollte das eigentlich nicht schreiben, ich stieß durch Zufall darauf. Viele Leute, die bei uns Biofeedback-Training machten, berichteten, daß sich auch sexuell etwas verbessert hat. Ich recherchierte und stellte fest, daß viele Menschen sexuelle Probleme haben und daß sich noch nie jemand wirklich die Mühe gemacht hat, die Abläufe beim Sex im Gehirn zu untersuchen. Ich stellte fest, daß eine so einfache Methode wie das PC-Muskel-Training sehr viel bewirken kann, und das wollte ich den Menschen nicht vorenthalten. So entstand dann das Buch.

Was hat es mit dem PC-Muskel-Training auf sich?

Ohne einen starken PC-Muskel ist ein Orgasmus nicht möglich. Eine Schwäche dieses Muskels entsteht bei Frauen viel leichter als bei Männern. Vor allem nach der Geburt, weil das Baby diesen Bereich belastet, eine Folge unserer aufrechten Haltung. Bei den Tieren liegt das Kind im Bauch und hängt nach unten. Die sexuellen Probleme nach einer Geburt sind meist rein auf eine Muskelschwäche zurückzuführen. In vier bis sechs Wochen Training kann das ganz einfach behoben werden. Hilft auch bei Harninkontinenz. Da wo früher operiert wurde, kann das Problem durch Muskeltraining behoben werden. Unabhängig vom Alter kann der Muskel aufgebaut werden.

Braucht man dazu eine ärztliche Anweisung?

Nein, es ist im Prinzip ganz einfach, Sie müssen nur täglich zweimal 15 Minuten lang den Muskel zusammenziehen und entspannen, mindestens 100mal. Circa vier Wochen lang. In meinem Buch ist das alles genau beschrieben. Sie können diese Kontraktionen auch beim Fernsehen, im Büro oder in der U-Bahn ausführen, dazu ist keine besondere Konzentration nötig.

Was bewirkt dieses Training genau?

Es kommt zu einer höheren Ausschüttung an Sexualhormonen im Gehirn, es kommt zu einer Aufladung des Gehirns, was Sie konzentrierter und kreativer macht. Die Reaktionsgeschwindigkeit wird höher, was wichtig für Sportler ist, die wir hier auch trainieren. Es ist also nicht nur sexuell wirksam, sondern allgemein energiesteigernd. Hilft auch bei leichten Depressionen. Pfarrer sollten es auf jeden Fall machen, da Pfarrer und Nonnen, die höchste Krebsrate im gynäkologischen Bereich haben. Sie könnten durch dieses Training das System überlisten, wenn sie schon keinen Sex machen. Die Prostata vergrößert sich nämlich dann, wenn sie wenig zu tun hat.

Wie erklären Sie sich, daß viele Frauen zu Beginn einer Partnerschaft mehr Lust auf Sex haben und dann zunehmend weniger als ihr männlicher Partner? Dies auch vor dem Hintergrund Ihrer Annahmen »wenig Interesse am Sex = schwaches Hirnfeld« und »wenig Sex = immer weniger Lust«?

Es gibt einen großen Unterschied zwischen Mann und Frau. Frauen reagieren langsamer als der Mann, meistens.

Beide sind sexuell erregter, wenn sie mit jemandem das erste Mal Sex haben. Warum machen manche Leute Sex mit Strapsen oder an verbotenen Orten? Sie machen es deswegen, weil Angst oder Aufregung zu einer Vorgehirnaufladung führt. Der Orgasmusimpuls braucht dann nur weniger hoch zu sein. Wir brauchen eine gewisse Menge an Energie, um zum Höhepunkt zu kommen. Wenn wir schon sehr viel haben, geht es dann schneller. Frauen finden es verständlicherweise nicht so toll, einem Mann Strapse anzuziehen. Der Mann ist einfach konstruiert. Die Frau ist intelligenter aufgebaut.

Was kann man machen?

Sexuelle Lust flaut mit der Zeit ab. Vor allem werden die Männer mit der Zeit immer fauler, für ihn ist es ohnehin einfacher, zum Orgasmus zu kommen. Man müßte ihn dazu bringen, etwas Abwechslung ins Sexleben zu bringen. Die Männer glauben aber meist, sie sind die besten und das, was sie tun, ist ohnehin das Tollste überhaupt. Wenn die Frau nur vorsichtig andeutet, sie will was anderes, sind Männer schnell beleidigt. Sie können mit Kritik nur schwer umgehen. Frauen sind da viel flexibler. Wenn ihre Anregungen zu nichts führen, ist ein PC-Muskel-Training sinnvoll, weil dann sie selbst schneller zum Orgasmus kommt. Aber viele Frauen wissen mit sich selbst nichts anzufangen. Sie müßten mit sich selbst herum experimentieren, um dem Mann überhaupt sagen zu können, was ihnen guttut.

Neue Männer braucht das Land?

Ja, da muß ich leider eine Rüge an die Männer erteilen. Für eine Frau kann es manchmal besser sein, sich selbst zu befriedigen, als einen Mann so unvirtuos herummachen zu lassen. Wir haben eine Umfrage gemacht und festgestellt, daß die Männer zu 50 Prozent keine Ahnung von der Anatomie der weiblichen Geschlechtsorgane haben. Die wissen nicht, wo was liegt. Da arbeitet und werkt so einer an der Frau rum und hat keine Ahnung, was er tut. Solche Männer sollten weniger Pornohefte angucken und dafür mal ein Biologiebuch zur Hand nehmen. Frauen müßten aufstehen und sagen, du rubbelst einfach an mir rum, könntest du nicht mal was anderes machen.

Es wird immer mehr über Sex geredet und immer weniger Sex gemacht. Warum ist das ihrer Meinung nach so?

Es heißt, wenn es mit dem Sex klappt, nimmt er zehn Prozent unseres Lebens ein, wenn es nicht klappt, 90 Prozent. Das stimmt auch. Es wird viel geredet, aber es ist nicht besser geworden. Dazu kommt eine Sache: Wir leben in einer freizügigen Zeit und das hat auch einen Nachteil: Wir sind total überreizt und übersättigt. Früher hat eine relativ geringe Erregung gereicht, um zum Orgasmus zu kommen, heute muß die Erregung um mindestens das doppelte höher sein als zum Beispiel in den 20er Jahren. Damals hat schon ein Knie genügt.

Wenn man die Sexsendungen im Fernsehen anschaut, hat man das Gefühl, daß die Deutschen ein Volk von Fesslern und Peitschern sind. Ist es tatsächlich so, oder ist das eine Erfindung der Medien. Wie schätzen Sie das ein?

Das ist ein Trend der Zeit: Berührungsloser Sex, der uns noch dazu einen Schutzgummi erspart. Aber das Schlagen und Fesseln ist nichts Neues, die alten Römer wandten diese Methoden auch an, um sich einen Kick zu holen. Eine übersättigte Gesellschaft wie die unsere und eben auch die des alten Rom braucht mehr Impulse, um zum Orgasmus zu kommen. Außerdem ist der körperliche Effekt der gleiche, ob Sie nun Angst, Streß oder Sex haben. Der Puls steigt, die Atmung wird schneller usw. Insgesamt glaube ich aber schon, daß das Fernsehen sehr manipulativ ist: einmal heißt es, alle Leute sind nur noch Swinger oder jeder braucht einen Cockring, derzeit ist eben Peitschen angesagt, aber auch das wird vorübergehen. In ein paar Jahren redet niemand mehr darüber, da macht man dann vielleicht meditativen Sex oder was weiß ich.

Sie bieten in Ihrem Buch auch spezielle aphrodisierende Essenzen an. Welchen Stellenwert hat der Duft beim Sex?

Geruchstoffe oder ätherische Öle überwinden die Gehirnschranke und wirken wie ein pharmakologisches Produkt. So ein Mittel kann also auch aufputschend wirken und den Orgasmus beschleunigen. Wir haben auch mit Pheromonen (Sexualduftstoffen) experimentiert, und es ist natürlich absoluter Quatsch, was da manche Leute für Wirkungen versprechen. Es ist Unfug, sich vorzustellen, daß alle Frauen hinter dem Mann her sind, der Pheromone aufgetragen hat. Wenn er häßlich ist, hilft das gar nichts. Es verursacht nur einen Zusatzeffekt, wenn die Frau ohnehin schon Interesse an ihm hat, besonders dann, wenn sie kurz vor dem Eisprung steht, da wird nämlich der Geruchssinn um das 100fache verstärkt.

Also kann man die ganzen Duftwässerchen aus dem Sexshop vergessen?

Nein, der Geruchssinn ist deswegen so wichtig beim Sex, weil er unseren logischen Verstand überwindet, direkt ins Hirn geht und daher einen Reiz setzen kann. Wenn Sie jetzt zum Beispiel ein paar Tropfen Rosmarinessenz in Ihr Parfum geben würden und sich zu einem Mann hinstellen, der Ihnen gefällt und der auch bereits auf Sie aufmerksam geworden ist, dann wird er wahrscheinlich leichter zu umgarnen sein.

Beckenkissen

(oder ***Rhythmuskissen, Ehe- bzw. Luftkissen, Liebesschaukel, Liebesschleuder, Wasserbett***) Kissenschlacht für müde Eheleute. Diese Kuschelkissen machen richtig munter, sie sind nämlich zum Miteinander-Schlafen gedacht und das bei hellem Lampenlicht. Das aufblasbare Plastikkissen kommt auch nicht unter den Kopf, sondern beim Sex unter den Po der Frau, um ihn hochzuheben. Das Ehe-Kissen wippt und federt beim Verkehr und hat so einen angenehmen Rückstoßeffekt: Jeder Stoß wird wie bei einem Echo mehrmals wiederholt. Ein Polster also für faule Liebhaber, die gerne andere für sich arbeiten lassen. Gibt es auch mit Vibrierfunktion. Circa 25 Mark.

Beine

(siehe auch ***Fußfetischismus, Fußsklave, High Heels, Nylons***) Beine haben Männer immer angemacht. Sie gelten seit jeher als Sexualsymbol. Und es ist ja auch noch nicht so lange her, daß sie überhaupt zu sehen sind. In der viktorianischen Zeit wurden Männer schon beim Anblick eines Knöchels scharf. So richtig freigelegt wurden die Beine erst mit dem Aufkommen der Hotpants und des Minirocks in den siebziger Jahren: In vielen Kulturen, vor allem streng moslemischen, darf nach wie vor – beziehungsweise wieder – nicht einmal der Knöchel zu sehen sein. Als besonders reizvoll gelten Damenbeine in Nylonstrümpfen und High Heels.

Beinliebhaber haben ihre eigenen Magazine und Internetseiten, wie zum Beispiel Leglovers unter *http://www.members.tripod.com/_club-leglover/index.html* oder das virtuelle amerikanische Erotikmagazin unter *www.classiclady.com.* Als Altmeister der »Leg-Art« gilt der Photograf Elmer Batters. Sein Bildband *Legs that dance to Elmer's Tune*, kommt ganz obsessionsgerecht in einen Damenstrumpf eingepackt daher.

Beinpenis

(siehe auch ***Bulger Underwear, Gag-Artikel***) Partygag für Möchtegern-Pornostars. Der Penis aus hautfarbenem Plastik am besten noch mit realistischer Aderzeichnung, wird mit einem Gummiband am Bein unter der Hose befestigt. Wenn der Träger sitzt und das Bein anwinkelt, lugt der vermeintliche Riesenschwanz aus der Hosenröhre. Und – huch! – verdrücken sich die erschreckten Frauen. Preis circa 18 Mark.

Ben-Wa-Bälle

(oder ***Liebeskugeln***, siehe auch ***Geishakugeln, Orgasmuskugeln, Ruckzuck-Orgasmuslust***) Altes japanisches Sexspielzeug, das die Frauen erfreuen soll. Kleine Kugeln – die kleinsten haben Murmelgröße – werden in die Muschi gesteckt, um sie von innen zu massieren. Die Bälle können mit einem Tampon festgehalten werden und sind besonders erregend, wenn sie beim Sex getragen werden. Die Ben-Wa-Bälle sind im Unterschied zu den größeren Geishakugeln nicht mit einer Schnur verbunden. Das kann das Herausholen problematisch gestalten. Das japanische Lustmittel ist in Europa nur selten zu bekommen, in den USA ist es weit mehr verbreitet. Können im Internet unter *http://www.goodvibes.com* für 10 Dollar bestellt werden.

Bier

(siehe auch ***Anaphrodisiaka, Aphrodisiaka, Drogen, Pharmaka, Potenzmittel***) Bayern werden jetzt hoffen, daß es heißt: Bier macht den Mann zum Stier. Leider ist das Gegenteil der Fall. Das Lieblingsgetränk der Deutschen ist der Frust der Frauen. Bier macht Männer nämlich liebesmüde. Das Sixpack ist kein Sexpack. Grund dafür ist das weibliche Sexualhormon Östrogen, das bei der Herstellung durch Gärung entsteht. Und so folgt nach der Gaudi am Tresen die tote Hose im Schlafzimmer. Zusätzlich wirkt der im Gerstensaft enthaltene Hopfen allgemein dämpfend. Das Östrogen ist außerdem für den Bierbauch und den bei Männern verstärkten Brustansatz verantwortlich. Dazu müssen allerdings zwei bis drei Halbe täglich konsumiert werden. Experten empfehlen als Alternative Champagner. Ob sich der allerdings in den heimischen Biergärten durchsetzen wird, ist eine andere Frage.

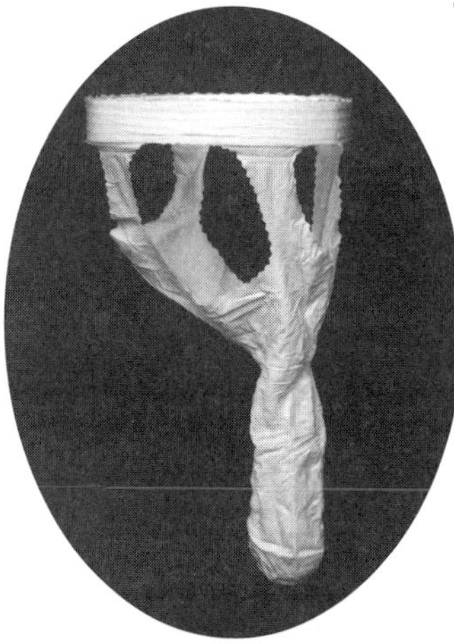

Bikinikondom

(siehe auch ***Kondom***) Plastiktütensex. Das Kondom für die schnelle Nummer mit eingebautem Fangnetz. Das Bikinikondom ist ein Höschen für die Frau mit eingearbeitetem Präservativ. Der hauchdünne Slip besteht aus Latexstreifen, ist also am Po und an den Seiten offen, nur der Genitalbereich ist vollkommen mit einem Gummistreifen bedeckt. Das feuchte Kondom, etwas größer als üblich, wird nach innen in die

Muschi gestülpt. Der Slip kann schon ein bis zwei Stunden vor dem Sex angezogen werden, man erspart sich also das Rumgetütle während des Akts. Der Mann kommt direkt im Bikini, genauer gesagt in der Latexhülle, dem Kondom für die Frau. Wobei das Wort Bikini unangebracht ist, da ein Oberteil nicht vorgesehen ist. So richtig durchsetzen konnte sich der 1991 in den USA erfundene Verhütungsbikini jedoch nicht. Wer trägt beim Sex schon gerne eine Gummihose wie zu Babyzeiten?

War neben dem *Femidom* die einzige Möglichkeit für die Frau, sich aktiv gegen Geschlechtskrankheiten und Aids zu schützen. Ist in der Zwischenzeit nicht mehr auf dem Markt, weil das Kondom leicht aus der Scheide herausrutschte.

Ein neues, ähnliches Produkt wird seit kurzem in Kalifornien angeboten, Infos unter *http://home.pacbell.net/janesway*. 5 Stück kosten circa 30 Mark.

Bildtelefon

(siehe auch **Cybersex, Telefonsex**) Fernsehsex. Die neuen Medien machen's möglich: das Bild zum gestöhnten Plausch. Die Telefonanierer werden enttäuscht sein, welch Mauerblümchen sich am anderen Ende der Leitung für sie in Pose setzt, um dabei geiles Verlangen zu flunkern. Das Bildtelefon entzaubert, nimmt dem Anrufer die Möglichkeit, zum lasziven Gespräch seine Wunschvorstellungen zu phantasieren, um dabei munter zu onanieren. Nicht ganz billig bisher, und die Qualität der Bildübertragung ist auch noch nicht scharf genug.

Birne

(oder **Probe**, siehe auch **Eroscillator, G-Punkt-Stimulator, Vibrator**) Weder die Frucht noch der Ex-Kanzler taugen als Sexualobjekt. Aber auf die Idee wäre ja ohnehin niemand gekommen, oder? Die Birne – oft auch als »Probe« (amerikanisch für Sonde) bezeichnet – ist ein birnenförmiger Vibrator, der durch seine Form ganz leicht den G-Punkt sondiert. Die meisten dieser Birnen haben zwar eine sinnliche Form, machen aber einen Lärm wie ein Zahnarztbohrer. Da ist die Lust schnell vorbei, denn wem kommt es schon mit einem Dentalvibrator! Außerdem haben die Lust-Sonden oft eine scharfe »Naht« mit der Frau sich leicht im Inneren der Vagina verletzen kann. Achten Sie beim Kauf also unbedingt darauf, ein Spielzeug ohne Kanten und scharfe Nähte zu erstehen. Außerdem sind die Birnen oft silber- oder goldfarben. Vorsicht, die Farbe blättert ab, und das ist nicht gerade gesund für die sensible Vaginalschleimhaut. Solche Toys können mehr schaden, als Gutes tun! Besser ein etwas teureres Toy aus Silikon oder Jelly erstehen als ein billiges Plastikteil, das trotzdem noch 35 Mark kostet.

Birnspritze

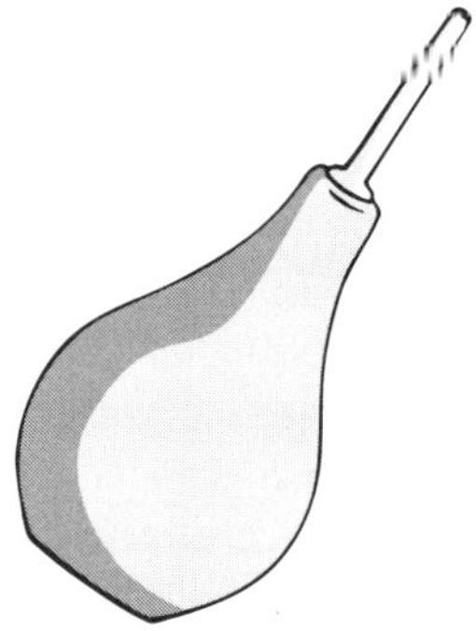

(siehe auch ***Doktorspiele, Einlauf, Gummilaken, Irrigator, Klistiersex, Natursekt, Stechbecken***) Wasserfall-Sex. Mit dieser Einlaufspritze plus Gummiballon und Plastikkanüle wird beim Klistiersex der Höhepunkt herbeigespritzt. Wasserjunkies jagen sich Wasser, Tee, Sekt und andere Drogen in Po oder Vagina. Geht ab wie eine Kanone.

Bizarr Sex

(siehe auch ***Adult Baby, Amelotatismus, Branding, Diaper Lover, Elektrosex, Flagellantismus, Gasmasken, Getragene Unterwäsche, Hardcore, Kaviar, Klistiersex, Menstruationsfetischimus, Natursekt, Omas, Päderastie, Pädophilie, Scarification, Schweißsocken, Snapper, Spanking, Sodomie, Urophilie, Windelsex***)

Im Pornobereich fällt unter den Begriff »bizarr« alles, was nicht »normal« ist: Fetischismus, Ledersex, Devotismus, SM, Ausscheidungssex, Faustsex und einige andere Spezialvarianten. Das Wort bizarr signalisiert dem Käufer die grobe Richtung, damit er nicht lange suchen muß. Seine persönliche Vorliebe innerhalb der bizarren Sexwelt muß er dann selbst entdecken.

Body Art

(siehe auch ***Body Paint, Branding, Henna, Intimschmuck, Lippenstift, Mendhi, Piercing, Scarification, Tattoos***) Sexy Kunst am Körper. Dazu gehören Bemalungen, Tätowierungen, Ziernarben und Intimschmuck als erotischer Reiz.

Body-Building-Condom

(siehe auch ***Potenztrainer, Vakuumpumpe, Verlängerungspräservativ***) Weder Kondom noch Heimtrainer. Irreführender Name für eine Erektionshilfe, die wie eine Vakuumpumpe funktioniert. Das Glied wird in einen Plastikzylinder mit Vakuum gesteckt, wodurch Mann sich etwas hochpumpen kann, falls er schlaffe Feelings hat. Dies geschieht mittels einer Art Handballpumpe und ist ein sehr beschränktes Hilfsmittel für liebesmüde Männer. Preis circa 50 Mark.
Richtige Erektionshilfen als Vakuumpumpen sind teurer und helfen wirklich, die Manneskraft zu fördern. Um die Erektion zu halten, muß dann jedoch ein Cockring übergestreift werden. Näheres hierzu unter dem Stichwort Vakuum-

pumpe. Wer jedoch Bodybuilding daraus macht, kann sein bestes Stück leicht überfordern, Äderchen platzen und der Fitneß-Fan muß dann bald zum Onkel Doktor laufen.

Body Paint

(siehe auch ***Body Art, Henna, Lippenstift, Mendhi, Tattoos***) Farbenrausch und Fingersex für den Künstler in uns. Körperschmuck auf Zeit. Kann jederzeit aufgetragen und wieder abgewaschen werden. Großer Vorteil gegenüber der Tätowierung. Beim Body Painting, beim Bemalen des Körpers der Partnerin oder des Partners, kann jeder seiner Phantasie und Kreativität freien Lauf lassen. Der Körper wird zur Leinwand und die Hände werden zum Pinsel. Ob dabei ein Kunstwerk oder nun doch eher eine Kinderzeichnung rauskommt, ist egal. Der Weg ist das Ziel, heißt es so schön. Und es ist auch wirklich sehr angenehm bestrichen und angepinselt zu werden. Besondere Leckermäulchen verwenden dazu Schokoladefarben zum Ablecken, und wen die braune Farbe abturnt, der nimmt eben weiße Schokolade.
Spaß machen auch Leuchtfarben, die im Dunkeln den Weg weisen zu den erogenen Zonen. Gegenseitiges Körperbemalen wird auch gerne auf Parties als besondere Art des Kennenlernens angeboten. Wahre Künstler zaubern Kleider aus Farbe, verwandeln Brustspitzen in aufblühende Rosenknospen oder malen den Schwanz zu einer Schlange um. Farben gibt's im Sexshop, Karnevalschminke ist ebenfalls geeignet. Anfänger-Sets für Körperkünstler gibt es auch im Internet unter *http://www.sex-shop.de/static/Diverses_Cremes_usw..html.*

Anregungen kann auch der Film *Bettlektüre* von Peter Greenaway geben, in dem die Heldin sexuell nur erregt wird, wenn sie der Liebhaber mit Schriftzeichen bemalt.

Bondage

(oder ***Fesselsex,*** siehe auch ***Andreaskreuz, Fesseln, Handschellen, Kettenspiele, Knebel, Seil***) Sex, der einem die Kehle zuschnürt. Bondage kommt aus dem Englischen (»bond« = Fessel, »bondage« = Leibeigenschaft, Hörigkeit). Wer fesselt nicht gerne die Person, die er liebt. Zumindest im übertragenen Sinn. Manche fesseln lieber gleich ganz real mit Strümpfen, Seilen, Handschellen und all den verschiedenen Gurten, die im Sexshop angeboten werden. Sich fesseln lassen ist auch bei faulen Liebhabern beliebt: daliegen, nichts tun können und sich verwöhnen lassen. Eine schöne Alternative für ein faules Weekend. Fesseln ist aber nicht nur ein Spiel für Paare, die ein bißchen Prickeln in ihr Liebesleben bringen möchten. Handfest gefesselt wird auch in S/M-Studios von bestens ausgerüsteten Dominas. Hier ist die Fesselung ein Symbol der Unterwerfung und kann sehr schmerzhaft ausfallen. Der japanische Fotograf Nobuyoshi Araki wurde mit seinen sinnlichen Bondage-Bildern von verschnürten Prostituierten aus dem Tokyoter Rotlichtmilieu berühmt. Wer nur mal rumspielen möchte, kann sich Tips von der legendären Hamburger Hure Domenica in ihrem *Kopfkissenbuch* holen.

Branding

(siehe auch ***Body Art, Scarification, Tattoos***) Neuester Trend bei Masochisten ist das Einbrennen von Zeichen in den Körper. Oft als Schmuck, aber auch im S/M-Bereich, um seinen Sklaven als Eigentum zu kennzeichnen. Allerdings nichts für Schmerzempfindliche, die »Sklaven« müssen einiges aushalten, wenn sich ein auf 1.000 Grad erhitzter Drahtstempel auf ihre Haut preßt. Preis der Tortur: ab 600 Mark. Am liebsten werden die Brandzeichen in Schultern, Arme und den Po geschmolzen. Wer es noch härter mag, ist beim Tuckering richtig: Hier werden Metallklammern in die Haut geknipst.

Brennessel

(siehe auch ***Aphrodisiaka, Austern, Chili, Koriander, Potenzmittel, Weizenkeime***) Brennender Natursex. An dieser spitzen Pflanze hat sich jeder schon mal die Finger verbrannt. Und was brennt, macht auch scharf. Besonders erregend soll ein Tee aus Brennesseln wirken, dessen Sud man auf dem ganzen Körper und speziell im Genitalbereich verreibt. Brennt höllisch und kommt gut. Man kann auch mit der Pflanze direkt an empfindlichen Punkten kitzeln oder damit auf den Penis klatschen, was aber nicht unbedingt zum Schwanzwedeln führen muß. Den Kreislauf regt der Brennesselsex in jeden Fall an, und alles, was das Blut in Wallung bringt, ist gut für die Libido. Ob hier jeder Brennessellustschrei allerdings nicht doch ein Schmerzensschrei ist, sei dahingestellt.

Brusthaartoupet

(siehe auch ***Haare, Intimrasur, Schamhaare***) Ein echter Macho läßt sein dichtes, schwarzes Brusthaar aus dem offenen Hemd blitzen und hofft, damit ein Weibchen oder Männchen anzulocken. Jedoch spätestens seit Jünglinge wie Leonardo DiCaprio Frauenherzen höher schlagen lassen, sind üppige Haarbüschel auf der Brust mega-out. Und Brusthaartoupets sind ohnehin schon seit Jahren vom Markt verschwunden.

Brustklemmen

(oder ***Alligator Clips, Brustklammern, Japanische Clover-Klammern, Tit Locks, Tweezer Clips***, siehe auch ***Gewichte, Klammern, Wäscheklammern***) Ohne Zweifel eine packende Sache, schnappt so richtig zu. Auch hier bietet sich, wie so oft im Bereich des Sexspielzeugs, alternativ eine Variante aus dem Haushalt an: die gute alte Wäscheklammer. Sie hat natürlich so ihre Nachteile, ist sie schließlich eher dazu gemacht, den Büstenhalter auf der Leine zu halten, als Brustwarzen zu kneifen. Wer es nicht so dilettantisch mag, holt sich eben Klammern aus dem Sexshop. Und die haben einen nicht zu vernachlässigenden Vorteil – zumindest für sensiblere Naturen: Sie haben entweder eine Gummiauflage auf der Klemmfläche oder sind mit Vinyl gepolstert. Natürlich sind die kleinen Folterinstrumente auch ohne oder mit abnehmbarem Gummibelag zu haben, mit richtig spitzen Zähnchen, die kräftig zuschnappen. Brustklemmen, eigentlich müßten sie Brustwarzenklemmen heißen, sind meist aus Metall in Schwarz oder Chrom und mit einer Kette verbunden. Benutzt werden sie sowohl von Frauen als auch Männern, die auf den Kick mit dem Schmerz schwören.

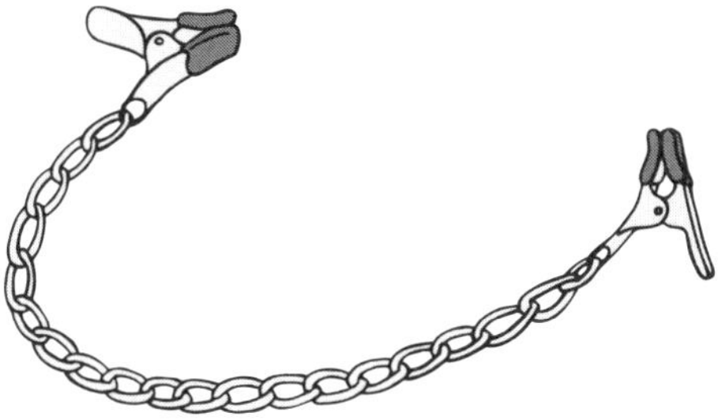

Brustklemmen gibt es in verschiedenen Varianten: Alligator Clips haben – wie der hübsche Name schon suggeriert – gezackte Metallzähne und sind mit einer Feststellschraube versehen. Die japanischen Clover-Klammern verengen sich, wenn man daran zieht. Die meisten Klemmen sind mit Schlaufen oder Bändern ausgerüstet an denen man Gewichte befestigen kann. Ab circa 35 Mark.

Bügelbrettbezug

(siehe auch ***Erotika, Kondomvase, Lover Boy, Maus, Pin Up***) Mit einem nackten Mann auf dem Bügelbrett kann sogar Bügeln Spaß machen. Eine nette Alternative zu all den langweiligen Bezügen für die Bügelunterlage. Gibt's bei Kamana für 34,50 Mark. Die wichtigste Stelle ist allerdings durch ein Laken verhüllt. Na ja, drüberbügeln darf man trotzdem.

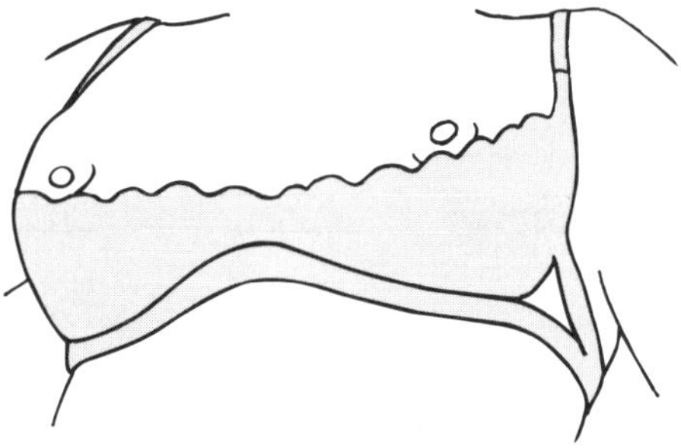

Büstenhebe

(siehe auch ***Busenkette, Dessous, Nippel Flowers, Push-up, Reizwäsche, Wonderbra***) Halbstarker BH, der den Busen ganz groß rausbringt. Eine Büstenhebe ist wie ein Büstenhalter gearbeitet, meist mit Bügeln, bedeckt aber nur nur die untere Hälfte der Brust. Die Brustwarzen oder auch der ganze Busen werden wie auf einem Präsentierteller dargeboten. Ein Paradies für Grapscher und Voyeure. Wird gerne zu tief dekolltierten Kleidern getragen oder zu Hause beim Sexspiel, meist zusammen mit Tangas und Strapsen. Büstenheber sind teurer als normale Büstenhalter, und es gibt sie im Sexshop oder im Dessous-Fachhandel.

Bulger Underwear

(oder ***Push-up-Tanga***, siehe auch ***Cache Sex, Hautsock, Jockstrap, Ringstring***) Spezielle Männerslips für die Balzzeit. »To bulger« kommt aus dem Englischen und heißt: ausbeulen, hervorstehen. Frauen stopfen sich Schaumstoff in den Büstenhalter, für Männer gibt es ausgestopfte Unterhosen. Das Polster ist herausnehmbar. Eine alte Volksweisheit weiß ja schon lange, daß Kleider Leute machen. Und einer, dessen Hose viel verspricht, ist zumindest in den Augen seiner Konkurrenten ein toller Hecht. Frauen schauen allerdings eher auf den Hintern, als auf den Hosenschlitz. Der Hecht kann sich die 25 Mark also sparen und dafür sein Hinterteil trainieren.

Busencreme

(siehe auch ***Busenkette, Implantate, Itchcream, Nippel Enlarger, Piercing, Potenzmittel, Push-up, Wonderbra***) Creme, die angeblich den Busen schöner und straffer macht oder ihn sogar vergrößern soll. Noch so ein Produkt, dessen Wirkung in den Bereich der Mythen fällt. Kein Kraut der Welt kann die Brust vergrößern. Aber oft ist der Wunsch so groß, daß man einfach glauben will, was die Vertreiber solcher Wundermittel erzählen. Im besten Fall können solche Cremes die Haut weich und geschmeidig machen. Den Busen vergrößern können nur Chirurgen, und das ist teuer und schmerzhaft. Da ist es doch besser, Push-ups zu benutzen, also Silikonkissen, die in den Büstenhalter geschoben werden.

Busenkette

(siehe auch ***Intimschmuck, Nippel Flowers, Piercing, Silbernippel***) Eine Kette, die die schönsten Berge der Welt verbindet, sozusagen eine erotische Bergkette. Busenketten werden mit Schlaufen, die man mehr oder weniger festziehen kann, an den Brustspitzen befestigt. Gibt es im Sexshop in verschiedensten Ausführungen, mit farbigen Glasperlen oder in Gold- und Silbertönen. Kann auch unter der Kleidung als kleine erregende Kitzlerin getragen werden. Ketten jeder Art können auch an Piercingringen, die in der Brust stecken, befestiget werden.

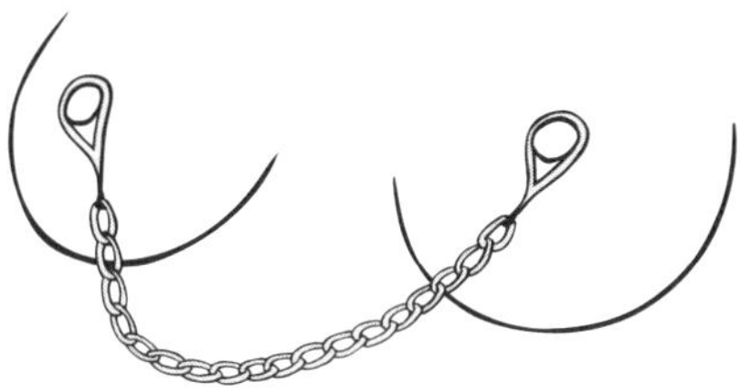

Busennudeln

(siehe auch ***Fun Food, Penispasta, Schokopimmel, Spermadrops***) Wer will schon immer diese langweiligen, dünnen Stangen, Spaghetti genannt, im Mund haben. Manchmal muß auch was anderes zwischen die Lippen. Nippel-Pasta zum Beispiel. Die ideale Vorspeise für Muttersöhnchen, die immer noch von ihrer Mama träumen. Mit einer scharfen Sauce angemacht, macht das nicht nur Nuckeljungs ziemlich heiß.

Busenspritzpistole

(siehe auch ***Gag-Artikel, Orange, Punching Penis, Senfglas, Striptease-Kugelschreiber***) Gag für große Jungs, die immer noch lieber mit Spritzpistolen rummachen, anstatt ihren eigenen Colt abzufeuern. Sie spielen damit den Helden auf Parties und freuen sich über die Riesen-Rosa-Titten-Spritzpistole.

Busen-Vakuumpumpe

(oder ***Breast Pump, Brustpumpe***, siehe auch ***Busencreme, Nippel Enlarger***) Klingt wie es ist, eher schrecklich. Frauen, die beim Stillen Milch abgepumpt haben, kennen vergleichbare kleinere Geräte und das Gefühl bei der Benutzung.

Die Vakuumpumpen erzeugen an der Brust eine Durchblutung und manchmal auch Stimulation. Frau stülpt sich eine Plastikkuppel über eine der beiden Brüste und saugt mittels Ballpumpe die Luft aus der Kuppel. Der Unterdruck und das Vakuum fördern dann die Durchblutung. Dabei wird jedoch die Brust weder größer noch straffer. Echte Stimulation mit Küssen, Saugen und Massieren ist angenehmer, und beide haben noch Spaß dabei. Typisch männliche Idee, zu glauben, Frauen würden sich mit solchen Geräten stimulieren. Trotzdem hoffte manch eine Käuferin im stillen, damit ihre Brust vergrößern zu können. Größer und reicher wurde dabei aber nur der Hersteller. Für 65 Mark im Erotikfachhandel.

Busenwärmflasche

(siehe auch ***Gag-Artikel, Powärmflasche***) Endlich nicht mehr einsam und mit kalten Füßen unter die Bettdecke. Der Single füllt sich die schwarze Latexwärmflasche, die zwei ausgeprägte Brüste trägt, mit warmem Wasser und geht mit heißen Gefühlen zu Bett. Busenfans drücken sich die Gummititten auch gerne beim Fernsehen an die Brust. Die Busenwärmflasche ist ein liebevolles Geschenk der Firma Harlekin und für gut 40 Mark zu haben.

Bustier

(siehe auch ***Dessous, Korsett, Reizwäsche***) Ein bißchen mehr als das pure Evakostüm, und Adam fühlt sich wie im Paradies. Ein Bustier ist ganz einfach ein kurzes Top, das den Nabel rausblitzen läßt. Und ein schwarzes Büstier zusammen mit einem Hauch von Tangahöschen aus zarter Spitze, Tüll oder Seide ist verführerischer als jeder Apfel.

Butter

(siehe auch ***Crisco, Gleitmittel, Vaseline***) Das beliebteste biologische Gleitmittel überhaupt hat schon Josephine Mutzenbacher entlastet. Die cremige Konsistenz muß man nicht immer nur aufs Brot schmieren, ein Teelöffelchen für Mami und eins für Papi, und alles läuft wie geschmiert. Billiger geht's nicht, und daneben schaut jedes Gleitmittel aus dem »Institut für Ehehygiene« alt aus. Also wenn es mal nicht so richtig flutschen will, reicht ein Gang zum Kühlschrank. Aber Vorsicht: Butter darf nicht zusammen mit Kondomen verwendet werden, da das Fett den Gummi löchern kann. Das könnte dann zu einem Butter-Baby führen!

Butterfly

(siehe auch ***Delphin, Hummel, Japanische Tanzhose, Schmetterling, Vibrator***) Flattersex für offenherzige Tierschützerinnen. Butterfly heißt nicht fliegende Butter, sondern Schmetterling. Noch so ein Sexspielzeug, das sich aus dem Reich der Tierwelt bedient, um den Homo sapiens zu bedienen: Tierliebhaber werden mit Vibratoren in Delphinform, Klitoriskitzlern, die wie Schildkröten aussehen, oder Analstöpseln, an denen ein Pferdeschwanz befestigt ist, verwöhnt. Der Butterfly ist ein Klitorisstimulator zum Umschnallen. Sieht aus wie ein Schmetterling mit zwei Fühlern, ist aus Plastik, vibriert und hält sich am liebsten in Muschiknospen auf. Das Kuscheltier kann man den ganzen Tag im Höschen flattern lassen. Der Schmetterling hat nämlich eine Fernbedienung, die die Tierschützerin diskret in der Jackentasche verschwinden lassen kann. Die billigen Plastikgurte schneiden allerdings ein und halten den Schmetterling nicht wirklich da, wo er flattern soll. Die Vibration genügt nicht jeder Frau, es ist eher ein leichtes massieren, das reizt, aber nicht befriedigt. Außerdem brummt das Tierchen ziemlich laut und trägt stark auf, so daß sich für Freiluftfreundinnen doch eher die Japanische Tanzhose oder die Hummel empfiehlt. Der Schmetterling ist ein Toy, das mehr verspricht als es hält. Und dafür sind 60 Mark eindeutig zuviel.

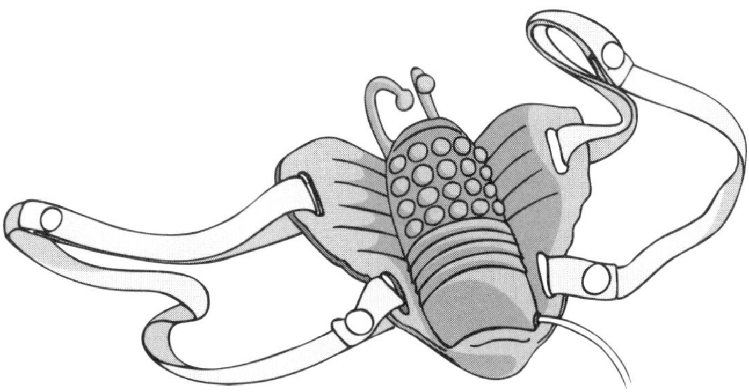

Butt Plug

(siehe auch ***Anal Plug***) Spielzeug für den Analerotiker, das einer Speerspitze ähnelt. Gibt es auch mit Spritzfunktion.

C

Cache Sex

(siehe auch ***Bulger Underwear, Dessous, G-String, Jockstrap***) Modernes Feigenblatt, das gerade mal seinen ganzen Stolz verdeckt. »Cache« kommt vom französischen »cacher« und heißt verstecken. Eines der wenigen sexy Dessous, die der riesige Reizwäschemarkt für die Herren der Schöpfung zu bieten hat. Das Stoffetzchen, meist nur durch einen String gehalten, gibt es ab 20 Mark.

Catsuit

(siehe auch ***Dessous, Korsett, Netzbody***) Noch so eine sexy Reizwäsche für sie, das heißt sie schlüpft rein, und er freut sich darüber. Außerdem ist der Ganzkörperanzug im Schritt offen, damit er wiederum ganz fein in sie hineinschlüpfen kann, ohne daß sie vorher rausschlüpfen muß. Ein Catsuit sieht ein bißchen aus wie ein Strampelanzug, ist meist wie eine Netzstrumpfhose gearbeitet und in sündigem Rot oder Schwarz gehalten. Im Sexshop ab circa 40 Mark zu bekommen.

CD-ROM

(siehe auch ***Cybersex, Maus, Porno, Video***) Erotik von der Scheibe. Die Silberlinge mauserten sich zu einem beliebten Pausensnack für geplagte Bürohengste. Sie sind klein und handlich und können auf jedem Computer, vorausgesetzt, er hat ein CD-ROM-Laufwerk, abgespielt werden. Man braucht also nicht mehr – wie bei einem Porno-Film – einen Videorecorder und einen Fernseher, um schnell mal eine nackte Frau angucken zu können. Sex-CD-ROMs verkaufen sich in den letzten Jahren schon fast so gut wie Videos, die Branche boomt. Es ist ja auch wirklich praktisch: Am Morgen kommt die Scheibe in die Aktentasche, und wenn es eine kleine Arbeitspause gibt, zieht man sich ein kleines Filmchen rein. Daher ist das wichtigste auf der Sex-CD auch die »Bosstaste«. Wenn der Chef im Anmarsch ist, wird mit der Maus einfach auf die Bosstaste geklickt, und schon erscheint wieder die Tabellenkalkulation auf dem Bildschirm.

Einfache CD-ROMs spielen nur einen Sexstreifen ab, andere bieten dem Benutzer die Möglichkeit, per Mausklick in das Geschehen einzugreifen beziehungsweise selbst aktiv zu werden. Man kann zum Beispiel eine Frau ausziehen und sie zum Höhepunkt bringen. Oder den Blickwinkel der Kamera einstellen. Die auf den Silberlingen groß angekündigte Interaktivität beschränkt sich aber manchmal nur darauf, daß man auswählt, ob man lieber zuerst einen Dreier oder eine Analszene sehen will.

Auf CD-ROMs gibt es natürlich nicht nur Pornos, sondern auch verschiedene Spiele und Sexsoftware. Ganz witzig ist zum Beispiel »Kiss 'n' Kill« (Bomico, 30 Mark), ein Spiel mit Kondomen, das Aufklärung und Spaß verbindet.

Chaps

(siehe auch ***Cruising Area, Darkroom, Geschirr, Harness, Leder, Motorrad***) Im Schritt offene Reithosen aus Leder, die von echten Cowboys als Schutz über den Jeans getragen werden. Schwule Großstadtcowboys finden die Dinger sehr geil, besonders dann, wenn der Träger die Jeans darunter wegläßt. Das bringt die ganze Pracht des Pos und der anderen entscheidenden Stellen richtig zur Geltung. In Spezialläden ab circa 500 Mark. Gibt es auch aus Gummi.

Chili

(siehe auch ***Aphrodisiaka, Austern, Brennessel, Koriander, Liebeszucker, Rheumasalbe, Spanische Fliege***) Pfefferschoten machen scharf. Äußerlich und innerlich angewendet. Als der Prophet kurzzeitig mit Erektionsproblemen zu kämpfen hatte, soll er den Erzengel Gabriel um Beistand angefleht haben. Dieser soll ihm Harissa empfohlen haben, eine rote Gewürzpaste aus Pfefferschoten, Knoblauch und Tomatenmark, die in nordafrikanischen Ländern vielen Speisen zugefügt wird.

Chili schmeckt wirklich scharf und gibt es in Deutschland in fast jedem türkischen Laden oder beim Tunesier um die Ecke für ein paar Mark. Chili enthält den Wirkstoff Capsaicin, und der heizt in jeder Hinsicht ordentlich ein. Manch Mutige schmieren sich Chili oder Harissa direkt auf den Penis, was zu wahrhaft heißen Begegnungen führen kann. Die Dänin Gitte Bjedlak hat vor kurzem sogar die Weltpatentrechte für ein Hautöl, das Chilischoten enthält, angemeldet. Das heiße Öl, das auf die Geschlechtsorgane aufgetragen wird, macht angeblich schärfer als jede andere Liebessalbe aus dem Sexshop.

China-Bad

(siehe auch ***Brennessel, Potenzmittel, Rheumasalbe***) Ein heißer Sextrick aus dem alten China, der mit einfachen Hausmitteln auskommt. Sozusagen ein Küchen-Sextoy. Gebraucht wird dazu lediglich eine Feuerstelle, sprich ein Elektroherd oder ähnliches. Dazu ein Kochtopf und Wasser oder wahlweise Öl. Der Liebhaber unterbricht den Liebesakt, um seinen steifen Schwanz in heißes Wasser oder Öl zu stecken. Dann dringt er wieder in seine Partnerin ein. Das warme Öl wird so in das Innere der Scheide gebracht, wirkt durchblutend und damit erregend für beide. Doch Vorsicht: Brandblasen auf seinem besten Stück führen nicht zum heißen Höhepunkt sondern zu Höllenqualen.

Cholesterin

(siehe auch ***Aphrodisiaka, Butter, Sport***) Fett macht schlapp. Männer mit Herzkrankheiten, Diabetes oder Bluthochdruck – oft aufgrund von Fehlernährung – werden in späten Lebensjahren viermal häufiger impotent als diejenigen, mit gesundem Lebensstil. Häufig treten Gefäßprobleme auf: Verengungen der Penisarterien kommen vom hohen Cholesterin in der Nahrung. Daher empfiehlt der Ernährungsspezialist Prof. Irwin Goldstein aus Boston, USA, fette und cholesterinreiche Speisen zu meiden. Von wegen Eier machen potent. Eins der Märchen, die der Volksmund gerne plappert!

Clinton-Shirt

(siehe auch ***Gag-Artikel, Lewinsky, Spanner, Zigarre***) Der geile Präsident und seine füllige Praktikantin hielten ein Jahr lang die Welt in Atem, und natürlich wird mit den beiden der eine oder andere Scherz getrieben. Sehr witzig: Im Karneval gab es einen Wagen mit der Figur einer schwangernen Freiheitsstatue, davor Bill Clinton als nackter Sünder mit einem Schild: »Ich war's nicht.« Bei Orion können sich Amerika-Fans ein T-Shirt mit aufgedrucktem Spermafleck bestellen. Der Spruch dazu: »I met Clinton.« Das Präsidentenshirt ist natürlich dunkelblau wie das berühmte Kleid von Moni und kommt auf 29,90 Mark.

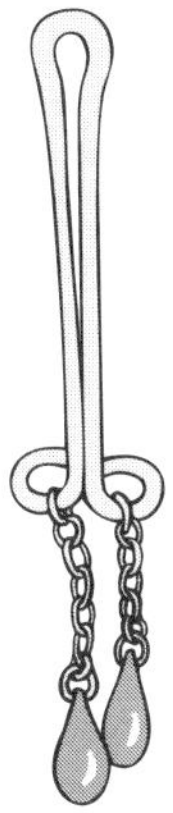

Clit Clip

(siehe auch ***Intimschmuck, Labienspange, Piercing***) Erregender Schmuck für intime Stellen, der ganz ohne Piercing auskommt. Der Muschiclip ist eine Metallspange, die über die Schamlippen geklemmt wird. Sieht aus wie eine dicke Haarklammer mit rundgebogenem Ende. Die Clips gibt es in verschiedenen Ausstattungen etwa mit Perlenbesätzen oder Kettchen. Preis circa 40 bis 50 Mark. Viel Geld für ein dünnes Stück gebogenen Silberdraht. Dann doch lieber eine echte Labienspange aus Silber von Birotic. Der Silberschmuck ist auch im Internet zu haben: »Cleopatras Clit Clip« etwa kostet unter *http://lust4fun.com/toys/clitclips.html* 10 Dollar.

Cockring

(siehe ***Asiatisches Ziegenauge, Erektionsring, Hunnengurt, Penisring***) »Cock« heißt Schwanz auf amerikanisch, und ein Cockring wird über den Penis gezogen, um die Erektion zu festigen. Erfunden wurde dieses Toy zur Jahrhundertwende als Hilfsmittel für impotente Männer. Damals war es noch aus Metall, heute gibt es Cockringe aus den verschiedensten Materialen und in den verschiedensten Qualitätsstufen. Näheres siehe Erektionsring.

Cockringvibrator

(siehe auch ***Erektionsring, Vibrator***) Lust für sie und ihn. Der Cockringvibrator ist eine Kombination aus zwei Sextoys. Am Cockring, der die Versteifung mittels Blutstau am Schaftende verstärkt, hängt ein kleiner Vibrationsmotor, der Hoden oder Klitoris stimuliert. Der eiförmige Vibrator wird mittels eines Kabels aus der Ferne mit Kraft versorgt und gesteuert. Etwas kompliziert und nicht gerade die Revolution unter den Sextoys. Zum Preis von 35 Mark im Sexhandel erhätlich.

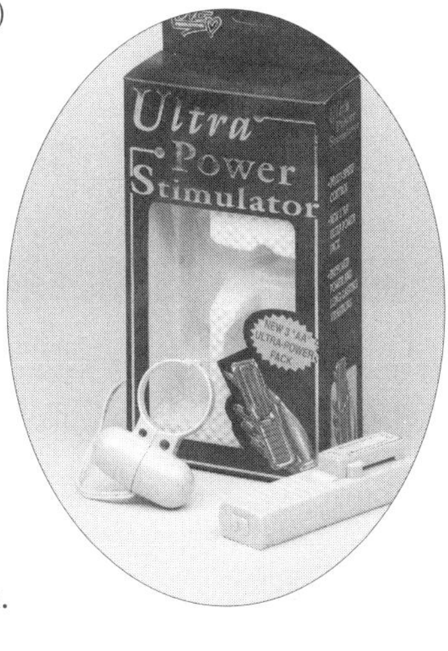

Comic

(siehe auch ***Erotische Literatur, Fotografie***) Fans von gezeichneten Stories müssen nicht auf einschlägigen Stoff als Wichsvorlage verzichten. Berühmte erotische Geschichten wie zum Beispiel *Emanuelle* gibt es auch als Comic. Zu den Stars der Sex-Comic-Zeichner gehören Alex Varenne, Erich von Gotha, Sarpieri und Liberatore. Besonders beliebt sind die *Leiden der jungen Janice* von Gotha. Die Sado-Maso-Story spielt im 18. Jahrhundert in Frankreich, wo die junge Janice in die Hände von Folterern gerät. Varenne hat mit seiner Erma Jaguar eine androgyne Figur geschaffen, die in einer Welt zwischen Traum und Wirklichkeit lebt.

Condomeria

(siehe auch ***Sexshop, Versand, Virtueller Sexshop***) Tante Emmas Gummiladen. Mit den Condomerias wurden die Pariser und anderes Sexspielzeug endlich aus der Schmuddelecke geholt. Die Läden befinden sich nicht im Rotlichtviertel, und man muß auch nicht mehr einen dicken, schwarzen Vorhang überwinden, um ins Innerste vorzudringen. Condomerias liegen in ganz normalen Einkaufsstraßen, haben ein großes Schaufenster und sind schon für Jugendliche ab 16 Jahren zugänglich. Das weltweit erste Kondomfachgeschäft (1987) steht bis heute in Amsterdam. Deutschlands erstes, und weltweit das zweite Geschäft dieser Art, wurde in Frankfurt in der bahnhofsnahen Gutleutstraße 139 im März 1988 von der Profamilia-Vertriebsgesellschaft eröffnet. Dieses einzigartige Geschäft fand bundesweit große Beachtung. Die Kondomfachgeschäfte sind frei von Pornographie und setzen sich in ihrer Präsentation der Verhütungsmittel gezielt vom herkömmlichen Erotikhandel ab. Kondomfachgeschäfte führen alle Artikel rund um die Gummis und sind dabei kein Sexshop. Die Mischung liegt zwischen einer »Love«- und Geschenkboutique.

Die Zielgruppen sind junge Leute und auch Erwachsene, die nicht in einen Sexshop gehen wollen. Besonders auch Frauen, die um den klassischen Sexshop meist einen großen Bogen machen. Heute gibt es in Deutschland circa zwölf Kondomfachgeschäfte unterschiedlicher Art und mit unterschiedlichen Namen zwischen Hamburg (Condom Museum Hesse) und Freiburg (Condomerie Woerner). Dazwischen Condomi Köln (mit Ableger in Mallorca) und La Condoma in Wiesbaden und Mainz am Rhein. Auch in Nürnberg und Esslingen existieren seit Jahren derartige Läden, während in der Weltstadt München und der schwäbischen Metropole die Gummi-Versuche fehlschlugen. Sogar die konservative Schweiz hat seit 1989 mehrere Verhueterlifachgeschäfte (Zürich, Basel und Bern). Anfang der 90er Jahre sprossen auch im übrigen Ausland Kondom-Shops wie Spargel: Condomenia an der Ost- und Westküste der USA, über 14 Condomeriet

Shops im kleinen Norwegen und (nur) ein Condomenia Shop in London. Barcelona hat erst seit 1997 zwei Condomshops.

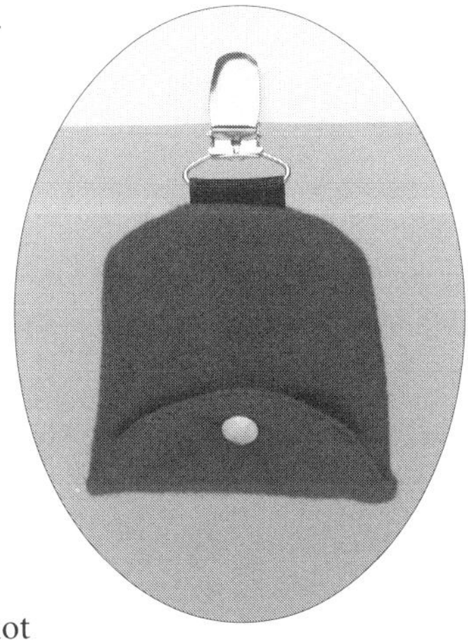

Condom Keeper

(siehe auch ***Cruising Pack, Just in Case, Toy Bag, Nachtkästchen***) Es soll ja Leute geben, die sich schämen, wenn das Kondom offen auf dem Nachtkästchen liegt. Dann lieber in einen Condom Keeper investieren. Kommt aus dem prüden Amerika und ist ein diskretes Täschchen, das man innen ans Kopfkissen klipst. Der Werbespruch bringt es auf den Punkt: »Stores Condom out of sight, not out of reach«. Die Diskretion kommt auf 6 Dollar.

Das Gummi nimmt keinen Schaden, auch wenn man seinen Kopf mit noch so heißen Gedanken drauflegt. Wenn das Verhüterli beim wöchentlichen Bettwäschewechsel allerdings in die Trommel gerät, ist es vorbei mit dem Safer Sex, denn je nach Waschgang wird das Latex porös.

Cophalfter

(siehe auch ***Dildo, Dildohalter, Geschirr, Harness, Oberschenkelgurt, Zauberstab***) Halfter für den Zauberstab. Für die Lesbe oder den Lover, der immer seinen Vibrator griffbereit am Gürtel bei sich führen will. Wie eine echte Kommissarin trägt die so gerüstete Lesbe ihr schwarzes Lederhalfter. Statt Pistole steckt ein Dildo darin – jederzeit einsatzbereit. Nicht billig so ein Handtäschchen der besonderen Art: unter *http://www.lusthome.com* kostet das Lederteil 120 Mark, bei Sexclusivitäten kommt das Halfter auf 100 Mark.

Crisco

(siehe auch ***Butter, Gleitmittel, Vaseline***) Besondere Praktiken brauchen besondere Hilfsmittel. Etwa Crisco, das traditionelle amerikanisches Backfett, mit dem Mama in Iowa den Apple Pie bäckt. Im Schwulenbereich ist das Fett in der Blechdose *das* Hilfsmittel für den Faustfick. Nichts schmiert besser als Crisco, es gehört zu einem Faustfick einfach dazu. Mit der Fettcreme wird der Anus massiert und geweitet. Der Schließmuskel muß vorsichtig gedehnt werden, Verletzungen sind unbedingt zu vermieden, sonst machen die Folgen des Fistfucking wenig Plaisir. Wer einstmals das aus Farmerkreisen stammende Crisco zur Kultcreme der kleinen Faustsexszene hochstilisierte, ist unklar. Was bleibt, ist Crisco als besonderes Accessoire in Versandkatalogen für Schwule. 450 Gramm Fett kosten 13 Mark. Achtung: Da fetthaltig, zusammen mit Kondomen problematisch.

Cross Dressing

(siehe auch ***Damenunterwäscheträger, Gender Bending***) Hat nichts mit scharfer Salatsauce zu tun. Cross Dressing kommt von englisch cross = überkreuz und dress = Kleid, Kleidung. Für Cross Dresser ist das Spiel mit dem anderen Geschlecht mit Hilfe von Kleidung, Perücken, Schminke, Gesten etc. sexuell sehr erregend. Sie bindet sich eine Krawatte um oder schnürt sich Springerstiefel an den Fuß, während er sich auf schwindelerregend hohen High Heels, in BH, Mieder und im engen Mini vor dem Spiegel wiegt.

Cruising Area

(siehe auch ***Cruising Pack, Darkroom, Klappe***) Noch so ein englisches Wort für einen Sexbegriff. Geht es auf der britischen Insel mehr ab, oder verstecken wir uns nur hinter den coolen Wörtern der Angelsachsen? Cruising Area klingt natürlich wesentlich geiler und professioneller als »Streungebiet« oder »Flanierbereich«. Die Cruising Area ist ein einschlägiger Ort für Sex, ein Ausdruck, der vor allem von Schwulen verwendet wird. Man streicht rum, flaniert, trödelt und guckt sich jemanden aus, mit dem man dann auf der Toilette oder hinter dem Rosenstrauch verschwindet, um gemeinsam abzuheben. To cruise heißt übrigens eine Kreuzfahrt machen oder flanieren.

Cruising Pack

(siehe auch ***Condom Keeper, Just in Case, Toy Bag***) Für alle Fälle und Ständer gerüstet ist Mann/Frau mit einem Cruising Pack. Cruising Pack könnte man frei mit Streuner-Packung oder Bums-Beutel übersetzen, es enthält Präservative und Gleitgel und sollte immer dabei sein. Gibt es bei der Deutschen Aidshilfe.

Cybersex

(siehe auch ***Bildtelefon, CD-ROM, Gender Bending, Lara Croft, Pixelsex***) Die Zukunft der schönsten Sache der Welt? Cybersex ist Sex mit einer Maschine und einem Höhepunkt, der nur auf Daten beruht. Der Cyber-Freier braucht dazu einen Datenhelm, einen Datenhandschuh, Sensoren an den Genitalien und einen Powercomputer. Ob romantischer Sex am Strand oder ein Stelldichein mit einer peitschenden Domina, alles ist möglich. Jederzeit und ohne Verpflichtungen. Cybersex-Simulatoren sind bereits Wirklichkeit, sie stehen aber noch in wissenschaftlichen Instituten und wurden bisher lediglich von ein paar Journalisten getestet. Die Datasuites, also die Anzüge für den Cybersex, kosten rund 40.000 Mark und der dazugehörige Computer mit ausreichender Rechnerleistung und entsprechender Software kommt auf 300.000 Mark. Es wird also noch ein bißchen dauern, bis überall in den Städten öffentliche Cybersex-Kabinen rumstehen, oder bis jeder zu Hause seine digitale Befriedigungsmaschine stehen hat. Und das ist vielleicht auch gut so. Denn: Was wird aus der Liebe?

Cybersex ist ein Begriff, der ziemlich schwammig gebraucht wird. Genaugenommen versteht man darunter Sex mit Hilfe des oben beschriebenen Cybercomputers. Oft meint man aber einfach Computersex in all seinen Varianten. Dazu gehören auch Begegnungen mit anderen Sexhungrigen im Internet in den sogenannten Chatlines (to chat = plaudern) Das ist bereits für jeden möglich, man braucht dazu nur einen Computer, ein Modem und einen Internetanschluß. In den Chatboxen kann der Teilnehmer mit Gleichgesinnten aus aller Welt heiße Worte und phantasievolle Anweisungen austauschen. Das World Wide Web ist zwar nicht dreidimensional und fühlbar wie der Cyberspace, dafür sitzt auf der anderen Seite der Leitung ein realer Mensch.

Und es soll schon vorgekommen sein, daß sich Paare im Internet gefunden und dann geheiratet haben. Die Lust per Modem und der Netz-Höhepunkt wird von immer mehr Menschen praktiziert.

Neben dem weltweiten Austausch mit Gleichgesinnten gibt es auch die Möglichkeit, im Netz seine ganz persönliche Hure zu besuchen. Das kostet allerdings. Die Frau sitzt irgendwo auf der Welt vor einem Computer mit Tastatur und einer Web-Camera, die auf sie gerichtet ist. Der Freier wählt sich ein und hat nun direkt Zutritt zu der Frau. Er kann ihr sagen, was sie machen soll, sie kann ihm heiße Worte zuflüstern und genau das zeigen, was er sehen will.

Das Internet bietet aber nicht nur die Möglichkeit, mit anderen am Bildschirm zu flirten, sondern auch jede Menge Bilder von nackten Frauen, manchmal auch Männern. Eben die ganze Spannbreite an Sexvideos, Pin Ups, Multi-Media-Shows und Pornos. Das Internet macht aber auch die Verbreitung von Kinderpornos und anderen Perversitäten leichter möglich. Außerdem kennt das World Wide Web keine Grenzen, und somit können die Pornos etc. zum Beispiel auch in streng islamischen Ländern gesehen werden. Für die meisten Hardcore-Bilder muß bezahlt werden, während ein Besuch auf den Homepages von Sexzeitschriften oder Clubs zu bestimmten Sexthemen kostenlos ist. Jeder hat die Möglichkeit, sich etwa über das Tragen von Keuschheitsgürteln zu unterhalten oder darüber, wo es die schönsten Lederfesseln gibt. Zum Computersex gehören natürlich auch die CD-ROMs (siehe CD-ROM) mit ihren Sexspielen und Pornos.

D

Dallas

(siehe auch ***Arab Stahl, Cockring, Hodenband, Hunnengurt, Stretcher***) Die Soap-Opera für den Pimmel. Mit diesem Hodenband plus Cockring aus schwarzem Nappaleder wird jeder hart wie der fiese J.R. aus der Serie. Bei Good Vibrations für 35 Mark zu haben.

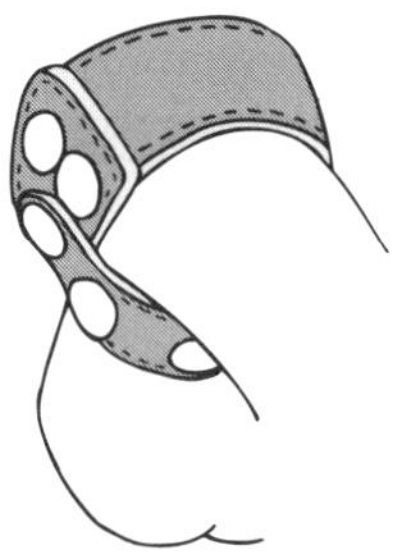

Damenunterwäscheträger

(siehe auch ***Cross Dressing, Dessous, Gender Bending, Herrenkorsett, Umschnallbare Frauenbrüste***) »Ach wie gut, daß niemand weiß, daß ich … unter meinem grauen Zweireiher einen BH und ein Taillenmieder trage.« Für manche Männer ist es sexuell besonders erregend, Damen-Reizwäsche zu tragen. Im Büro unter der normalen Berufsbekleidung oder zu Hause, allein oder zu zweit. Es gibt extra Korsetts für Männer, die etwas breiter geschnitten und in der Taille weiter gearbeitet sind. Damenwäsche-Fetischisten zwängen sich in diese Mieder und genießen den Effekt des Eingeschnürt-Seins. Es gibt ihnen den speziellen Kick des Verbotenen, des Eindringens ins andere Geschlecht.

Herrenkorsetts gibt es zum Beispiel im Internet unter *http://www.sex-shop.de/cgi/idframer* für 76 Mark. Im Versand angebotene Ware ist jedoch manchmal nicht von so hoher Qualität wie die Sachen, die direkt in Spezialgeschäften angeboten werden. Deswegen sollten sich Cross Dresser überwinden und solche Läden aufsuchen.

Dammits

(siehe auch ***Dental Dam, Latexschutztuch, Lolly, Safer Sex***) Verdammt. Eine Art Strapse zum Befestigen des Dental Dams. Jede Frau, die schon einmal ein derartiges Lecktuch zum Schutz vor Krankheiten benutzt hat, kennt das Problem. Die Tücher verrutschen über der Vagina oder kriechen in den Po. Da heißt es dann immer mal wieder: Dammit, was soviel wie »verdammt« heißt. Doch zum Glück hat Mann/Frau Dammits erfunden, eine Art Lederstrapsgürtel, an dem die Dams mit Druckknöpfen befestigt werden. Die Dinger sehen scharf aus und halten die Lecktücher dort, wo sie schützen sollen. Und die Hände können dort spielen und stimulieren, wo Frau das gerne hat. Die Schutz-Strapse kosten im Fachhandel (Sexshops, Frauen-Erotikversand, Aidshilfe) circa 65 Mark und sind immer wieder verwendbar.

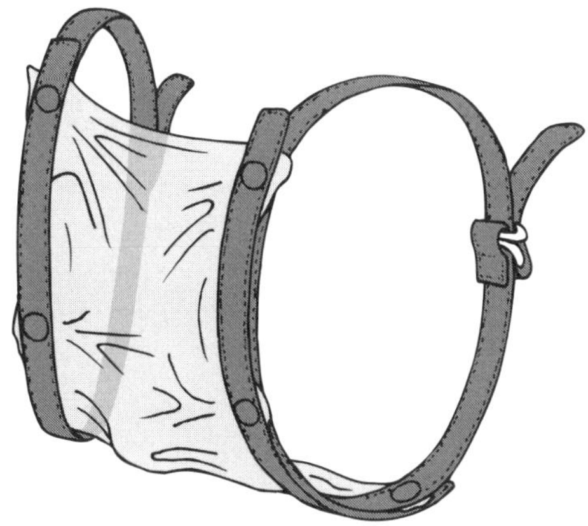

Darkroom

(siehe auch ***Cruising Area, Cruising Pack, Klappe***) Dunkelkammer in Schwulendiscos. Hier entwickeln sich besondere Beziehungen, der Darkroom ist der Ort für anonyme Triebbefriedigung. Der abgedunkelte Raum befindet sich oft im Keller und ist meist nur über verwinkelte Gänge erreichbar. Drinnen kann man sein(e) Gegenüber nur schemenhaft erkennen und niemand redet, höchstens ein Flüstern ist zu vernehmen. Man nähert sich im Dunkeln einer unbekannten Person und hat Sex mit ihr. Dabei wird laut Darkroom-Etikette nicht einmal gestöhnt. Ein spezieller Kick. Der Geruch nach Schweiß und Sperma ist ziemlich intensiv. Oft wird trotz Aids immer noch ohne Präservativ gevögelt. Aufregender Raum, leider nur für Homosexuelle. Warum eigentlich?

Dauer-Bums-Dragees

(siehe auch ***Liebeszucker, Potenzmittel, Spanische Fliege, Stud 100, Viagra***) Pillen für Möchte-gern-Marathon-Ficker. Und so einfach geht's: Für 60 Dragees 36,80 Mark auf den Tresen legen, schlucken und bumsen, bumsen, bumsen. Wenn's doch nicht klappt, Geld zurückholen. Dann wurden Sie nämlich geneppt. Zum Trost: Sie sind nicht der einzige.

Deep Throat

(siehe auch ***Grüne Lippen, Gummipuppe, Lustgrotte, Lusttorso, Kunstvagina, Oro-Stimulator***) Kunstmuschi mit genialem Namen. »Deep Throat« heißt soviel wie »tief in der Kehle«. Wenn er sein bestes Stück in diesen Plastikschlund steckt, soll er das Gefühl haben, einen geblasen zu kriegen. *Deep Throat* heißt auch ein Kultfilm aus den siebziger Jahren: Deep Throat war eine Frau, die nie zum Orgasmus kam, bis ein Arzt feststellte, daß sich ihre Klitoris ganz tief im Rachen befand.

Womit Deep Throat zur Lutschkünstlerin avancierte! Im nachhinein berichtete die Schauspielerin, daß sie während der Dreharbeiten regelrecht gezwungen wurde, den Penis ihres Filmpartners so tief zu schlucken, daß es sie würgte und verletzte. Der Name dieser speziellen Kunstvagina knüpft an den Film an und bemüht sich, das Plastikteil zur Masturbation für den Herrn damit zu vermarkten. Die Muschi entspricht aber weniger einem tiefen Schlund, sondern ist vielmehr ein Stück rosafarbener Schlauch. Mittels Batterien und Fernsteuerung per Kabel kann sich der handfaule Benutzer entleeren. Auf jeden Fall Gleitmittel dazu nehmen, sonst verletzen Sie sich noch das empfindliche Geschlechtsteil.

Delphin

(siehe auch ***Butterfly, Dildo, Eroscillator, Hummel, Madonna, Vibrator***) Tierischer Sex für Flipper-Fans. Wenn schon Sex mit Plastik- oder Silikonschwänzen, dann doch bitte mit einer süß gebogenen Schnauze und sanftlächelnden Augen. Der Delphin-Vibrator kommt in schönem Meeresblau daher und bringt nicht nur Tierfans zum Träumen. Der schönste Flipper ist von Fun-Factory und kommt auf circa 79 Mark.

Dental Dam

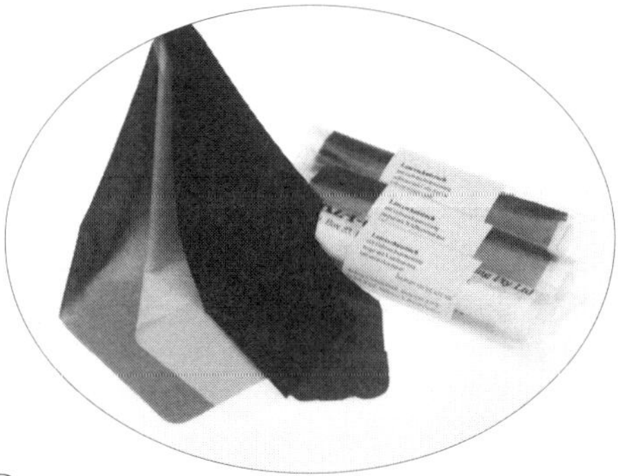

(oder ***Läppchen, Lecktuch,*** siehe auch ***Dammits, Latexschutztuch, Lolly, Safer Sex***) Ein Gummituch lecken ist nicht unbedingt geil, dafür aber infektionsverhütend. Außerdem lutscht Mann/Frau ja nicht das Latex, sondern genaugenommen die Klitoris der Allerliebsten. Und das verursacht in jeden Fall Lust. Das Dental Dam hängt nicht zum Spaß zwischen Lippen und Kitzler, sondern als Schutz vor Aids und anderen Sex-Krankheiten. Diese von Lesbierinnen schon länger verwendete Verhütung kommt aus den USA, genaugenommen aus der Zahnmedizin, und ist bei uns erst seit etwa vier Jahren auf dem Markt.

Das Latexschutztuch ist, wie es der Name schon sagt, ein circa 20 mal 15 Zentimeter großes Tuch aus Latex, das beim Oralverkehr über die Vulva gebreitet wird und gegebenenfalls mit Dammits befestigt wird. Die dünne, fast seidige Konsistenz beeinträchtigt das Lustgefühl nur wenig. Der Geschmack ist leicht fruchtig, was manche, die Probleme mit dem Eigengeruch des Körpers haben, vielleicht als angenehm empfinden.

Dental Dam darf selbstverständlich nur auf einer Seite benützt werden und muß nach einmaligen Gebrauch entsorgt werden. Wenn es beim Verkehr beispielsweise auch zum Anilingus, zur Oralstimulation am Anus, kommt, muß ein neues Tuch benützt werden. Der Naturkautschuklatex ist hautfreundlich und führt nur selten zu Reaktionen oder Allergien.

Die Tücher sind kühl und trocken zu lagern. Der leichte Puderbezug (Lycopodiumpuder), der aufgetragen wird, um Verklebungen und Faltenbildung zu vermeiden, kann ohne weiteres abgewaschen werden.

Die Lecktücher können zur besseren Haftung und auch zur Steigerung des Lustgefühls zusammen mit Gleitmittel angewendet werden. Tip: Wem die Latextücher zu teuer sind, der nimmt einfach Frischhaltefolie, die gibt's bei Aldi, und man hat dazu noch den Durchblick auf die ganze Pracht.

Preis: circa 3 Mark, gibt es in Condomerias, Frauenläden, im Internet unter *http://www.kessel-marketing.com* und bei der Aidshilfe, auch im Internet unter *http://www.aidshilfe.de/html/vertrieb/index.htm.*

Dessous

(siehe auch ***Baby Doll, Bulger Underwear, Büstenhebe, Bustier, Cache Sex, Catsuit, Eßbare Unterwäsche, Getragene Unterwäsche, G-String, Hautsock, Herrenkorsett, Jockstrap, Kimono, Klappbikini, Korsage, Korsett, Mieder, Miedergürtel, Negligé, Netzbody, Push-up, Reizwäsche, Ringstring, Rosenslip, Sexstrumpfhosen, Slip Ouvert, Strapse, Stringtanga, Suspensorium, Unterwäsche, Wochenendhose, Wonderbra***) »Dessous« kommt aus dem Französischen und heißt ganz einfach »darunter«. Dabei wird im Dessousbereich schon lange das unterste zu oberst gekehrt: nach dem Motto, ein Dessous ist dazu da, körperliche Reize zur Schau zu stellen. Madonna hat den Spitzen-BH als Blusenersatz populär gemacht, und der Lingerielook gehört heute zum Alltag. Und die im Sexshop oder Erotik-Versand angebotene Reizwäsche unterscheidet sich nur noch geringfügig bis gar nicht von dem Angebot eines normalen Dessous-Ladens. Was früher nur leichten Mädchen vorbehalten war, wird heute von praktisch jeder Frau eingesetzt. Und es funktioniert. Männer lassen sich von einem Spitzen-BH und Strapsen immer wieder schwer beeindrucken. Das Angebot ist riesig: Neben den BHs und Bodys sind auch Korsette wieder im Kommen, im Sexshopkatalog werden Strumpfhosen, Catsuits und Tangas angeboten, die im Schritt offen sind. Ein Dessous soll zwar die Reize unterstreichen, beim Reizen aber nun auch nicht im Weg sein. Eine ähnliche Funktion hat die Büstenhebe, eine Art halber Büstenhalter, der die Nippel frei läßt. Da braucht einem dann keiner mehr an die Wäsche zu gehen. Auch für Männer gibt es ein paar reizende Dessous: Jockstraps, durchsichtige Tangaslips, Netzbodys, Höschen mit Front-Reisverschluß bis hin zum »Williwärmer«, einem gehäkelten Teil für seinen Penis, das allerdings eher zum Lachen animiert, als zu sonst was.

Bleibt noch die Frage, ob die Dessousladendichte eines Landes etwas über das Verhältnis seiner Bewohner zur Erotik aussagt. In jedem Fall ist Österreich mit Filialen der Reizwäsche-Ketten Palmers und Gazelle zugepflastert, während Deutschland das Land mit der größten Apothekendichte der Welt ist.

Dessoustorte

(siehe auch ***Busennudeln, Erotikparties, Fun Food, Marzipanmuschi, Penispasta, Schokopimmel, Spermadrops, Torte***) Scharfe Torten zum Anbeißen. Der holländische Konditor Cyráko erfand 1998 die Biskuit-Marzipantorten in Form eines männlichen oder weiblichen Beckens oder Oberkörpers: Je nach Wunsch gibt es Busen mit echten Nippel Flowers oder BH, Männerpos mit Stringtanga oder Frauenbecken mit Strapsen. Ein besonderes Partygeschenk etwa bei runden Jubiläen oder anderen großen Festen. Die unwiderstehliche Süßigkeit wird für Hochzeiten auch als Brautpärchen, bestehend aus zwei Torten, sie in weißen Dessous, er im goldenen Tanga, geliefert. Preis pro Torte circa 150 Mark. Schmecken übrigens wirklich gut und sind daher nicht nur ein Gag!

Devotismus

(siehe auch ***Fetisch, Folter, Fußsklave, Masochismus, Sadismus, S/M-Spiele***) Sklaventreiberei im Schlafzimmer. Unterwürfiges Sich-Hingeben ist eine häufig praktizierte Spielart des Sex. Damit ist jedoch nicht gemeint, daß eine Frau ihren Macho ergeben drübersteigen läßt und nur wartet, bis er fertig ist. Die Lust an der Unterwerfung entsteht im Ritual. Einer von beiden befiehlt und ordnet an. Der andere führt treu die Anordnung aus. Beide erregt das Spiel. Der devote Partner küßt ihr zum Beispiel die Stiefel, leckt diese ab und erregt sich an ihrem scharfen Befehlston – bis er irgendwann kommen darf. Die Unterwerfung der Frau erinnert an eine Vergewaltigung: Sie dient ihm und folgt seinen Wünschen. Das devote Liebesspiel aber funktioniert nur, wenn beide es wollen und ihre Rollen einhalten. Sobald einer dabei wirklich unterdrückt wird und eigentlich nicht mitspielen will, wird es pervers. In Pornoheften, erotischen Geschichten und Pornofilmen werden Sklaven-Szenen gerne auch als »bizarr« bezeichnet.

Diaper Lovers

(siehe auch ***Adult Baby, Bizarr Sex, Puerilismus, Windelsex***) Englisches Wort für eine besondere Liebhaberei. Diaper heißt Windel und Diaper Lovers lieben es, in die Hose zu machen. Die auch Adult Babys genannten Männer, lassen sich gerne umsorgen, füttern und pudern wie Babys. Und der Sexmarkt hat natürlich auch für diese Nische das Nötigste bereitgestellt: Schmuse- und Heiakissen, Schnuller, Gummihöschen, Windeln und Strampelsäcke bis Herrengröße 64. Da bleibt kein Po trocken. Näheres siehe Adult Baby und Puerilismus.

Dildo

(oder **Bienfaiteur, Consolateur, Kunstpenis, Ladies Friend, Witwentröster,** siehe auch **Banane, Cophalfter, Doubel Fun, Flasche, Godemiche, Gummipeter, Gurke, Harness, Kalebasse, Kerze, Massagestab, Olisbos, Realistics, Zucchini**) Zauberstab. Der Begriff Dildo, kommt vom englischen »delight« für Entzücken oder auch »dilate« (ausweiten). Es handelt sich dabei um einen Kunstpenis aus Gummi, Horn, Holz oder neuerdings auch Silikon. Der Dildo ist das älteste Sextoy der Welt überhaupt. Zur Zeit des Hellenismus war die Stadt Milet bekannt für die Fabrikation und den Export von Leder- und Holzpenissen, Olisben genannt. Im alten China waren sie aus Porzellan, in späteren Zeiten gab es Modelle aus Glas mit einer Samthülle oder welche mit Hodensack, aus dem warme Flüssigkeiten hochgepumpt wurden, oder auch Dildos aus Wachs. Gummischwänze, wie wir sie jetzt kennen, erfreuen Mann und Frau erst seit Mitte des 19. Jahrhunderts. Das neueste und derzeit trendigste Material ist Silikon.

Frauen wußten sich schon immer zu helfen, und die Witwentröster fanden seit jeher großen Absatz, vor allem in Nonnenklöstern. Besonders berühmt war der sudanesische Mandingo-Dildo, ein hölzerner, mit Leder überzogener Umschnallpenis mit Samenröhre. Der daran hängende lederne »Hodensack« war mit dem Saft des Dalaka-Baums gefüllt, der klebrig ist und wie Sperma riecht. Naturvölker kennen Kalebassen (Kürbisse) als Penissurrogat. Aber es kann ohnehin alles, was wie ein Phallus aussieht, ob Flaschen, Karotten, Rüben, Gurken oder Zucchini, zum Dildo werden. Männer sind von solcher Mißachtung ihres besten Stücks wenig begeistert. Sie werden eifersüchtig, denn alte Sprichwörter haben meist recht und die Bauernregel zum Thema Dildo lautet: »Wer den Dildo im Hause hat, braucht keinen Mann aus der Stadt.« Und heute könnte man hinzufügen: »Wer es mit einem Dildo treibt, dem der HIV-Virus vom Leibe bleibt.«

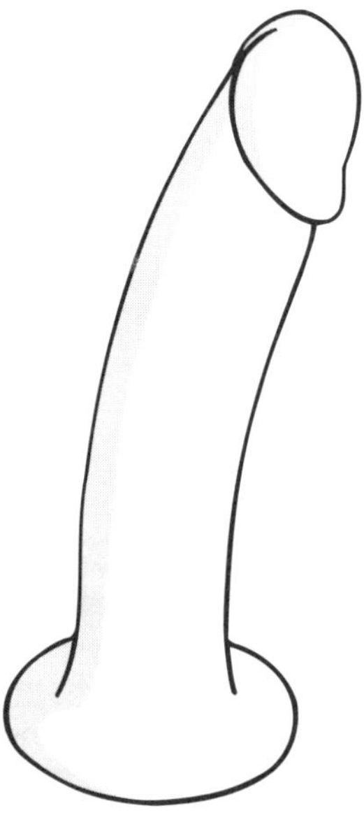

Im Sexshop werden heute vor allem Kunstpenisse mit Vibrierfunktion angeboten und die heißen dann Vibrator. Doch auch der klassische Dildo hat seine Liebhaber. So ein Gummipeter kann einer Frau allein Lust bereiten, aber auch in das Sexspiel zu zweit integriert werden. Sie macht sich damit an seinem Po zu schaffen, oder er läßt dem Gummipeter den Vortritt, bevor er selbst zu Besuch kommt. Oder die Lesbe schnallt sich den Gumipimmel mit Hilfe eines Harness um die Hüften.

Das größte Vorbild für Dildohersteller ist übrigens der Pornostar Long Dong Silver, er hat einen Schwanz von 48,3 Zentimeter Länge. Das ist aber nun doch nicht Jedermann/-fraus Sache. Es gibt eine ganze Reihe von Dildos, die den echten Schwänzen von Pornostars nachempfunden sind, »Realistics« genannt, und für die muß Frau/Mann schon einiges hinlegen. Ken Ryker aus Vollgummi mit 28,5 mal 6 Zentimetern etwa ist für 179 Mark zu haben. Jeff Strykers etwas krumme Nudel kostet 139 Mark. Der Durchschnittsdildo hat allerdings »nur« eine Länge von 20 bis 30 Zentimeter, und einen Durchmesser der zwischen drei und sechs Zentimetern liegt.

Je nach Material haben Dildos unterschiedliche Eigenschaften: Solche aus Gummi sind relativ schwer und werden schnell porös, Dildos aus Latex beziehungsweise Silikon sind sehr seidig und nicht gerade billig, dafür aber langlebig und kochfest! Edlere Teile sind aus Holz, Silber oder Marmor gefertigt. Einfache Gummipimmel sind schon ab 30 Mark zu haben.

Poppige Dildos aus Künstlerhand

Interview mit Tobias Ballweg, der sich sein Kunststudium durch die liebevolle Herstellung von Kunstschwänzen finanziert.

Herr Ballweg, was für eine Berufsbezeichnung steht auf ihrer Visitenkarte: Schwanzimitator, Phallushersteller …?

Einfach nur Künstler, aber ich habe gar keine Visitenkarte.

Warum so verschämt?

Ich bin Student am Frankfurter Städel und die Vibratoren sollen eigentlich meine Kunst finanzieren. Ich will mit dem Geld Farbe und Material kaufen.

Aber warum wollen Sie sich gerade mit Dildos finanzieren?

Kunst ist geistig, ein Vibrator, das ist was Körperliches. Ein Dildo ist Kunst für den Körper. Also die ideale Verbindung von Geist und Körper, und ich liebe es, mit Verschmelzungen zu arbeiten.

Was nehmen Sie als Vorbild? Ihren eigenes bestes Stück?

(lacht) Ne, wir besprechen das im Team, ich mach das zusammen mit Freunden. Es soll dabei etwas entstehen, womit sich die Leute wohlfühlen. Und es gibt zum Beispiel Frauen, die haben eine Schwanzphobie. Für die haben wir die Dildos in Delphinform gestaltet. Lesbische Frauen stehen da total drauf, die finden es lustig, eine so abstrakte maskuline Form zu haben.

Die stehen auf tierischen Sex?

Ja, der Flipper ist bei Lesben sehr beliebt, sie identifizieren sich mit dem Delphin, der ist glitschig, verspielt und hat eine aerodynamische Form. Das ist für sie so wie der Gartenzwerg für andere. Und eine Qualle wär ja auch nicht das richtige, oder?

Ist das Herstellen von Dildos für Sie eine Hommage an den Phallus oder eine gute Tat für Frauen und auch Männer?

Weder noch, ein Dildo ist einfach ein Gebrauchsgegenstand zum Spaß haben. Aber auch so ästhetisch, daß er als Kunstgegenstand in der Vitrine stehen kann.

Was verwenden Sie für ein Material?

Ich mache die Dildos und Vibratoren aus Silikon. Ein geniales Material, das stinkt nicht wie die normalen Gummipenisse und greift sich gut an. Silikon ist total unschädlich, das könnte man sogar essen.

Wie geht so ein Herstellungsvorgang vor sich?

Das Silikon ist von der Konsistenz her wie Honig, nur glasklar, die Masse wird aufgeschäumt, vakuumisiert und mit den Farbpigmenten vermischt, dabei verwenden wir nur unschädliche Farbstoffe. Danach kommt das Silikon in so eine Art Kuchenform, wird erwärmt und wieder abgekühlt. Vorher muß eine Vorform aus Gips gemacht werden, von der dann eine Negativform gegossen wird. Das ist alles reine Handarbeit.

Was ist Ihr »liebstes Produkt«?

Das ist der »Little Sister's Dildo«, er sieht aus wie ein Stab aus ineinandergeschmolzenen Eiern.

Was war Ihr allererstes Produkt?

Das war der »Professor«, noch ganz klassisch mit Eichel, aber der kommt nicht so gut an. Wir haben verschiedene Größen, der »Student« ist etwas kleiner als der »Professor« und der kommt bei Frauen besser an. Die wollen nicht so riesige Teile, hab ich festgestellt. Der Student ist schwarz-weiß, das ist so ein bißchen japanisch angehaucht. Der größte, den wir haben ist der »Mamu Vibrator« (17,5 x 5,5 cm). Mamu heißt Killerwal. Wir haben aber auch noch den zierlichen, schmalen »Baby Doll Dildo«.

Haben Sie in der Familie oder Nachbarschaft Ärger wegen des Berufs?

Die Nachbarn gucken schon manchmal ein bißchen, und neulich meinte die Frau von oben: Was macht er, der Schwanzmann von unten.

Und ihre Mutter?

Die meint, das ist wenigtens gesund, wenn man mit Dildos rummacht, da kann man sich keine Krankheiten holen wie beim Sex.

Probieren Sie alle neuen Produkte selber oder mittels Testpersonen aus?

Ich hab noch keinen ausprobiert. Das stellt man sich doch alles in der Phantasie vor.

Was halten Sie von Sexspielzeug im allgemeinen?

Ganz witzig, man probiert halt Sachen aus, genauso wie man auch verschiedene Klamotten hat oder verschiedene Fahrräder.

Was benutzen Sie selbst?

Ich stehe auf Lederklamotten. Ab und zu verwende ich mal einen Cockring, das macht so einen angenehmen Druck beim Orgasmus. Aber ich spiel nur ab und zu mit was rum, einfach so aus Spaß, nicht immer, das wär so zwanghaft. Das mag ich nicht.

Warum verwenden Sie so intensive Farben, während die meisten Dildos aus dem Sexshop hautfarben sind, weil naturrosa angeblich am besten geht?

Wir wollen es halt ein bißchen poppig. Nicht so ernsthaft. Einfach zum Spaß haben.

Blau geht am besten, da denkt man an Himmel, Unendlichkeit. Unsere Dildos sind meist mehrfarbig marmoriert. Orangesilber zum Beispiel oder grünschwarz. Das sind Farben, die es im Sexshop so nicht gibt. Wir haben jetzt neu auch Pastellfarben wie mintgrün, orange-sorbet und lecker-lila. Neu sind auch die silber- und goldfarbenen. Es gibt im Erotikhandel silberne Vibratoren, aber die Silberbeschichtung blättert ab und das ist ungesund. Das kann bei unseren Silikondildos nicht passieren.

Was kostet so ein Silikon-Kunstschwanz?

Zwischen 80 und 90 Mark, je nach Größe.

Wo kann man ihre Dildos bekommen?

Am besten übers Internet unter *http://www.marcofthenet.com/tobi* oder *http://www.marcofthenet.com/insideher/* oder bei InsideHer in Frankfurt.

Was haben Sie als nächstes vor? Gibt es noch mehr erotisches Spielzeug von Ihnen?

Ja, als nächstes planen wir einen sprechenden Vibrator mit Mikrochip. Der stöhnt dann »Tiefer, tiefer, mehr, mehr« oder »Fick mich« oder auch »Nein bitte nicht«.

Dildohalfter

(siehe auch ***Cophalfter, Dildo, Harness***) Immer bereit. Genauso wie die Herren der Schöpfung haben manche Lesben ihren Schwanz immer dabei. Und auch bei den Frauen gibt es Links- oder Rechts-Trägerinnen. Je nachdem über welcher Schulter sie ihr Lederhalfter tragen. Drinnen steckt keine Knarre, sondern ein strammer Kunstschwanz. Gibt es bei Sexclusivitäten für 120 Mark oder im Internet unter *http://www.lusthome.com.*

Diletto

(siehe auch ***Busenwärmflasche, Dildo***) Der Dildo als Heizstab. Jahrhunderte nach Erfindung der Bettflasche gibt es endlich auch die Wärme für »innen«. Ein Diletto ist ein Dildo, der mit warmem Wasser gefüllt wird. Heizt schön auf, feucht wird sie dann noch durch ihre Phantasien mit dem fremden »Mann« im Bett. Dilettos gibt es nur im Sexhandel, ab 50 Mark. Falls das Teil zu heiß und damit undicht wird, gibt es auch noch Flecken im Bett! Warum auch nicht?

Dillinger

(siehe auch ***Gag-Kondome, Kondom, Topaz***) Manche denken bei Dillinger vielleicht an einen Colt, aber abschießen kann man mit diesem verrückten Kondom-Überstreif-Gerät niemanden. Die Idee des Erfinders Franke aus Bad Homburg war gut gemeint, ging aber nach hinten los. Franke wollte 1993 die Benutzung der Kondome vereinfachen. Die lästigen 30 bis 40 Sekunden, die der geübte Mann oder seine Gespielin braucht, um das Latexteil über den Schniedel zu streifen, sollten drastisch verkürzt werden. Der gemeine Dillinger war ein etwa zwölf Zentimeter langer Kunststoffzylinder mit einer Führung in der Mitte, über die das Kondom vor dem Akt (oder schon zu Hause) gestreift wurde. Das Kondom war gespannt, der Dillinger auch. Jetzt fehlte nur noch das erigierte Glied. Dieses wurde in den Zylinder geführt und schon schnallzte das Gummi bis zur Kranzfurche über den Penis. Nun mußte es nur noch über den Schaft gerollt werden. Fertig! Gesparte Zeit circa 20 Sekunden. Das Gerät verkaufte sich jedoch nicht, obwohl Funk und Fernsehen darüber berichteten. Der Fehler lag am System. Der Dillinger und auch seine Luxusvariante mit Schmuckdose verkomplizierte den ganzen Akt eher, als daß es ihn vereinfachte. Ein Nebeneffekt, der die Gummihersteller gefreut hätte: Jedes dritte Kondom ging schon beim Überstreifen auf den Dillinger kaputt, so daß es erst gar nicht zur Anwendung kam.

Der Dillinger ging mit dem Konkurs den Main hinunter. Kostenpunkt circa 45 Mark, plus die Kondome, die zusätzlich verschlissen wurden.

Dirty Talk

(siehe auch ***Lustschrei, Verbalerotik***) Unvergeßlich wie Kevin Kline in »Ein Fisch namens Wanda« seine Partnerin zum Höhepunkt treibt, indem er sie mit italienischen Wörtern nur so bombardiert. Bei Pasta asciutta wird sie schwach, bei Funghi stöhnt sie und bei Pomodore schüttelt es sie vor Lust. Wer keine sexy Fremdsprache beherrscht, kann es mit einem simplen »Ich liebe dich« versuchen, das verursacht fast immer Wonneschauer. Männer stehen auf Übertreibungen wie »Der ist aber hart« oder »Du bist der beste Liebhaber der Welt«.

Bei manchen kommt es besonders gut, wenn man etwas deftiger zur Sache geht und ihnen derbe Sprüche wie »Jetzt zeig ich's dir, du Schlampe« oder »Fick mich, du geiler Arsch« ins Ohr flüstert. Fast alles geht, wenn man einen Satz dabei nicht außer acht läßt, und der lautet: Der Ton macht die Musik.

Doktorspiele

(siehe auch ***Analspekulum, Birnspritze, Einlauf, Gummilaken, Gummischürze, Gynäkologenstuhl, Handschuhe, Irrigator, Kaviar, Klistiersex, Krankenschwester, Stechbecken***) Die Götter in Weiß und die dralle Krankenschwester im engen Kittel beflügeln so manche Phantasie. Andere gehen noch weiter und spielen gleich handfesten Doktor-Sex. Meist werden dabei »gynäkologische« Untersuchungen durchgeführt, oft auf einem echten Frauenarzt-Stuhl. Der falsche Doktor trägt Plastikhandschuhe und untersucht nach Lust und Laune. Ein ganzes Arsenal an Instrumenten wird in Sexshops und von Spezialanbietern via Internet, zum Beispiel unter *http://www.erotikladen.de/D6/DO.html*, angeboten. Da gibt es Anal- und Vaginalspekula, Birnpumpen und Irrigatoren fürs Klistieren, Frauenduschen, Blasenkatheter und ähnliches. Der »Patient« hat meist masochistische Neigungen und genießt die »Untersuchung« mit einem Gefühl des Ausgeliefertseins an den Gott im weißen Kittel.

Dolly-Buster-Puppe

(siehe auch ***Gummipuppe, Loverboy, Puppe, Real Doll***) Der Sexstar Dolly Buster hat persönlich für diese Latexpuppe Modell gestanden. Die »aufregende und willige Frau für unvergeßliche Stunden«, die dabei entstand, gibt es exclusiv bei Beate Uhse. Sie hat drei Öffnungen, Mund, Vagina und Anus und kostet läppische 699 Mark.

Dolly Fresh

(siehe auch ***Gummipuppe, Puppen-Reparaturset, Reinigung***) Reinigungsmittel für die Plastikpuppe. Geruchs- und pH-neutral, für saubere 19,90 Mark. Ein feuchtes Tuch tut's natürlich auch, aber wer wichst nicht gerne seine Allerliebste bis sie glanzt und strahlt.

Domina-Spiel-Set

(siehe auch ***Handschellen, Peitsche, Phantasie, S/M-Spiele***) Enthält alles, was die Qual zur Lust macht. Schon für 49 Mark kann sich jede Hausfrau in eine Sklavenquälerin verwandeln. Ideale Überraschung für ihn, wenn er mal wieder den Müll nicht runtergetragen hat. Zur Strafe wird er gepeitscht und wenn ihm das gefällt, darf er ihr die Stiefel lecken. Die Domina-Tüte enthält einen BH und einen Slip mit Nietenbesatz, der im Schritt offen ist, eine Maske und – aua! – eine Peitsche natürlich.

Double Fun

(oder ***Doppeldildo, Duett***, siehe auch ***Dildo, Partnerbeglücker***) Biegbarer Doppeldildo aus Gummi, der an beiden Seiten eine nachgebildete Eichel hat. Der Spruch »Alles hat ein Ende, nur die Wurst hat zwei« hat damit in jedem Fall seine Alleingültigkeit verloren, denn der Double Fun hat ebenfalls zwei Enden und kann damit doppelt Lust spenden. So kann eine Frau gleichzeitig sich selbst und eine andere Frau oder auch eine Frau einen Mann anal penetrieren. Die Lustwurst kommt auf 25 bis 70 Mark.

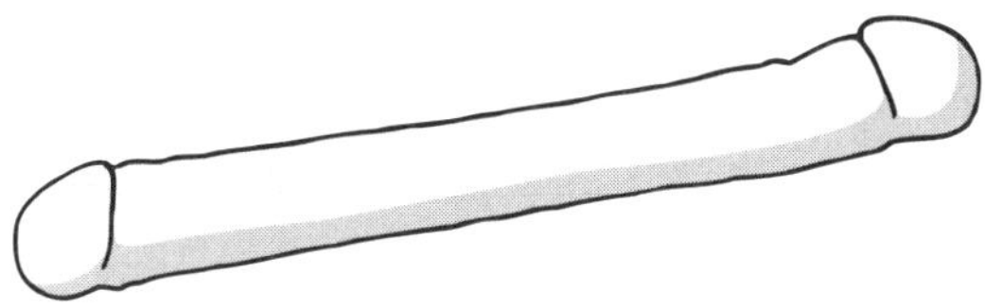

Double Stud

(siehe auch ***Analvibrator, Madonna, Pearl Tornado, Vibrator***) Wenn Mann oder Frau in den Sexshop geht, sollte er oder sie am besten mit einem Englischwörterbuch ausgerüstet sein. Die Namen der spannenden Spielzeuge sind meist englisch, die Toys sind oft in Plastik eingeschweißt und die Beratung nicht das Gelbe vom Ei! Double Stud heißt soviel wie doppelter Zuchthengst oder Sexprotz. Der Double Stud besteht aus einem phallusähnlichen Vibrator und einem

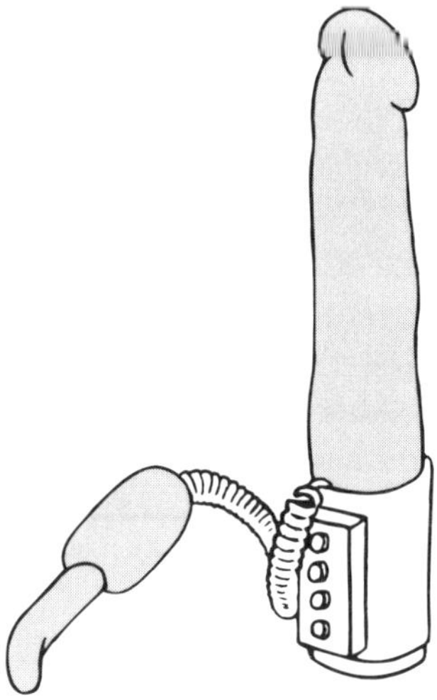

zweiten kleineren »Knauf«, der je nach Wunsch zur Stimulation des Anus oder der Klitoris verwendet werden kann. Beide Dildos vibrieren und sind über ein Kabel miteinander verbunden. Es gibt auf dem Markt viele Vibratoren mit Aufsätzen für die Anal- oder Klitoralstimulation, diese sind aber fest mit dem Vibrator verbunden und daher nicht so praktisch zu handhaben wie der Double Stud. Den Doppel-Luxusstab gibt es in der Ausführung mit Perlen im Mittelteil für 199 Mark, der ohne Perlen ist billiger. Im Internet unter *www.sabasin.com.*

Drogen

(siehe auch ***Amsterdam Poppers, Anaphrodisiaka, Aphrodisiaka, Bier, Haschisch, Maripuama, Pharmaka, Potenzmittel, Sexsucht***) Höhenflüge und ersoffene Lüste. Drogen und Sex kommen oft im Tandem daher, zumindest am Anfang einer Lovestory. König Alkohol regiert in nicht wenigen Betten. Das Feuerwasser löst die Zunge und macht locker.

Martini ist ein Vorspiel, Sekt und Wein genauso, Bier kann allerdings ein böses Nachspiel haben, weil der Lover vor dem Höhepunkt einschnarcht. Homöopathische Dosen sind angesagt: ein paar Schlucke zur Stimulation und dann ran an den Kitzler. Denn wer zuviel getrunken hat, braucht länger, um zum Orgasmus zu kommen. Die Reize sind desensibilisiert, auch wenn der Bettspaß lockerer abläuft. Kluge Frauen, die keinen Spaß mehr mit ihrem Manni haben, muntern ihn auf zur nächsten Flasche vorm Fernseher: »Komm, Schatz, trink noch ein Bier!«

Marihuana ist bestimmt die aphrodisierendste unter den Drogen, LSD ist zu psychedelisch für eine heiße Nummer und Extasy-Schlucker haben alle nur ganz, ganz lieb und mutieren zu Kuscheltieren. Rasanter wird der Sex nach einer Linie Koks und Amsterdam Poppers bringen den schnellen Bettkick für eilige Lover. Gesünder ist es allerdings, wenn der Sex an sich zur »Droge« wird.

Für manche Männer ist der Schrank voller Pornofilme das, was die Hausbar für den Alkoholabhängigen ist. Deshalb gibt es nicht nur Selbsthilfegruppen zur gesellschaftlich akzeptierten Droge Alkohol, sondern mittlerweile auch Sexaholic-Gruppen in vielen Großstädten.

Duft

(siehe auch ***Ätherische Öle, Intimspray, Parfum, Pheromone, Räucherstäbchen, Serailpastillen***) Ob Sie nun ausschließlich nach sich selbst duften oder lediglich mit ein paar Tropfen Chanel Nr. 5 bekleidet sind: Der Duft spielt in der Erotik eine große Rolle. Im Moment einer Begegnung entscheidet die Nase, ob wir die Person begehren oder ob sie einem stinkt. Daher müßte es eigentlich »Liebe auf den ersten Riecher« heißen und nicht »Liebe auf den ersten Blick«. Der Riechnerv ist nämlich direkt an unser sexuelles Lustzentrum im Hirn gekoppelt.

Ein angenehmer Duft zieht uns magisch an. Wir können nur jemanden lieben, den wir auch riechen können.

Natürlich hat sich die Sexindustrie auch für dieses Phänomen interessiert und jede Menge Liebesparfums, Massageöle und Badezusätze kreiert, die angeblich das Verlangen nach mehr wecken. Orion zum Beispiel bietet ein Masturbationsöl (19,80 Mark) mit weiblichem Intimduft an, das »genauso anmachend riecht wie ihre natürliche Erregungsfeuchte«. Beate Uhse lockt mit »Rocky Titanium«, einem Herrenparfüm mit einem Duft, den Frauen angeblich nicht vergessen können, zu haben für 39,90 Mark. Und dann gibt es noch den Sexuallockstoff Pheromon über dessen Wirkung unter Wissenschaftlern noch heftig gestritten wird (siehe Pheromone).

Billiger geht's mit ätherischen Ölen, die man in einer Duftampel verdunsten läßt. Als besonders aphrodisierend gelten Ylang-Ylang, Moschus, Yasmin, Zimt, Ingwer, Patschuli und Ambra. Gibt es in jeder Drogerie oder im Esoterikladen.

Duschkopf

(siehe auch ***Intimdusche, Wasser***) Ehrlich, wer hat nicht schon mal mit den feinen Wasserstrahlen der Dusche die erogenen Zonen gefunden und das kribbelige Gefühl genossen, wenn das Wasser auf die zarten Nervenbahnen trifft. Die Sanitärbranche verkauft daher ganz ungeniert Brauseköpfe mit regulierbarem Massageeffekt oder pulsierenden Wasserstößen. Ob auf den Brüsten, dem Kitzler, der Eichel oder am Anus, mit den geilen Duschköpfen läßt sich so manche Stimulanz im Stehen erreichen – bis zum nassen Höhepunkt. Und auch hier bringt Qualität mehr als der billige Brausekopf aus dem Heimwerkermarkt. 50 bis 250 Mark müssen schon investiert werden, dabei nicht den Ökoeinsatz vergessen, sonst wird die reizvolle Dusche zum Ökofrevel und die nächste Wasserrechnung unbezahlbar. Auch im Sexshop werden Duschaufsätze angeboten, etwa schmale Aufsätze speziell für die Afterdusche oder für Frauen zum Einführen in die Muschi.

Dutch Wife

(siehe auch ***Busenwärmflasche, Gummipuppe, Powärmflasche, Schlafzimmer***) Zu deutsch: holländische Frau. Es handelt sich jedoch nicht um ein pausbäckiges Tulpenmädchen, sondern um eine feste Kissenrolle, die früher in Indonesien Gästen mit ins Bett gelegt wurde, damit sie sich nicht einsam fühlen. Die Dutch Wife kommt zwischen die Beine und ist ein herrlich einfaches Betthupferl.

Dydoe

(siehe auch ***Ampallang, Äußerer Schamlippenring, Intimschmuck, Piercing***) Kleine Ringe oder Stege, die paarweise am Eichelrand getragen werden. Spezieller Schmuck für beschnittene Männer, der für unbeschnittene nur unbequem und schmerzhaft wäre. Die Löcher verheilen langsam (mindestens sechs Wochen) und dürfen nur von Spezialisten gestochen werden! Komplikationen an so empfindlicher Stelle sind durchaus möglich. Also vorher genau überlegen, ob man das seinem besten Freund wirklich antun will.

E

Ehehygiene

(siehe auch ***Hilfsmittel, Hongkong, Masturbationshilfen, Müll, Sexshop, Sextoy, Toy, Uhse, Versand***) Hat nichts mit Sagrotan zu tun! Auch wenn der Begriff sehr klinisch klingt, versteckt sich Sinnliches dahinter. Mit Ehehygiene umschrieb man in den fünfziger und sechziger Jahren alles, was damals als Sexhilfsmittel zur Verfügung stand. Sexshops gab es zu dieser Zeit noch keine, den ersten eröffnete Beate Uhse zu Weihnachten 1962 in Flensburg. Bis dahin wurden die Hilfsmittel über kleine Anzeigen in Zeitungen angeboten.

Zunächst gab es nur Kondome und Schaumzäpfchen, später kamen Dildos, Vibratoren, Noppen- und Verlängerungskondome hinzu und vor allem die Ratgeberbücher. Es gab und gibt bis heute ein großes Bedürfnis nach gesicherten, vernünftigen Informationen zum wichtigsten Thema der Welt. Ehehygiene war der Sammelbegriff, unter dem alle lechzend nach Möglichkeiten suchten, wie sie mehr Lust in ihren Betten erleben könnten. Und noch heute, wo jeder jederzeit Bücher und Sexhilfsmittel in circa 1.200 Sexshops in Deutschland, im Versandhandel und in Buchhandlungen bekommen kann, sind viele Sexshops nicht einmal in den gelben Seiten. Hier sind sie teilweise immer noch unter so klinischen Namen wie Ehehygiene oder Hilfsmittel zu finden.

Eichelkondom

(siehe auch ***Gag-Kondom, Ganzkörperkondom, Hodenkondom, Kondom, Tungdom***) Nein, es handelt sich hier nicht um ein Spezialverhüterli für Finanzminister Eichel. Beide haben nichts miteinander zu tun! Das kurze Spezialkondom ist auch mehr Gag als Gummi. Es wird vorsichtig nur über die empfindliche Spitze des Gliedes gestreift und hält sich dann an der Kranzfurche, Skrotum genannt, fest. Der Rest des Penis bleibt nackt. Das Überziehen ist eine nicht ganz einfache Prozedur und damit eher etwas für experimentierfreudige Männer, die einmal was besonderes erleben wollen. Das Latexteil ist dicker als normale Kondome und schneidet auch mehr ein. Außerdem bietet es weder einen richtigen Infektionsschutz noch schützt es vor ungewollter Vaterschaft. Das Eichelkondom ist etwa wie mit offenem Cabrio bei Regen fahren und dann einen Schirm aufzuspannen. Wobei das halbe Auto naß wird. Im Sexshop für zwei Mark das Stück erhältlich.

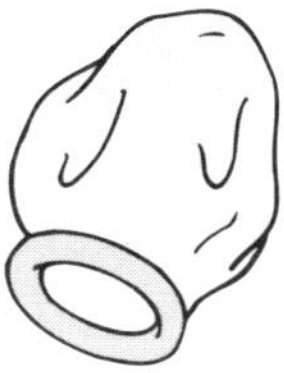

Einlauf

(siehe auch ***Birnspritze, Doktorspiele, Gummilaken, Irrigator, Klistiersex, Stechbecken***) Manche denken bei Einlauf vielleicht an den geliebten Kaschmirpullover, der beim letzten Waschgang zum Puppenpulli mutierte. Doch dieser Einlauf ist äußerst lustbringend – zumindest für all die, die auf Doktorspiele und Ausscheidungssex stehen. Die Gruppe der Klistierfans wächst ständig, und fast jeder Sexshop bietet ein ganzes Arsenal an Birnspritzen, Irrigatoren etc. zum Verpassen von Einläufen. Dabei wird Wasser oder Tee in den Po oder auch die Muschi gespritzt, was unheimlich erregen und den Orgasmus beschleunigen soll.

Wer sich schon mal mit Naturheilverfahren befaßt hat, ist dieser Behandlung sicher schon begegnet. Das herkömmliche Einlaufgerät, der Irrigator, besteht aus einem Kunststoffbehälter mit circa einem Liter Fassungsvermögen, einem Auslauf mit Latexschlauch (circa 120 cm lang) und einer Plastikspitze, die in den Po gesteckt wird. Dann läßt man die Flüssigkeit aus dem Behälter in den Körper laufen. Der Irrigator muß dazu etwas höher gehalten werden. Es entsteht Druck, der rasch stärker wird. Wenn Mann/Frau etwa einen ¾ Liter Wasser hat einlaufen lassen, sollte eine kurze Zeit gewartet werden. Die Entleerung in die Toilette wird eine Erleichterung, der Enddarm reinigt sich. Im Rahmen von Naturheilverfahren helfen Einläufe, um zum Beispiel Infektionskrankheiten, gleich zu Beginn abzuwenden (wirken fiebersenkend). Auch bei Verstopfungen wirkt der Einlauf Wunder und hilft sofort!

Doktorspieler macht schon das Vorbereiten des Klistiers total scharf, das Zuschauen und Zuhören beim Entleeren bringt sie zum spritzenden Höhepunkt. Auch manche Analsexfans lieben es, vor dem Akt einen Einlauf zu machen.

Der Irrigator kostet circa 22 Mark und ist überall in Apotheken erhältlich. Viel falsch machen kann man bei dieser Methode nicht, wichtig ist jedoch das ordentliche Reinigen der Schlauchspitze nach der Benutzung, vor allem dann, wenn verschiedene Menschen dasselbe Gerät benutzen. Und übertreiben sollte man natürlich auch nicht, das kann zu Dickdarmschwäche und Inkontinenz führen!

Eiswürfel

(siehe auch ***Fun Food, Phantasie, S/M-Spiele, Spiele***) Spätestens seit sich Mickey Rourke mit Eiswürfeln auf Kim Basingers Körper vergnügte, greift so mancher schon nach weniger als 9½ Wochen ins Gefrierfach. Eis-Sex macht noch mehr Spaß, wenn die Eiswürfel Schwanzform haben oder das Wasser in »kurvige Eisgirl-Formen« gegossen wurde. Kann man natürlich auch für heiße Drinks verwenden. Die kalten Würfel werden übrigens auch bei Sexfilmen eingesetzt, um die Brustwarzen steif zu machen. Girls-Eiswürfel-Formen gibt es etwa bei Orion für 6,90 Mark.

Elektrosex

(siehe auch ***Pimmelschocker, Reizstrom, Remote Control Vibration Egg, Shock Wave***) Der Ingenieursex mit der besonderen Spannung. Manche brauchen zur Erregung ein bißchen mehr als Fleisch und Blut: Sie führen sich Drähte in den Anus oder die Muschi ein, die sie anschließend unter Strom setzen. Etwas für Bastler und Heimwerker, da der Handel nur beschränkt Hilfsmittel für Stromsex bereithält. Noch subtiler und schon eher für Techniker mit Diplom ist die Methode, einen Vibrator an Strom anzuschließen, um ihn dann per Fernbedienung zu aktivieren. »Liebling, ich setz dich unter Strom«, lautet die dazugehörige Nachricht.

Elixir d'Égypte

(siehe auch ***Aphrodisiaka, Potenzmittel***) Noch so ein märchenhaftes Potenzmittel, das Power für 1001 Nacht verspricht. Enthält angeblich Stierhoden und Potenzholz und versetzt Mann/Frau »sofort in höchste Erregung«. Lassen Sie sich keine Märchen erzählen, zumindest nicht von Sexshop-Betreibern. Der Wundercocktail belebt angeblich schon nach 1 bis 2 Likörgläschen. (s. auch Abb. S. 199)

Doch bei circa 40 Mark für gerade mal 200 ml leisten Sie sich besser gleich eine Flasche Champagner und eine Ausgabe der *Geschichten aus 1001 Nacht.*

Enthaarungscreme
(siehe auch ***Haare, Intimrasur, Schamhaare***) Wenn er nicht gerne leckt, probieren Sie es doch mal mit einer Enthaarungcreme. Auftragen, den ganzen Pelz abschaben und abwarten, wie er reagiert. Schon manchen Leckmuffel regte die Schamglatze zu ungeahnten Oralkünsten an. Und seit der Lewinsky-Affäre im Oval-Office wissen wir auch, daß Oralsex nicht einmal eine Sünde ist. Manche Enthaarungscremes enthalten jedoch recht aggressive Substanzen. Daher den Beipackzettel vorher genau studieren und mit viel Wasser und Seife nachspülen. Noch besser ist es, Naß- oder Intimrasierer zu verwenden. Und anders als das Rasiermesser beim Western-Friseur haben heutzutage die meisten Rasierklingen einen Plastikvorsatz, so daß Frau sich nicht so leicht damit schneidet. Die Enthaarungscreme gibt es ab circa 5 Mark. Das Epilationsset von Beate Uhse mit Kamillecreme zum Nachpflegen kommt auf haarige 28,80 Mark.

Enthemmungstropfen
(siehe auch ***Aphrodisiaka, Dauer-Bums-Dragees, Liebeszucker, Pheromone, Potenzmittel***) Macht Verklemmte wild wie Nachbars Lumpi. Was genau Schüchterne zum Tiger macht, steht allerdings auf der Packung nicht drauf, da muß man der guten alten Uhse schon vertrauen. Dafür verspricht sie, daß man die Lockerungstropfen jedem Getränk beimischen kann. Die Enthemmung ist für 29,80 Mark zu haben.

Entjungferungsvagina
(siehe auch ***Hochzeitsmuschi, Jungfernhäutchen, Pädophilie, Schulmädchen***) Plastikvagina mit eingebautem Jungfernhäutchen. Damit wird jede Nacht zur Hochzeitsnacht. Für Fans, die immer noch glauben, eine Jungfrau sei besonders scharf im Bett.

Erektionsbekleidung
(siehe auch ***Kondom***) Schnittiger Gummiüberzieher für sein bestes Stück. Gibt es in den verschiedensten Designs und Farben, denn wer will schon immer im gleichen Fummel rumrennen?

Erektionscreme
(siehe auch ***Dauer-Bums-Dragees, Elixir d'Égypte, Liebessalben, Penissalben, Potenzmittel, Rheumasalbe***) Mit Hilfe dieser elegant »Herrencreme« genannten Salbe soll sein bestes Stück sofort stehen und zu »prachtvoller sexueller Leistung« bereit sein. Mit der Creme wird das Glied eingerieben und diese

Sexmassage kann natürlich den müden Liebling wecken und zum Aufstehen bewegen, vor allem wenn die Masseuse weiß, was zu tun ist. Die Stehercreme selbst wirkt im besten Fall durchblutungsfördernd und kann nur bei ganz leichten Erektionsstörungen helfen. Zur Kräftigung eines Ständers empfehlen wir daher eher Erektionsringe. Erektionscreme gibt's im Fachhandel ab 25 Mark pro Tube. In Kürze wird eine echte Erektionscreme mit Wirkstoffen vergleichbar mit Viagra auf den Markt kommen.

Erektionspumpe

(siehe auch ***Vakuumpumpe***) Sexy Pumpe fürs Bett.

Erektionsring

(siehe auch ***Cockring, Dallas, Hodenband, Hunnengurt, Penisring, Steherschlaufe, Stretcher***) Besonderer Ehering, der sein bestes Stück in Form hält. Der Erektionsring wird von einem der beiden Partner über den noch nicht ganz erigierten Penis bis an die Wurzel geschoben, dort veringert der Cockring den Blutrückfluß und führt zur Verstärkung des Ständers. Wichtig dabei ist, daß der Ring richtig paßt: ist er zu eng, schmerzt es, ist er zu locker, bringt er es nicht. Also, vor dem Besuch im Sexshop Maß an sich nehmen oder einen verstellbaren Cockring aus Leder kaufen. Schummeln führt zu nichts! Die Ringe helfen nicht nur bei Erektionsproblemen, sie stimulieren auch die Frau und manche tragen die Schwanz-Bänder auch als Intimschmuck. Die Steifhalter gibt es in verschiedenen Ausführungen aus Leder, Kunstoff oder Metall. Neuerdings sind auch flexible Schnüre auf dem Markt, die noch später über den bereits steifen Schniedel gestreift werden können. Der Ring sollte nach dem Sex unbedingt entfernt werden. Wird der Ring zu fest abgebunden, kann sich das Glied blau verfärben. Die feinen Blutkavernen können platzen, wodurch eine dauerhafte Schädigung des Schwellgewebes entstehen kann. Und dann geht gar nichts mehr. Also Vorsicht. Vor allem gilt: Auf keinen Fall damit einschlafen!!! Cockringe gibt es ab 6 Mark.

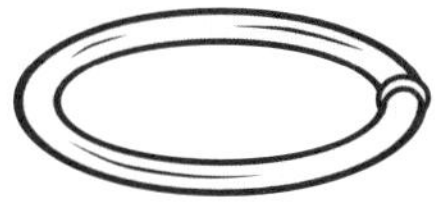

Eroscillator

(siehe auch ***G-Punkt-Stimulator, Madonna, Magic Wand, Pearl Tornado, Vibrator***) Der Porsche unter den Vibratoren. Ein netzbetriebenes Gerät mit viel Power für den ganzen Körper. Bei dem High-Tech-Stab handelt es sich um eine europäische Gemeinschaftsproduktion, was eine Seltenheit auf dem von asia-

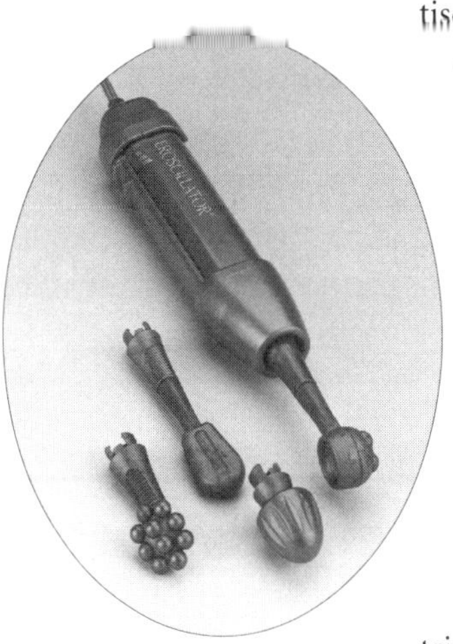

tischen Billigprodukten beherrschten Sex-Markt darstellt. Der Eroscillator wurde von schweizer Ingenieuren entwickelt und wird in Frankreich hergestellt: also eine europäische Union aus schweizer Präzision und französischer Finesse. Das Wunderding der Technik schwingt hin und her wie eine elektrische Zahnbürste, 3000mal in der Minute! Oder besser gesagt, der Kopf bewegt sich von Seite zu Seite wie ein zärtlicher streichelnder Finger. Vibriert also nicht wie die herkömmlichen Massagestäbe. Der Eroscillator hat vier verschiedene Aufsätze und rutscht nicht von der Klitoris ab. Das Gerät, das optisch tatsächlich an eine elektrische Zahnbürste erinnert, ist zur äußeren Stimulation an Klitoris und Schamlippe gedacht, nur mit dem sogenannten »Muschelkopfaufsatz« können Sie auch in den vorderen Bereich der Vagina eindringen.

Die Produktbeschreibung, mit einer ausführlichen Anleitung zur Selbstbefriedigung, ist vorbildlich und verspricht, daß mit dem Eroscillator *jede* Frau zum Orgasmus kommt. Auch solche, die schon nicht mehr daran glauben. Der Erotik-Stab hat ein vier Meter langes Kabel, an das Mann/Frau sich allerdings erst gewöhnen muß. Der Eroscillator wird nicht heiß und ist fast geräuschlos. Er brummelt ein bißchen vor sich hin, ein angenehmer Ton, der so gar nichts mit dem Zahnarztbohrergeräusch so mancher Kollegen zu tun hat. Der Schweizer Zauberstab hat drei Intensitätsstufen, von denen die dritte schon eher einem kleineren Wirbelsturm gleicht. Außerdem ist der Stab wasserdicht, abwaschbar und angeblich zuverlässiger und langlebiger als jeder andere Vibrator auf dem Markt. Es gibt ein Jahr Garantie, was für die Sexbranche einer Sensation gleichkommt. So viele Highlights haben natürlich auch ihren Preis: Der Eroscillator kostet stolze 210 Mark und kommt im edel bronzefarbenen Design daher. Beziehen können Sie den starken Schmeichler im Internet unter *http://www.sabasin.com.*

Eros-Scheckheft

(siehe auch ***ADAC-Schutzbrief, Gag-Artikel, Gag-Kondom***) Kindersicherung für unterwegs. Millionen von deutschen Autofahrern haben ihn: den Schutzbrief des Autoclubs aus München. Er soll ihnen die Angst nehmen, nachts, bei strömendem Regen, hilflos ohne die gelben Engel auf der Straße zu stehen. Auf der anderen Seite besuchen Millionen von deutschen Autofahrern schutzlos Bordelle! Dagegen gab es bis Mitte der 90er Jahre das witzige »ADAC Eros-Scheckheft«, einen praktischen Schutzbrief mit Kondomen der Firma Harlekin-Geschenke in Wiesbaden. Solange bis dieser Rundumschutz gerichtlich vom Autoclub verboten wurde. Die gelben Engel von der Isar waren nicht der Ansicht, daß ihre Clubmitglieder den Spaß verstehen könnten. Per einstweiliger Verfügung wurde das Eros-Scheckheft aus dem Verkehr gezogen. Ob dieser Interruptus der Aids- Prävention diente? Das Eros-Scheckheft kostete 28 Mark, leider nicht mehr im Handel, nur noch im Harlekinäum Wiesbaden zu besichtigen.

Erotika

(siehe auch ***Bügelbrettbezug, Gag-Artikel, Kondomvase***) Im weitesten Sinn alles, was sexuell anturnt, ob nun Objekte, Bilder, Schriften oder Internetseiten. Deutschland mit seinen Gartenzwergen ist nicht unbedingt das Land der Erotika. Die meisten Objekte dieser Art werden in Asien, vor allem in China, Japan und Indien hergestellt. Dort steht in jedem Andenken- oder Kunsthandwerkladen eine ganze Reihe von Figuren, die das ganze Kamasutra rauf- und runtervögeln. Aber Erotika sind auch hierzulande überall präsent: in der Werbung, in der Buchhandlung und natürlich im Sexshop.

Erotikparties

(siehe auch ***Dessoustorte, Erotikquiz, Fun Food, Orient, Spiele, Venusmahl***) Schon wieder Weihnachtsfeier im Betrieb. Statt der üblichen Rockcombo und langweiligen Tombola sollte der Chef lieber mal eine knisternde Erotikparty veranstalten. In Stimmung gebracht wird die Belegschaft mit aphrodisierenden Getränken und Speisen, etwa Champagner, Spargel, Nudeln in Busenform, Muschis und Pimmel aus Schokolade zum Dessert. Hinterher heizt die Dessous-Modenschau, gefolgt von einer Striptease Show, so richtig ein. Näher kommen sich dann Chef und Putzfrau beim Erotikquiz und anderen sexy Spielchen. Buchen kann man solch heiße Parties bei InsideHer in Frankfurt, im Internet unter *http://www.marcofthenet.com/insideher/.*

Erotikquiz

(siehe auch ***Gag-Artikel, Nightlife, Spiele, Strip Poker, Via Amore***) »Was ist ein Autoquickie? Ein Schnellimbiss für Autofahrer, die schnelle Nummer auf dem Autorücksitz oder ein Expreßservice in der Autowerkstatt? Das Erotikquiz ist ein scharfes Kartenspiel für Casanovas, Sexperten und solche, die es werden wollen. Analphabeten werden mit Tittenbildern in Stimmung gebracht. Noch eine Kostprobe, die die Runde in Stimmung bringen soll: »Was ist eine Sexbombe? Die Praline mit aphrodisierender Wirkung, ein weibliches Wesen mit drallen Formen oder der Feuerwerkskörper von spezieller Brisanz? Das sexy Spiel gibt es für circa 20 Mark.

Erotische Literatur

(siehe auch ***Kamasutra, Phantasie, Spiele, Wichskiste***) Der Marquis de Sade mußte für seine heftigen Sex-Schriften noch jahrelang in den Knast, während heute sadomasochistische Szenen zum Alltag jeder Sexsendung im Fernsehen gehören. Die Regale in den Buchhandlungen sind voll mit erotischen Handbüchern und ein Romanautor, der Erfolg haben will, sollte ein gewisses Quantum an Vögelszenen in sein Werk einbauen. Erotik geht immer. Dazu paßt der Spruch eines klugen Kopfes: Wenn mit der Sexualität alles stimmt, nimmt sie 10 Prozent unseres Lebens ein, wenn es nicht läuft, 90 Prozent. Darüber müßte man mal nachdenken: Leben wir in einer Zeit, wo wir Sex nur in Büchern und im Fernsehen erleben, während in den Schlafzimmern tote Hose herrscht?

Erotische Literatur ist ein weites Feld, und hier können daher nur ein paar absolute Klassiker und einige persönliche Vorlieben der Autoren genannt werden. Die Klassiker sind der oben genannte Marquis de Sade mit *Justine* zum Beispiel und sein Gegenstück Leopold von Sacher-Masoch, der dem Masochismus seinen Namen gab, mit dem Roman *Venus im Pelz.*

Natürlich gehört auch der alte Schwerenöter Giacomo Casanova dazu, dessen *Geschichte meines Lebens* in zwölf Bänden auf ihre Nachahmer wartet. Zu den ersten erotischen Werken überhaupt zählen das *Decamerone* von Boccaccio aus dem 14. Jahrhundert, wo es äußerst deftig zur Sache geht, und natürlich die *Geschichten aus 1001 Nacht.*

Die Sexstars unseres Jahrhunderts heißen D. H. Lawrence, Jean Genet, Henry Miller, Guillaume Apollinaire mit *Elftausend Ruten* und Nabokov mit seiner unsterblichen *Lolita.* Mit Anaïs Nin *Das Delta der Venus* betrat erstmals eine Frau das erotische Parkett des 20. Jahrhunderts. Sehr derb geht es in den lustvollen Erinnerungen der Josephine Mutzenbacher zu, die in keiner Wichskiste (siehe auch Wichskiste) fehlen darf. Neueren Datums sind die Titel dieser Damen mit Hang zu eindeutigen Sexszenen: Pauline Réage mit *Geschichte der O.*, Almudena Grandes mit *Lulu*, Julie Burchill mit der scharfen Susan Street und Jenny Diski mit *Küsse und Schläge*, die darin eindrucksvoll eine Analszene beschreibt. Das neueste auf dem Gebiet erotischer Texte und Bilder liefert alljährlich die Heidelberger Verlegerin Claudia Gehrke in ihrem Jahrbuch der Erotik *Mein heimliches Auge.*

Erotische Magazine

(siehe auch ***Erotische Literatur, Fotografie, Pin Up, Porno, Video***) Wenn das Magazin des Colts leer ist, kann sich Mann mit Hilfe eines Porno-Magazins wieder aufladen. Das Angebot ist riesig und geht von erotischen Hochglanzprodukten mit Text bis hin zu billig produzierten Pornoheften mit nicht immer unbedingt schön anzusehenden »Fotomodellen«. Die Auflagen sind oft klein, die Preise hoch. Ob das Heft nun wöchentlich, monatlich oder 14tägig erscheint, für jeden Geschmack ist etwas dabei. Zumindest für die eine Hälfte der Menschheit, für die andere, nämlich die Frauen – wer hätt's gedacht – gibt es fast nichts, außer *Playgirl* und natürlich die Kontakt- und Special-Interest-Hefte. Obwohl der Inhalt oft dürftig ist und die Darstellungen meist zeitlose Nackedeis zeigen, finden diese Magazine ihre KäuferInnen. Zum Aufgeilen und Masturbieren reicht es allemal. Die Preise liegen zwischen 15 und 35 Mark.

Jeder Fetischbereich hat seine eigene Publikation: Für Latexfreunde gibt es unter anderen *Gum* und *Baby Gum*, »*O*«, *Skin Two, Marquis, Twighlight* und *Le Fer rouge.* Tattoo-Anhänger können unter verschiedenen Tattoo-Magazinen auswählen, auch am Kiosk. Für Fußfetischisten gibt es *High Heels* oder die *Laufmasche,* für die, die auf bizarr stehen *Club Caprice*, ein Heft, das auch inhaltlich etwas zu bieten hat und nicht nur pornografische Bilder zeigt. *Schlagzeilen* heißt das Magazin der deutschen S/M-Szene.

Dann sind da natürlich die Klassiker *Playboy, Hustler* und *Penthouse*, wobei der *Playboy* nach wie vor das interessanteste Magazin ist, mit ästhetischen Bildern und auch lesbaren Texten. Die US-Ausgabe unterscheidet sich deutlich vom deutschen oder französischen Pendant.

Nicht zu vergessen die *Bildzeitung* mit ihrem täglichen Nacktfoto auf Seite eins, sie ist wahrscheinlich die verbreitetste und billigste »Sex-Zeitung« überhaupt in Deutschland. Wer sich nicht alleine vergnügen möchte, kann auf eines der vielen Kontaktmagazine zurückgreifen, etwa *Happy Weekend*, das private Anzeigenmagazin, in dem jeder seinem Exhibitionismus frönen und eine/n Gleichgesinnte/n zum gemeinsamen Spaß finden kann. *Weekend* erscheint alle 14 Tage, kostet 19,80 Mark und ist nur im Sexshop erhältlich. Informativ und mit blonden Schönheiten garniert sind auch die Kataloge von Beate Uhse, Orion und Dr. Müller, die alle paar Monate rauskommen und jedesmal mehr oder weniger das gleiche zeigen. Für circa 5 Mark das Heft. Beate Uhse hat außerdem eine eigene Magazinreihe zu bestimmten Themen wie Doktorspiele, Cyber- oder Analsex, die bei wenig Inhalt mit 15 bis 19 Mark völlig überteuert sind. Die Hefte sind nur in Uhse-Läden zu haben und meist in Klarsichtfolie verpackt, so daß man nicht einmal kurz reinblättern kann, bevor man das Geld an der Kasse hinblättert.

Der unerschöpfliche Magazinmarkt bietet noch jede Menge Spezialhefte zu jedem nur erdenklichen Thema: Ob dicke Frauen, Omas, Dominas, Schwangerensex, Piss-Spiele, Fessel-Exzesse, Busen, Schulmädchen, alles ist da.

Interessant ist meist auch die Rubrik der Leserbriefe, *Gum* zum Beispiel besteht fast nur aus Berichten von Gummifetischisten. Obwohl die Zuschriften nicht immer echt sind!

Erotographomanie

(siehe auch ***Cybersex, Erotische Literatur, Exhibitionismus***) Buchstabensex. Die simpelste Form der Erotographomanie ist das Einritzen eines pornografischen Spruchs in eine Klotür oder das Aufsprühen von geilen Graffitis. Viele Verfasser sprühen dabei nicht nur aus der Dose, es geht ihnen dabei ab. Ein Erotographomane geilt sich am Verfassen von Texten voller Deftigkeiten und erotischer Phantasien auf. Diese Art des literarischen Exhibitionismus hat durch das Internet einen neuen Höhepunkt erreicht. In sogenannten Chatlines kann jeder unter falschem Namen hemmungslos seiner pornografischen Schreiberei frönen.

Eßbare Unterwäsche

(siehe auch ***Dessous, Fun Food, Gag-Artikel, Kandie Kondoms, Massageöle, Schokolade, Taste Tattoos***) Wer wünscht sich nicht manchmal, in wilden Sexspielen dem anderen den Slip vom Körper zu reißen. Nur: So was kann ganz schön ins Geld gehen. Dann lieber gleich eßbare BHs und Tangas anziehen und direkt vom Body vernaschen. Die kommen aus dem sonnigen Kalifornien und schmecken wie die Oblaten bei der Kommunion. Nur daß sie zusätzlich noch mit Aromastoffen versetzt sind und nach Banane oder Erdbeer schmecken. Ich bin so wild nach deinem Erdbeerslip, Baby!

Gesund ist das Zeug nicht gerade, und satt macht es auch nicht. Allenfalls die Augen essen mit. Kommt besonders als Partygag gut an: Die Gäste amüsieren sich beim »Auf-Eß-Striptease«. Im Sexladen ab 15 Mark. Oder im Erotik-Food-Shop in Köln. Oder auch im Internet unter *http://www.dehon.ch/Deutsch/fun.htm.*

Exhibitionismus

(siehe auch ***Amelotatismus, Cybersex, Lustschrei, Spanner, Tankstelle, Voyeurismus***) Je ausgefallener der Sex, desto fremdartiger der Begriff dafür. Exhibitionismus kommt vom lateinischen »exhibere« und heißt soviel wie darbieten, zeigen. Und was ein Exhibitionist zu bieten hat, das zeigt er gerne in aller Öffentlichkeit. So ein Schwanzflitzer entblößt sich vor Frauen und hofft dabei auf deren Entsetzen. Die Angst der ungefragten Zuschauerin steigert seine Erregung und gibt ihm den nötigen Kick zum Masturbieren. Wenn er nicht beachtet wird, ist auch der Ständer schnell weg. Viele Frauen fühlen sich vom männlichen Exhibitionisten belästigt, ja bedroht, auch wenn ihnen dieser gar nichts tun will.

Weiblicher Exhibitionismus hingegen ist äußerst selten, und wenn, dann wird er gar nicht unbedingt als solcher empfunden. Männer finden es meist geil, einer Frau bei der Zurschaustellung ihrer sexuellen Reize zuzusehen.

Sex-Clubs bieten Voyeuren und Exhibitionisten die Möglichkeit, im erlaubten Rahmen ihr Spiel zu treiben. Einzelgänger und Pärchen können sich in der Cluböffentlichkeit lieben und sich durch die Zuschauerblicke aufgeilen. Eine andere Form des Exhibitionismus ist es, gezielt in öffentlichen Räumen Sex zu haben, zum Beispiel in der Umkleidekabine des Kaufhauses oder im Bett der Möbelabteilung. Die Angst, plötzlich entdeckt zu werden, steigert die Erregung. Was Sylvie Kristel im ersten Emanuelle-Film gleich eingangs im Flugzeug vormachte, versuchten viele Reisende vergeblich in den engen Sitzen der Touristenklasse zu wiederholen.

Eine andere Form, die Umgebung am privaten Sex teilhaben zu lassen, kann die lautstarke, lustvolle Hingabe am offenen Fenster sein, wohlwissend, daß die Nachbarn die eindeutigen Geräusche mitbekommen. Während der öffentlich als Sittenstrolch gebrandmarkte männliche Exhibitionist verfolgt wird, wird weibliche und paarweise zur Schau gestellte Sexualität eher toleriert.

Extasy Gum

(siehe auch ***Austern, Dauer-Bums-Dragees, Liebeszucker, Maripuama, Potenzmittel***) Ein geiles Kaugummi aus Mexiko, das erstmals im Februar 1998 in Deutschland auftauchte. Enthält Damiana-Cola-Extrakt und natürlich Zucker. Der Ekstasegummi hat tatsächlich erotisierende Wirkung. Doch: Der Traum vieler junger Männer, die Freundin »rumzukriegen« klappt auch damit nicht. Falls es aus anderen Gründen klappt, Kondom nicht vergessen, denn Extasy Gum verhütet nicht und ist nur im Mund anzuwenden. Falls Sie ihm einen »kaut«, Extasy Gum vorher rausnehmen, sonst verklebt sich gar noch die Vorhaut. Also nicht zum Blasen geeignet, lediglich zum Blasen machen. Gibt es nur in wenigen Sexshops. Zehner-Packung für 3 Mark.

F

Farben

(siehe auch ***Licht, Rot, Schlafzimmer***) In der Erotik spielen drei Farben eine wesentliche Rolle: weiß, rot und schwarz. Und dann natürlich noch hellgelb, als die Haarfarbe der klassischen Sexbombe. Weiß steht für Unschuld und Reinheit. Diese Jungfrauenfarbe wird gerne bei Hochzeitsnachtspielen eingesetzt. Weiße Tüllkorseletts mit zarten Spitzenhandschuhen und weißen Strümpfen geben dem Liebhaber das Gefühl, der Allererste zu sein. Er fühlt sich überlegen, auch wenn die Reizwäsche noch so eindeutig und von bräutlicher Unschuld keine Spur zu erahnen ist. Schwarz hingegen steht für lasziv, gefährlich, verführerisch, geheimnisvoll und bedrohlich. Es ist auch die Farbe der Macht, der Domina, die den Sklaven im schwarzen, nietenbesetzten Lederkorsett bestraft. Rot wiederum ist die Farbe der Leidenschaft und der Sexpower. Siehe Rot.

Faust

(siehe auch ***Crisco, Dildo, Gleitmittel***) Faustdildo aus Gummi für all die, die es faustdick hinter den Ohren haben und auf »Fisting« stehen. Darunter versteht man grundsätzlich Sex, bei dem die ganze Hand oder Faust in die Muschi oder den Anus eingeführt wird. Klingt brutal, ist anatomisch gesehen jedoch kein Problem. Schließlich paßt auch ein Babykopf durch die Vagina. Geduld und Vorsicht sollten natürlich schon mit von der Partie sein. Die Plastikfaust ist also der Dildo für Fister, sie ist 31 mal 8 cm groß und kostet circa 75 Mark. Vorsicht: Wenn sich mehrere Personen mit der Faust vergnügen, empfiehlt es sich, einen Gummi darüberzuziehen.

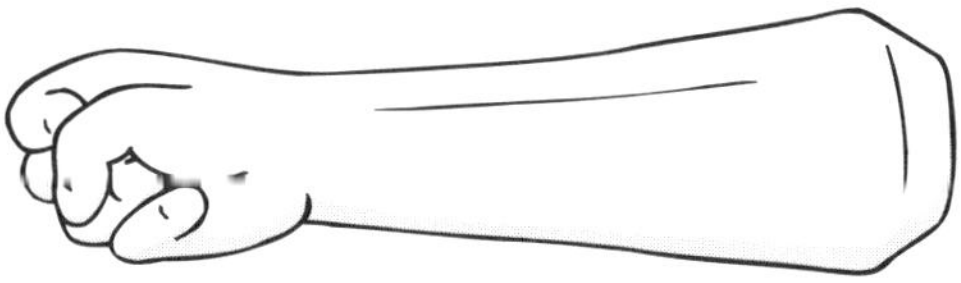

Federn

(siehe auch ***Honey Dust, Massage, Streichelhandschuh***) Sex mit Frau Holle. Bei federleichten Erotikspielen wird aber weniger auf biedere Gänse- als auf verruchte Straußenfedern gesetzt. Das Federspiel reizt mit feinen Härchen an zugänglichen und weniger zugänglichen Stellen. Auch Pfauenfedern mit festem Stil bieten federnde Möglichkeiten für zärtliche Federspiele, hinten und vorne, draußen und drinnen. Die Feder-Boa ist ein typisches Accessoire beim Striptease. Die geilen Stile mit dem Kitzelflaum kann man von der Australientour mitbringen, im Bastelladen kaufen, einem Vogel im Wald ausrupfen oder im Sexshop erstehen. Bei Good Vibrations etwa sind sie blau, rot oder schwarz gefärbt, 50–55 cm lang und kosten 18,90 Mark. In den Alpen tragen viele Männer die Federn immer mit sich: Für alle Fälle haben sie diese gleich an ihren Hut gesteckt. Besonders geile Alpenlover haben gar einen riesigen buschigen Gamsbart zu bieten, der kitzelt noch besser.

Feng Shui

(siehe auch ***Ätherische Öle, Kerze, Mond, Räucherstäbchen, Schlafzimmer***) Feng Shui ist die alte chinesische Weisheit vom richtigen Wohnen: Nur wenn sich unsere Umgebung im Einklang mit der universellen Energie des Chi, der Lebensenergie, befindet, fühlen wir uns wohl. Das gleiche gilt für Liebe und Sex. Wenn das Chi richtig fließt, klappt es in der Beziehung und im Bett. Nach dem Feng Shui werden Wohnungen und Räume in acht Bereiche eingeteilt. Einer davon ist die Partnerschaftsecke. Wenn sich in dieser Ecke die schmutzige Wäsche türmt oder ein Kaktus steht, brauchen Sie sich nicht zu wundern, wenn es in der Liebe hakt und im Sex der Rhythmus fehlt. Doch keine Sorge, mit Klangspielen, Kristallen, Schalen, Spiegeln, Farben, Licht und Bildern können Sie das Chi lenken und ihr Liebesleben aktivieren. Sagen die chinesischen Meister!

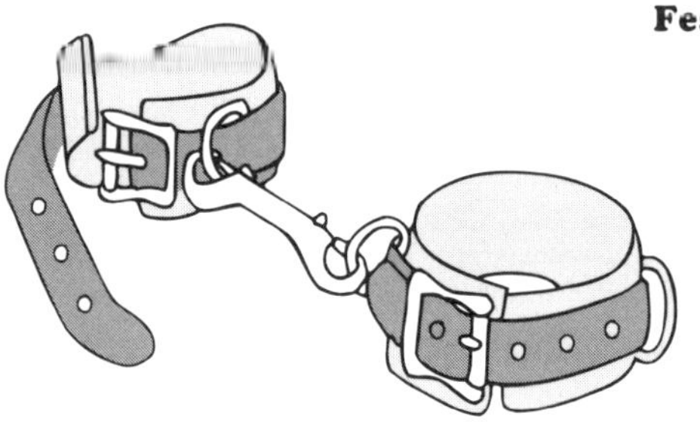

Fesseln

(siehe auch ***Bondage, Handschellen, Kettenspiele, Knebel, Oberschenkel-Hand-Fessel, Panikhaken, Safeword, Seil***) Fesselspiele sind spätestens seit *Basic Instinct* en vogue und im Fachhandel, sprich Erotikversand und Sexshops, wird alles angeboten, was man dazu braucht. Klar kann man auch eine Strumpfhose oder die Wäscheleine nehmen, praktischer sind jedoch die neuen Fesseln mit Klettverschluß, die ein bißchen so aussehen, als ob sie aus einem Laden für Extremsportarten stammen würden. Aber Fesselsex ist schließlich auch eine Art Extremsport und die Bergsteiger-Fesseln passen in jedem Fall zu unserer sportbesessenen Zeit. Das Angebot ist so vielfältig, daß man glauben könnte, in deutschen Schlafzimmern wird nichts anderes gemacht als wild rumgefesselt. Ganze Bondage-Sets für Freizeitfessler werden verkauft. Es gibt Fesseln aus Leder, innen gepolstert und mit Nieten verziert, Riemen für Hand und Fuß, »die den Gefesselten in die devote Knielage zwingen« (Beate Uhse für schlappe 109 Mark), Oberschenkel-Hand-Fesseln, mit denen die Handgelenke an den Oberschenkeln befestigt werden (bei Kamana für 59,90 Mark) oder Bettfesseln (bei Orion für 49,90 Mark), 5 Meter lang. Und so weiter und so fort. Fesselfans sollten auch noch eine Eisenhandlung aufsuchen, um entsprechende Haken, Ketten und Karabiner zu kaufen. Schließlich muß man die Schatzies irgendwo festbinden können, und da bietet der trendige Futon wenig Möglichkeiten. Unbedingt beachten: Beim Festbinden nicht zu fest zuziehen, ein Finger muß immer noch dazwischenpassen. Immer wieder mal kontrollieren, ob die Blutzirkulation noch funktioniert. Und: Den Gefesselten nie alleine lassen!

Fetisch

(siehe auch ***Fußfetischismus, Getragene Unterwäsche, Graviditätsfetischismus, Gummifetischismus, Handschuhe, Klepper, Latex, Leder, Menstruationsfetischismus, Nekrophilie, Regenmantel, Tittenfetischismus, Uniformkult***) Ein Ausdruck, der im Sexbereich und hier vor allem bei Anhängern von Sado-/Masopraktiken ständig bemüht wird. Unter Fetisch versteht man dabei meist Leder, Lack, Latex und High Heels. Doch ein Fetisch kann im Prinzip alles sein.

Es gibt bestimmte Dinge oder Körperteile, auf die die sexuelle Begierde des Fetischisten gerichtet ist, als Ersatz für einen Menschen. Dabei kann es sich um

Füsse, Hintern oder auch getragene Unterwäsche handeln. Louis Buñuel, der Altmeister des spanischen Films, inszenierte in *Dieses obskure Objekt der Begierde* einen Fall von Fußfetischismus. Ein alter Mann tut alles, um die Zofe Conchita in bestimmten Schuhen sehen zu können. Ihre Bewegung, ihr Gang in diesen Pumps machen den alten Knaben so richtig geil. Doch sie spielt nur mit ihm und gibt sich ihm nie hin.

Der Begriff Fetisch kommt aus Afrika, wo man darunter ein verehrtes Götzenbild versteht, das von Medizinmännern bei bestimmten Zeremonien eingesetzt wird. Wir hingegen lernen schon als Kinder mit ganz anderen Fetischen zu leben. Kinders Schmuseliebling No. 1 ist der Bär, der bereits die Firma Steiff reich machte. Das Knuddeltier als Körperersatz? Andere sexuelle Fetische der westeuropäischen Kultur sind unter anderem teure Sportwagen und schnelle Motorräder.

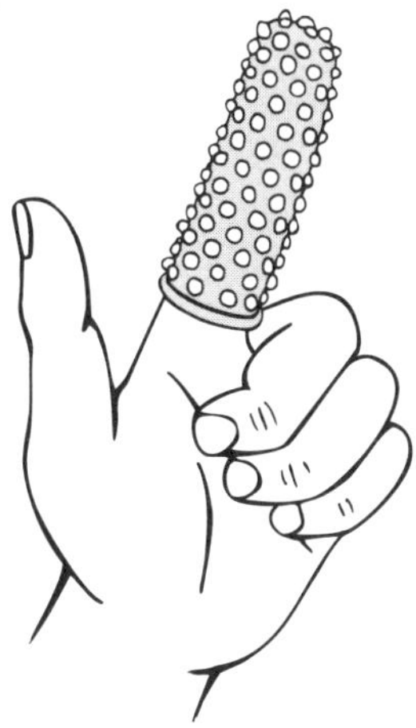

Fingerling

(siehe auch ***Noppenlangfinger, Reizfinger, Venusfinger***) Befingert werden kann ganz schön unter die Haut gehen, vor allem dann, wenn die sexy Zonen bearbeitet werden. Ein Fingerling ist ein fettes Präservativ für den Finger. Es gibt sie auch mit Noppen oder Rillen, was besonders reizen soll. Näheres siehe Noppenlangfinger.

Fisherman's Friend

(siehe auch ***Fun Food, Chili***) Atemberaubender Sex. Manche Lover fischen die scharfen Erfrischungsbonbons am liebsten aus dem tiefen Ozean ihrer Partnerin. Brennt höllisch und turnt richtig an. Wer es weniger scharf liebt, kann es mit den Fun-Kondomen der Firma Harlekin versuchen. Die bieten »Fickerman's Friend« für jedermann.

Flagellantismus

(siehe auch ***Geißel, Gerte, Klatsche, Neunschwänzige Katze, Paddel, Peitsche, Teppichklopfer, Züchtigung***) Wer sich keine Domina leisten kann, muß sich eben selber züchtigen. Peitschen ist en vogue, und somit ist auch der Flagellantismus, eine uralte Form der Selbst-Geißelung, wieder in. Das Wort kommt aus dem Lateinischen, von »flagellare« für geißeln, schlagen. Selbstauspeitschungen können als Vorspiel, als Warming up sozusagen, eingesetzt werden oder als alleinige Form der sexuellen Befriedigung bis hin zum peitschenden Höhepunkt. Der im religiösen Bereich im Mittelalter, zum Beispiel in Klöstern, bekannte Flagellantismus diente der Buße und Abbitte für begangene Sünden, hatte jedoch sicherlich auch eine sexuelle Komponente. Die sexuellen Flagellanten unserer Zeit ritualisieren ihr Vorspiel ähnlich der Kulthandlung der Mönche.

Flasche

(siehe auch ***Dildo, Gurke, Kalebasse, Vibrator***) Keine Schnapsidee, sondern Spaß für Flaschenkinder. Anstatt die leeren Flaschen zum Leergut-Container zu schleppen, kann Frau sie in vergnüglichen Spielen recyclen. So ein Sektflaschendildo kommt in jedem Fall billiger als jeder Plastikdildo aus dem Sexshop. Doch eines muß bedacht werden: Leere Flaschen können in der Vagina eine Vakuum-Saugwirkung entwickeln, und dann kann die Muschi die Flasche nicht wieder loslassen. Kann schmerzhaft sein, da sie dann mit Gewalt herausgezogen werden muß. Im Extremfall muß die Flasche zerschlagen werden! Also Vorsicht: am besten immer einen Korken einsetzen oder ein Loch in den Flaschenboden bohren. Natürlich kann auch eine volle, verkorkte Flasche genommen werden. Gibt zusätzlich ein Gefühl der Schwere. Feinschmecker führen eine Sektflasche direkt nach dem Öffnen in die Scheide ein, das prickelt schön und der Liebhaber leckt umso lieber die Muschi aus.

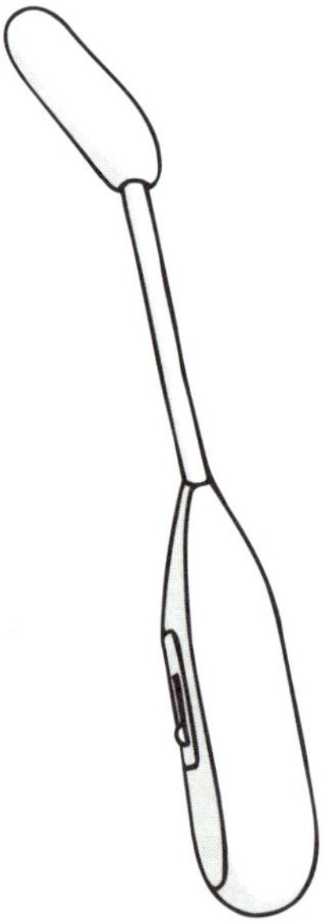

Flex-o-Pleaser

(siehe auch ***Eroscillator, G-Punkt-Stimulator, Massagestab, Pearl Tornado, Vibrator***) Dieses Lustmittel für die Frau hat nichts gemein mit der Flex des Heimwerkers, die harten Stahl bearbeitet. Flex-o-Pleaser kann man frei mit »beweglicher Freudespender« übersetzen. Der flexible Vibrator sieht aus wie ein Haushaltsgerät, ein Handmixer oder ähnliches. Im Griff, der an einen Schneebesen erinnert, sind Batterien und die Steuerung untergebracht. Von dort führt ein beweglicher, circa 15 Zentimeter langer Stab zum Vibratorkopf, der wieder dicker ist. Vorteil des besonderen Massagestabes ist, daß ihn Frau leichter zum G-Punkt führen kann, um sich dort gezielt zu reizen. Auch das Gefühl des Eindringens und Verschließens der Scheide ist ein anderes als beim herkömmlichen Vibrator mit 4 bis 5 cm Dicke. Außerdem ist der bewegliche

Kitzelstab gut beim Partnerschaftssex einsetzbar, durch sein schmales Design kann sie oder er gut die Klitoris erreichen. Flex-o-Pleaser gab es zunächst nur in den USA. Inzwischen sind die eigentlich für die Analstimulation konzipierten Vibratoren auch zunehmend bei uns im Versand oder Fachgeschäft zu erhalten. Kommt auf circa 35 Mark. Beim Kauf auf die Lautstärke achten!

Florentinischer Gürtel

(siehe auch ***Italienisches Schloß, Keuschheitsgürtel, Penisköcher***) Spezieller Gürtel, der ihre Muschi ganz fest umschließt, damit ja niemand reinkommen kann. Näheres siehe Keuschheitsgürtel.

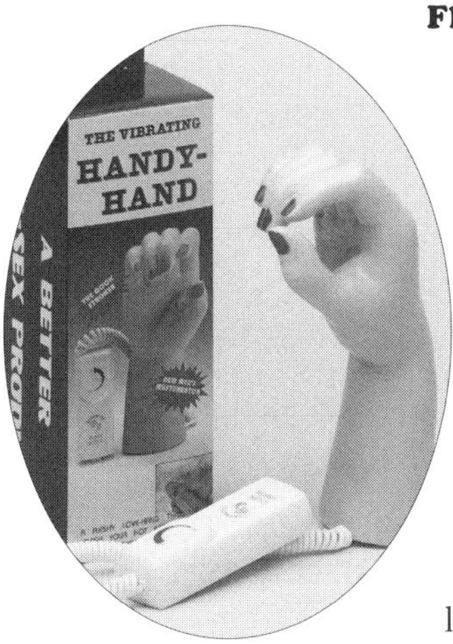

Flutschfaust

(siehe auch ***Grüne Lippen, Gummipuppe, Masturbationspad, Oro-Stimulator, Seemannsbraut, Simulacrum***) Ersatzteil für faule Wichser. Wer eine Schwäche in seinen Fingern hat, kann diese Gummifaust mit leicht geöffneten Fingern verwenden. Einfach den Schniedelwutz in die Plastikfaust schieben und abheben.

Laut Katalog bereitet das Ding »unglaubliche Onanie-Wonnen, packt zart zu und sorgt mit stufenlos regulierbaren Vibrationen für Wollust-Schauer.« Die Fingernägel sind rotlackiert, das bringt bestimmt einen Zusatzschauer. Für 59,90 Mark können Sie ins Fäustchen spucken.

Folter

(siehe auch ***Andreaskreuz, Fesseln, Flagellantismus, Hängekäfig, Masochismus, Peitsche, Sadismus, S/M-Spiele***) Foltern ist in und Folterknechte haben Hochsaison, glaubt man den Sexmagazinen im Fernsehen, die uns dauernd Sadisten und Masochisten bei ihren brutalen Spielchen vorführen. Doch die Gemeinde derjenigen, die sich sexuell durch Foltern stimulieren, mit allem, was dazugehört, ist verschwindend gering. Experten zufolge ist die Folterlust die Reaktion einer übersättigten Gesellschaft, die immer stärkere Impulse braucht, um sexuell noch erregt zu werden.

Bei S/M-Spielen wird der Kleidung und den Geräten der Horror-Inszenierung sehr großer Wert beigemessen. Im Fachhandel wird ein ganzes Arsenal an Extrem-

Sex-Spielzeug angeboten: Handschellen, Fußfesseln, Brust- und Hodenklemmen, Mundknebel, Ketten, Augenmasken, Peitschen, Streckbänke etc. Aber auch Fetischobjekte wie hochhackige Stiefel, Mieder, Korsetts, getragene Slips, Gummianzüge, Henkersmasken und vieles mehr, was individuell ersatzweise zum Stimulus wird, zählt dazu. Im klassischen Folterraum steht das Andreaskreuz (im Fachhandel circa 1.200 Mark), ein mannshohes Holzkreuz in Schwarz. Die übrigen Instrumente hängen wie in einer Werkstatt an der Wand. Diese Geräte sind nicht billig und werden von Spezialmöbel- und Accessoireherstellern geliefert.

Foltern heißt geil machen, aber nicht verletzen. Was letztendlich die Frau oder den Mann erregt – sei es das langsame Entkleiden körperbetonter Kleider oder die von einer Domina inszenierte Show im Folterraum – bleibt ein sehr persönliches Geheimnis. Zum Glück sieht Mann/Frau diese Vorlieben nicht jedem an der Nasenspitze an. Unterschiedliche Sex-Gewohnheiten können jedoch rasch zum Konflikt werden, falls einer der beiden Partner auf extreme Formen steht, der andere sie jedoch nicht mag. Wenn einer unterdrückt wird, wird es schnell pervers. Egal, was zwei Menschen vor- oder im Bett miteinander machen: Beide müssen es wollen. Das Foltern muß ein zuvor vereinbartes Spiel sein, sonst klappt es nicht. Und auf die Folter spannen kann Mann/Frau sich auf vielerlei Arten beim Sex. Denn ohne erotische Spannung passiert gar nichts im Schlafzimmer.

Fotografie

(siehe auch ***Kalender, Pics, Pin Up***) Mancher hat als Sex-Vorspiel schon Nacktfotos von sich und seinem Lover gemacht, um die pornografischen Kunstwerke später verschämt im Fotoladen abzuholen. Oft landen die hübschen Potenzbeweise dann doch wieder im Papierkorb. Aber der Kick liegt ja ohnehin im Akt selbst.

Erotische Fotografie ist so alt wie das Jahrhundert. Herausragend auf dem Gebiet sind unter anderen Helmut Newton, der den Fetischismus hoffähig gemacht hat, Herb Ritts, der Tscheche Jan Sautek und noch ein »Fetischist«, der Amerikaner Steve Diet Goedde. Ein anderer, dessen Bilder häufig in einschlägigen Magazinen zu sehen sind, ist Eric Kroll. Heiß ist auch das Stripteasebuch von Motohiro Katsuyama. Ein anderer Japaner, Nobuyoshi Araki, fotografiert im Hurenmilieu von Tokyo und zeigt gerne Bondagesituationen. Der amerikanische Fotograf Robert Mapplethorpe spielt ganz subtil mit demVoyeur in jedem von uns: er integriert Spiegel in seine Fotos mit Darstellungen von großen Schwänzen. So kann sich der Betrachter beim Betrachten eines großen Geschlechtteils selbst zuschauen. Nicht zu vergessen den viel zu früh verstorbenen deutschen Erotikmeister Günter Blum, dessen Fotogalerie im Internet unter *http://www.ghec.de/frames2.htm* zu sehen ist.

French Tickler

(siehe auch ***Gag-Kondome, Kondom, Noppenkondom***) Teuflische Überzieher für den Gruppensex mit kleinen Tieren. French Tickler sind Kondome, auf die Figuren aus Plastik aufvulkanisiert sind. Wer vögelt nicht gerne mit einem Teufelchen, das die Zunge weit rausstreckt. Ob Frau allerdings wirklich was davon merkt, ist eine andere Frage. Zur Verhütung sind die Dinger auf jeden Fall nicht geeignet. Sie bieten keinen Schutz, dazu muß unter das Teufelchen noch ein normales Kondom. Der Spaß mit der Unterwelt kostet zwischen drei und vier Mark.

Frotteur

(siehe auch ***Amelotatismus, Exhibitionismus, Spanner, Voyeurismus***) Das Wort erinnert an das gute alte Frotteehandtuch, und damit sind wir auch schon nah dran an der Lust, um die es hier geht. Es macht eindeutig Spaß, sich von jemand anders mit einem warmen Handtuch abrubbeln zu lassen, nachdem man aus dem Bade gestiegen ist. An intimen und weniger intimen Stellen. Ein Frotteur ist allerdings so etwas ähnliches wie ein Exhibitionist. Er erschreckt zwar Passantinnen nicht damit, ihnen unaufgefordert sein schönstes Teil zu zeigen, aber er liebt es, sich an Unbekannte zu drücken und sich an ihnen zu reiben. Sein bevorzugtes Jagdgebiet sind Menschenmengen und vor allem U-Bahnen zur Stoßzeit. Er drückt sich an seine Opfer und reibt sich, frottiert so lange, bis es ihm kommt. Wenn es dem Opfer nicht vorher gelingt, zu ent-kommen.

Fruchtbarkeit

(siehe auch ***Graviditätsfetischismus, Mond, Muttermilch***) »... seid fruchtbar und mehret Euch!« So steht es schon in der Bibel. Doch wer denkt heute noch in Mitteleuropa bei der Lust an die Fruchtbarkeit? Dabei stimuliert diese entweder den Sex oder törnt geradezu ab. Jede Frau, aber auch jeder Mann, hat einen Biorythmus, der vom Zyklus abhängig ist. Viele Frauen haben kurz nach der Monatsblutung bis zum Eisprung deutlich mehr sexuelle Lust als etwa kurz vor der nächsten Periode. Zyklus und Empfängnismöglichkeit sind eng mit der Lust verknüpft. Auch im Negativem: Früher, ohne Pille und Kondome, hatten viele Frauen große Angst, unerwünscht schwanger zu werden. Ihre Lust wurde gedämpft, ja sie verkniffen sich den Sex geradezu in der fruchtbaren Phase. Andererseits gab es außer der Reihe immer wieder Fälle von spontanen Eisprüngen, wenn der geliebte Mann endlich zu haben war, zum Beispiel beim Fronturlaub oder nach langer Trennung.

Manche Menschen spielen auch mit der Lust. Sie verhüten schlampig und lassen es darauf ankommen, daß vielleicht doch eine Befruchtung passiert. So zum

Beispiel beim Koitus Interruptus, dem »vorher« Rausziehen des Penis. Die Fruchtbarkeit ist bei Naturvölkern oft mit dem Mond verknüpft. Der Vollmond gilt häufig als die fruchtbarste Zeit.

Fun Food

(siehe auch ***Busennudeln, Dessoustorte, Eßbare Unterwäsche, Honig, Liebespärchen, (ableckbare) Massageöle, Marzipanmuschi, Penispasta, Schokolade, Spermadrops, Taste Tattoos, Walnuß, Wurst***) Sexy Leckermäuler lutschen am liebsten Lakritzbonbons in Penisform oder schieben sich rammelnde Pärchen aus Fruchtgummi in den Mund. Manche gehen noch weiter und verwandeln ihren Schatz gleich in ein Tortenstück: mit dem Body Pudding des amerikanischen Sextoy-Vertriebs Luvtoys, zu bestellen im Internet unter *http://www.Luvtoys.com/jpg14j.html.* Andere vergreifen sich an Schoko-Lutschern in Penisform (mit Hoden!), verschlingen sexy Geleeschwänze mit Zuckerguß oder machen sich an Dildos aus Zuckerzeug ran. Alternativ gibt es Kußmundlippen aus Schokolade oder Muschi-Lutscher. Wer es geheimnisvoller will, läßt sich mit den Überraschungseiern der Firma Harlekin erregen. Für Muttersöhnchen gibt's Busennudeln, und gierige Ladys können ganze Portionen von Pastapenissen verschlingen. Wer Kopfweh hat, kann es ja mal mit »Arschpirin« versuchen, das sind Schokopenisse in weißgrüner Verpackung. Gibt es bei der Erotikkonfiserie in Augsburg oder im Internet unter *http://www.eroticconfiserie.de.*

Klassisches Fun Food ist auch Honig, der nicht um den Mund geschmiert, sondern von steifen Nippeln oder strammen Schwänzen geleckt wird. So haben die braven Imker das bestimmt nicht gemeint. Die größte Auswahl bietet der Erotik-Food-Shop in Köln.

Fußfetischismus

(siehe auch ***Beine, Fußsklave, High Heels, Nylons, Seidenstrümpfe, Stiefel, Stilettos***) Füße wurden schon immer als besonders erotisch empfunden, vor allem im alten China, wo kleine Füße als das Nonplusultra galten. Dazu wurden die Füße der Mädchen von klein auf bandagiert, um sie am Wachstum zu hindern. Das Ganze wurde so weit getrieben, daß diese Frauen kaum noch richtig gehen konnten. Auch heute gibt es viele Menschen, für die der Fuß zum Fetisch geworden ist. Sie werden vor allem durch Füße in hochhackigen Schuhen und Nylonstrümpfen sexuell erregt.

Fußsklave

(siehe auch ***Beine, Fußfetischismus, High Heels, Nylons, Seidenstrümpfe, Stiefel, Stilettos***) Flußsklaven bekommen ihren sexuellen Kick, indem sie an Zehen nuckeln oder an Schuhen schnüffeln. Oft werden sie von ihrer Herrin gefesselt und gepeitscht, und die begehrten Füße werden ihnen verweigert. Wenn der Sklave trotzdem die Füße küßt, wird er mit spitzen Absätzen gepeinigt. Als Höhepunkt darf er dann auf die schwarzen Lackschuhe oder auf den Fuß selbst wichsen. Jedes Herrin/Fußsklaven-Paar hat so seine eigenen Rituale und Spiele, um die fußerotischen Phantasien zu befriedigen.

G

Gag-Artikel

(siehe auch ***Beinpenis, Bügelbrettbezug, Busenspritzpistole, Clinton-Shirt, Eßbare Unterwäsche, Jumping Condom, Orange, Penibello, Penishantel, Punching Penis, Powärmflasche, Rasender Willy, Rosenslip, Senfglas, Striptease-Kugelschreiber, Walnuß, Willy-Wärmer, Wurst***) Sex-Gags kommen immer gut. Sie lockern steife Parties auf und sorgen garantiert für den einen oder anderen Lacher. Manchmal wird vielleicht auch jemand rot, zum Beispiel wenn einer Frau ein Riesenschwanz aus dem Senfglas entgegenspringt oder der Kavalier ein Jumping Kondom über die Tischdecke hüpfen läßt. Nur leider sind die

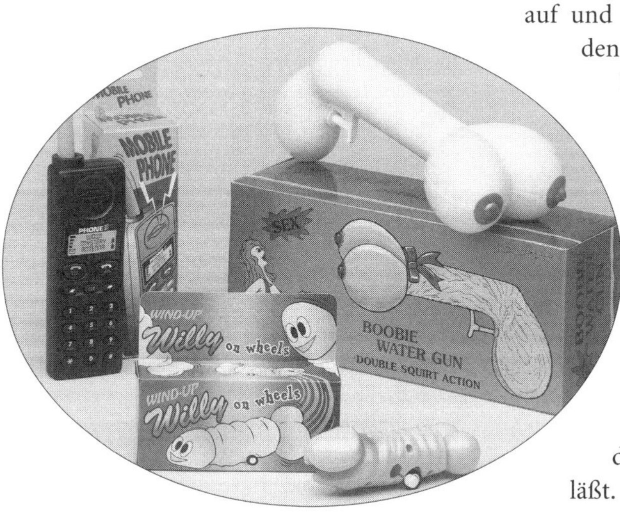

Späße in der Regel sehr einseitig auf das männliche Geschlechtsorgan fixiert. Der Pimmel als Spaßobjekt. Es lebe der Phallus in allen seinen kühnen Männerträumen. Dabei wären die Muschi oder gar der Kitzler auch so manchen Spaß wert. Doch da kennen sich die Gag-Produzenten offenbar nicht so gut aus, oder? Beim Busen langen sie noch hin und nutzen die Brüste zu oft derben Späßen. Insgesamt ist aber noch viel Phantasie und Kreativität gefordert, um die schönsten Organe der Lust auch spaßig an die Frau und den Mann zu bringen.

Gag-Kondome

(siehe auch ***Eichelkondom, Eros-Scheckheft, Fisherman's Friend, French Tickler, Ganzkörperkondom, Jumping Condom, Kandie Kondoms, Kondom, Kondomhut, Leuchtkondom, Musikkondom, Topaz, Tungdom, Wochenendhose***) Spaß am Gummikarneval. Kondome werden gerne für die verschiedenartigsten Gags mißbraucht.

So wurden zum Beispiel schon Kondome mit Parteilogo als Wahlpropaganda verteilt.

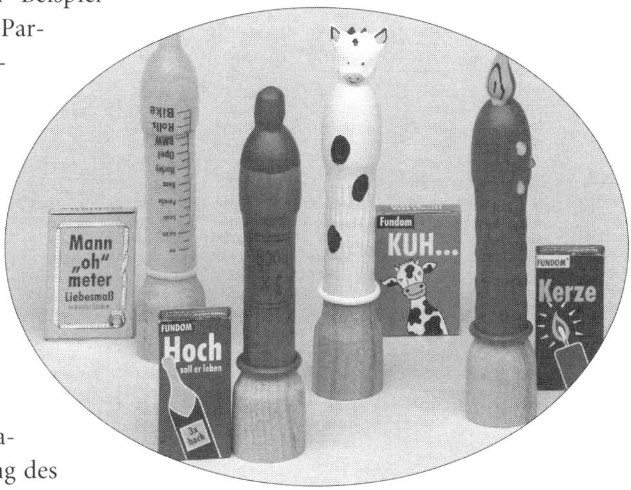

Am einfallsreichsten in Sachen Kondomwitz zeigt sich der Geschenkartikelerfinder Michael Berger aus Wiesbaden, der sich mit seiner Firma Harlekin kreativ an der Verbreitung des Kondoms beteiligt. Die (Geschäfts-)Philosphie hinter den ganzen Gag-Artikeln ist, das Kondom gesellschaftsfähig zu machen, achtlose Erdenbürger zur Verwendung anzuhalten (Aids) und dabei noch Spaß zu haben. Über eine Million Pariser bringen die witzigen Harlekine auf diese Weise pro Jahr an die Frau oder den Mann. Unter Anspielung auf bestehende Produkte produzieren sie fröhliche Kondomgeschenke wie zum Beispiel »Fickerman's Friend«, verpackt in einer Dose mit dem Schriftzug der scharfen Drops »Fisherman's Friend«. Doch manchen verging das Lachen angesichts der Späße der Kondomfans: Die Firma Milka etwa fand die Gummidose mit der schönen lila Kuh gar nicht witzig, und auch der ADAC lachte nicht über den »ADAC-Schutzbrief« mit den Verhüterlis, die die Namen gängiger Automarken trugen. Warum nur? Ein Gummi im Auto ist schließlich genauso wichtig wie die ADAC-Mitgliedskarte.

In jedem Fall waren diese Artikel Verkaufsschlager, so lange, bis sie gerichtlich verboten wurden. Die Freiheit der Kunst wurde geringer bewertet als der sogenannte Schutz der Markennamen. Erlaubtes und mittlerweile Verbotenes im Bereich Kondom-Geschenkartikel kann öffentlich im »Harlekineum« Wiesbaden-Erbenheim (Tel. 06 11 / 7 40 01) besichtigt werden. Öffnungszeiten zuvor anfragen. Der Besuch ist eine Reise wert! Andere Kondomgeschenkartikel orientieren sich eher an den üblichen Anlässen: Weihnachten, Valentinstag, Ostern und Geburtstag. Auch Sternzeichen und die Embleme der Bundesligavereine sind beliebt (bei Condomi Köln und bei der Firma Lutscher + C.) Ärger durch einen Verhüterli-Spaß bekam auch der »Porno-Bäcker« aus Darmstadt, der Kondome in Backwerk versteckte. Er wurde wegen Verstoßes gegen das Lebensmittelgesetz vom Amtsgericht zu einer Geldstrafe verurteilt.

Heute findet man Kondome sogar in Tankstellen oder Geschenk-Boutiquen. Die Abgabeverordnung setzt diesem Vertriebsweg zum Glück Grenzen, denn Kondome sollten immer vor Sonnenlicht geschützt und mit Beipackzettel versehen werden. Lollys, denen einfach ein in Klarsichtfolie verpacktes Kondom beigefügt ist, werden damit hoffentlich bald verschwinden, denn Kondome sind immer noch Verhütungsmittel und keine Luftballons.

Galgen

(siehe auch ***Fesseln, Folter, Peitsche, Pranger, Sadismus, S/M-Spiele***) Für manche nicht das Ende, sondern der Beginn einer heißen Nacht. Der Galgen darf in keinem Folterstudio fehlen, denn hier kann der Sadist hinter seiner Henkersmaske fröhlich vor sich hinquälen. Handwerklich begabte Folterknechte basteln sich das edle Stück selbst, die anderen müssen den Galgen für teures Geld beim Sado/Maso-Tischler in Auftrag geben.

Ganzkörperkondom

(siehe auch ***Gag-Kondom, Gummifetischismus, Topaz, Tungdom, Safer Sex***) Das ultimative Gummikleid für den ganzen Mann. Aber auch Frauen hüllen sich gerne mal in das schicke Verhüterli: zum Beispiel Gesundheitsministerin Rita Süßmuth für das Spiegel-Cover anläßlich der Aids-Präventionskampagnen Ende der 80er Jahre. Später wurden Ganzkörperkondome immer wieder als Persiflage im Zusammenhang mit übertriebenen Aids-Ängsten herangezogen. Latex-Fetischisten ziehen Ganzkörper-Gummianzüge an, um sich so richtig geilzumachen. Siehe Gummifetischismus.

Das Riesenkondom, das eher wie eine riesige Mülltüte aussieht, ist als Scherzartikel heute noch im Handel, für 20 Mark. Und wenn es keinen Spaß mehr macht, kann man es immer noch als Umzugssack verwenden.

Gasmaske

(siehe auch ***Augenbinde, Maske, Snapper, S/M-Spiele***) In dem berühmten Film *Im Reich der Sinne* aus dem Jahre 1976 von dem japanischen Regisseur Nagisa Oshima zieht eine Frau eine Schnur immer enger um den Hals ihres Mannes. Beim Sex. Um ihm mehr Lust und Genuß zu verschaffen. Er fordert von ihr, ihm bis zum äußersten die Luft zu nehmen, um damit nochmals eine Erektion zu erlangen – vielleicht die letzte kurz vor dem Tod. Atemreduktion macht Angst, erhöht den Adrenalinspiegel und führt zur schnelleren sexuellen Erregung. Luftmangel kann man herbeiführen, indem man sich eine Plastiktüte über den Kopf zieht oder auch eine Gasmaske aufsetzt. Dabei handelt es sich eher selten um Kriegsveteranen, die lausigen Sex im Luftschutzkeller noch mal erleben wollen. Die Quälerei mit den Gasmasken ist eine sehr schräge Form, sich einen Kick durch akute Atemnot zu holen. Die furchterregenden Masken gibt es in oliv oder grau auf dem Flohmarkt ab 10 Mark oder zap zarapp beim Zivilschutz.

Geishakugeln

(***Liebeskugeln***, siehe auch ***Ben-Wa-Bälle, Orgasmuskugeln, Rinotama, Ruckzuck-Orgasmuslust***) Ballspiel für die Geisha in uns. Orgasmuskugeln sind ein uraltes Erotikspielzeug aus Japan, denn die Frauen aus dem Land der Toyotas wußten schon immer, wo es langgeht in Punkto Höhepunkt. Die Erregungskugeln kommen paarweise daher und werden durch eine Schnur zusammengehalten. Die eine der beiden Geishakugeln ist etwas größer als die andere und im Inneren der Kugeln befinden sich weiter kleinere Kügelchen, die dann in den größeren hin und herrollen können. Gib dir die Kugel, lautet die Devise. Frau schiebt die Bälle ganz in die Muschi hinein, nur das Schnurende zum Herausnehmen liegt wie ein Tamponfaden am Scheidenausgang. Die Liebeskugeln kullern herum, stimulieren bei jedem Schritt und verursachen einen steten erotischen Reiz. Einige Frauen finden es geil in der Scheide gekullert zu werden, andere können dem Spaß nicht viel abgewinnen, einen Orgasmus kann Frau sich damit auf jeden

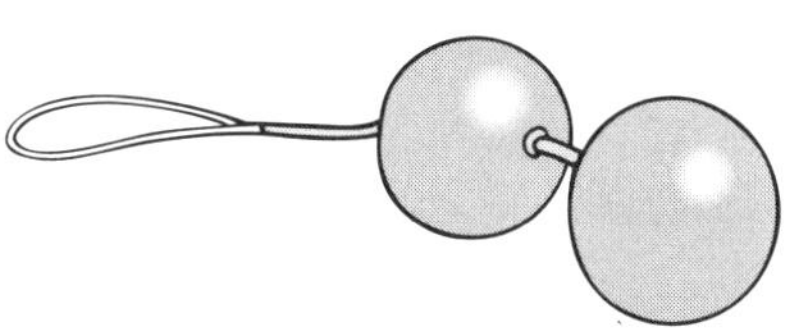

Fall nicht »rollen«. Das Spiel mit der Kugel soll aber in jedem Fall die Beckenbodenmuskeln stärken. Frau kann die Kugeln auch beim Geschlechtsverkehr tragen.

Die Geishas hatten Orgasmuskugeln aus Elfenbein, Gold oder Silber. Heute sind sie meist aus Plastik und verschmutzen schnell. Das Vaginalsekret läuft am Band in das Kugelgehäuse. Dort kann Frau die Kugeln nicht reinigen. Nach wenigen Anwendungen wird's schmuddelig, die Dinger muffeln und fliegen in die gelbe Tonne des grünen Punkts. Besser sind latexüberzogene Kugeln, in die kein Erregungssaft fließen kann. Qualität hat seinen Preis: einfache Plastikkugeln gibt es für unter 20 Mark, bessere Kunststoffkugeln mit Metallkugeln im Innern für bis zu 50 Mark. Latexüberzogene Plastikkugeln kosten circa 40 Mark.

Geißel

(siehe auch ***Domina-Spiel-Set, Flagellantismus, Neunschwänzige Katze, Peitsche, Reitgerte, Rohrstock, S/M-Spiele***) Wenn der Herr zur Peitsche greift, geht es dem »Bottom«, dem Sklaven, gleich besser. Dem Herr geht es auch gut, weil so eine Riemenpeitsche seine Hand schont und er viel weniger Kraft verbraucht. Denn eine Peitschsession ist schließlich ziemlich anstrengend. Eine Geißel ist eine Peitsche mit mehreren Riemen, circa 70 Zentimeter lang, meist aus Rindsleder. Gibt es zum Beispiel bei *http://www.schlagzeilen.com/* für 79 Mark.

Gender Bending

(siehe auch ***Cross Dressing, Cybersex, Damenunterwäscheträger***) Virtuelles Cross Dressing. Dabei schlüpft ein Mensch im Rahmen eines Phantasiespiels oder eines Chats im Netz in ein anderes Geschlecht. Was Männer im realen Raum gerne machen, nämlich sich als Frau anziehen, zu Hause oder auch unterm Zweireiher, kann im Internet ganz einfach bis hin zur totalen Geschlechtsumwandlung gehen. Man braucht dazu nur seine Phantasie. Der Macho wird zur Traumfrau und die Barbiepuppe wird zum Rennfahrer. Jeder kann die Identität ausprobieren, die ihn schon lange gelockt hat, und das kann ganz schön erregend sein.

Gerte

(siehe auch ***Fesseln, Flagellantismus, Folter, Geißel, Peitsche, Reiterspiele***) Bevor so richtig losgeritten wird, läßt so mancher erst mal die Peitsche tanzen. Die zarte Ledergerte bringt Freunde von devoten Spielereien so richtig in Fahrt. Der Rittmeister testet erst die Lederpeitsche am Po und dann geht's im Galopp durch die Gärten der Lüste. Die eleganten Schlaginstrumente gibt es im Geschäft für Reiterbedarf und natürlich im gut sortierten Sexshop oder Erotikversand ab 30 Mark aufwärts.

Geschirr

(siehe auch ***Cophalfter, Harness, Kopfharness, Oberschenkelgurt***) Ein Art Dessous für Männer und Frauen, das im Prinzip nur aus Lederriemen besteht. Die Riemen, meist mit Nieten und Ösen versehen, werden über Hüften, Brust und Hoden geschlungen. Gibt es auch für Frauen, wird aber vorwiegend von Schwulen getragen. Ab circa 100 Mark.

Getragene Unterwäsche

(oder ***Geruchsfetischismus***, siehe auch ***Bizarr Sex, Dessous, Fetisch, Striptease, Unterwäsche***) Schon Anfang des Jahrhunderts besserten Nachtclubbesitzer in Paris ihren Geldbeutel auf, indem sie Wäscheversteigerungen anboten. Das waren Stripvorführungen, bei denen die getragenen Dessous direkt an den Mann gebracht wurden. Damenunterwäsche hat die Männerwelt schon immer aufgegeilt und ein Stück, an dem noch die Wärme und der Geruch der Trägerin haftet, ist für Geruchsfetischisten das höchste der Gefühle.

Besonders ausgeprägt war die Sucht nach getragenen Frauenunterkleidern in der zweiten Hälfte des 19. Jahrhunderts, einer Zeit, wo es nicht viel Haut zu sehen gab. Die Wäschefetischisten gerieten allein durch das Berühren von getragenen Unterkleidern in sexuelle Ekstase. Strumpfbänder, Schuhe und Busentücher galten schon lang vorher als Liebespfand. Auch unser aller Herr Goethe stand auf solche Erinnerungsstücke, um sein Herz und nicht nur das in Wallungen zu bringen. Während seiner Italienreise schrieb er an seine Angebetete: »Schicke mir doch ja etwas von dir, das ich so recht ans Herz drücken und dabei an dich denken kann. Am liebsten einen durchtanzten Schuh oder einen Strumpf, den du lange getragen … ich will ihn teuer und wert halten, als wär's ein Stück von dir selbst.«

Wer keine Teuerste hat, die ihm an intimsten Stellen getragene Reizwäsche überläßt, kann sich anonym getragene Dessous bei Spezial-Anbietern besorgen. Für teures Geld natürlich. Ein Spitzenhöschen, das einen Tag getragen wurde, kostet 100 Mark, bei einer Woche Tragezeit werden 75 Mark Aufpreis verlangt. In Japan gibt es die Riech-Höschen sogar aus dem Automaten.

Gewichte

(oder ***Tit Weight***, siehe auch ***Brustklemmen, Parachute***) Schwere Lust. Gewichte sind meist aus Metall und werden an Brustklemmen oder Hodenbändern befestigt, um den Schmerz zu steigern. Erhältlich zylinder- oder tropfenförmig. Erinnert an Ohrringe oder an Teile von Kronleuchtern. Gibt es auch mit schwarzem Leder bezogen. Die Preise steigen in Relation zum Gewicht. 100 Gramm gibt es ab 29 Mark, für ein halbes Kilo müssen schon 49 Mark hingeblättert werden.

Gleitmittel

(oder ***Flutschi, Glitschi Exzess, Liebeslustcreme,*** siehe auch ***Butter, Crisco, Paarungsgleiter, Vaseline***) Schmiermittel für Dürrezeiten. Wenn es mal nicht so richtig flutschen will, reicht der Griff zur Dose. Was früher Vaseline war, ist heute das Gleitmittel aus dem Sexshop. Noch so ein Spaßartikel vom großen Bruder: in Amerika ist Gleitmittel ein häufig angewendetes Produkt für mehr Genuß beim Sex, während die Europäer mit dem glitschigen Zeug noch eher zurückhaltend umgehen. Dabei ist es eindeutig geil, wenn sie ihn so richtig eincremt oder er die Klitoris damit massiert. Schwule und Heteros nehmen es fast immer zum Analverkehr, da der Po keine eigene Flüssigkeit absondert wie die Vagina. Gynäkologen empfehlen »Paarungsgleiter« auch Frauen nach der Menopause, da sich die Feuchtigkeit in der Scheide dann verringert. Und auch Sexspielzeug bringt mehr Lust, wenn es vorher gleitfähig gemacht wurde. Überhaupt sollten Gleitcremes bei jeder Art von Lubrikationsstörung benutzt werden, die beispielsweise bei zuviel Nikotin- und Alkoholgenuß auftreten kann: Die Flutschsalbe schützt vor Rissen und kleinen Verletzungen an den Genitalien.

Gleitcremes sind meist wasserlösliche Gels aus Glycerin und auf Alkoholbasis. Viele kennen das »falsche« Gleitmittel Butter, das Marlon Brando im *Letzten Tango von Paris* seiner Filmpartnerin in den Po schmierte, bevor er sie von hinten penetrierte. Doch Achtung: fett- oder ölhaltige Gleitcremes zerstören Latex, das heißt Kondome, Diaphragmen etc.! Daher bei der Verwendung von Kondomen zur Verhütung unbedingt nur fettfreie Mittel benutzen. Butter, Babyöl, Sonnenmilch, Vaseline und andere fetthaltige Cremes haben dann beim Sex nichts zu suchen.

Im Erotikhandel gibt es ein riesiges Angebot an Gleitmitteln: Fetthaltige haben den Vorteil, daß sie nicht wasserlöslich sind und daher nicht austrocknen. Darüber hinaus gibt es Mittel, die aus natürlichen Grundstoffen bestehen, wie zum Beispiel »Sylk«, das aus dem Saft des Kiwibaums hergestellt wird, oder Eros aus Silikon. Die meisten Gleitcremes sind aus synthetischen Grundstoffen: etwa »I-D«, »Wet«, »K-Y«, »Bio-Glide«, »For Play«, »Probe«. Sie bleiben länger gleitfähig als zum Beispiel Sylk. 100 ml circa 20 Mark. 200 ml ab 25 Mark.

Glühwürmchen

(siehe auch ***Handtaschenvibrator, Probe, Remote Control Vibration Egg, Vibrator, Vibro Egg***) Minitaschenlampe für die Liebesgrotte. Das Glühwürmchen ist ein kleines Vibrationsei, das wie ein Mini-American-Football aussieht. Es ist 5,5 Zentimeter lang und hat einen Durchmesser von 1,7 Zentimetern. Die Fernbedienung ist größer als der Vibrator selbst. Die Spitze leuchtet und erforscht den G-Punkt! Für circa 60 Mark im Sexhandel.

Godemiche

(oder ***Witwentröster***, siehe auch ***Dildo***) Erfreuliches fürs Schlafzimmer. Godemiche ist der lateinische Name für einen Kunstschwanz, von »gaude mihi«: Mach mir Freude.

Goldene Dusche

(siehe auch ***Doktorspiele, Gummilaken, Klistiersex, Natursekt, Stechbecken, Wasser***) Wer würde nicht gerne mal Goldmarie spielen und einen Eimer Gold über sich ausgeschüttet bekommen. Goldmarie ist aber leider nur eine Märchenfigur und in der Realität meint Goldene Dusche ganz was anderes: Sie pinkelt auf ihn oder er auf sie.

Goldene Hand

(siehe auch ***Masturbationspad, Noppenlangfinger, Pelz***) Ein Händchen für goldene Lustschauer. Sieht allerdings gar nicht wie eine Hand aus, wird aber dort eingesetzt, wo sonst seine Hand gerne in der Goldgrube gräbt. Die goldene Hand ist ein Masturbationspad für sie und auch ihn, besteht aus Silikon mit Noppen und ist für spezielle Abreibungen gedacht. Paßt sich der Körpertemperatur an und reizt gewaltig. Das Goldstück ist für 24 Mark unter *http://www.sex-shop.de/cgi/idframer* zu haben.

G-Punkt-Stimulator

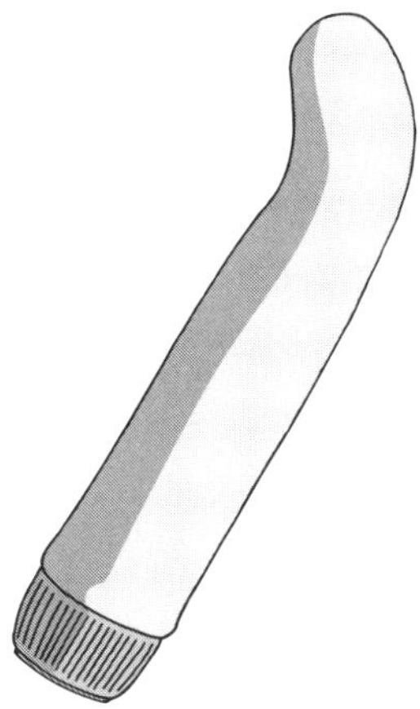

(siehe auch ***Flex-o-Pleaser, Vibrator***) Wer es geschafft hat und den berühmten Punkt gefunden hat, kann ihn mit diesem Vibrator ganz gezielt reizen und massieren. Der G-Punkt-Stimulator hat eine gebogene Spitze, die ganz genau den Orgasmuspunkt trifft. Es gibt ihn auch genoppt, und damit kann ja eigentlich nichts mehr schiefgehen. Egal, ob er sich damit das Vorspiel erleichert oder sie sich ganz privat einen »g-punktet«. Ab circa 30 Mark im Fachhandel.

Graviditätsfetischismus

(oder ***Schwangerensex***, siehe auch ***Muttermilch, Tittenfetischismus***) Mit Bauch, Charme und Sex-Appeal. Manche Männer tun es am liebsten mit Frauen, die es ganz offensichtlich schon mit jemand anders getan haben. Sie finden die dicken Bäuche von schwangeren Frauen sexuell besonders anregend. Die Videobranche bietet jede Menge Titel mit schwangernen Darstellerinnen. Erinnert wahrscheinlich so schön an Mami.

Grüne Lippen

(siehe auch ***Flutschfaust, Lustgrotte, Oro-Stimulator***) Das ultimative Sextoy für Fischer und Co., die vor lauter diskutieren nicht zum Flirten kommen. Und besser als der Schweizer Anbieter kann es ohnehin niemand beschreiben: »Ein Mund wartet auf Deinen Penis. Tief gleitet Dein Stab in den genoppten Schlund und wird anständig massiert. Die Vibration läßt sich manuell einstellen. 18 cm tief, circa 4 cm Durchmesser.« Unsere Alpennachbarn denken eben auch im Gummischlund noch an saftige, grüne Almwiesen und wiederkäuende Kühe. Gibt es unter *http://www.adult.ch/* für 39 harte Schweizer Franken.

G-String

(siehe auch ***Dessous, Slip Ouvert, Stringtanga***) Die ultimative Strangulation für den Allerwertesten. Ein G-String ist ein Minislip für sie oder ihn, der nur aus einem Faden um die Hüften, einem Fetzchen Stoff und einem zweiten Faden besteht, der durch die Pofalte geht. Der String reibt sich gerne am Anus und das kann ganz schön erregend sein. Außerdem kommt der Po, auch unter der Kleidung, ganz ohne störende Slipränder ganz groß raus. Und damit die Erregung ganz schnell wieder abgebaut werden kann, bietet der Handel auch Strings, die im Schritt offen sind. Wofür das G steht, darüber gibt es die verschiedensten Spekulationen: Die einen meinen es kommt von Greek, weil »griechisch« auch für Analverkehr steht und sich der String am Poloch reibt. Andere gar sind der Ansicht, es käme von Gucci. Am wahrscheinlichsten ist, daß das G das Überbleibsel von »Genitals« ist, weil der G-String nur die Genitalien bedeckt.

Gummi

(siehe auch ***Kondom, Safer Sex***) Gummis sind wie Äpfel, glaubt man der Aidshilfe der alpenländischen Eidgenossen. Ihr Wahlspruch lautet: »A Condom a day, keeps the doctor away«. Näheres siehe unter Kondom.

Gummifetischismus

(siehe auch ***Fetisch, Klepper, Lack, Latex, Plastik, Talkumpuder***) Das beliebteste Sexspiel der 90er ist das Gummispiel. Im Ikeaschrank so mancher unscheinbarer NachbarInnen hängen hautenge Tops, Minis und Ganzkörperanzüge aus Gummi. Was früher Pelz und Seide war, ist heute das erotisierende Latex. Der

Stoff, der meist aus Südamerika oder Malaysia kommt, liegt direkt am Körper an und verursacht ein Gefühl des Eingeengtseins. Der in Kautschuk gepackte Körper wirkt künstlich, ähnlich einer Skulptur. Alles ist sichtbar unter der dünnen, elastischen Gummischicht. Außerdem soll das Material die Sensibilität des Trägers extrem steigern. Gummikleider sind ziemlich teuer und halten nicht länger als zwei Jahre, da der Schweiß und andere Körperausscheidungen das Material angreifen. Auch die Haut kann durch das Gummi gereizt werden. Sie kann unter den hautengen Latexteilen nicht atmen, es ist wie in einem Brutkasten. Die Folge sind Rötungen und Pickel.

Zum perfekten Outfit gehören auch Gummistiefel, die sich der Liebhaber in Angler- oder Bootszubehörgeschäften besorgen kann. Besonders scharf sind Ganzkörperanzüge mit eingearbeitetem Analstöpsel (siehe auch Butt Plug). Die größte Gummiszene der Welt ist in London, dort sind auch die bekanntesten Gummi-Schneider ansäßig. Überhaupt ist der Latexkult vor allem eine europäische Angelegenheit. Nur in den USA gibt es noch eine – allerdings kleinere – Gummiszene.

Aber warum eigentlich Gummi und nicht sinnlich, fließende Materialien wie Seide und Pelz. Ist das die Antwort auf Aids? Das Spiel mit Stoffen, die eigentlich als Unterlage auf Krankenhausbetten dienen? Kontakt nur in Ganzkörperanzügen, die aussehen wie die Anzüge der Leute vom Katasthrophenschutz oder der Seuchenverhinderung in *Outbreak*? Viele begnügen sich eben nicht nur mit einem Latexverhüterli auf dem Pimmel, sie wollen den hermetischen Ganzkörperschutz. Andere meinen, daß man sich mit dem Ganzkörpergummi selbst wie ein riesiger Schwanz vorkommt. Also ein Phalluskult oder doch eher Erinnerung an die erste orale Befriedigung mit dem Gummischnuller?

Der größte Anbieter für Gummisachen in Deutschland ist die Firma Kunzmann. Sie hat ihren Sitz im idyllischen Schwarzwald, hat 20.000 Artikel im Angebot und beliefert damit die Gummiszene der ganzen Welt. Die deutsche Markenware hat natürlich auch ihren Preis, ein Catsuit kostet 445, ein Slip mit Penishülle 63 Mark. Ein vergleichbares Teil ist im Sexshop schon ab 30 Mark zu haben. Kunzmann findet man im Internet unter *http://www.kunzmann.com.*

Gummilaken

(siehe auch ***Doktorspiele, Kaviar, Klistiersex, Natursekt, Stechbecken***)
Wer mehr als einen Spermafleck im Bett hinterläßt, sollte besser ein Gummilaken verwenden. Wichtiges Utensil für Liebhaber von Natursektspielen und Kaviarvergnügungen. Gibt's in Sanitätshäusern oder im Sexshop. Das »Glitschi-Flutsch-Orgy-Laken« bei Dr. Müller kostet stolze 129 Mark, aber da kommt noch der Aufpreis für den genialen Namen dazu.

Gummipeter

(oder ***Witwentröster***, siehe auch ***Dildo, Godemiche***) Name aus dem Land der Gartenzwerge für einen Dildo. Näheres siehe Dildo.

Gummipuppen

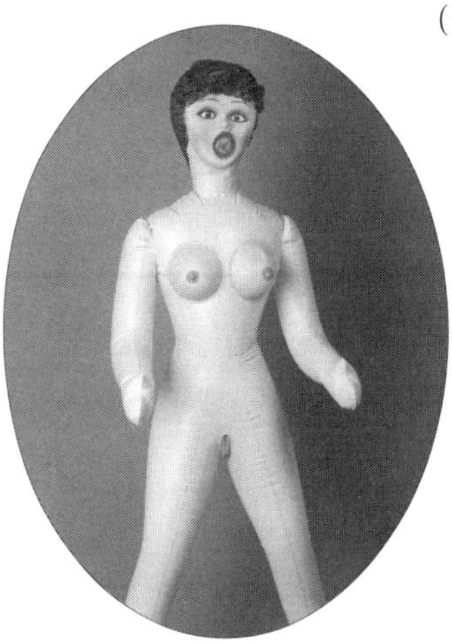

(siehe auch ***Dolly Fresh, Liebespuppe, Lover Boy, Puppe, Puppen-Reparaturset, Real Doll***) Auch Männer möchten gerne mit Puppen spielen. Schon als Kinder waren sie eifersüchtig auf die Barbie der kleinen Schwester. Als Erwachsene können sie endlich in ihren Spielzeugladen, sprich Sexshop, gehen und eine Puppe ganz nach ihrem Geschmack erstehen. Aus Plastik oder Silikon. Mit blonden oder schwarzen Haaren, mit ein, zwei oder drei Öffnungen. Mit Feuchtigkeits- oder Lutschmechanismus, vibrierender Muschi oder Schlafaugen. Weiß, schwarz oder gelb. Sitzend, auf allen vieren oder liegend, sprechend oder stöhnend. Alles ist da.

Als Mitte der sechziger Jahre die ersten aufblasbaren weiblichen Puppen in Lebensgröße hergestellt wurden, glaubten selbst die Insider der Sexbranche noch nicht an das Geschäft, das diese Dolls einmal werden sollten. Ob aufblasbar, geschäumt (halbfest) oder mittlerweile auch aus Silikon gegossen, die Liebespuppen finden reichlich Abnehmer. Die Kunden sind überwiegend Männer, aber auch Frauen kaufen gerne mal einen strammen Kerl zum Aufblasen. Auch der Export in islamische Staaten läuft gut, da verheiratete Männer, die ihre Lust stillen, aber nicht wirklich fremdgehen wollen, in den Puppen eine vom Koran erlaubte Lösung zur Befriedigung ihres Anliegens gefunden haben. In Europa ging der Single früher zum Ball der einsamen Herzen, heute greift er in den Schrank und zaubert sich mit vollen Lungen seine Traumpuppe. Sie ist immer willig, ziert sich nicht und läßt sich vaginal, oral oder auch rektal benutzen. Alle Modelle sind auswaschbar und zum Teil mit softem Material beschichtet. Um auch alle seine Träume zu erfüllen, liefert der Erotikhandel Echthaarpuppen und schminkbare Puppen aus Silikon. Über die Anzahl der in Deutschland verkauften Puppen schwanken die Angaben zwischen 8.000 und 40.000 Stück pro Jahr. Die Preise im Fachhandel gehen von 200 für einfache bis circa 1.200 Mark für die neuartigen Silikonpuppen. Die Real Dolls aus Amerika kosten gar 5.000 Dollar.

Gummischürze

(siehe auch ***Doktorspiele, Gummifetischismus, Kaviar, Klistiersex, Natursekt, Stechbecken***) Wenn's um sexy Doktorspiele geht, ziehen auch Männer gern mal eine Schürze an. Und mit dieser exklusiven schwarzen Schürze aus Gummi mit echter Chromkette bringt sie ihn ja vielleicht sogar ans Spülbecken. Sieht zwar etwas brutal aus, aber es kommt ja immer drauf an, was man damit macht. Gedacht ist diese Schlächterschürze für Klistiersex und verschiedene Sado/Maso-Rollenspiele. Ein nicht ganz billiges Outfit für Sadisten, die Schürze kostet immerhin 169,90 Mark im Fachhandel.

Gummitücher

(siehe auch ***Dental Dam, Latexschutztuch, Lolly, Safer Sex***) Tücher, die über die Schamlippen gelegt werden, um sich beim Oralsex vor Krankheiten zu schützen. Näheres siehe Dental Dam.

Gurke

(siehe auch ***Banane, Dildo, Flasche, Kalebasse, Vibrator***) Grüne Höhepunkte für Vegetarier. Wer keinen Gummi- oder Silikondildo an seine Muschi lassen will, kann immer noch auf die Geschenke der Natur zurückgreifen. Zum Beispiel auf eine stramme, dicke Gurke. Ist billig, und es gibt keine Entsorgungsprobleme. Nach dem Schälen kann man immer noch einen leckeren Salat daraus machen.

Gynäkologenstuhl

(siehe auch ***Doktorspiele, Klistiersex, Krankenschwester, Natursekt, S/M-Spiele***) Die meisten Frauen haben nicht gerade lustbringende Gedanken, wenn sie an einen Besuch beim Frauenarzt denken. Andere wiederum geben viel Geld aus, um sich so einen Spreizstuhl fürs Wohnzimmer zu kaufen. Liebhaber von Doktorspielen haben zu Hause ein ganzes Arsenal an Werkzeugen wie Klistiere, Stechbecken, Spekula und als Krönung eben auch einen Gynäkologenstuhl. Kann man in Spezialläden bekommen oder übers Internet unter *http://www.x.club.co* für 999 Mark. Im Preis inbegriffen sind eine Anleitung zur intimen Heimuntersuchung sowie die wasserundurchlässige, blut- und urinbeständige Kunstlederpolsterung. In Schwarz und Chrom.

H

Haare

(siehe auch ***Brusthaartoupet, Enthaarungscreme, Intimrasur, Schamhaare***)
»Laß dein Haar herunter«, rief der Liebhaber seiner schönen Rapunzel mit der langen Mähne zu und kletterte an der blonden Pracht zu ihr hoch in den Turm. Was da oben passiert ist, müssen wir uns dann schon selber ausmalen, das wird uns im Märchen vorenthalten. Lange Haare, am besten noch blond und lockig, galten schon seit jeher als Schönheits- und Fruchtbarkeitssymbol.

Dafür steht auch die schöne Lorelei: Wenn sie auf ihrem Felsen über dem tosenden Rhein saß und ihre güldenes Haar bürstete, verlor so mancher Kapitän die Kontrolle, nicht nur über sein Schiff, und ward nie wieder gesehen. Er vergnügte sich von nun an mit den Wassernymphen in den Tiefen des Rheins. Dichter haben das Frauenhaar immer wieder besungen, und in moslemischen Ländern hat man vor der erotisierenden Wirkung der Kopfpracht so viel Respekt, daß die Haare unter Kopftüchern und Schleiern verschwinden müssen. Locken der Angebeteten wiederum oder Haarsträhnen des Geliebten werden in Medaillons am Herzen getragen oder an anderen versteckten Orten als Teil der geliebten Person in Ehren gehalten.

Haare stehen für Schönheit und Jugend. Selten sind daher auch ältere Frauen mit einer langen Mähne. Wirkt in unserer Kultur nicht angebracht. Und Männer ohne Haare haben es meist nicht leicht, eine Partnerin zu finden, glaubt man den Kontaktanzeigen. Da steht nämlich oft als Bedingung: »... ohne Bart, Bauch und Glatze«.

Hängekäfig

(siehe auch ***Andreaskreuz, Folter, Möbel, S/M-Spiele***) Wer Angst hat, daß ihm sein Vögelchen wegfliegt, sperrt es in einen goldenen Käfig. Hängekäfige sind jedoch nicht aus Gold und gehören in die Folterkammer, wo sich Masochisten und Sadisten ihren Rollenspielen hingeben. Der Käfig besteht aus zwei runden, meist schwarzen Holzplatten, die durch schwere Ketten miteinander verbunden sind. Der Sklave wird reingesteckt und an einer Kette hochgezogen oder durch die Ketten »hindurchgequält«. Zu bekommen ist das Spielzeug bei Spezialtischlern so ungefähr ab 600 Mark. Oder im Internet zum Beispiel unter *http://www.erti.com/shop/erotic&fetish/kaefige.htm.*

Hafada

(siehe auch ***Ampallang, Intimschmuck, Innerer Schamlippenring, Labienspange, Piercing***) Gehänge fürs Gehänge. Der Hafada ist ein Ring, der am Hodensack befestigt wird. Als Schmuckstück, als Lockmittel für die Zunge der oder des Allerliebsten, im S/M-Bereich auch, um daran Gewichte zu befestigen. Gibt es im Sexshop oder Piercingstudio. Vorsicht: Nur von Fachmännern und Fachfrauen einsetzen lassen!

Halsband

(siehe auch ***Bondage, Devotismus, Masochismus, O-Halsband, Peitsche, Sadismus, S/M-Spiele***) Kein Sexspielzeug für brave Hunde, sondern für ergebene Lover. Manche Frauen legen es gern mal dem Gatten um und führen ihn damit dreimal ums Ehelager. Je nach Drehbuch darf er dann ins Bett oder muß als Bettvorleger fungieren.

Aber auch Lederschwule, in Ketten und Tierhaut gekleidet, tragen gerne ein Halsband, bisweilen mit Nieten oder Stacheln aus Metall. Bei S/M-Spielchen hilft das Halsband mit eingearbeiteten Ringen, den Sklaven an einer Kette zu befestigen, um ihn dann lustvoll zu bearbeiten. Halsbänder aus Leder gibt es ab 45 Mark im Lederdessoushandel oder Sexshop.

Halsgeige

(siehe auch ***Devotismus, Masochismus, Möbel, Peitsche, Pranger, Sadismus, S/M-Spiele***) Diese Geige ruft Angst- und Lustgeschrei hervor. Es handelt sich um ein mittelalterliches Foltergerät, mit dem in modernen Quälkammern gern rumgespielt wird. War der Sklave nicht gehorsam, wird er in die Halsgeige gezwängt, sie ist quasi die Handschelle für den Kopf. Ein Eisenring kommt um den Hals, die Handgelenke werden in Halshöhe durch zwei weitere Eisenringe gehalten. Nicht gerade bequem so eine Haltung. Und der Sadist kann mit dem so geknebelten Körper anstellen, was er will. Wehren ist zwecklos. Ein eher seltenes Folterinstrument, jedoch sehr effektvoll. Wer will, kann sich das Spielzeug für 225 Mark unter *http://www.sex-shop.de/cgi/idframer* bestellen. Ausgefeiltere Modelle können schon mal mehr als 1.000 Mark kosten, da meist Einzelanfertigung.

Handschellen

(siehe auch ***Bondage, Fesseln, Kettenspiele, Knebel, Oberschenkel-Hand-Fessel, Panikhaken, Seil***) Richtige Handschellen haben was Zwingendes, sie strahlen auf jeden Fall mehr Stil und Autorität aus als eine banale Wäscheleine oder ein schlappes Seidentuch. Handschellen, das ist filmreif! Und die angebotenen Modelle tragen meist auch so tolle Namen wie »Alcatraz« oder »Bastille« (bei Good Vibrations für 289 Mark!!!). Teurer Spaß, so ein Bastille-Sex. Dafür sind die Handschellen mit Präzisionsschlössern gearbeitet, also nicht den Schlüssel verschlucken! Handschellen für die Bondage-Nummer zu Hause gibt es aber auch schon für 29,80 Mark etwa bei Kamana. Die heißen »John Wayne«, und der ist wohl nicht so heiß wie die Bastille. Für das Unterwerfungsspiel kann man aber auch »Barbie-Handschellen« nehmen: Die sind aus rosa Plüsch, und vor allem schneiden keine scharfen Metallkanten in das zarte Fleisch des/der Angeketteten (bei InsideHer für 29 Mark).

Handschuhe

(siehe auch ***Fetisch, Getragene Unterwäsche, Leder, Masturbationspad, Seide***) Für Handschuhfetischisten gibt es nichts Schöneres als mit einer behandschuhten Hand erregt und befriedigt zu werden. Hände werden mit Masturbation assoziiert, und im Englischen heißt es gleich ganz eindeutig

»hand job«. Besonders erregend ist die Verbindung von Hand und einem erotisierenden Material wie Leder, Seide oder Glacé, heute auch Gummi oder Latex. Im Mittelalter wurden Handschuhe zwischen Liebenden ausgetauscht wie bei uns Verlobungsringe.

Handschuhfetischisten treffen sich in Clubs, in denen sie getragene Frauenhandschuhe austauschen. Besonders reizvoll sind auch Handschuhe, die bis über die Ellenbogen reichen und die zu Dessous getragen werden. Ganz anders die Latexhandschuhe, die in Sexshops für Doktorspiele und Klistiersex angeboten werden. Diese Untersuchungshandschuhe sind nicht wirklich sexy, dafür aber praktisch und safe. 10 Stück gibt es für circa 10 Mark.

Handtaschenvibrator

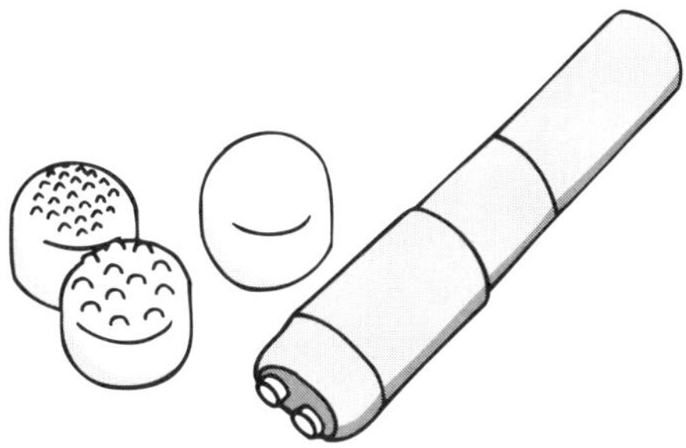

(siehe auch ***Butterfly, Hummel, Japanische Tanzhose, Pocket Rocket, Taschenvagina, Vibrator***) Damenhandtaschen bergen so manche Schätze. Darum sind sie auch tabu für Männer! Oder? Zum Beispiel fliegt dort neben Taschenspiegel und Lippenstift manchmal auch ein kleiner Vibrator rum. Der Stummelvibrator ist nicht penisförmig und sieht eher ein bißchen wie ein Lippenstift aus. Damit niemand rote Ohren kriegen muß, falls der Luststift mal aus der Tasche kullert. Der kleine Minirüttler trägt nicht dick auf, paßt auch in eine Jackentasche und ist einfach praktisch für unterwegs, auf Reisen, im Büro oder mal zwischendurch. Der Orgasmuskitzler hat vier verschiedene Aufsätze und wird mit einer Mignon-Batterie betrieben. Ab 25 Mark im Fachhandel.

Hardcore

(siehe auch ***Bizarr, Magazine, Porno, Softporno, Video***) Alles, was für Jugendliche unter 18 Jahren verboten ist, fällt meist unter den Begriff Hardcore-Sex. Damit ist Pornographie gemeint, ob Filme, Bücher, Videos, Fotos oder Magazine, die gemäß §184 StgB nicht frei verkauft werden dürfen. Unter Hardcore versteht man heute alles, wo der Geschlechtsverkehr in Großaufnahme gezeigt wird oder die Genitalien einzeln zu sehen sind. Zum Beispiel ein erigierter Penis, schenkeloffenes Liegen einer Frau oder Ejakulation auf den Mund. Was früher noch Hardcore war (zum Beispiel das Zeigen von Geschlechtsverkehr) ist heute schon

Soft Sex oder Sexfilm und ab 16 Jahren frei. Das Hardcore-Produkt zeigt Sex in allen Stellungen mit deutlichen Nahaufnahmen sowie die Varianten »bizarr« und S/M u.v.m. Hardcorestreifen werden im Sexshop verkauft, dürfen jedoch nicht über Versand vertrieben werden, zumindest in Deutschland. Durch das Internet sind solche Bestimmungen jedoch hinfällig. Wer will und kann, kann im Netz die härtesten Sachen sehen und kaufen.

Harness

(siehe auch ***Cophalfter, Dildo, Geschirr, Kopfharness, Oberschenkelgurt***) Potenz zum Umschnallen. Ein Harness ist ein Gurt oder eine Hose mit eingearbeitetem oder einsetzbarem Kunstpimmel. Der Dildo ist hart und steht ab wie ein erigierter Penis. Es macht allerdings einen himmelweiten Unterschied, wer den berühmten kleinen Unterschied trägt!

Sie tut's, um ihn mal von hinten zu stoßen oder um ihre Freundin zu verwöhnen. Während ihm der Ständer-Slip über gewisse Potenzschwächen hinweghilft. Er kann sie damit befriedigen, fühlt selber aber recht wenig damit. Lesbische Frauen sind die häufigsten Käuferinnen dieses Lustmittels, auch wenn nicht alle Lesben auf den Sex mit der geliehenen Erektion stehen.

Den Harness gibt es hautfarben aus Latex, in schwarz aus Leder oder auch Lack. Manche Umschnall-Schwänze haben eine Vibrierfunktion und/oder können spritzen. Einfache Ausführungen sind schon für unter 100 Mark im Sexhandel erhältlich, die Lederteile kosten leicht das Doppelte. Manchmal versteht man unter Harness jedoch auch ein Geschirr (siehe auch Geschirr), das sind Lederriemen mit Nieten die über Oberkörper und/oder Genitalien geschnürt werden.

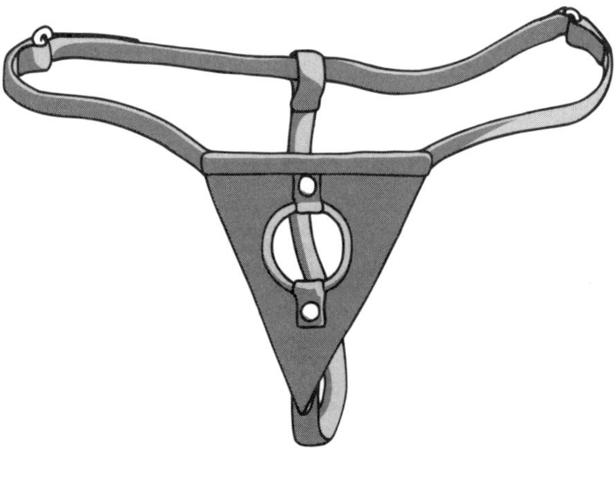

Haschisch

(siehe auch ***Amsterdam Poppers, Aphrodisiaka, Drogen, Potenzmittel***) Das älteste Aphrodisiakum der Welt. Die Cannabispflanze wurde schon vor 10.000 Jahren im Himalaja angebaut. Das daraus gewonnene Marihuana oder Haschisch wirkt stark gefühlssteigernd und erotisierend. Der Hanf ist dem indischen Gott Shiva geweiht, der damit sich und seine Frau beglückte. In vielen Kulturen, wie auch der indischen, galt Sex als heilige Handlung, während im Christentum die erotische Lust von jeher als Sünde verteufelt wurde. In Deutschland ist der »Same der Erleuchtung« daher auch verboten und man bekommt dieses »Gewürz der Liebe« allenfalls in holländischen Coffeeshops. Für uns gibt es stattdessen teure Placebo-Potenzmittel aus dem Sexshop. Aber wer weiß, in der Zwischenzeit gilt in manchen Ländern Haschisch schon als Medizin. Und irgendwann bekommen wir dann das wirklich aphrodisierende Kraut zu den Kondomen in der Drogerie dazu.

Haut

(siehe auch ***Body Paint, Federn, Honey Dust, Massage, Massageöle, Streichelhandschuh***) Lustmittel quadratzentimeterweise. Die Haut wird gepflegt und massiert, eingecremt und parfümiert. Die Erotikindustrie bietet alle möglichen Cremes, um die Haut zart wie Samt und Seide zu machen. Busencremes zur Straffung, Hoden- und Penissalben sowie Öle für den Körper. Die Haut ist das größte Organ des Menschen und ein hypersensibles dazu. Bei uns gilt es als besonders sexy, wenn die Haut nahtlos knackig braun ist, und dafür wird viel Geld auf den Sonnenbanken gelassen. Neuerdings werden gerne Tattoos aufgetragen, oder die Haut wird an allen möglichen Stellen gepierct und bemalt. Viele Produkte aus der Sexbranche wollen wie Haut sein: Kondome, Vibratoren, aufblasbare Puppen. Das Ziel hat noch keiner erreicht. Haut ist einmalig. Nur Silikon kommt ihr sehr nahe. Es fehlt jedoch noch die Wärme.

Hautsock

(siehe auch ***Bulger Underwear, Cache Sex, Jockstrap, Suspensorium, Willy-Wärmer***) Socke für seinen besten Freund. Ein ganz besonderer Slip, der nur über das Gehänge gezogen wird und durch einen String um die Hüfte gehalten wird. Nichts im Schritt und nichts im Po. Wahrhaft ein sexy Nichts aus Italien, aus dehnbarem, feinen Stoff für 26,90 Mark unter *http://www.topman.de*

Henkersmaske

(siehe auch ***Augenbinde, Galgen, Maske, Pranger, Sadismus, S/M-Spiele***) Richtig gruselig, mit und ohne Augenschlitze sind diese Kopfhauben. Für schwarze Messen, um die Jungfrau kultgemäß zu »opfern«. Aber auch im kleinen Rahmen erfüllt die Henkersmaske ihren schauerlichen Zweck. Der devote Liebhaber läßt sich in der Maske gerne quälen, womöglich noch mit Mundknebel, zur Steigerung des Vorspiels. Aber auch der »Henker« leidet, kriegt er doch kaum Luft und schwitzt wie blöd unter dem engen Kopfpanzer. Die Masken sind aus Stoff, Gummi oder Leder, erhältlich nur im größeren Sexshop mit S/M-Abteilung. Ab 49 Mark.

Henna

(siehe auch ***Body Paint, Mendhi, Taste Tattoos, Tattoos***) Seit Madonna es vorgemacht hat, setzen auch viele Europäerinnen auf den altorientalischen Liebeszauber durch Henna. Sie bemalen sich Hände, Nabel und intimere Körperteile mit einer Paste aus der färbenden Pflanze. Das Wundermittel ist manchen als Haarfärbemittel bekannt, das die Locken oft in eine karottenfarbene Pumuckelfrisur verwandelte. Hautornamente gestaltet man mit einer Henna-Paste die Mendhi heißt und aus Indien kommt. Aber auch bei den Arabern gilt Henna als stark erotisierend: die braunroten Motive auf der Haut sollen den Mann wie einen Magnet anziehen. Und in Marokko schreitet keine Braut zum Altar, bevor sie nicht mit Henna eingefärbt und bemalt wurde. Das Puder soll auch bei Impotenz helfen. Er muß nur zwei Wochen lang seinen Penis täglich mit einer Hennapaste bestreichen. Henna gibt es in Drogerien und beim Türken oder Marokkaner für ein paar Mark.

Herrenkorsett

(siehe auch ***Cross Dressing, Damenunterwäscheträger, Dessous, Gender Bending, Korsett, Umschnallbare Frauenbrüste***) Bondage für den Body. Lange Zeit galt das Korsett als einengender Panzer und in den 70er Jahren befreiten sich die Frauen sogar vom einschnürenden Büstenhalter. Heute gilt das Korsett wieder als stark erotisierendes Dessous, das Po und Busen aufreizend zur Geltung bringt. Und auch Männer, die sich gerne als Frau anziehen, müssen nicht mehr auf Wespentaillen-Formate zurückgreifen.

Der Fachhandel bietet extra Modelle für männliche Maße, das heißt breiter und vor allem wenigerer tailliert. So kann sich auch der Korsettfetischist einschnüren und Po und Brust rausdrücken. Gibt's zum Beispiel für 76 Mark im Internet unter *http://www.sex-shop.de/cgi/idframer.*

High Heels

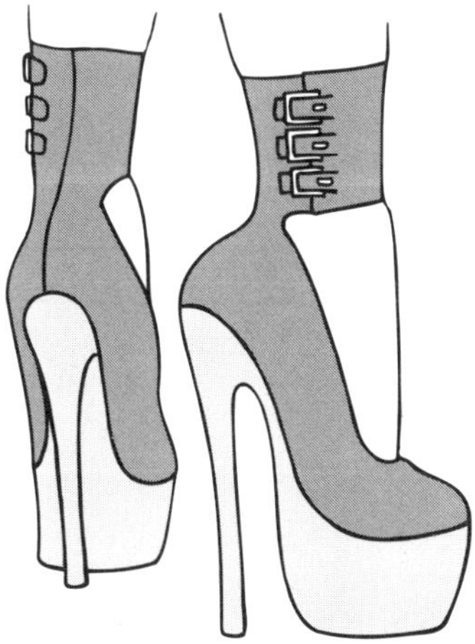

(siehe auch ***Beine, Fußfetischismus, Fußsklave, Nylon, Stiefel, Stilettos***) Hochhackige Ekstase. Der Orthopäde schlägt die Hände über dem Kopf zusammen, wenn sich eine Frau mit solch schwindelerregend hohen Schuhen in seine Praxis verirrt. Doch gesundheitliche Bedenken kümmern Schuhfetischisten meist wenig. Die extrem hohen Stöckelschuhe heben und senken die Pobacken, so daß eher dem Mann schwindlig wird als der provokanten Trägerin. High Heels sind das sündigste Schuhwerk, das je hergestellt wurde. Elf, dreizehn, ja fünfzehn Zentimeter hohe Absätze spielen in fast jedem erotischen Roman eine erregende Rolle. Auch die Sex-Film-Industrie fördert diesen Kult und staffiert ihre Models damit aus. Einige Magazine wie *High Heels* widmen sich nur diesem sexy Schuhwerk. Meist sind sie aus schwarz glänzendem Lack oder in nuttigem Rot gehalten. Fetischisten wichsen in die edlen Pumps, lecken sie, trinken Sekt daraus, lassen sich damit auf die Kehle drücken oder einen Tritt in den Hintern verpassen. High Heels werden von der Trägerin oder dem Träger oft als ähnlich erotisierend empfunden wie Bondage oder das Eingeschnürtsein in ein enges Korsett. Die spitzen Stöckel können auch als Dildo für Po und Muschi mißbraucht werden. Die Schuhe gibt es ab circa 180 Mark, extreme Modelle dabei nur im Fachhandel.

Higo Zuiki

(siehe auch ***Geishakugeln, Gurke, Japanische Tanzhose, Rinotama, Ben-Wa-Bälle***) Klingt wie Suzuki und kommt aus dem Land der Geishas. Was für die Europäerin die Gurke oder Karotte ist für die Japanerin der Higo Zuiki. Es handelt sich dabei um den getrockneten Stengel einer Taro-Wurzel. Higo ist der Name einer Provinz in Südjapan, wo diese Zuiki besonders gut gedeihen.

Hilfsmittel

(siehe auch ***Ehehygiene, Masturbationshilfen, Sextoy, Toy***) Als Hilfsmittel wurden lange Zeit alle Sexartikel bezeichnet. In den fünfziger Jahren gab es ohnehin nur Kondome und Dildos. Aber auch heute, wo Beate Uhse circa 5.000

Produkte im Angebot hat, findet man Sexshops immer noch, wenn überhaupt, unter dem Stichwort »Hilfsmittel« in den Gelben Seiten. Manche Produkte sind allerdings wirklich sexual-medizinische Hilfsmittel und können über die Krankenkasse bezogen werden. Dazu gehören zum Beispiel die Erektionshilfen in Form von Vakuumpumpen mit Stauringen. Diabetiker können sich ein solches Gerät von der Kasse finanzieren lassen.

Die als Hilfsmittelliste von den Kassen anerkannten Produkte sind aber häufig doppelt oder dreimal so teuer wie vergleichbare Geräte im Sexhandel (Ausnahmen bestätigen diese Regel). Vibratoren zum Üben oder zur Entspannung bei Anorgasmie finanziert die männlich fixierte Krankenkasse jedoch nicht. Das Krankheitsbild ist in diesem Fall auch nicht so eindeutig wie beim Mann. Die zu trockene Scheide ab der Menopause wird ebenfalls nicht als Krankheit, sondern als natürliche Veränderung gesehen. Daher sind Gleitmittel privat zu finanzierende Hilfsmittel beim Sex.

Bei Viagra liegt ein Grenzfall vor. Bei Altersdiabetes wäre es sicher gerechtfertigt dem erektionsschwachen Manne mit Kassenmitteln zu helfen. Bleibt die spannende Frage, wieviel Sex einem Krankenversicherten die Assekuranz pro Monat zugesteht?

Hochzeitsmuschi

(siehe auch ***Entjungferungsvagina, Jungfernhäutchen, Pädophilie, Schulmädchen***) Die Jungfräulichkeit ist eine Besessenheit der christlichen und moslemischen Kulturen. Bei anderen Völkern wie zum Beispiel den Trobriandern in Ozeanien galt die Jungfräulichkeit als eine Schande, die es so früh wie möglich zu beseitigen galt. Junge Mädchen sollten soviel Erfahrung wie möglich sammeln, nur dann galten sie als eine gute Ehefrau. Klingt vernünftig. Wer sich den Kick der Entjungferung täglich geben will, kann auf eine Plastikvagina mit eingebautem Jungfernhäutchen zurückgreifen. Im Sexshop ab 59 Mark zu haben.

Hodenband

(siehe auch ***Arab Stahl, Cockring, Hunnengurt, Parachute, Stretcher***) Eierbondage. Schmales Band, meist aus Leder, mit Druckknöpfen, das um den Hoden getragen wird. Die Größe ist mittels der Knöpfe verstellbar. Das Band quetscht die Hoden etwas ab und hält sie hoch, was als ästhetische Aufwertung empfunden wird. Außerdem hat das Band eine ähnlich stimulierende Wirkung wie ein Cockring. Der Blutrückfluß wird eingeschränkt, die Wirkung ist jedoch eher äußerlich, das Hodenband ist nur indirekt erektionsfördernd. Ist es aus schwarzem Leder und mit Nietenbesatz, hat das Hodenband auch Fetischcharakter.

Große Auswahl bei Good Vibrations: zum Beispiel »Arizona« für 35 Mark, oder »Parachute« mit einer dreiteiligen Chromkette zum Anhängen von Gewichten, 55 Mark.

Hodenkondom

(siehe auch ***Eichelkondom, Ganzkörperkondom, Kondom, Safer Sex***) Eierschutz für Hysteriker. Es gibt Herrchen, die ihren Hunden Mäntelchen anziehen, und eben auch Herrchen, die ihre Hoden einkleiden. Mit einem Rundum-Kondom, das nicht nur den Penis, sondern den gesamten Hoden umschließt. Sieht aus wie ein »Plastik-Socken«. Auch in Schwulen- und Lederkreisen beliebt.

Die Sicherheits-Teile für ängstliche Lover gibt es in hautfarben oder schwarz für vier Mark. Luxus-Penis-Hoden-Kondome aus rot oder schwarz glänzendem Latex kosten gar 54,80 Mark bei Dr. Müller, die kann man allerdings mehrfach gebrauchen.

Hodensalbe

(siehe auch ***Erektioncreme, Potenzmittel, Ständertropfen***) Flugsalbe für ihn. Er cremt seinen Sack liebevoll ein und schon steht sein bestes Stück wie eine Rakete. So erträumt es sich der Käufer zumindest, wenn er diese Potenzsalbe für 25 Mark im Sexshop ersteht. Sie soll sogar die legendäre Spanische Fliege enthalten. Doch: Niveacreme hat den gleichen Effekt und kommt billiger. Das Eincremen fördert in jeden Fall die Durchblutung.

Hodenstimulator

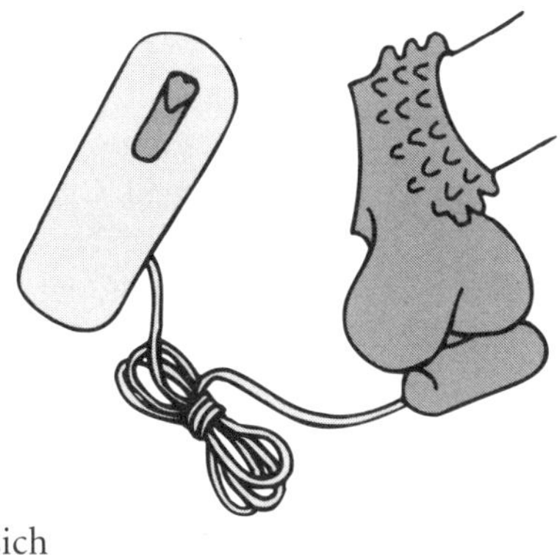

(siehe auch ***Cockringvibrator, Oro-Stimulator***) Sackhüpfen. Dieses Sextoy für Männer verspricht ganz spezielle Lustvibrationen an den empfindlichen Hoden. Es besteht aus einem Cockring, der über den Schwanz gezogen wird, am Ring hängt ein Beutel aus schwarzem Latex. Der Ring samt Beutel wird über die Hoden gezogen und die darin befindliche Kugel per Fernbedienung aktiviert. Und schon kann er sich einen rütteln lassen. Der Stimulator bringt schöne Vibrations, mehr aber auch nicht. Sanftes Streicheln oder massieren ist bestimmt wirksamer. Doch die Lustmittelindustrie versucht, auch die letzten Fleckchen des Körpers einzeln zu bedienen. Ab 30 Mark im Sexshop oder im Internet unter *http://www.shoppingmall.de/cgi-bin/Guy-Shop/clevershop.cgi* zu haben.

Holzpenis

(siehe auch ***Kondom, Kondomorgel, Vaginalkonus***) Aufklärungspimmel. Penis aus Buchenholz gedrechselt, circa 16 cm lang und 3cm Durchmesser, an den Myriaden von Schulkindern Hand anlegen dürfen. Schließlich gilt auch hier: Übung macht den Meister. Erstmals wurde der hölzerne Schwanz im Auftrag der Deutschen Latex Gütesiegelgemeinschaft (dlf) hergestellt. Zur Aufklärung in Schulen und Jugendeinrichtungen, zur Demonstration der richtigen Anwendung von Kondomen. Die im Rahmen der Aids-Arbeit ab 1987 zunehmend häufig gefragten Holzpenisse wurden bis Mitte der 90er Jahre oft in Bildungseinrichtungen verwendet, wenngleich Lehrkräfte die Stärke häufig als »zu groß« kritisierten und befürchteten, daß »Ängste bei Schülerinnen ausgelöst werden könnten«. Die Dinger waren zwar der Naturform nachempfunden, jedoch nicht sehr realistisch angefertigt. Diese Trainingspimmel sind noch heute lieferbar und auch in Europa mit das Beste für diesen Zweck. Penisattrappen aus Styropor oder Kunststoff, wie sie in England verwendet werden, eigneten sich eher weniger für die praktische Erläuterung der Anwendung von Kondomen. Im Rahmen eines Entwicklungshilfeprojektes verweigerte kürzlich eine katholische Lehrwerkstatt die Lieferung von größeren Stückzahlen von Holzpenissen für die Aids-Prävention in Ruanda.

Honey Dust

(siehe auch ***Body Paint, Federn, Fun Food, Haut, Kandie Kondoms, Massageöle, Taste Tattoos***) Sex mit Biene Maya. Zarter Körperpuder, der angeblich aus reinem Honig hergestellt wird. Eine wahrhaft süße Angelegenheit. Der Puder wird mit Hilfe einer Federboa beziehungsweise mit einem Federpinsel auf die erogenen Zonen aufgetragen. Gibt ein angenehmes Gefühl, riecht gut und pflegt den Körper. Und dann wird der eßbare Honigstaub vom Partner wieder abgeküßt und Zentimeter für Zentimeter abgeleckt. Da summen so manche Bienchen vor Wonne. Andere denken, daß der Honigstaub etwas bitter und trocken ist, wie feiner Wüstensand. Einfach ausprobieren, allein das »Einfedern« macht Spaß. Von Kamasutra, 250 Gramm mit Federpinsel ab 33 Mark.

Hongkong

(siehe auch ***Kästner-Versand, Sexshop, Uhse, Versand, Virtueller Sexshop***) Sextoyparadies. In Hongkong werden 90 Prozent aller Sextoys für den Weltmarkt produziert. Die Firma Shantro etwa stellt dort Millionen von Dildos,

Vibratoren, Erektionspumpen, Puppen etc. her. Viele dieser Billigprodukte landen dann in deutschen Schlafzimmern. Die meisten Ideen kommen jedoch weiterhin vorwiegend aus Europa und der Westküste der Vereinigten Staaten. In Hongkong wird nur produziert und nochmals produziert. Wie am Fließband. Früher wurden die Motoren für die Vibratoren in China hergestellt, nach Hongkong geliefert, wo dann die Penishüllen drübergestülpt wurden. In China sind Sextoys und damit auch deren Herstellung eigentlich verboten. Seit die Kronkolonie zurück an China ging, wird das Sexspielzeug-Verbot jedoch nicht mehr so genau genommen. Schließlich ist Umsatz Umsatz und daher wird weiterproduziert. Die Nachfrage der europäischen und amerikanischen Benutzer ist ungebrochen. Aus Hongkong stammen viele Namen von Lustmitteln, daher sind viele so exotisch oder auch schwer verständlich, da falsch übersetzt. Thai Beeds, Mata Kambing, Geishakugeln etwa. Was sich die asiatischen Frauen wohl so denken, wenn sie tagein, tagaus Stimulanzmittel für die westliche Männerwelt herstellen?

Honig

(siehe auch ***Fun Food, Honey Dust, Massageöle***) Wo es süß und klebrig ist, da summt es auch. Eines der beliebtesten ableckbaren Sextoys aus der Natur ist der gute, alte Honig. Schmeckt immer, egal ob Tanne, Linde oder Heide. Schmieren Sie den Bienennektar auf Nippel, Eichel oder Klitoris und warten Sie bis Ihre Biene dranklebt und leckt: zu beiderseitigem Hochgenuß.

Hoppe-Hoppe-Kissen

(siehe auch ***Beckenkissen, Liebesschleuder, Powärmflasche***) Viele haben als Kind mit Begeisterung Hoppe-Hoppe-Reiter gespielt. Für große Mädchen gibt es dieses aufblasbare Liebeskissen mit eingearbeitetem Vibrator. Draufsetzen und hopsen. Der Vibrator tut den Rest. Damit das Spielzeug auch schnell wieder verschwinden kann, falls Besuch kommt, ist es diskret zusammenfaltbar. Kann also auch gut mit auf die Reise, falls Frau mal nicht einschlafen kann, im fremden Bett. Erhältlich für 49,90 Mark.

Hot Rubber

(siehe auch ***Kondom, Schafsdarmkondom, Polyurethankondom***) Der heiße Gummi ist das einzige Kondom ohne Reservoir. Heiß begehrt in schwulen und lesbischen Kreisen. Die Lesben benützen die Gummis, um sich beim Sex mit Dildos und Vibratoren zu schützen, und die Männer finden Kondome ohne diesen Wurmfortsatz am Ende einfach schöner. Hot Rubber gibt es in gut sortierten

Sexshops oder bei der Aidshilfe, die auch die Herstellerin der ästhetischen Präservative ist. Im Internet unter *http://www.aidshilfe.de/html/vertrieb/index.htm*, 100 Stück für 70 Mark.

Hummel

(siehe auch ***Butterfly, Delphin, Handtaschenvibrator, Japanische Tanzhose***) Wenn sie Hummeln im Arsch hat, schnallt sie sich am besten diese Hummel um den Hintern. Das summende Vieh macht sich an der Klitoris zu schaffen und brummt ihr einen, daß ihr hören und sehen vergeht. Die wilde Hummel besteht aus Plastik, ist circa fünf Zentimeter lang und wird mit elastischen Plastikgurten um die Hüften geschnallt. Mittels Fernbedienung wird das geile Tierchen aktiviert und es vibriert dann direkt auf der Klitoris. Der Motor ist stark, aber trotzdem nicht zu laut. Das Ding kann auch unterwegs oder im Büro getragen werden. Die Hummel ist vor allem von der Größe her viel praktischer und handlicher als die Butterflys, die man meist wegen ihrer Klobigkeit unterwegs nicht genießen kann. Sie tragen einfach zu sehr auf. Circa 69 Mark.

Hunnengurt

(siehe auch ***Arab Stahl, Cockring, Dallas, Erektionsring, Hodenband, Penisring, Steherschlaufe, Stretcher***) Ob die Hunnen den Trick mit dem Stau des Blutes in den Venen am Penis schon kannten, ist nicht belegt. Hunnengurt klingt zwar martialisch, ist aber auch nichts anderes als eine Staumöglichkeit am Penisschaft, die mittels eines Bandes und eines Metallrings erzeugt wird. Der Ring kommt ans Schaftende des Schniedels, das Lederband wird um die Hoden gegurtet. Das Glied steht zwar lediglich auf circa 45 Grad, aber der impotente Mann ist froh darum, damit überhaupt in sie eindringen zu können. Unter dem Namen Hunnengurt verkauft sich dieses kleine Hilfsmittel einfach besser, auch wenn es sich um ein altbekanntes Lustmittel handelt. Für 8 bis 15 Mark im Sexhandel zu finden.

I

Implantate

(siehe auch ***Prothese, Push-up, Silikon, Superbusen, Tittenfetischismus, Verlängergungskondom, Wonderbra***) Sexy Kissen. Um schöner, größer, stärker zu sein, lassen sich Frauen oder Männer gerne chirurgisch künstliche Teile implantieren. Bekanntestes Implantat ist das Silikonkissen zur Brustvergrößerung. Vielen Frauen bedeutet das Sexsymbol Busen so viel, daß sie sich dafür freiwillig unters Messer legen. Manche begründen damit ihre Karriere als Fotomodell oder Pornosternchen. Da das »Wohlbefinden« vieler Frauen von ihrem Verhältnis zu ihrem Busen abhängt, zahlt in seltenen Fällen sogar die Krankenversicherung. Auch Frauen mit Brustkrebs können sich Implantate anfertigen lassen. Penisvergrößerungen kommen weit seltener vor. Sie sind schwierig und meist wenig erfolgreich. Bei Minderwuchs helfen sie jedoch zumindest, die erheblichen Komplexe zu verringern. Bei Geschlechtsumwandlungen vom Mann zur Frau helfen Implantate der »neuen« Frau, sich fraulicher zu fühlen. Diese Operationen werden jedoch selten vorgenommen. Preise von Implantaten hängen sehr davon ab, wie und wer operiert. In jedem Fall sollte man zuvor mehrere Spezialisten aufsuchen, befragen und sich Kostenvoranschläge machen lassen. Sich über mögliche Spätfolgen der Implantate zu informieren ist eine der Grundvorrausetzungen. Lassen Sie sich Adressen von ehemaligen Patientinnen geben, die vor mehr als 15 Jahren behandelt wurden.

Innerer-Schamlippenring

(siehe auch ***Äußerer Schamlippenring, Busenkette, Clit Clip, Intimschmuck, Labienspange, Piercing***) Schmuck für ihr bestes Stück. Für diesen Ring an intimster Stelle muß die innere Schamlippe durchstochen werden. Das darf allerdings nur durch Experten unter absolut sterilen Bedingungen geschehen. Intimschmuck kommt immer mehr in Mode und ist in verschiedenen Piercing- und Tattoo-Instituten, im Sexshop und auch bei Juwelieren zu bekommen. Ein einfacher Ring ist schon für circa 30 Mark zu haben, aufwendigere Modelle zum Beispiel mit Ketten und wertvollen Steinen kosten natürlich einiges mehr.

Intimdusche

(siehe auch ***Duschkopf, Wasser***) Erotische Wasserfälle für zu Hause. Die Intimdusche besteht aus einem schmalen Duschkopf (Durchmesser 2, Länge 16,5 cm), mit Anschlußschlauch, der problemlos an allen handelsüblichen Armaturen befestigt werden kann. Und schon kann der naße Spaß beginnen: den sexy Prickler in Po oder Vagina einführen und aufdrehen. Das Wasser spritzt aus vielen kleinen Löchern in mehr oder weniger starken Stößen auf die sensible Innenwand der Genitalien. Der Wassersex geschieht am besten gleich im Badezimmer, in der Dusche oder in der Wanne. Aufpassen, daß der Strahl nicht zu stark ist und gar die edlen Teile verletzt werden.

Bei rektaler Anwendung nicht den Po verstopfen, da sonst der Enddarm aufgebläht wird und lebensgefährliche Verletzungen erfolgen können. Die Duschköpfe sind ab 98 Mark im Sexhandel erhältlich.

Intime-Küsse-Creme

(siehe auch ***Fun Food, Honey Dust, Honig, Itchcream, Kandie Kondoms, Massageöle, Taste Tattoos***) Orale Lust mit Erdbeeraroma. Schleckermäuler lecken am liebsten Schamlippen, die wie Fruchteis schmecken. Manche plündern dafür den Obststand, andere greifen zur Lutschcreme aus dem Sexshop. Die Vertreiber versprechen, daß die Intimsalbe »ihm garantiert Appetit auf Oral-Sex macht«. Für 19,80 Mark können Sie es ausprobieren. Für den gleichen Preis gibt es allerdings schon ein paar Kilo Früchte und die beschränken sich nicht nur auf die Geschmacksrichtungen Erdbeer, Vanille und Banane. Für Diabetiker hat die zuckerlose Creme natürlich schon ihre Vorteile.

Intimplastiken

(siehe auch ***Klitorisamulett, Muschiabdruck, Silbernippel***) Wenn er mal wieder nicht weiß, was er seiner Allerliebsten zum Jahrestag schenken soll, kann er es ja mal mit einer Plastik seines besten Stückes versuchen. Vielleicht mag sie es, wenn sie das Handtuch auf seinen erigierten Pimmel aus Gips hängen kann. Das edle Teil kann natürlich auch wie das Horn eines Einhorns über dem Sofa hängen. Oder falls er mal wieder unterwegs ist, braucht sie nicht zu einem Dildo zu greifen, für den irgend ein anderer Modell gestanden hat. Spezialanbieter liefern die Pimmel und Muschiabdrücke in hübschen Holzrahmen oder auch geschrumpft als Kettenanhänger. So kann sich jeder an Stelle eines Schutzengels von den Genitalien seines Schatzes begleiten lassen. Aber auch Po- oder Fußfetischisten können sich das Objekt ihrer Begierde nachbilden lassen. Gibt es bei Steve Woodman in München (Tel. 0 89 / 3 51 28 09). Eine Vagina kostet 110 Mark, ein Arscherl 300, ein Dildo aus Mais und Stärke 200 und ein Fuß 250 Mark. Ein Betrieb im hessischen Rodgau hat auch eine Nachttischlampe mit Muschiabdruck im Angebot. Außerdem kann man dort ein »Do-it-yourself-Kit« bestellen. Der Heimwerker kann sich seinen Abdruck dann in intimer Ein- oder Zweisamkeit selber machen. Zu bestellen bei Relief, Tel.: 0 61 06 / 2 23 76.

Intimrasur

(siehe auch ***Enthaarungscreme, Haare Schamhaare***) Ein haariges Thema. Vor Jahren wurde in Amerika ein Photo von der deutschen Schauspielerin Hanna Schygulla mit schwarzen Balken versehen. Es handelte sich nicht etwa um ein Nacktfoto, denn die Schauspielerin trug ein dezentes, ärmelloses Kleid. Was die Amerikaner so erregte, waren die Haarbüschel in ihren Achselhöhlen.

In den USA gilt Achselbehaarung als »nuttig«, während in Europa gerade die Entfernung dieser Haare lange Zeit als Zeichen besonderer Frivolität gesehen wurde. In arabischen Ländern wiederum gilt komplette Haarlosigkeit am Körper als Aphrodisiakum für die Männer. Arabische Frauen müssen ein Leben lang gegen die Haare am Körper kämpfen. Gar nicht so einfach, wie manche, die sich regelmäßig den Venushügel oder die Hoden rasieren, wissen.

Aber Enthaaren kommt auch in Europa immer mehr in Mode. Das Schönheitsideal der glatten, haarlosen erogenen Zone setzt sich langsam durch. Und auch Tattoos, Piercing und Körperbemalung kommen ohne störenden Pelz viel besser zur Geltung. Manche legen bei der Rasur auch Schablonen über den Busch und verpassen sich so gleich noch eine hübsche Schamhaarfrisur. Homosexuelle Männer rasieren sich gerne den Po oder Afterbereich sowie die Hoden. Andere wieder sind ganz scharf auf einen richtigen Wald zwischen den Beinen und am ganzen Körper. Im Internet finden Körperhaar-Fetischisten unter *http://www.hairychat.com* Gleichgesinnte. In Amerika gibt es eine Zeitschrift *Hair to stay* in der reichlich behaarte Frauen zu bewundern sind.

Aber wie entledigt sich Mann/Frau nun am besten der störenden Pracht? Rasieren ist immer noch die beste Methode. Enthaarungscremes sind für den sensiblen Schambereich oft zu aggressiv, Methoden mit Wachs oder Zuckerwasser zu schmerzhaft, und mit dem Zupfen kommen Sie auch nicht weit. Entweder also dem Schatz den Rasierer klauen oder das ganze zu einem schönen Vorspiel benutzen. Er kann sich ja mal mit dem Naßrasierer zwischen den Beinen auf Erkundigungstour begeben. Sexshops bieten spezielle Intimrasierer, die etwas schmaler sind als die herkömmlichen oder auch einen zusätzlichen Kamm haben. Im Fachhandel ab circa 60 Mark.

Intimsaugschale

(siehe auch **Busen-Vakuumpumpe, Schröpfmethode, Silicon Vibration Demi Cup**) Wer saugt sich da an der Muschi fest? Der Erfinder und Hersteller der Saugschale für die Vulva, Wilhem Kannengiesser aus dem süddeutschen Balingen, entwickelte verschiedenste Geräte zum Schröpfen von Körperteilen. Seine Intimsaugschale soll Frau sich auf die äußeren Genitalien legen, um dort mit Hilfe einer manuellen Ballpumpe einen Unterdruck zu erzeugen. Das Ziel sei eine bessere Durchblutung, die zweifellos eintritt. Ob hierdurch auch Nebenwirkungen der Menopause geheilt werden, ist nicht bewiesen. Der Erfinder hat die abstruse Vorstellung, daß die äußeren Schamlippen im Alter schrumpfen, ja daß bei manchen Frauen die Scheide zuwachsen würde. Diesem, der Fachwelt unbekannten Phänomen, möchte Kannengiesser mit seiner Pumpe Abhilfe verschaffen. Der Muschisauger ist laut Erfinder ein Jungbrunnen für die Geschlechtsorgane. Das Schröpfen verzögert angeblich auch die Alterung und stärkt Sexualität und Psyche.

Glaubhafter sind da schon die Berichte von Frauen, nach denen die Saugschalen-Durchblutung die Genitalien stimuliert. Frau kann dabei nicht viel falsch machen und sich etwas Lust gönnen. Die Intimsaugschale ist in Apotheken oder im Erotikfachandel erhältlich.

Intimschmuck

(siehe auch **Ampallang, Äußerer Schamlippenring, Busenkette, Clit Clip, Dydoe, Hafada, Innerer Schamlippenring, Klitorisamulett, Klitorisvorhautring, Labienspange, Oetang, Penismanschette, Piercing, Prinz Albert**) Ohren sind auch nicht schöner als Schamlippen oder Hodensäcke. Immer mehr

Anhänger von Schmuck an intimen Stellen lassen sich piercen und hängen Ringe und Ketten an Klitoris und Eichel. Intimschmuck hat bei vielen Kulturen eine lange Tradition, bei uns baumelten die Klunker bis vor kurzem höchstens demonstrativ zwischen vollen Brüsten oder eine zarte Halskette mit einem dicken Kreuz schmückte das tiefe Dekolleté. Die Geschmeide für die erotischsten Körperstellen bestehen meist aus Ringen, Stegen und Gewichten.

Für die Frau gibt es Ringe für die inneren und äußeren Schamlippen, Klitorisvorhaut und Klitoris. Dabei raten wir von Klitorisringen eher ab, da sie den Kitzler auf Dauer unempfindlich machen. Klitorisvorhautringe hingegen ziehen die Zunge des Lovers magisch an und das kann sehr angenehm sein. Außerdem eignen sich die Ringe an dieser Erregungsstelle ausgezeichnet, um Ketten und Steine daran zu befestigten. Am besten lassen sich jedoch die Schamlippen durchstechen. Man kann auch mehrere Ringe nebeneinander einhängen und diese durch Ketten und Schlösser miteinander verbinden. Die Heilung erfolgt in circa zwei Wochen, meist problemlos, da der Urin desinfizierend wirkt. Geschlechtsverkehr ist bis zwei Wochen nach dem Eingriff zu unterlassen, da das Scheidensekret säure- und acetonhaltig ist und agressiv und ätzend auf die Wunde wirkt! Bei jeder Art von Intimschmuck muß unbedingt darauf geachtet werden, daß er von Fachkräften eingesetzt wird. Die Schmuckteile sollen aus chirurgischem Stahl oder aus Platin sein, Hohlräume sollten außerdem vermieden werden, da sie eine ideale Brutstätte für Bakterien sind.

Intimschmuck ist erst seit einigen Jahren offen auf dem Markt erhältlich und wird immer beliebter. Vor allem das Bauchnabelpiercing. Aber auch Brustwarzenringe sind in. Erotischer Schmuck für Männer hat im Gegensatz zu dem für Frauen eine lange Tradition, vor allem in Indonesien und anderen asiatischen Ländern. Daher haben die einzelnen Schmuckstücke auch so schöne exotische Namen wie Dydoe, Ampallang, Hafada oder auch Prinz Albert. Es handelt sich dabei um Ringe und Stege, die vor allem an der Vorhaut und an den Hoden getragen werden. Näheres siehe Prinz Albert etc.

Als äußeres Kennzeichen für Intimschmuckträger gilt der »Ring der O.«, das ist ein Fingerring, auf dem ein kleinerer Ring praktisch draufgepierct ist. In Massivgold kostet der sadistische Reif 420 Mark, einfache Modelle gibt es ab 80 Mark, erhältlich zum Beispiel im Internet unter *http://www.fsbody.de/fsbo32.htm*. Anderen Schmuck mit eindeutiger Botschaft bietet *http://www.the-right-place.com/schmuck.htm*, zum Beispiel eine Sklavin für 60 Mark oder eine Domina mit Peitsche aus Silber für 55 Mark, beides als Anhänger für eine Halskette. Kann Frau aber auch an einer Kette an den Schamlippen tragen. Ein silberner Korsettanhänger kommt auf 320 Mark.

Intimspray

(siehe auch ***Duft, Parfum, Pheromone***) Der Geruch von Frauen macht Männern Lust. Manche Frauen vertrauen jedoch nicht so recht auf ihren Duft und verwenden spezielle Deodorants an intimsten Stellen. Diese Sprays sind extra für die zarte Haut im Genitalbereich konzipiert. Der Ph-Wert und die Inhaltsstoffe sollten die Scheidenflora nicht verändern, denn sonst bekommt die Benutzerin Ausfluß, braucht Binden und sprüht eventuell erneut, um Ausfluß-Gerüche wegzudampfen. Die Sprays gibt es in der Drogerie ab circa 6 Mark, im Sexshop sind sie teurer, riechen dafür etwas sündiger. Wirklich brauchen tut das Intimspray niemand.

Irrigator

(siehe auch ***Birnspritze, Doktorspiele, Einlauf, Klistiersex, Stechbecken, Urophilie***) Spielzeug für Anhänger von Doktorspielen. Der Irrigator ist ein Einlaufgerät, das aus der Medizin kommt und gerne lustvoll »mißbraucht« wird. Näheres siehe Klistiersex und Einlauf.

Italienisches Schloß

(siehe auch ***Florentinischer Gürtel, Keuschheitsgürtel, Penisköcher, Venusgurt***) Villa für die Muschi. Näheres siehe Keuschheitsgürtel.

Itchcream

(siehe auch ***Chili, Intime-Küsse-Creme, Liebessalben, Potenzmittel, Rheumasalbe***) Kratzige Lust. »Itch« ist Englisch und heißt kratzen, aber auch »verlangen«. Die Itchcream wird auf die Klitoris aufgetragen, was angeblich ein erregendes Kribbeln und Jucken verursacht. Den Traum vieler Männer, die Frau mit dem Auftragen einer Salbe so richtig geil zu machen, erfüllt die Cream jedoch nicht. Schön wär's! Die Kitzelsalbe fördert allenfalls die Durchblutung. Das mag einzelne Frauen stimulieren und zum Orgasmus verhelfen, doch die Creme alleine bringt die Frau bestimmt nicht zum Höhepunkt. Ist vielleicht auch gut so, sonst würde so manch eine Zeitgenossin auf den Partner verzichten und nur noch auf die Lustsalbe aus dem Sexshop zurückgreifen. Für schlappe 18 Mark. Da kostet der Ärger mit dem Lover schon mehr Nerven. In der Regel nutzt die Salbe dem Hersteller mehr als der Anwenderin. Glaubt diese allerdings daran, hilft es ihr unter Umständen Erregungsschwächen zu überwinden. Warum auch nicht, wenn es der Perle der Frau nicht schadet!

J

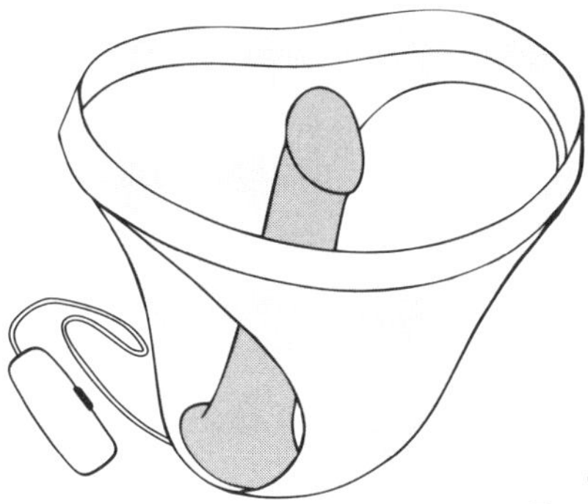

Japanische Tanzhose (oder ***Intimhöschen***, siehe auch ***Butterfly, Hummel, Pocket Rocket, Remote Control Vibration Egg, Taschenvagina***) »Kleider machen Leute«, heißt es so schön. Und was macht dieses Latexhöschen mit eingearbeitetem Vibrator plus Fernbedienung aus der Frau, die sie trägt? Eine Königin, eine Geisha?

Die Suche nach der Antwort beginnt vor 20 Jahren in einem Flugzeug auf dem Weg von Tokyo nach Frankfurt. Ein deutscher Hersteller von Sexspielzeug war nach Japan gereist, um neue Produkte in Auftrag zu geben. Darunter auch besagtes Vibratorhöschen. Auf dem Rückflug suchte er verzweifelt nach einem Namen für die neue Kreation. Im Kopf hatte er noch die geheimnisvoll lächelnden Japanerinnen, die er in einem Tanztheater in der Ginza gesehen hatte. Nachdem er in Frankfurt gelandet war und die todernsten Gesichter in der U-Bahn sah, hatte er eine Vision: Er sah überall geheimnisvoll lächelnde Frauen, beim Kochen, im Büro, im Supermarkt. Und er hatte den Namen: Japanische Tanzhose.

Die Tanzhose, in schwarz oder hautfarben, hat neben dem »Lächeleffekt« noch den Vorteil, daß Frau den Vibrator oder auch Dildo sozusagen freihändig genießen kann. Er muß nicht wie sonst festgehalten werden, das erledigt der Latexslip. Mit den Händen kann also anderswo rumgespielt werden. Der Schwachpunkt des Höschens ist die Fernbedienung: sie beult Jacken- oder Hosentaschen aus, macht sich manchmal selbständig und bringt die Trägerin quasi ungewollt zum Höhepunkt. Zu Hause kein Problem, aber wenn jemand die »Lächelhose« unterwegs oder gar im Büro trägt, kann das zu unangenehmen Situationen führen. Der Vibrator brummt nämlich ziemlich laut, und erklären Sie das mal ihrem Chef. Um Ihnen hilflose Ausreden zu ersparen, raten wir für unterwegs zu der Version mit Dildo. Da kann nichts schiefgehen. Kosten: zwischen 80 und 120 Mark.

Japanriemen

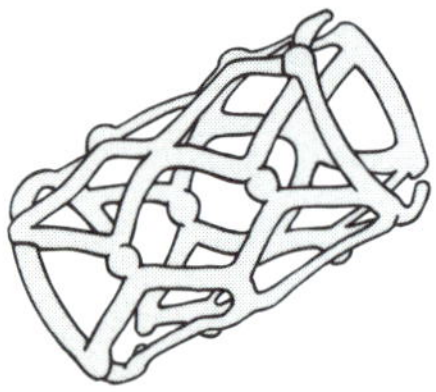

(siehe auch ***Penismanschette, Sleeves***) Ins Netz gegangen. Der Japanriemen ist eine Manschette im Netzdesign für den Penis. Die Lustmanschette ist aus Plastik oder auch Latex und paßt sich jeder Schwanzgröße an. Durch den konstanten, allseitigen Druck auf Venen und Harnleiter wird die Erektion verstärkt. Nicht zum Tragen während des Verkehrs geeignet, sondern zur Stimulation vorher! Oder auch wegen des optischen Reizes einer in Netz gekleideten Rute. Ab 9,90 Mark die einfachen, die besseren Modelle ab 45 Mark. In Leder ab 55 Mark.

Jockstrap

(siehe auch ***Bulger Underwear, Cache Sex, Dessous, Hautsock***) Männer aufgepaßt: Frauen schauen als erstes auf den Po! Und dieser Slip bringt seinen Hintern bestens zur Geltung. Der Jockstrap ist ein amerikanischer Sportslip: »jock« ist der Jockey und »strap« ganz einfach ein Band, gilt unter Schwulen und auch mutigen Heteros als die erotischste Unterwäsche überhaupt. Vorne wird das Gehänge bedeckt, ein normales Bündchen läuft um die Hüfte, und – jetzt kommt's – der Hintern bleibt ganz frei und wird nur durch Bänder gestützt, die praktisch die Rundungen der Pobacke entlanglaufen. Gibt es in gutsortierten Dessousläden und im Internet unter *http://www.sabasin.com.*

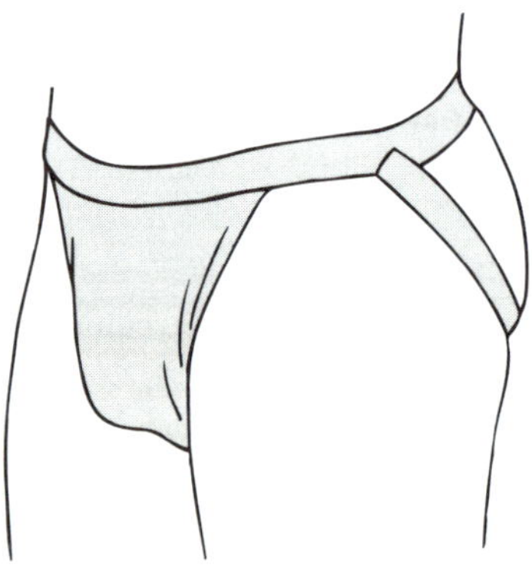

Joy Cup

(siehe auch ***Gummilaken, Papiertaschentücher, Peep Show***) Spermaauffänger. Auf deutsch: Vergnügungsbecher. Gemeint ist damit ein Papierbecher zur hygienischen Entsorgung des Ergußes. Wird in Japan und einigen anderen asiatischen Ländern in Peep Shows und vor Videokabinen, mit und ohne Kondom, plus Gleitmittel verkauft. Der einfache 0,2 Liter Polyäthylen Becher hat innen eine Schaumstoffüllung mit großen Noppen. In der Mitte ist ein Loch, um das Glied hineinzustecken und an den Noppen zu reiben. So kommt der Kabinenbesucher im Joy Cup und muß sich nicht mit Kleenextüchern abwischen. Der Becher wird fortgeworfen, es sei denn, der Schaum-Onanierer hat ein Kondom benutzt. Dann hebt er den Lustbehälter auf, bis er die Manneskraft wieder erlangt hat. Der Joy Cup ist zum Masturbieren und Entleeren. Sehr praktisch, diskret, aber nicht gerade günstig mit 8 bis 10 Dollar im verschweißten Polybeutel (mit Kondom). In Europa in Kürze auf dem Markt. Der Becher für den Junk-Sex.

Jumping Condom

(siehe auch ***Busenspritzpistole, Gag-Artikel, Kondom***) Schüchterne Männer sagen der Angebeteten am besten so, was sie wollen: Sie ziehen im Restaurant diskret ein Jumping Condom aus der Jackettasche, ziehen es auf wie eine Spieluhr und lassen es über den Tisch hoppeln. Das fleischfarbene Plastikpimmelchen ist circa sechs Zenzimeter lang und bringt das Objekt der Begierde bestimmt zum Lachen und vielleicht zu mehr. Dann können Sie ja das echte Kondom aus der anderen Jackettasche ziehen. Das Jumping Condom wird auch gerne im Rahmen der Aufklärung von Jugendlichen oder bei Aids-Kampagnen als Spaßfaktor eingesetzt. Kommt aus Hongkong, gibt es im Geschenkartikelladen oder manchmal im Sexshop für circa 9 Mark.

Jungfernhäutchen

(oder ***Entjungferungsmuschi***, siehe auch ***Hochzeitsmuschi, Pädophilie, Schulmädchen***) Der zarte Stoff aus dem so manche Träume sind. Jungfrauen erregen die Phantasie vieler Männer. Und jede Menge Filme und Magazine handeln von der besonderen Lust, eine Frau mit intaktem Jungfernhäutchen zu besitzen. Der Mythos der Jungfernschaft besteht auch in der aufgeklärten westlichen Welt.

Wie so eine Jungfernhaut aussieht, wissen jedoch weder die betroffenen Mädchen, noch Erwachsene. Sogar Gynäkologen kennen nicht immer dessen Gestalt. Meistens stellt Frau/Mann sich eine pergamentartige Haut in der Scheide vor, die beim ersten Mal durchbohrt wird. In der Realität ist die Jungfernhaut ein Hautring beziehungsweise eine Wulst im vorderen Drittel der Vagina. Jungfrauen können diese Engstelle mittels Finger leicht fühlen. Bei vielen Mädchen ist aufgrund der Benutzung von Tampons die Verengung bereits geweitet, so daß eine Entjungferung mit geringen Schmerzen und häufig auch ohne Bluten erfolgt. Die Aufregung und Verkrampfung beim ersten Mal führt allerdings oft zu dem Schmerz, der dann der eigentlichen Entjungferung zugeordnet wird. Jedes Mädchen, das einmal ein Foto des Hautrings gesehen hat, wird ihren ersten Geschlechtsverkehr nüchterner und lockerer erleben. Bei Männern blüht der Mythos ohnehin weiter. Pornos beschwören den Reiz der Entjungferung. Bordelle bieten symbolisch Jungfrauen an, auch wenn diese Teenager schon länger anschaffen gehen. Im Süden Europas, besonders auf dem Land, wird mit der geforderten Jungfernschaft der voreheliche Sex noch heftig bekämpft. In der Türkei (im Zuge der Emigration auch in Deutschland) gibt es heute noch Morde an Mädchen, begangen durch die eigene Familie, falls diese junge Frau keine intakte Jungfernhaut bei der Eheschließung vorweisen kann. Ein grausames Ritual, dem nur Aufklärung entgegengesetzt werden kann.

Just in Case

(siehe auch ***Cruising Bag, Condom Keeper, Nachtkästchen, Toy Bag***) Nicht ohne mein Kondom. Es ist ja ein ungeschriebenes Gesetz, daß man gerade dann spontan Sex hat, wenn man die älteste Unterhose aufträgt, ein Loch in der Socke hat oder gar den ausgeleierten, verwaschenen BH von Aldi anhat. Zumindest an einem Kondom mangelt es in solchen Situationen nicht, wenn man den »Just in Case«-Schlüsselanhänger mit sich trägt. Ein kleiner Plastikbehälter in schönen Farben mit zwei Kondomen drin. Auch ein gutes Geschenk für kleine und große Don Juans und Don Juanas. Circa 7 Mark im Fach- und Geschenkhandel.

K

Kästner-Versand

(siehe auch ***Sexshop, Uhse, Versand, Virtueller Sexshop***) Ossi-Lust. Für 17 Millionen Mitmenschen aus der ehemaligen DDR war der Kästner-Versand in Dresden bis zur Wende die heißeste Adresse überhaupt. Dort konnte das stramme SED-Mitglied diskret – von der Stasi-Postkontrolle toleriert – Verhütungsmittel bestellen. Kondome der Marke »Mondos Gold« und »Mondos Luxus« waren die Renner des Ost-Sex-Versandes. Auch Verhütungszäpfchen, die aufgrund der problematischen Zusammensetzung später vom Markt genommen wurden, konnte die werktätige Frau im Sozialismus heimlich ordern. Sexartikel, gar Pornographie, wie auf der anderen Seite der Mauer vertrieben, waren in der DDR nur schwer erhältlich – schon gar nicht beim Kästner-Versand. Nach der Wende schossen auch im Ossiland Erotikshops und Videotheken wie Pilze aus dem Boden. Doch so manche Boutique, zu Hause in der Garage geführt, wurde mittlerweile wieder geschlossen. Der Kästner-Versand bleibt jedoch als Synonym für den DDR-Ehehygiene-Versand in fester Erinnerung – im Osten, denn im Westen kennt ihn bisher kaum jemand.

Kalebassen

(siehe auch ***Banane, Dildo, Flasche, Gurke, Higo Zuiki, Melone, Zucchini***) Noch so ein Dildo aus der Natur. Was für die eine die Gurke, ist für die andere die Kalebasse. Mit dem Flaschenkürbis aus Afrika oder Asien ist Mutter Natur ein

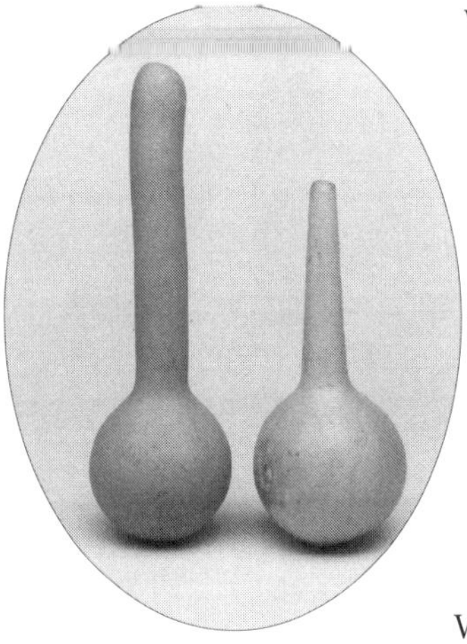

wunderschön phallisches Gewächs gelungen. Es ist birnenförmig, glatt und hat ein langes schmales Ende. Manche sehen aus wie ein Penis mit Hoden. Damit eignen sich diese Unikate ideal zur Masturbation, nicht nur für die sogenannten Naturvölker. Wer braucht da noch Latex? Nur erhältlich in Fachgeschäften (zum Beispiel LM Kartenshop, Berlin) für circa 40 Mark, je nach Größe.

Kalender

(siehe auch ***Fotografie, Pin Up, Postkarten***)
Wer will schon jeden Tag Schnitzel essen? Mit diesem Satz hat schon so mancher einen Seitensprung gerechtfertigt. Und was für sexuelles Wildern gilt, gilt schon lange für das Pin Up im Büro, denn wer will schon Tag für Tag die gleiche vollbusige Schönheit anstarren. Da ist doch so ein Kalender wirklich was Feines. Pünktlich zum Wochen- oder Monatsbeginn gibt es Frischfleisch auf Papier. Da räkeln sie sich, schicken Kußmündchen oder strecken gar den nackten Po entgegen. Das bringt Farbe in den grauen Arbeitsalltag. Und auch Frauen müssen nicht mehr auf Fotos von knackigen Männern verzichten. In der Zwischenzeit bietet ihnen der Markt auch schon den einen oder andern Schönling in Hochglanz. Die Kalender, ob für sie oder für ihn, sind allemal ein Augenschmaus. Als Vorspeise für den Sex zu Hause oder als visuelle Zwischenmahlzeit am Schreibtisch.

Kamasutra

(siehe auch ***Beckenbodenübungen, Liebespärchen, Sprinkle, Tantra, Tao***)
Viele glauben immer noch, daß die Liebe vom Himmel fällt. Was die körperliche Liebe betrifft, würde jedoch so manchem ein bißchen Nachhilfeunterricht nicht schaden. Die Inder hingegen wissen schon seit mehr als 2000 Jahren, daß richtig Lieben eine wahre Kunst ist. Daher haben sie mit dem Kamasutra, dem »Leitfaden der Sinnlichkeit«, ein opulent bebildertes Standardwerk geschaffen, in dem alles zusammengefaßt und erklärt wird: wilde Stellungen, subtile Techniken, geheime Informationen, alles ist da. Ohne falsche Scham oder fundamentalistische Moral. Schließlich verehrt man im Hinduismus den Sex als heilige Handlung. Die unzähligen Stellungen mit ihren poetischen Namen im Kamasutra gelten bis heu-

te als Sinnbild der Erotik. Die Darstellungen sind phantasievoll und an Genüssen für Mann und Frau orientiert. Dagegen sind die westlichen Pornofilme voll von einfaltslosen Rammlern, die Frauen benutzen und mißachten. Manchen geht die eindeutige Darstellung von Sex in der hinduistischen Liebesfibel jedoch zu weit: so verklagte der amerikanische Hersteller von Barbie und Ken die Zeitschrift *Men's Health*, weil diese mit den beliebten Puppen das Kamasutra nachgestellt hatte. Die Fotos mußten verschwinden. Aber keine Sorge: Die Kamasutra-Liebeskunst findet sich in vielen Büchern wieder. Im Buchhandel und, meist weniger gut, im Erotikhandel schon ab 20 Mark erhältlich. Auch auf Videos wurden Ausschnitte der indischen Körperkunst gebannt, genauso auf Spielkarten und Poster. Sinnliche Kamasutra-Schokolade kommt aus Ravenna. Die Pralinetäfelchen zeigen einzelne Stellungen des Kamasutra auf Herrenzartbitter geprägt. Einmalig: Diese Schokolade ist nicht jugendfrei! Schwer erhältlich, lieferbar nur in den Monaten Oktober bis Mai für 25 Mark.

Kandie Kondoms

(siehe auch ***Eßbare Unterwäsche, Fun Food, Honey Dust, Intime-Küsse-Creme, Massageöle, Taste Tattoos***) Warum nicht mal ein Kondom mit Passionsfrucht-Geschmack als Aperitiv beim Sex? Bevor es so richtig zur Sache geht, kann sie ihm das Verhüterli vom Schwanz knabbern, ihn praktisch oral entkleiden. Aber Vorsicht: Die Kandie Kondoms sind eine Nascherei und nicht zur Verhütung geeignet. Man kann die Lümmeltüten natürlich auch mit zur Arbeit nehmen und während die Kollegen spießige Gummibärchen kauen, zieht man sich lasziv ein Kondom nach dem andern rein.

Die eßbaren Kondome gibt es in verschiedenen Geschmacksrichtungen: Kirsch, Passionsfrucht, Banane, Minze, Erdbeere, Pink Champagner und Piña Colada. Hergestellt sind sie aus »Edisol-M water soluble film flavour«, Zucker, Zitronensäure und künstlichem Aroma (ohne das krebserregende Zyklamat). Die Naschpariser kommen aus Kalifornien und kosten 5 Dollar das Stück. Zu beziehen übers Internet unter *http://www.sextoy.com/*.

Katheter

(siehe auch ***Doktorspiele, Einlauf, Irrigator, Klistiersex, Krankenschwester, Stechbecken***) Schon toll, wenn man unangenehmen Dingen Lust abgewinnen kann. Für die meisten ist ein Katheter ein Horror, andere führen sich solch medizinische Instrumente gerne in die Blase ein, um sich ganz professionell zu entleeren.

Kaviar

(siehe auch ***Bizarr Sex, Hardcore, Natursekt***) Zwei extreme Bedeutungen hat Kaviar beim Sex. Für die einen ist er ein extravagantes Hors d'oeuvre – ein Luxus beim Vorspiel, wie zum Beispiel auch Austern und Champagner. Wer schleckt nicht gern sündteuren Kaviar aus dem Nabel seines Schatzes? Für andere ist Kaviar das Codewort für Kot und steht als Kürzel für Sexspiele mit Kotausscheidungen. Das Fachwort für die Lust am Kot heißt Koprophilie, und man versteht darunter die sexuelle Erregung durch Zusehen beim Kotablasssen des Partners oder wenn der Partner Kot über den Betreffenden abläßt. Koprofagie klingt noch ein bißchen extremer und ist es auch: es handelt sich dabei um das Verspeisen von Exkrementen. Ganz allein sind die Liebhaber dieser Spiele jedoch nicht: Der Videomarkt bietet nicht wenige Filme unter der Rubrik Kaviar und auch in Anzeigen tauchen die Codewörter Kaviar und Natursekt (für Urin) häufig auf. Wem's gefällt?! Zum Glück doch eher eine seltene Form der Stimulation und Befriedigung. Auch in Clubs erlebbar.

Kerze

(siehe auch ***Dildo, Licht, S/M-Spiele, Wachs***) Brennendes Spielzeug. Wenn Mann oder Frau eine Einladung zu einem Diner zu zweit bei Kerzenschein bekommt, weiß er oder sie, was damit gemeint ist. Zu einem perfekten Vorspiel gehört nun mal ein bißchen Romantik bei schummrigem Licht. Kerzen verbreiten eine besondere Stimmung. Sie umschmeicheln den Partner, er wirkt schöner und die eine oder andere Unsicherheit läßt sich bei flackerndem Kerzenschein leichter kaschieren. Kerzen sind ein feines Lustmittel. Aber nicht nur zum Verführen sind die wächsernen Langen zu gebrauchen. Manche Frau hat sich auch schon einmal an einer phallischen Kerze vergriffen, wenn kein Mann im Haus und auch kein Dildo zur Hand war.

Manche denken bei Kerzenlicht an Weihnachten und an sakrale Handlungen in der Kirche. Wer deswegen Bedenken hat, eine Kerze mal einzuführen anstatt anzuzünden, sollte sich die Französin Melanie aus dem gleichnamigen Chanson von George Brassens zum Vorbild nehmen. Sie ist eine bigotte Katholikin, verwendet deswegen nur geweihte Kerzen und bringt damit den Pfarrer zur Verzweiflung! Sie leiht sich die Kerzen zu Ostern und gibt sie Pfingsten zurück, verbogen. Ganz anders die Kerze in Penisform: Sie ist nicht mit Weihwasser bespritzt, dafür steht sie ganz stabil auf den wächsernen Hoden und kostet circa 17 Mark.

Im S/M-Bereich gehören die Kerzen zu mehr oder weniger wilden Spielen dazu: Die Spielteilnehmer betropfen sich Körper und Genitalien mit heißem Wachs, und das kann ganz schön geil sein. Kurz und gut: Eine Kerze gehört in jeden

Haushalt – zur Not hilft sie auch beim Stromausfall. Auf der anderen Seite sollen in einer Nacht in New York vor Jahren tausende von Kindern in der Dunkelheit gezeugt worden sein. Mit Kerzen wäre das vielleicht nicht passiert.

Kettenspiele

(siehe auch ***Bondage, Fesseln, Handschellen, Panikhaken, Safeword, Seil, S/M-Spiele***) Stahlharte Lust. Kühles Eisen auf heißer Haut kann sehr erregend sein. Für Freunde von Ketten-Orgasmen empfiehlt sich ein Besuch im Eisenwarengeschäft. Dort gibt es die Ketten vom Meter: grobgliedrig, schwer und klobig oder fein mit langen Gliedern und geschmeidig. Man kann sich die Eisenschlangen in den Slip schieben, sich mit den Ketten abreiben, sie um den Oberschenkel schnüren oder den ganzen Körper darin einwickeln. Je nach Vorliebe, sanft oder schmerzhaft. Ketten werden natürlich gerne bei Sado/Maso-Spielen eingesetzt, symbolisieren sie doch Macht: Der Sklave wird in Ketten gelegt, an Ringe oder Kreuze gefesselt oder sogar mit den Eisengliedern gefoltert.

Keuschheitsgürtel

(siehe auch ***Florentinischer Gürtel, Intimschmuck, Italienisches Schloß, Penisköcher, Venusgurt***) Lusttöter. Davon träumt so mancher eifersüchtige Mann: seiner Partnerin einen Keuchheitsgürtel zu verpassen. Dieser wurde schon im Mittelalter erfunden, um zu verhindern, daß die Partnerin von einem Fremden schwanger wird. Und diese Gefahr war hoch. Die Adligen jener Zeit waren oft Monate und Jahre unterwegs, um ihre Besitztümer zu bereisen. Dabei schwängerten sie selbst so manche Untergebene. Zur Sicherung der Erbfolge war ihnen daran gelegen, daß ihre Angetraute nicht von einem Dritten empfängt. Der Keuscheitsgürtel hatte ein Schloß, dessen Schlüssel bei einer vertrauensvollen Person bei Hofe lag. Denn während der Menstruation mußte er abgenommen werden. Meist bestand der Anti-Vögelgürtel aus Metall, der Gürtel wurde über den Bauch gelegt, am Rücken befand sich ein Scharnier, von dem aus ein Eisenband zwischen den Beinen durch zum Bauch führte, um dort mit einem Schloß festgehalten zu werden. Heute gibt es eine Renaissance der Gürtel im S/M-Bereich. Nach dem Motto: Verbotenes reizt besonders.

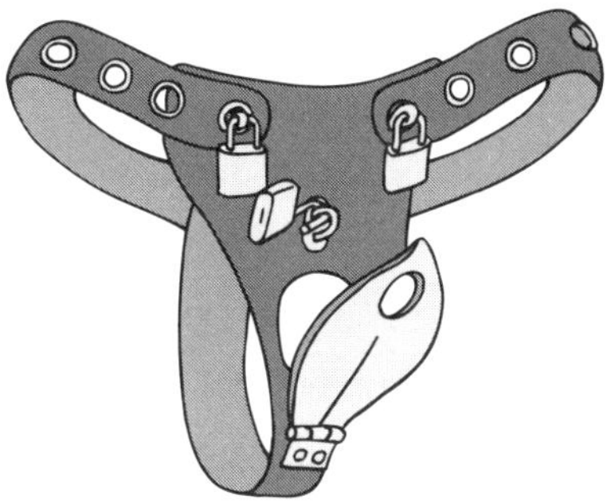

Keuschheitsgürtelträger der 90er Jahre spielen mit dem Prinzip des Kapitalismus: Je rarer desto teuer. Wenn ein Mann seine Frau mit Hilfe eines Keuschheitsgürtels sich und sie zur Enthaltsamkeit zwingt, ist der Sex danach intensiver und feuriger.

Die Keuschheitsgürtel von heute sind meist aus Edelstahl, Leder oder Gummi. Gibt es neuerdings auch mit Zahlenschlössern wie auf Aktenkoffern. Die Lusttöter der Firma Neosteel sind aus Edelstahl, urinbeständig, ausbruchsicher und mit Neoprene ausgekleidet. Niemand kann sie unter der Kleidung bemerken, heißt es. Zu bestellen unter *http://www.mrb.de/neosteel/Nsgpmain.htm.* Billiger sind die Muschi-Verschließer unter *http://home.t-online.de/home/EBV.Essen/liebes.htm* zu haben. Es gibt auch Keuschheitsgürtel für Männer, bei denen das Glied in einem Lederschaft eingeschlossen wird. Aufpassen, daß der Schlüssel nicht verlorengeht. Am besten Sie besorgen sich gleich einen Ersatzschlüssel bei Mister Minit um die Ecke!

Eine moderne Variante ist der Piercing-Keuschheitsgürtel. Bei der Frau werden mehrere Ringe an den Schamlippen befestigt, an denen ein Metallschild, das die Öffnung der Vagina verdeckt, eingehakt wird. Männer bekommen einen Ring in die Vorhaut und einen am Damm, die beiden Ringe werden miteinander verbunden. Eine Erektion ist dadurch so schmerzhaft, daß es der Träger lieber sein läßt. Kann bei längerem Tragen zu Verletzungen des Frenulums also der Hautfalte zwischen Eichel und Vorhaut führen. Eine andere Variante ist der sogenannte medizinische Keuschheitsgürtel: Dem Mann wird Depot-Medikament verabreicht, das die Testosteronproduktion hemmt. Ganz einfache Keuschheitsgürtel sind schon ab 85 Mark zu haben.

Kimono

(siehe auch ***Büstenhebe, Dessous, Reizwäsche***) Der Geishalook für ein aufregendes Weekend. In einen Kimono schlüpft man schnell rein und genauso schnell ist man wieder rausgeblättert. Hat also durchaus seine Vorteile, und vor allem sieht es bestimmt schärfer aus als ein karierter Frotteebademantel. Ab circa 50 Mark im Erotikfachhandel oder in der Wäscheabteilung jedes Kaufhauses.

Kitzler-Stecher

(siehe auch ***Flex-o-Pleaser, G-Punkt-Stimulator, Orgasmen-Space, Vibrator***) Königliche Stecherei. Gummivibrator in naturechter Schwanzform im üblichen Schweinchenrosa. Dieser hat allerdings am Schaftende ein paar Zacken, die laut Hersteller »im entscheidenden Augenblick zärtlich in die empfindliche Lustnervenzone stechen«. Woher weiß der Kitzler-Stecher nur, wann genau er zuschlagen muß? Die Spitzen sehen aus wie die Zacken einer Krone, und Prinzessinnen, die keine Prinzessin auf der Erbse sind, werden damit bestimmt ihren Spaß haben. Für 39,80 Mark im Sexshop.

Klammern

(siehe auch ***Brustklemmen, Gewichte, Tit Press, S/M-Spiele, Wäscheklammern***) Zwicken und Kratzen gehört zu einem heftigen Geschlechtsverkehr schon mal dazu. Nicht viel anders ist der Effekt von Klammern, die man an jeder Körperstelle anbringen kann. Die Zwickinstrumente werden vor allem im S/M-Bereich verwendet, oft sind sie mit Ketten versehen, an denen dann mehr oder weniger schwere Gewichte aufgehängt werden. Klammern gibt es auch in Kombination mit Reizstromgeräten. (Näheres siehe Reizstrom)

Klappbikini

(siehe auch ***Büstenhebe, Ringstring, Unterwäsche***) Dessous für unbeholfene Lover. Dieser BH hat aufklappbare Einsätze, die laut Vertreiber »jeden Mann garantiert sofort zum Spielen bringen«. Klar, fällt doch das lästige Rumnesteln am BH weg. Die Büstenhalter haben doch alle ein anderes Schließsystem und lassen die Lust schon mal zum Frust werden. Darum hat ihn Bill Clinton auch gleich hochgeschoben. Sagt Herr Starr!

Klappe

(siehe auch ***Cruising Area, Darkroom, Peep Show, Table Dance, Tunesien***) Bei Schwulen kann es statt »Liebling, ich bin mal eben Zigaretten holen« auch schon mal heißen: »Liebling, ich husch mal schnell zur Klappe.« Das ist eine stadtbekannte Toilette, an der sich Homosexuelle zum Sex mit Unbekannten treffen, zum Beispiel an Bahnhöfen, bei Karstadt oder auch in Parks oder auf Autobahnparkplätzen. Schneller, anonymer Sex ist hier ein leichtes. Unvergeßlich die Filmszene in *Taxi zum Klo* von Frank Ripploh Ende der 70er Jahre. Ein schwuler Lehrer sucht anonymen Sex mitten in Berlin, in einem Herrenklo. Er korrigiert auf den Knien Hefte und beobachtet voyeuristisch durch Ritzen in den Wänden, wer wem einen bläst. Für diesen Film wurde an Originalschauplätzen gedreht! Auch so manch heterosexueller Mann hat schon seine Erfahrungen mit solchen Toiletten gemacht: kaum hat er sein Gehänge ausgepackt, schon steht einer neben ihm am Urinoir und pinkelt mit Ausdauer und geilen Blicken.

Für alle, die es genauer wissen wollen, gibt es einen Führer, der die Orte in Deutschland benennt, wo Mann Mann treffen und anonym Sex haben kann. Das Klappenverzeichnis ist im Gay-Sex-Handel für 17 Mark zu haben.

Klatsche

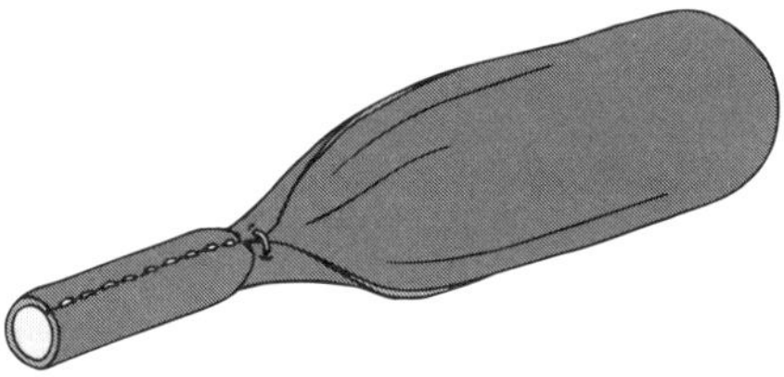

(siehe auch ***Flagellantismus, Gerte, Paddel, Peitsche, Safeword, Spanking, S/M-Spiele***) Hier hat niemand etwas an der Klatsche. Die lederne Peitsche mit ihrer stabilen Schlagfläche am Ende hat nur äußerlich etwas gemeinsam mit der Fliegenklatsche aus Plastik von Schlecker für 3,95 Mark. Die edle Lederklatsche ist eines von vielen Teilen im Arsenal der Domina oder von S/M-Freunden. Sie wird für besondere Bestrafungen hervorgeholt. Das gibt so richtig breite rote Flecken auf den Pobacken und klatscht gut hörbar durch den Partykeller.

Ab 55 Mark im S/M-Fachhandel oder Sexshop, edlere Ausführungen mit Nieten kosten 90 und mehr Mark. Hilft auch im Sommer gegen Stechmücken, dann sind die roten Flecken allerdings auf der Tapete!

Kleidertausch

(siehe ***Cross Dressing, Damenunterwäscheträger, Gender Bending***) Vor allem Männer wühlen gerne im Kleiderschrank von Mama, dort gibt es seidige Negligés, Strümpfe und lange Röcke. Das ist sinnlich. Für Männer ist der Reizwäschemarkt halt noch immer ziemlich beschränkt. Näheres siehe Cross Dressing.

Klepper

(siehe auch ***Fetisch, Gummifetischismus, Schwimmflügel, Regenmantel***) Nein, nicht der Klassiker des Faltbootes oder das hessische »clever« ist gemeint, sondern ein langer, nach Kunststoff stinkender Regenmantel aus Gummi, wie er so häßlich selbst im Kaufhaus kaum noch zu bekommen ist. Manche Menschen finden es geil, darin nackt herumzuspazieren. Klepperfetischisten treffen sich in eigenen Clubs und erfreuen sich an ihren Regenmänteln. Klepper gibt es in Speziallläden für 150 bis 400 Mark, je nachdem, ob gebraucht oder neuwertig.

Klistiersex

(siehe auch ***Birnspritze, Doktorspiele, Einlauf, Goldene Dusche, Irrigator, Krankenschwester, Natursekt, Stechbecken, Urophilie***) Erregende Doktorspiele. Früher galt das Klistieren in der Medizin als Heilmittel für sehr viele Erkrankungen. Mit Hilfe einer Ballspritze oder eines Irrigators werden Flüssigkeiten, meist Wasser oder Tees, aber auch Medikamente in den Enddarm gespritzt. Nach kurzer Zeit muß sich der Klistierte entleeren, was die Krankheitserreger aus dem Körper spült, so die Theorie der Ärzte bis ins 19. Jahrhundert. Heute wird der Einlauf nur noch vor Operationen, zum Einführen von Kontrastmittel beim Röntgen und in der Naturheilkunde angewandt.

In der Renaissance herrschte eine regelrechte Klistiersucht. Es gab den Beruf des Klistierers ähnlich dem Aderlasser, der ins Haus kam und die Einläufe verabreichte. Die Sucht hatte weniger gesundheitliche Gründe, sondern entstand aufgrund der erregenden Wirkung des Klistierens. Ein Einlauf ähnelt einem Sexualakt: Die Kanüle wird eingeführt, es wird etwas eingespritzt und dann kommt die Erleichterung. Heute werden in jedem Sexshop Klistiergeräte wie Ballspritzen, Irrigatoren, Plastikunterlagen etc. angeboten. Klistiersexfreaks spritzen sich alles mögliche in den Anus: Sekt, weil es so schön prickelt, Milch oder auch mit Drogen versetzte Flüssigkeiten. Während des Sexes, der danach kommt, ist es schwierig die Flüssigkeit zu halten. In solch einem Fall empfiehlt es sich, den Po mit einem Analstöpsel zu verschließen. Die Orgasmen beim Klistiersex sollen gewaltig sein.

Eine andere Variante ist die Einlauf-Orgie mit Bestrafung. Der oder die Vollgepumpte wird bestraft, wenn er oder sie die Flüßigkeit nicht mehr halten kann. Doch Vorsicht: Zu häufiges Klistieren kann zur Erschlaffung des Dickdarms und zu Inkontinenz führen. Meist hat das Klistieren Fetischcharkter und wird gern im S/M-Bereich angewendet.

Klitoralstimulator

(siehe auch **Action Rubber, Asiatisches Ziegenauge, Madonna, Schamlippenkitzler, Sleeves**) Die Zunge ist natürlich der beste Klitoriskitzler. Da man aber nicht gleichzeitig poppen und lutschen kann, gibt es diese praktischen Zusatzgeräte für sein bestes Stück. Sie tragen so überzeugende Namen wie »Happy-End«, »Cupids Kiss«, »Romeo«, »Oriental Love Ring« oder »Extasy«. Die Ringe sehen ein bißchen aus wie genoppte Seifenablagen aus Plastik. Sie werden über den noch nicht ganz aufgerichteten Schwanz bis an die Wurzel geschoben. Beim Sex tanzen die vielen kleinen Noppen auf dem Lustzentrum der Frau herum, während sich ein kleiner Plastikfinger in den Po bohrt. Manchmal sind die Noppen jedoch viel zu hart und spitz und turnen eher ab als an. Die Billigteile versprechen mehr als sie halten. Ab 20 Mark im Fachhandel. Große Auswahl an Größen, Farben, Noppendichte und Material. Die Ringe haben zusätzlich den Effekt, daß sie die Erektion halten und härter machen. Siehe dazu Erektionsring.

Klitorisamulett

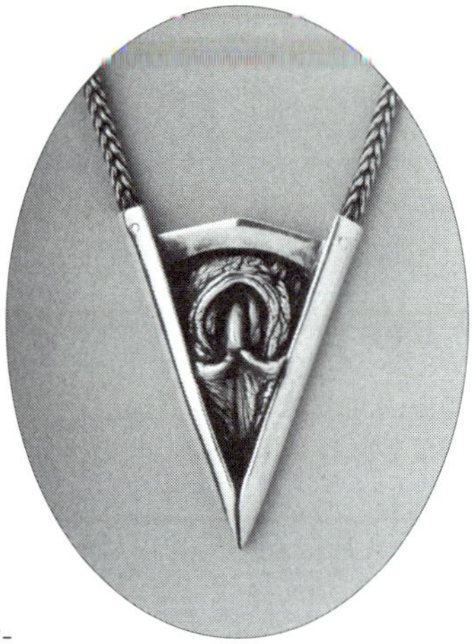

(siehe auch ***Intimplastiken, Intimschmuck, Labienspange, O-Ring, Silbernippel, Zauberstab***) Scharfes Dekolleté. Nur die Kennerin oder der genaue Betrachter wird diesen dekorativen und lustvollen Halsschmuck gleich richtig einordnen: nämlich als einen in Silber gegossenen Abdruck der Klitoris. Der Berliner Silber- und Goldschmied Biank Rodilquar nimmt dazu zunächst einen Wachsabdruck von der Klitoris der Kundin. Von diesem Negativ fertigt der Liebesschmuck-Designer dann einen positiv Abdruck in silber, naturgetreu. Diesen einzigartigen, sehr persönlichen Halsschmuck faßt er mit einem V-förmigen Rahmen und liefert dazu auch die Halskette. Ungewöhnlich, sehr interessant im Design und, wie gesagt, nicht gleich zu erkennen. Falls doch, wird dann der Trägerin die Schamesröte vom Hals in den Kopf steigen? Die subtile Anspielung aus Silber kommt auf circa 450 Mark. Adresse im Anhang.

Klitorisvorhautring

(siehe auch ***Äußerer Schamlippenring, Innerer Schamlippenring, Intimschmuck, Labienspange, Piercing***) Wer eine Vorhaut hat, soll auch was draus machen! So ein kleiner Ring oder Steg an dieser hochsensiblen Stelle zieht seine Zunge magisch an, und auch so hat Frau ein ständiges Reizgefühl. Der Schmuck darf nur von Experten in Piercing-Studios eingesetzt werden! Die Heilung dauert circa zwei bis drei Wochen. Einfache Ringe schon ab circa 30 Mark.

Knebel

(siehe auch ***Fesseln, Folter, Halsgeige, Henkersmaske, Maske, Pranger, S/M-Spiele***) Damit der brave Nachbar nicht in seiner Nachtruhe gestört wird, stopft die Herrin ihrem Sklaven einen Knebel in den Mund, bevor sie anfängt ihm die Hölle heiß zu machen. Ein Schlüpfer oder ein Geschirrtuch können den Zweck des Ruhigstellens zwar auch erfüllen, aber ein echter S/M-Fan achtet auf Stil. Wie sieht das denn aus, ein Lappen im Mund! Gefoltert wird im Studio, und die Accessoires müssen schließlich zum Outfit in Lack und Leder passen. Die Sexindustrie bedient ihre Kientel deswegen auch mit Knebeln in verschiedenartigstem Design und aus den unterschiedlichsten Materialien. Es gibt welche aus Leder, Vollgummi oder als Gummiball zum Aufblasen. Mundknebel gibt es in S/M-orientierten Sexshops ab 28 Mark, in Leder ab 42 Mark. Auch über Versandhandel zu beziehen. Aber ich halte schon meinen Mund …

Kondom

(siehe auch ***Eichelkondom, Erektionsbekleidung, French Tickler, Gag-Kondome, Ganzkörperkondom, Gummi, Hodenkondom, Leuchtkondom, Lümmeltütenhut, Musikkondom, Pariser, Präservativ, Rubber, Schafsdarmkondom, Tungdom, Verhüterli***) Kein Verhütungsmittel ist berühmter als das Kondom. Es ist sichtbar, kommt über das edelste männliche Organ, schmeckt manchmal sogar nach Kiwi, singt oder leuchtet und ist für jeden Gag zu mißbrauchen.

Die Herkunft des Namens ist immer noch unklar. Ob Dr. Contom der Erfinder war, bleibt im Dunkeln. Dieser war Arzt am englischen Hof von König Karl II (1630 – 1685) und fabrizierte aus Hammeldärmen Verhütungskappen gegen Syphilis. Fest steht, daß der kleine südfranzösische Ort »Condom« im Land der langen Baguettes nichts damit zu tun hat, auch wenn dort der gute »Rouge du Condmois« wächst und neuerdings das Heimatmuseum noch ein Verhütungsmuseum dazu bekommen hat.

Fischblasen, Katzendärme und Leinensäckchen waren die frühen Vorläufer der phantastischen Latexhüllen von heute. Dr. Julius Fromm stellte bereits 1913 die ersten Latexpräservative industriell her und gründete »Fromms« Fabriken, die später im Berlin der goldenen 20er Jahre einen Boom erlebten. Damals wie heute gab es zwei Gründe, warum Männer sich einen Pariser überstülpten: der Schutz vor sexuell übertragbaren Infektionen und vor unerwünschter Vaterschaft. In Westeuropa kommt das Kondom gleich an zweiter Stelle als Verhütungsmittel nach der Pille, und das hat seinen guten Grund. Trotz Chemie gibt es weiterhin sehr viele sexuell übertragbare Krankheiten, und diese kann Mann sich nur

mit einem Kondom vom Schniedel fernhalten. Der gesundheitsbewußte Mann, der über die Zahl seiner Nachfahren den Überblick behalten möchte, trägt Latex und neuerdings auch Plastik. Denn aufgrund der zunehmenden Latexallergien wurde endlich das Plastikkondom aus Polyurethan erfunden. Dreimal so teuer, aber äußerlich kaum zu unterscheiden (siehe Polyurethankondom).

Die Kondome sind mittlerweile auch genormt. Nach der dlf-Norm (Norm der Deutschen Latex-Gütesiegel-Gemeinschaft) und der DIN Norm gibt es seit Juni 98 die Euro-Norm mit CE-Zertifizierung. Jedes Kondom muß nun innerhalb einer Normgröße (max. 56 mm/185 mm) liegen. Wer noch besser gebaut ist, muß sich trotzdem das größte Euro-Kondom drüberquälen. Drei Größen sind zur Zeit auf dem deutschen Markt, viele Farben und Aromabeschichtungen.

Trockene Pariser gibt es nur noch bei der Firma Mapa (Marke »Fromms classic«) als 3er-Packung lieferbar. Und solche mit spermizider Beschichtung sind ebenfalls vom Markt verschwunden, ihre Wirkung wurde nie wissenschaftlich nachgewiesen.

Über 195 Millionen Stück verbrauchte alleine die deutsche Männerwelt im Jahr 1997. Während hierzulande nur circa 10 Prozent mit Latex verhüten, sind die Japaner wahre Kondomfans. Über 70 Prozent aller sexuell Aktiven im Land der Kirschblüten lieben mit Kondom. Nicht zuletzt deshalb werden dort auch die besten Qualitäten des Weltmarktes hergestellt.

Auch wenn morgen ein Wundermittel gegen Aids entdeckt würde, gäbe es übermorgen immer noch die Ansteckungsgefahr mit Tripper und anderen netten Krankheiten, mit denen nicht zu spaßen ist. Daher werden Kondome in der Zukunft allein schon vom Infektionsschutz her das wichtigste Schutzmittel bleiben, auch wenn Mann lieber unten ohne mit ihr oder ihm verkehrt.

Kondomautomat

(siehe auch ***Automat, Sexshop, Virtueller Sexshop***) Verhütungsautomat für Notfälle und für Schüchterne, die am liebsten noch immer als Streichholzschachtel getarnte Vögelgummis kaufen würden. Ein Fünftel aller Kondome wird in Deutschland am Automat, also anonym gekauft. Das macht 40 Millionen Erektionskleider! Die Automaten hängen meist auf dem Männerklo, sind doch Kondome nach wie vor das einzige Verhütungsmittel für Männer. Mann braucht nur das nötige Kleingeld. Fragt sich nur ob die Geräte die Umstellung auf den Euro überstehen werden. Wenn nicht, steigt dann endlich die Geburtenrate und Finanzminister Eichel kann aufatmen? In Schulen und Justizvollzugsanstalten ist das Aufstellen von Verhütungsautomaten noch immer verboten.

Kondomhut

(siehe auch ***Gag-Artikel, Lümmeltütenhut***) Nicht nur im Karneval setzt dieser Hut eindeutige Akzente.

Kondomorgel

(siehe auch ***Kondom, Safer Sex***) Ständerinstrument. Hier stehen die Pariser ganz ohne einen dazupassenden Ständer. Das Designerobjekt eines Wiesbadener Künstlers (1990) besteht aus einem weißen Kunststoffkasten mit 35 Luftaustritten, auf die Kondome gesteckt werden. Auf einer Klaviatur wird die Orgel gespielt. Ein symbolischer Blickfang für AIDS-Aktionen. Jeder möchte gern mal darauf spielen und die Kondome zum Stehen bringen. Die Orgel gibt es nur zweimal: eine in Wiesbaden beim Anti-Aids-Aktivisten Michael Berger (Harlekin Geschenke) und eine weitere in Frankfurt (beim Autor des Buches).

Kondomvase

(siehe auch ***Licht, Schlafzimmer***) Blumen mißbrauchen Gummi. Der als Vase dienende »Wasserbehälter« ist ein hängendes Kondom. Der Halter des blumigen Pariser ist aus poliertem Messing oder Edelstahl. Ein Eye-catcher der zunächst zweifeln läßt, ob das Kondom echt ist. Je nach Umgebung kann Mann/Frau die Farbe des Kondoms wechseln. Am schönsten wirkte das »Golden Vanilla«-Kondom zusammen mit dem Messingständer. Der silberne Edelmetallständer kommt besser mit dem »Black Jack«, einem schwarzen Kondom der Firma Rfsu in Schweden. Das Teil kostet 68 Mark und ist nur in wenigen Fachgeschäften erhältlich.

Kochlöffel

(siehe auch ***Domina-Spiel-Set, Flagellantismus, Neunschwänzige Katze, Peitsche, Reitgerte, Rohrstock, Safeword, S/M-Spiele, Teppichklopfer***) Wenn die Peitsche in der Reparatur ist, kann so ein Holzkochlöffel wirklich gute Dienste erweisen. Sextoys kann man in der guten, alten Küche im übrigen jede Menge finden. Zum Beispiel tanzt ein Teppichklopfer gern auch mal auf fremden Rücken. Es muß ja nicht immer der Läufer sein. Nur: In vielen Haushalten gibt es gar keine Teppichklopfer mehr. Wirklich zu blöd! Und die Kochlöffel sind oft aus Plastik und zersplittern auf dem blanken Hintern. Wäscheklammern als Ersatz für Brustklemmen sind auch keine mehr im Haus, seit es den Trockner gibt. Und dann beklagt sich der Schatz mal wieder über die hohe Rechnung aus dem Sexshop!

Kopfharness

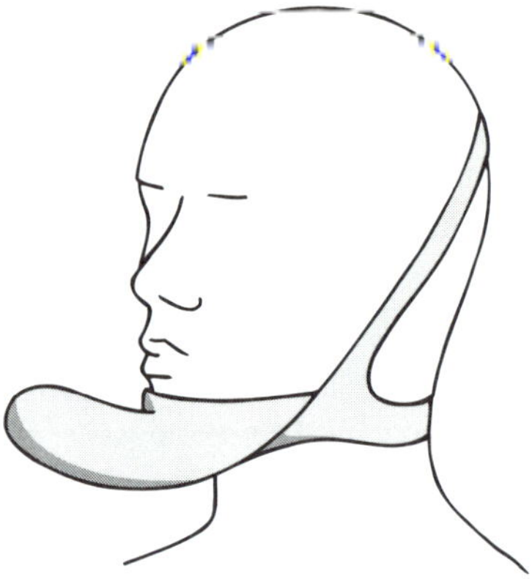

(siehe auch ***Dildo, Harness, Geschirr, Oberschenkelgurt***) Hier ist der Pimmel in den Kopf gestiegen. Ein Kopfharness ist ein irrwitziges Sextoy. Es besteht aus einem Gurt mit dem Mann/Frau sich einen Dildo direkt vor den Mund schnallen kann. Aber da kann man ja gar nicht mehr schmusen oder lecken, wird irgend jemand Kluges einwenden. Stimmt! Das Ding ist was für Headbanger, die es gerne mit dem Mund tun, die aber die Zunge für zu kurz und schwach erachten. Circa 185 Mark bei Kunzmann. Auch als Banane in kräftigem Gelb, diese Variante nennt sich »Accommodator« und ist unter *http://www.shoppingmall.de/cgi-bin/Gay-Shop/clevershop.cgi* für 55 Mark zu haben.

Koriander

(siehe auch ***Aphrodisiaka, Austern, Chili, Weizenkeime***) Dieses Gewürz hat nicht nur in der Küche seinen Platz, es soll auch sexuell anregend wirken und – in Wein eingelegt – sogar die Zahl der Spermien vermehren. Was für die, die sich Nachwuchs wünschen, nicht unbedeutend ist. Wissenschaftlichen Untersuchungen zufolge wird die Qualität des Spermas in Deutschland von Jahr zu Jahr schlechter. Nichts mehr los mit dem weißen Saft der gestreßten Herren.

Eine kleine Korianderkur kann also in keinem Fall schaden, das grüne Kraut schmeckt ohnehin vorzüglich und kostet nicht die Welt. Und ungewünschte Nebenwirkungen hat es auch keine. Mit etwas Koriander können Heimbäcker das tägliche Brot zum Stimulanzmittel machen …

Korsage

(siehe auch ***Dessous, Korsett, Reizwäsche***) Oberteil ohne Träger, das durch Versteifungen hält beziehungsweise zur schnellen Versteifung des Schniedelwutz führt. Näheres siehe Dessous.

Korsett

(oder ***Schnürmieder***, siehe auch ***Bustier, Herrenkorsett, Viktorianisches Zeitalter***) Schönheit muß leiden, das hat schon unsere Oma immer gesagt. Also rein in das enge Korsett und fest zuschnüren. Das preßt die Brüste und den Po raus, und die Taille wird ganz schmal. Anhänger dieses Folterinstruments schwören darauf. Es gibt regelmäßig eine Renaissance dieser Schnür-Dessous. In Deutschland existiert sogar ein Verein, der eine Zeitschrift zum Thema herausgibt und Parties veranstaltet. Motto: Das ist die neue Weiblichkeit! Die Clubmitglieder erregen sich tagtäglich an der Zurschaustellung ihrer Wespentaillen und »wechseln dabei sogar ihre Reifen«, wie eine der Korsettfrauen stolz erzählt. Der Club nennt sich »Les gracieuese modernes«, was soviel wie »Die modernen Grazien« heißt. Im Internet gibt es Infos unter *http://www.lgm-club.de.*

Die Corsagen sind meist aus Leder mit Ösen und Schnürverschlüssen aus Lederkordeln. Neuerdings werden zunehmend Mieder aus Latex in glänzendem Rot und Schwarz angeboten. Gibt es auch brustfrei oder nur als Taillenmieder, was dann wie ein sehr breiter Gürtel aussieht. Corsagen werden gerne bei S/M-Rollenspielen angezogen, zusammen mit Augenbinden, Lederhüftgürteln und Hot Pants. Dabei handelt es sich oft um sogenannte Bizarr-Korsetts mit Ketten, Nieten und Strapsen. Die Frau wird oftmals vom Mann gewaltsam in das Korsett eingeschnürt, ein Spiel um Schmerz und Unterwerfung. Eine Domina im schwarzen Schnürkorsett symbolisiert Macht. Bei einigen Fetischisten sind die Zwangs-Dessous jedoch schon zur Dauergarderobe geworden, selbst tagsüber im Büro. Früher waren die Mieder mit Stäbchen aus Fischbein verstärkt, heute sind die Versteifungen aus Kunststoff oder flachen Metallspiralen.

Ärzte warnen vor den gesundheitsschädigenden Nebenwirkungen dieser Reizwäsche! Sie verformt die Wirbelsäule und quetscht die Organe. Die Korsetts gibt es ab 140 Mark, die berühmtesten Anbieter kommen aus England, oft werden die Korsetts nach viktorianischem Vorbild geschneidert. Im Internet unter *http://www.staylace.com/, http://www.the-right-place.com* oder *http://www.axfords.com/axfords.html.* Besonders schmucke Stücke kosten schon mal zwischen 700 und 1.000 Mark.

Krankenschwester

(siehe auch ***Doktorspiele, Gynäkologenstuhl, Klistiersex, Nonne, Stewardeß, Uniformkult***) Die Krankenschwester aus der Sexwelt trägt einen knappen Kittel, die prallen Brütse quellen aus dem Dekolleté. Meist ist sie blond und schwingt eine riesige Spritze beziehungsweise Klistierspritze, um den Patienten damit zu quälen. Er liegt ganz schwach im Bett und freut sich entweder darauf, daß er ein Fiebermesser in den Hintern geschoben kriegt, oder hat Angst, daß ihm die sexy Schwester gleich eine Nadel in den Po rammen wird. Siehe auch Uniformkult.

Kugelstab

(siehe auch ***Analkugeln, Geishakugeln, Rillenvibrator, Thai Beads, Zauberstab***) Rund ist sinnlich. Und ein Stab aus aneinandergereihten Kugeln kann so mancherlei Lust bereiten. Sieht aus wie ein kleines Zepter, und die Frau wird zur Königin. Plopp, plopp, plopp dringt eine Kugel nach der anderen in den Po oder die Muschi ein. Wer sich etwas besonders Gutes tun will, besorgt es sich mit einem Kugelstab aus Silber für schlappe 1.460 Mark von Birotic in Berlin. Auch nicht von schlechten Eltern ist der rosa Luststab aus Marmor von Sexclusivitäten für 280 Mark.

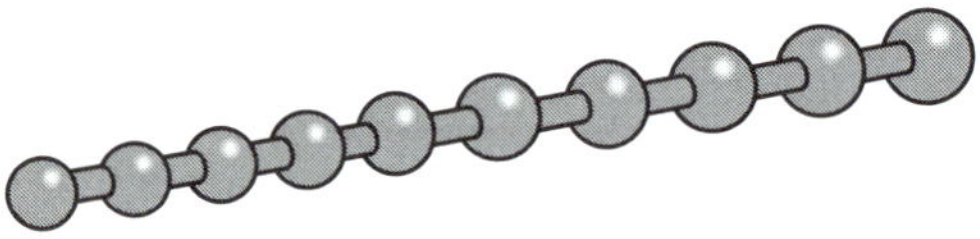

Kunstglied

(siehe auch ***Dildo, Godemiche, Gummipeter, Zauberstab***) Nicht nur für Singles. So ein Pimmel aus Plastik oder Silikon kann auch bei Spielen zu zweit Spaß ins Bett bringen. Näheres siehe Dildo.

Kunstvaginas

(siehe auch ***Flutschfaust, Grüne Lippen, Gummipuppe, Lustgrotte, Lusttorso, Oro-Stimulator, Seemannsbraut, Taschenvagina***). Eine Vagina mit einer rosenblättrigen Vulva ist ohne Frage ein schönes Kunstwerk. Wer gerade solo ist, kann sich mit einer Muschi aus Plastik vergnügen. Bei Sinshop ist sie angeblich wirklich lebensecht und -groß und kostet dafür auch 189 Mark. Unter *http://www.sinshop.de*. Näheres siehe Seemannsbraut.

L

Labienspange

(siehe auch ***Busenkette, Clit Clip, Intimschmuck, Klitorisamulett, O-Ring, Silbernippel, Zauberstab***) Mehr als bloßer Intimschmuck ist diese edle Spange für die schönsten Lippen der Frau. Der Berliner Schmuckkünstler Biank Rodalquilar ist ein Experte für erogene Zonen. Die Labienspange ist nur eine seiner subtilen Erfindungen: Er bietet Klitoralamulette, Brustabformungen, Po-Steckringe, Zauberkugelstäbe, Liebeskugeln und weiteres Spielzeug, das Design, Ästhetik und praktischen Wert aufs edelste verbindet. Das hat natürlich seinen Preis, die Labienspange etwa kommt auf 340 Mark. Es handelt sich dabei um eine haarspangenähnliche Klammer, die in die großen Labien eingesetzt und dann über den kleinen Labien geschlossen wird. Sieht gut aus, verursacht der Trägerin eine angenehme, kribbelnde Spannung und stimuliert die Klitoris. Die Schmuckstücke werden vom Lustschmuck-Designer persönlich angepaßt und einzeln per Hand gefertigt.

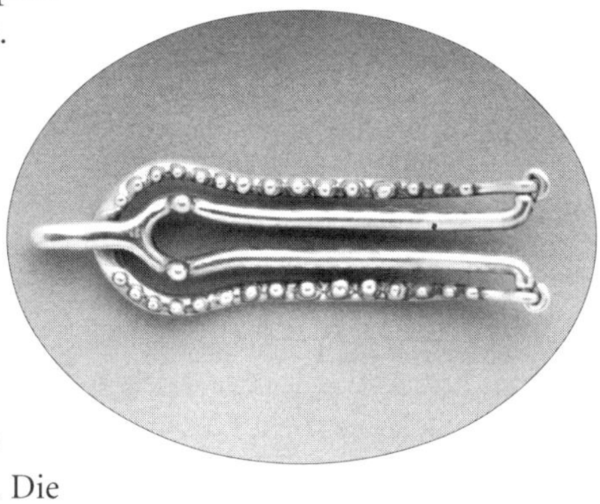

Lack

(siehe auch ***Gummi, Latex, Seide, Leder, Gummifetischismus, PVC***) Wenn im Bett der Lack ab ist, probieren Sie es doch mal mit einem roten Slip aus Lack. Der glänzende Stoff kann so manche Augen zum Leuchten bringen, träumen doch schon kleine Mädchen von Lackschuhen, und selbst harte Mafiosi schmücken sich gerne mit spiegelnden Schuhen. Lackstoffe sind äußerlich dem Latex ähnlich, die Plastikschicht wird bei diesem Material jedoch auf einen Baumwollstoff aufgetragen. Avantgardistische Designer nutzen Lack immer wieder, doch so richtig durchsetzen konnte sich der Strahlerstoff nur im Sexbereich: meist als hautenger Stretchlook. Schwarzer Lack vermittelt Strenge und Kühle, während der Glanzstoff in Rot eher nuttig wirkt. Ein Kleid aus Stretchlack kostet um die 120 Mark.

Lara Croft

(siehe auch ***CD-ROM, Cybersex, Pixelsex***) Die beliebteste digitale Sexbombe, die so manchem Cyberfreak zu feuchten Träumen animiert. Lara Croft ist die Heldin aus den Tomb-Raider-Computerspielen. Der Cyberstar ist die Tochter eines englischen Lords und erlebt aufregende Abenteuer auf der ganzen Welt. Ihre Maße sind, comme il faut, 90-60-90, sie hat eine sonore Stimme, wahnsinnslange Beine, einen Atombusen, scharfe Hüften und eine noch schärfere Waffe, die sie immer bei sich trägt, auch wenn sie sonst praktisch gar nichts trägt. Und weil sie so sexy ist, schneidern Designer ihr gerne was auf den digitalen Luxuskörper. Fans bestaunen sie am liebsten in ihrem Bikini von Givenchy. Bilder der Digi-Diva gibt es unter *http://homepage.iprolink.ch/~cedhart/laralinks.htm* zu bewundern.

Latex

(siehe auch ***Gummi, Gummifetischismus, Lack, Leder, PVC, Talkumpuder***) Bei Latex denken viele ganz richtig an Kondome oder Vibratoren, doch das Material hat sich vom Pimmelüberzieher zum Traumstoff vieler Fetischisten gemausert. Für sie ist Latex viel mehr als nur ein Stoff, für sie ist das aus Kautschuk gewonnene Material Kult und Erotik. Das wasserunduchlässige Gummi schmiegt sich wie eine zweite Haut an den Körper. Kälte-, Wärme- und andere Reize werden stärker wahrgenommen. Ein intensives Gefühl, für das die ständig wachsende Anhängerschaft von Latexkleidung ein Vermögen ausgibt. Der glänzende Stoff wird meist direkt auf den Körper geschneidert, oft sind die Nähte geklebt und damit praktisch unsichtbar. Enge Minikleider, knappe Tops, stramme Höschen oder am besten ein hermetisch geschlossener Ganzkörperanzug, damit kommt man auf den Fetischbällen ganz groß raus. Denn der Gummikult hat sehr viel mit Exhibitionismus zu tun, und auch mit Verweigerung, denn es dauert, bis man seinen Schwarm aus so einem hautengen Teil geschält hat.

Das Material Latex erfordert viel Aufmerksamkeit, es muß besonders sorgfältig gepflegt werden, da es sehr anfällig ist und leicht porös wird. Nach dem Tragen sollte es mit klarem Wasser oder einer ganz milden Seifenlösung gereinigt werden, dann wird es an der Luft getrocknet und mit Talkum bestäubt. Am besten bewahrt der Gummifreak seine zweite Haut blickdicht in einer Plastiktüte auf, von Aldi oder Dior, je nach Geschmack. Vor dem Anziehen kann man das Stück mit einem speziellen Latexspray besprühen, damit es glänzt und sich leichter anziehen läßt. Außerdem: vor Sonnenlicht schützen und von Ölen und Fetten fernhalten, da diese das Material angreifen und zerstören. Die besten Latexschneider kommen aus England, wo sich auch die größte Gummiszene befindet, zum Beispiel Ectomorph und Skin Two, oder aus Amsterdam, wo unter anderen De Mask Fetischkleidung schneidert. Latexfans haben natürlich auch ihre eigenen Magazine: etwa das deutsche *Gum*, im Internet unter *http://www.langeverlag.com/index2.htm* zu finden. Wer sich gerne mit Gleichgesinnten im Netz austauschen will, kann es mit einem Pläuschchen im Chatroom von *http://www.fetischfriends.com/index2.html* versuchen. Was die Klamotten betrifft hat zum Beispiel auch Dr. Müller ein großes Angebot unter *http://www.dr-mueller.de*. Preise: Minikleid ab 60 Mark, edlere Teile können schon mal ein paar hundert Mark kosten. Slips gibt es ab 25, Korselett ab 80 Mark. Auch die Pflegeprodukte sind nicht gerade billig: Glanz-Pflegegel 25, Puder circa 5 Mark.

Bekenntnisse des Gummiliebhabers MaleLTX

MaleLTX steht auf Kleider aus Latex: er ist Elektrotechniker, 24 Jahre alt, lebt in einer deutschen Kleinstadt, macht Musik, hat blonde Haare, ist 1,90 Meter groß, und liebt es, lange Röcke aus Latex zu tragen. Das Interview wurde anonym per E-Mail geführt.

Herr MaleLTX, warum stehen Sie so auf Latex?

Nun, es sieht einfach toll aus. Der Reiz ist, glaube ich, zum einen das Gefühl auf der Haut, der Anblick, man ist/trägt etwas ganz Exklusives oder Besonderes. Außerdem gibt es für Männer keine erotische Wäsche, wie es sie für Frauen gibt, und wenn, dann muß man ziemlich lange danach suchen.

Was für ein Gefühl auf der Haut?

Es ist keineswegs »beengend«, wie viele glauben. Vielleicht sollten Sie es mal ausprobieren!? Gefühle sind oft schwer zu beschreiben. Latex paßt sich an den Körper an und betont ihn auch noch. Sich selbst in Latex zu berühren oder sich berühren zu lassen, ist ein intensiveres Gefühl, als direkt die nackte Haut zu berühren.

Was genau macht das Erotische von Latex aus?

Man fühlt sich in gewisser Weise gefangen oder gefesselt in dieser zweiten Haut, es schottet einen von der Außenwelt ab, gleichzeitig fühlt man sich auch geschützt, reduziert und unnahbar.

Haben Sie auch Sex darin?

Also Sex habe ich nicht zwangsläufig darin. Das ergibt sich, aber es ist schön, sich selbst darin zu sehen oder gesehen zu werden, zum Beispiel von meiner Freundin. Es soll ja Typen geben, die ohne Latex gar nicht zur sexuellen Befriedigung kommen. Zu denen gehöre ich jedoch nicht.

Könnte man sagen, daß die Liebe zum Fetisch Gummi genauso groß ist wie zum Sex?

Ja, so könnte man das sagen.

Das heißt, die Latexklamotten können Sie genauso erregen und befriedigen wie, sagen wir mal, Oralsex?

Latex erregt – Oralsex befriedigt. Wenn man in Latex oral befriedigt wird ist das natürlich um so schöner.

Wie viele Kleidungsstücke haben Sie, und wo kaufen Sie die Teile?

Ich habe so um die vier verschiedene Outfits und kaufe sie hauptsächlich bei Kunzmann. Die haben qualitativ gute modische Ware. Es gibt tolle Kleidung, nur ist leider das Angebot für Frauen viel größer als für Männer. Da bietet sich die Möglichkeit an, auch mal einen Rock, eine Korsage oder High Heels zu tragen, obwohl dies ja den Frauen vorbehalten zu sein scheint. Solche sogenannten Frauenkleider zu tragen bringt noch einen zusätzlichen Reiz.

Das geht aber ganz schön ins Geld, oder?

Nun, so was leiste ich mir auch nicht alle Tage. Ich brauche das auch nicht unbedingt jeden Tag. Wenn ich Lust habe und Geld übrig habe, bestelle ich mir was Neues.

Wie haben Sie Ihre Liebe zu Latex entdeckt?

Wenn ich ehrlich bin, dann weiß ich das so genau auch nicht mehr. Ich habe vor sechs Jahren mal eine Zeitungsannonce gesehen – von Kunzmann. Dort hieß es: »Etwas nicht Alltägliches«. Ich habe Kataloge bestellt und war fasziniert.

Hat Latex bei Ihnen auch was mit S/M zu tun?

Nein. S/M ist zwar etwas, was mich sehr interessiert, aber ich sehe nicht unbedingt eine Beziehung zwischen beidem.

Was interessiert Sie bei S/M?

Wie es ist, jemandem völlig »ausgeliefert« zu sein. Sie kann »alles« tun, was man möchte oder was sie möchte. Vertrauen spielt da eine große Rolle.

Was hält Sie davon ab, sich auszuliefern?

Eigentlich nichts, oder ich weiß es nicht.

Doch eher eine Phantasie?

Phantasie kann etwas sehr Erregendes sein. Aber man sollte sie auch ausleben, doch dazu fehlt mir noch ein wenig der Mut.

Aber Sie könnten sich vorstellen, sich fesseln und peitschen zu lassen?

Also, vorstellen kann ich mir vieles. Fesseln hat seinen Reiz, aber mit Peitschen könnte ich nichts anfangen.

Gehen Sie auch auf Fetischbälle?

Bisher war ich noch auf keiner Fetisch-Party oder -Ball. Ich würde aber liebend gerne mal so etwas sehen.

Und warum gehen Sie auf keinen Ball?

Nun, in meiner Gegend gibt es solche Bälle nicht, glaub' ich zumindest. Es gibt in Mönchengladbach eine Diskothek, wo solche Parties ständig stattfinden, die Entfernung eben!

Was tragen Sie am liebsten?

Am liebsten trage ich meinen langen Latex-Rock.

Bei Ihrer Größe? Und warum gerade einen Rock?

Es provoziert, wenn ein Mann einen Rock trägt, noch dazu einen aus Latex. Aber ich finde, man sollte die Grenzen nicht so eng legen, außerdem sieht's klasse aus.

Und was tragen Sie dazu?

Ich mag schwarz am liebsten. Man kann zum Beispiel einen Ganzanzug oder eine Hose darunterziehen. Oder eine Korsage drüber, in Kombination mit einer Maske. Es ist alles erlaubt.

Ist der Rock eng oder weit?

Er ist weit und lang.

Und was für eine Maske?

Bei der Maske sieht man nur den Mund.

Und die Augen?

Naja, man selber kann schon sehen, durch kleine Löcher.

Wann tragen Sie dieses Outfit?

Überwiegend zu Hause in den eigenen vier Wänden.

Kommen da auch Freunde, oder tragen Sie es alleine vor dem Spiegel?

Am liebsten allein vor dem Spiegel oder wenn meine Freundin dabei ist. Ich glaube, meine Freunde würden diese Vorliebe nicht so ganz verstehen.

Sie wissen es also nicht?

Nein, aber meine Freundin mag Latex.

Ihr beide zieht euch dann die Latexsachen an und das erregt euch. Aber wie sieht Sex aus, wenn man einen Ganzkörperanzug aus Gummi anhat?

Na ja, es gab in diesem Jahrhundert jemanden, der Reißverschlüsse erfunden hat. Also das funktioniert schon, aber wie gesagt, es muß nicht unbedingt Sex stattfinden. Sich gegenseitig anzuschauen ist auch schon eine Art »Sex«.

Sie haben recht, mit den Reißverschlüssen! Die sexuelle Befriedigung ist für Sie also gar nicht so wichtig?

Es ist nicht das Wichtigste, aber es ist natürlich schön, wenn sie stattfindet. Aber ganz nackt fehlt mir der Kick. Ein nackter Körper ist längst nicht so erotisch wie ein bekleideter.

Latexschutztuch

(siehe auch ***Dental Dam, Lolly, Safer Sex***) Das Präservativ für die Muschi. Drüberlegen und lecken, da wo es am schönsten ist. Und so ist es auch noch safe. Näheres siehe Dental Dam.

Latexa-Spray

(siehe auch ***Dolly Fresh, Gummi, Lack, Latex, Reinigung, PVC***) Das ultimative Reinigungs- und Desinfektionsmittel für alle Kleider und Toys aus Latex. Wichst den Vibrator garantiert bis er strahlt. Aufsprühen, nachputzen, und die Hausfrau freut sich um so mehr auf ihr Spielzeug. 100ml-Sprayflasche ohne FCKW für 19,90 Mark im Fachhandel. Ein feuchtes Tuch tut's jedoch auch, zumindest für das Sexspielzeug.

Leder

(siehe auch ***Chaps, Fetisch, Latex, Geschirr, Motorrad, Peitsche, Pelz, S/M-Spiele***) Gleich nach dem Feigenblatt machte der lederne Lendenschurz in der Reizwäscheindustrie Furore. Das Material ist sinnlich, riecht gut und knarrt bedrohlich. Leder wird mit harter Männlichkeit, Militär, Cowboy, Motorrad und Sado/Maso assoziiert. Doch seit Yves Saint Laurent Anfang der 60er Jahre die nackte Tierhaut auf die Laufstege brachte, ist das wilde Material salonfähig geworden. Heute hat fast jeder ein Kleidungsstück aus Leder im Schrank hängen. Doch was den Reiz angeht, wird das Material mehr und mehr vom neuen Fetisch Latex verdrängt.

Trotzdem gelten Lederslips und -kleider immer noch als sexy und verrucht. Kein Sexshop ohne lederne Dessous im Angebot. Vor allem im Dominastudio darf ein sündiges Lederoutfit nicht fehlen, und auch die meisten S/M-Accessoires wie Peitsche, Maske, Knebel, Harness, Halsband oder Schaftstiefel sind aus Leder. S/M-Möbel sind im besten Fall mit schwarzer, nackter Tierhaut überzogen. Oft mit Nieten und Ösen garniert. Beim Mann strahlt festes Leder Härte aus, Fransenlook steht für Wilder Westen. Weiches Leder läßt an Winnetous Schwester denken, und angesichts einer Squaw im zarten Velours-Look läßt sich kein Winnetou zweimal bitten loszureiten.

Auch Schwule stehen auf Leder: Die Lederschwester präsentiert sich in Chaps, Harness und Käppi in Schwarz. Das archaische Material bringt Wölbungen gut zur Geltung und glänzt verführerisch dort, wo sich was wölbt. Echte Lederfetischisten vögeln gleich in den Lederklamotten. Auch Ledersitze und Ledercouch gelten als reizvoller Luxus: Zuerst fühlt sich das Material kühl an, dann paßt es sich der Körpertemperatur an. In der Sado/Maso-Story *Geschichte der O.* von

Pauline Réage zwingt der Herr seine Geliebte, ohne Slip in einem Wagen mit Ledergarnitur Platz zu nehmen. Sie darf sich dabei nicht auf ihren Rock setzen. Sie schaudert. Und wird erregt.

Leuchtkondom

(siehe auch ***Gag-Kondome, Kondom, Musikkondom***) Da kriegen große und kleine Mädchen leuchtende Augen, wenn ein prächtiger Schwanz im Leuchtkondom zeigt, wo es gleich langgeht. Der Ritter muß allerdings seinen Ständer plus Christbaumschmuck erst ins Licht halten, damit die grün-fluoriszierende Leuchtkraft aktiviert wird. Dann kann er ihr heimleuchten. Doch Vorsicht: Der Strahlegummi ist nicht zur Verhütung geeignet!

Lewinsky

(siehe auch ***Clinton-Shirt, Spanner, Zigarre***) Moni ist das Lustmittel der Nation, beziehungsweise der ganzen Welt. Durch ihre Affäre mit Bill Clinton redet plötzlich jeder über Oralsex. Selbst Menschen, die dieses »schlimme« Wort vorher nie in den Mund genommen haben, tun dies plötzlich, und vielleicht wird im Anschluß an das anturnende Gespräch noch viel mehr in den Mund genommen. Monica Lewinskys Techtelmechtel mit Clinton erregte die Weltöffentlichkeit, und die voyeuristischen Nachforschungen von Oberspanner Kenneth Starr machten Fellatio zum Thema Nummer 1. Weltweit. Viele Männer können sich nun auf den Sex im »Oraloffice« des weißen Hauses berufen, falls ihre Partnerin diese Praktiken ablehnt. Denn nach wie vor ist das »Einen geblasen bekommen« nicht überall akzeptiert und ins gemeinsame Liebesspiel integriert. Lewinsky und Clinton haben die Welt endlich sexuell aufgeklärt!

Bei der Erotikmesse 98 in Berlin wurde auch gleich der Monica-Lewinsky-Vibrator präsentiert: Er ist braun und hat die Form einer Zigarre. Bleibt nur die Frage, welche Frau es gerne mit Moni tut, der Vibrator sollte nun doch lieber Bill heißen.

Licht

(siehe auch ***Duft, Kerze, Mond, Musik, Räucherstäbchen, Schlafzimmer, Zeit***) Wer in seinem Schlaf- oder auch Wohnzimmer eine Beleuchtung wie in einem Verhörraum hat, braucht sich nicht zu wundern, wenn sich das Objekt der Begierde partout nicht ausziehen will. Wer mag schon gnadenlos den Scheinwerfer auf seine Problemzonen gerichtet bekommen, und wer wird erotisiert bei einer Bestrahlung von 75 Watt? Also, schaffen Sie ein kuscheliges, sinnliches Licht-Ambiente: Vielleicht eine Lavalampe? Kerzen kommen in solchen Situationen auch immer gut. Lampenschirme in warmen Farben können viel zu einer befriedigenden Begegnung beitragen. Denn wir lieben uns auch mit den Augen. Die visuelle Stimulation ist nicht nur Teil des Vorspiels. Es macht an, den anderen zu sehen, seine Schönheit in Erregung zu betrachten.

Liebespärchen

(siehe auch ***Dessoustorte, Fun Food, Honey Dust, Marzipanmuschi, Schokolade, Spermadrops***) Engumschlungene Pärchen zum Lutschen. Weingummi macht vor keiner Form halt und wird von Großen und Kleinen gerne genascht. Ob als Penis oder Pärchen in Kamasutra-Stellung, alles ist gleich zum oralen Genuß. Zähneputzen hinterher nicht vegessen! Ab 4,80 Mark im Geschenkhandel oder Sexshops.

Liebessalben

(siehe auch ***Aphrodisiaka, Busencreme, Erektionscreme, Intime-Küsse-Creme, Itchcream, Penissalbe, Potenzmittel, Rheumasalbe***) An welche Art von Liebe denken die Hersteller von solchen Salben wohl bei der Namensgebung? Sollen damit vielleicht Egoisten plötzlich liebesfähig werden? Weit gefehlt! Liebessalben sind für Männer, die vor allem ihren Schwanz lieben, auch wenn er sie nicht immer liebt und manchmal kein Männchen machen will. Dann wird das beste Stück eingecremt. Doch die Liebesalbe pflegt und liebt in erster Linie den Geldbeutel des Herstellers. Tatsächlich aufbauende Wundermittelchen für eine gezielte Salbung der Genitalien gibt es nach wie vor nicht!

Liebespuppe

(siehe auch ***Dolly Fresh, Gummipuppe, Kunstvagina, Lover Boy, Puppen-Reparaturset***) Plastikfrau mit mehreren Öffnungen als Ersatz für Liebe mit Haut und Haaren. Wird auch gerne als Dekoration für einschlägige Etablissements eingesetzt. Und die Autofahrer von Los Angeles mißbrauchen die Gummifrau manchmal als Beifahrerin, da sie auf Grund von Auflagen nur mit Beifahrer in die staugeplagten Kernzonen fahren dürfen! Da hilft die Puppe, um vorzutäuschen, daß man zu zweit unterwegs ist.

Liebesschaukel

(siehe auch ***Hoppe-Hoppe-Kissen, Liebesschleuder, Liegesitze, Slingmatte, Waschmaschine, Wasserbett***) Die Schaukel für den Erwachsenenspielplatz. Sie hockt sich drauf und er dringt in sie ein, im Stehen. Die Liebesschaukel gilt als besonders verwegenes sexuelles Hilfsmittel für verspielte Sexakrobaten. Gemütlich

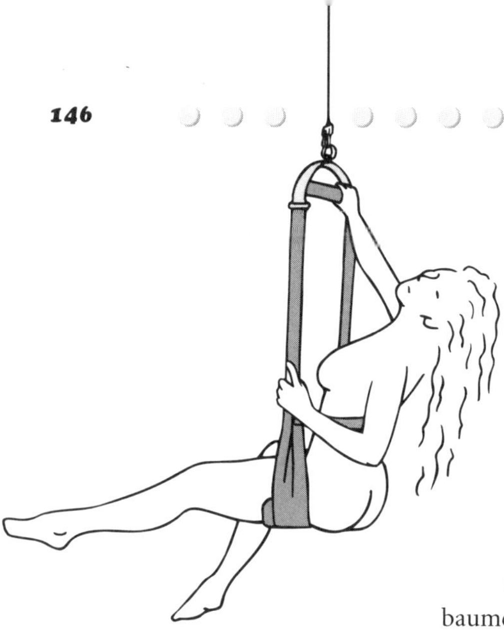

ist es nicht. Sie hängt in den Seilen und er braucht viel Standfestigkeit. Und so funktioniert's: An einem Metallbügel, der an der Decke befestigt wird, sind zwei Lederriemen mit Schlaufen befestigt, im Rücken gibt es meist eine Querverstrebung, damit sie ihm nicht wegsinkt. Sie zieht die Oberschenkel durch die Schlaufen und baumelt dann in der richtigen Höhe direkt vor seinem Schniedel. Die Höhe ist verstellbar. Er steht stramm da, sie krallt sich verkrampft fest. Ein einseitiges Vergnügen, wie so viele Lustmittel im Handel, die von Männern »entdeckt« oder entwickelt wurden.

Die Liebesschaukel braucht viel Platz, in der Breite und der Höhe. Mit der 2,45 Meter Normdecke wird es etwas eng beim Schaukeln im trauten Heim. Und vor allem: nicht jede Decke ist solchen Belastungen gewachsen. Reißen Sie ihrem Nachbarn also nicht den Fußboden ein. Und noch ein Problem: Wohin mit dem Spielzeug nach dem Vergnügen? Hinter den Spiegelschrank oder in den Partykeller? Diese Hängeparty ist wirklich nur etwas für großzügige Sexetablissements oder diskreten Spaß im Garten. Einfache Ausführungen mit Beingurten ab circa 300 Mark in Spezialläden, stabile Lederschaukeln kommen auf circa 800 bis 1.000 Mark.

Liebesschleuder

(siehe auch ***Beckenkissen, Liebesschaukel, Liegesitze, Möbel, Slingmatte, Wasserbett***) Exklusives Sextoy aus Bayern. Wem das simple Auf und Ab, Rein und Raus in der Liebe zu langweilig wird, kann es mal mit diesem Schleudersitz probieren. Und so geht's: Sie hockt sich mit angezogenen Beinen auf ein schwebendes Leinentuch mit quadratischer Öffnung. Das Tuch ist mit mehreren Tauen und Stangen an der Decke befestigt. Er liegt unter dem Stoff und steckt den Penis durch das Loch in sie hinein. Und jetzt kommt's: Er dreht sie auf wie eine Spieluhr, läßt los und das Tuch, plus Frau, schleudert zurück. Eine wilde Karussellfahrt beginnt. Ob dabei ein Schleudertrauma riskiert wird? Ob der Schniedelwutz danach raucht, die Muschi brennt? Laut Erfinder verursacht die Liebesschleuder reine Ekstase. Zu bestellen unter *http://ourworld.compuserve.com/*

homepages/erotic_ways_michael-maschke. Die Liebesschleuder oder auch »Lovespin« kostet circa 1.000 Mark. Die zusammenfaltbare Halterung, die der Schleuderliebe standhalten soll, kommt auf stabile 2.800 Mark! Wer es billiger haben will, kann es mal so probieren: Gummimuschi aus dem Sexshop holen, mit Gleitgel einschmieren und mit einer Bohrmaschine verbinden. Und schon können Sie sich einen schleudern. Wer süchtig davon wird und sich gerne mit seiner Partnerin einen Orgasmus drehen will, kann immer noch die Liebesschleuder erstehen.

Liebeszucker

(siehe auch ***Enthemmungstropfen, Honey Dust, Potenzmittel***) Die süßeste Art der Erregung. Das weiße Pulver soll die Lust bis zum Sexrausch steigern. Es besteht aus einem Potenzholz, das südamerikanischen Naturvölkern schon seit jeher bekannt ist. Aus Geschmacksgründen ist noch Fruchtzucker beigemischt. 100 Gramm kosten circa 20 Mark. Sie können es jedoch auch mal mit Puderzucker probiern. Wenn Sie dem Partner weismachen, daß er davon geil wird, wird er bestimmt bald liebestoll durchs Schlafzimmer turnen!

Liegesitze

(siehe auch ***Beckenkissen, Liebesschaukel, Möbel, Waschmaschine, Wasserbett***) Keine besondere Stellung aus dem Kamasutra, sondern der Traum vieler Liebespaare in den 60er Jahren, als die Autoliegesitze in Europa auf den Markt kamen. Einfach den Hebel betätigen und wums: Die Angebetete lag auf dem Rücken. Bis dahin konnte man nur die US-Jugendlichen im Film bewundern, wie sie auf den breiten Sitzbänken vorne und im Fond der Straßenkreuzer wild rumknutschen konnten, während sich hierzulande alle im VW-Käfer blaue Flecken holten. Endlich war auch die deutsche Autoindustrie soweit und bot als sinnliche Zugabe mit Aufpreis den komplett umklappbaren Liegesitz an. Fahrer- und Beifahrersitz zum Umlegen. Die Freundin wurde gleich mit umgelegt: in Waldwegen, dem Autokino (mittlerweile in Europa fast verschwunden) und auf dem Parkplatz. Für viele Autokäufer war der Liegesitz eines der wichtigsten Extras.

Und die Frauen? Sie freuten sich, denn so war es wenigstens bequem in seiner Karre, und zu ihr oder ihm nach Hause konnten die beiden ja nicht fahren. Bei Cabrios und Autos mit Schiebedach konnte man sogar die Sterne sehen! Heute kommt die »Liegesitztechnik« eher selten zum Einsatz. Warum auch? Viele junge Menschen können sich problemlos zu Hause treffen, ohne sich am Amaturenbrett die Strümpfe aufzureißen und im Winter den Hintern abzufrieren.

Lippenstift

(siehe auch ***Body Paint, Mendhi, Piercing, Rot, Tattoos***) »Rote Lippen soll man küssen, rote Lippen ...«, so die Aufforderung eines Schlagers aus den 60er Jahren. Das Signal des roten Lippenstifts kommt immer gut an, schließlich ist Rot die Farbe der Liebe und Erotik. Männer können ganz schön kribbelig werden, wenn sie zusehen, wie sich Frau lasziv Farbe auf den Mund malt. Ein höchst erotischer Vorgang. Der Lippenstift kann aber auch das Gegenteil eines lustmachenden Objekts sein, dann nämlich, wenn die Ehefrau Lippenstiftspuren am Hemdkragen entdeckt! Während der Abdruck des Kußmundes mittels Lippenstift zum Beispiel auf einem Brief als Symbol der Liebe gilt oder die kurze Lovemessage auf dem Spiegel im Bad schon zu manch langer Liebesnacht geführt hat! Manche gehen noch weiter und schminken sich gleich die Muschi mit dem verführerischen Fettstift. Gar nicht so abwegig, gilt doch der Mund als Zwilling der Vulva mit ihren Schamlippen.

Liquid Latex

(siehe auch ***Body Paint, Latex, Gummi, Gummifetischismus***) Lassen Sie sich von ihrem Goldstück doch ein sündiges Latexkleid oder Höschen auf den Körper schneidern. Liquid Latex heißt das Zaubermittel, das jeden zu einen kleinen Lagerfeld werden läßt. Das flüßige Kautschuk auf den Körper klatschen, trocknen lassen, abziehen und fertig ist die maßgeschneiderte zweite Haut. Das Anpassen macht Spaß: dem Designer wie dem Modell, und meistens kommt auch noch was Hübsches dabei raus. Ein Starterset gibt es im Sexshop ab 49 Mark.

Lolly

(oder ***Läppchen***, siehe auch ***Dammits, Dental Dam, Gummitücher, Latexschutztuch, Safer Sex***) Ein besonderer Lutscher für Leckermäuler, die gerne Muschis lutschen und dabei auf der Safer side bleiben wollen. Das Lolly ist ein Latextuch, das zum Schutz vor Aids und anderen Sexkrankheiten beim Oralverkehr über die Schamlippen gebreitet wird. Näheres siehe Dental Dam.

Lover Boy

(siehe auch ***Gummipuppe, Real Doll***) Diesen Bub aus Plastik kann sie oder er jederzeit lieben. Er geht kein Bier trinken und treibt sich nicht auf Fußballplätzen herum. Ergeben hockt er im Schrank und wartet darauf aufgeblasen zu werden und einen geblasen zu bekommen.

Der süße Lover Boy hat einen vibrierenden Penis und einen muskulösen Körper. So heißt es zumindest in der Werbung. Immerhin ein Toy auch für sie, denn männliche Sexpuppen gibt es nicht viele. Dieser Gummischatz ist übers Netz unter *http://www.nice-n-naughty.com* zu haben. Billiger ist es, wenn Sie mal bei ihrem Sexshop um die Ecke nachfragen.

Lümmeltütenhut

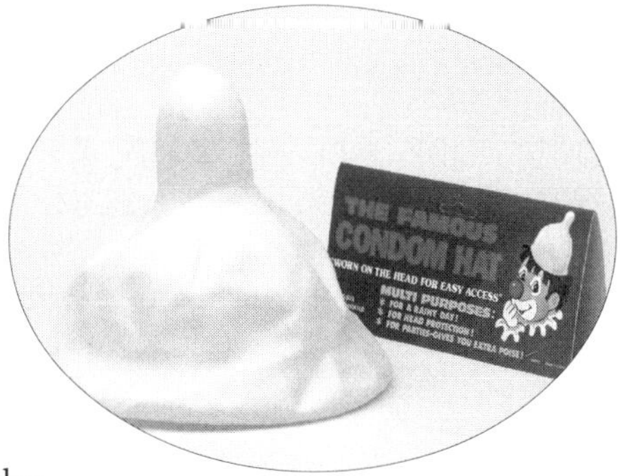

(siehe auch ***Gag-Artikel, Gag-Kondome, Kondomhut***) Der ultimative Kondom-Gag für den Kopf des Mannes. Warum soll auch immer nur der Schwanz seinen Pariser abkriegen? Und jede Frau versteht die Absichten des Trägers schon von weitem, denn der eindeutige Kondomhut stellt jede Melone und jeden Borsalino in den Schatten. Das feststehende, latexfarbene Hütchen eignet sich jedoch eher für Fasching, denn für alle Tage. Schützt nur gegen Taubendreck, aber nicht vor Mist im Kopf. Gibt es auch aus labbrigem Gummi im Sexshop. Wasserdicht ist diese Kopfbedeckung allemal. Für 15 Mark in Kondomfachgeschäften oder im Gag- bzw. Geschenkartikelladen erhältlich.

Lustangst

(siehe auch ***Bondage, Fesseln, Folter, Peitsche, S/M-Spiele, Spanking, Tankstelle***) Schreck mit Höhepunkt. Bei Prüfungsangst oder Panik vorm Chef reagiert der Körper genauso wie bei sexueller Erregung: Der Puls jagt, der Kreislauf powert, man schwitzt und bekommt rote Flecken. Manche helfen ihrer erlahmten Lust nach, indem sie beim Sex Angst erzeugen: zur Steigerung des Kitzels. Da wird gefesselt, die Peitsche geschwungen oder verbal gedroht. Das bringt den Puls zum Rasen. Manche holen sich den nötigen Orgasmuskick beim Sex auf dem Waldweg oder im Lift. Die Angst, entdeckt zu werden, bringt sie schneller zum Höhepunkt. Die Japaner gehen noch weiter: In Büchern und Filmen, etwa *Im Reich der Sinne* von Kurosawa, stellen sie immer wieder Lust bis zur Todesgrenze dar. Stimulation durch Strangulierungen, Orgasmen bis in den Tod hinein, der letzte Sex vor dem Harakiri. Während die Franzosen wiederum den Orgasmus selbst »la petite mort«, den kleinen Tod, nennen. Eine schöne Umschreibung, die angeblich von dem Dichter Baudelaire stammt. Heute meinen freche Franzosen: Bei einem Deutschen ist es vielleicht der kleine Tod, bei einem Franzosen muß es der große Tod heißen. Ja ja, la Grande Nation!

Lustgrotte

(siehe auch ***Deep Throat, Grüne Lippen, Kunstvagina, Oro-Stimulator, Seemannsbraut, Simulacrum***) Befriedigende Höhle für Lustmolche. Besonders grottig ist so ein Plastikschlund jedoch nicht. Es handelt sich dabei um ein fahrradschlauchähnliches Teil, circa 15 cm lang, meist in Schweinchenrosa, aus Latex oder Plastik, in das der gestreßte Mann jederzeit sein bestes Stück reinstecken kann. Dann wird daran gesaugt. Die Deep Throat macht es ihm auf französich, immer und immer wieder, mit Vibration und Kribbbelnoppen so wird versprochen, wird es noch geiler. Ab 58 Mark, Gleitgel nicht vergessen, danach mit milder Seife abwaschen, gut trocknen lassen. Besonders ordentliche Französischliebhaber pudern ihre Lustmuschi dann noch mit Talkumpuder ein und verwahren sie in einem Stoffsack. Eine Plastiktüte tut's aber auch.

Lustschrei

(siehe auch ***Aphrodisiakum, Dirty Talk, Knebel, Musik, Verbalerotik***) Stöhnen und Schreien wirkt wie ein starkes Aphrosdisiakum. Je lauter sie schreit, desto erregter werden beide und desto wilder wird der Akt. Das Gestöhne – wenn es echt ist – zeigt dem Partner, daß es dem anderen gefällt. Er/Sie fühlt sich bestätigt und strengt sich noch mehr an. Während Männer eher verhalten stöhnen, lassen sich Frauen öfter gehen und schreien ihre Lust heraus. Doch manchmal sind Lustschreie auch störend: Wenn zum Beispiel Mann/Frau alleine ist und aus der Nachbarwohnung wildes Vögeln zu hören ist. Da kann die Einsamkeit schon hart werden. Auf Campingplätzen und bei dünnen Wohnungswänden sollte man auch an die Außenwirkungen denken. Im Film *Harry und Sally* stöhnt Sally lustvoll im Lokal, bis zum Höhepunkt, nur um ihm zu beweisen, daß geiles Stöhnen auch gespielt werden kann.

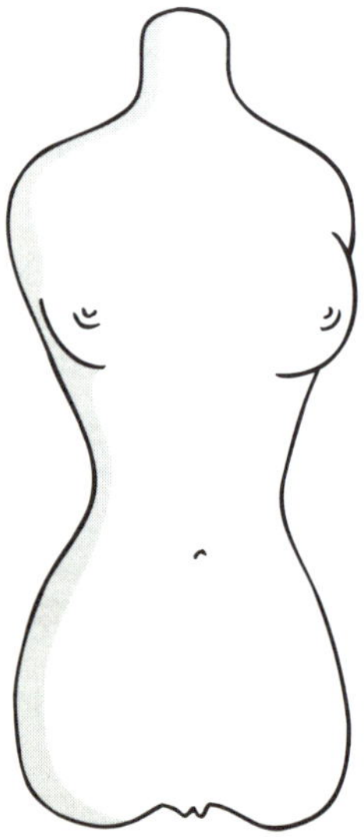

Lusttorso

(siehe auch ***Deep Throat, Grüne Lippen, Kunstvagina, Oro-Stimulator, Seemannsbraut, Simulacrum***) Halbe Lust? Das Bruchstück eines Höhepunktes? Beim Lusttorso handelt es sich um eine halbe Plastikpuppe mit künstlichem Becken zur Selbstbefriedigung. Während Gummipuppen zum Aufblasen einen ganzen Frauenkörper simulieren und ersetzen sollen, ist der Lusttorso ein kopfloser Oberkörper mit Öffnungen, um darauf herumzujuckeln. Das Wichtigste ist vorhanden: Riesentitten und eine saugende Plastikmuschi. Wer braucht schon einem Kopf zum Wichsen? Und wer eine kleine Wohnung hat und nicht weiß, wohin mit der Gummipuppe, ist mit so einer Stummelversion ganz gut bedient. Billigprodukte sind schon ab 30 Mark zu haben. Die tun's dann aber bestimmt nicht lang.

M

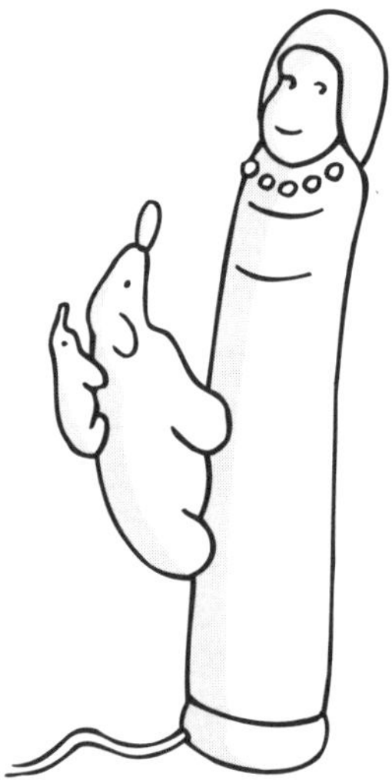

Madonna

(siehe auch ***Auto Arouser, Dildo, Double Stud, Eroscillator, Flex-o-Pleaser, G-Punkt-Stimulator, Kitzler-Stecher, Lover Boy, Magic Wand, Pearl Tornado, Vibrator***) Diese Madonnen sind weniger zum Anbeten als zur Befriedigung gedacht. Es handelt sich um High-Tech-Vibratoren aus Japan mit einem hübschen Frauengesicht, dort wo sich sonst die Eichel befindet. Sind das Vibratoren, die speziell für Lesbierinnen konstruiert wurden? Weit gefehlt, in Japan sind realistische Penisnachbildungen verboten und da haben findige Hersteller eben flugs eine Puppe aus dem Schwanz gemacht. Aber warum eigentlich ein Frauengesicht und nicht das eines Mannes? Diese Frage stellt sich Frau sowieso immer wieder, wenn sie die Verpackungen der Sextoys anschaut: fast nur nackte Frauen in aufreizenden, anmachenden Posen, gemacht für eher einfältige Heteromänner. Da sollte sich die Sexindustrie mal überlegen, wer ihre Dildos, Vibratoren, Butterflys und Dessous denn nun kaufen soll.

Madonnen haben oft in der Mitte ein mit kleinen Kügelchen gefülltes Drehelement, dazu einen Fortsatz, der entweder den Anus oder die Klitoris stimulieren soll. Die Konstruktion ist jedoch nicht ganz ausgereift, da der Abstand zwischen Vibrator und Schleckhündchen- oder Teufelchen-Fortsatz nicht groß genug ist, so daß Frau daran eher aneckt als sich damit befriedigt. Siehe auch Pearl Tornado. Die Jungfrauen-Vibratoren kommen auf circa 200 Mark.

Magic Wand

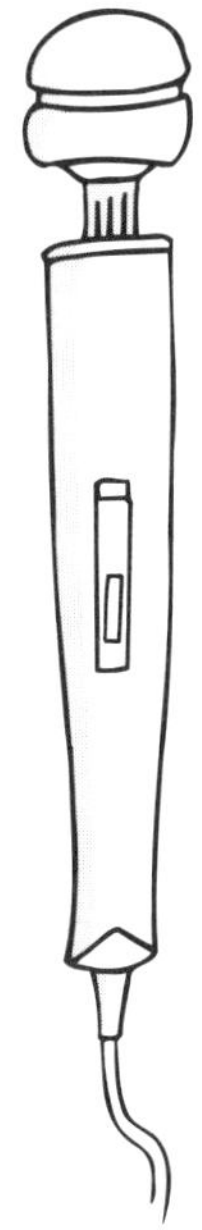

(siehe auch ***Auto Arouser, Dildo, Double Stud, Eroscillator, Flex-o-Pleaser, G-Punkt-Stimulator, Kitzler-Stecher, Lover Boy, Madonna, Pearl Tornado, Vibrator***) Sexy Amerikaner. Der Vibrator mit Netzanschluß kommt von der anderen Seite des Atlantiks und erfreut sich dort großer Beliebtheit. Bei uns ist das Goldstück nur in ausgewählten Läden erhältlich. Da der Luststab zur Stimulation der Klitoris gedacht ist, interessiert sich die männerorientierte Sexbranche wenig für das magische Stück. Der Magic Wand, auf deutsch Zauberstab, ist eigentlich nur in Sexshops zu haben, die von Frauen für Frauen eingerichtet wurden. Männer haben eben immer noch nicht kapiert, daß sich ein Vibrator hervorragend in das Liebesspiel zu zweit integrieren läßt, sie damit eine »Erleichterung« erfahren und keine Konkurrenz bekommen. Ein Vibrator ist kein Schwanzersatz!

Der Magic Wand sieht ganz anders aus als ein herkömmlicher Vibrator, eher wie ein Mikrofon. Er hat zwei Geschwindigkeitsstufen und einen weichen, beweglichen tennisballartigen Kopf. Damit kann Frau sich allein oder zu zweit toll einen zaubern. Zu beziehen ist der Wundermassagestab bei Sexclusivitäten für 165 Mark. Bei Ladies First heißt das Zauberding Ecstasy und kommt auf 119 Mark. Frau kann auch direkt in den Staaten unter *http://www.goodvibes.com* bestellen.

Maripuama

(siehe auch ***Aphrodisiaka, Brennessel, Chili, Drogen, Intime-Küsse-Creme, Itchcream, Koriander, Liebessalben, Liebeszucker, Spanische Fliege, Potenzmittel***) Der Stoff, aus dem die Geilheit ist. Das Wort Maripuama zergeht auf der Zunge wie Schokoladeneis. Es handelt sich dabei um einen Wurzelextrakt aus Indien, der schon im Kamasutra, dem heiligen Buch der sinnlichen Liebe, gepriesen wurde. Das Zeug schmeckt herb-bitter und ist so manchem Potenzmittel oder Erregungspülverchen beigemischt. Das etwas sandige Gefühl im Mund nach dem

Genuß des Liebesmittels darf Mann oder Frau nicht stören. Denn bald geht es los, angeblich: Der Mann wird spitz, bei Frauen tut sich weniger, außer, daß sie sehr gesprächig werden, irgendwie aufgeputscht eben.

Marzipanmuschi

(siehe auch ***Busennudeln, Dessoustorte, Eßbare Unterwäsche, Fun Food, Liebespärchen, (ableckbare) Massageöle, Penispasta, Schokolade, Spermadrops, Taste Tattoos***) Ideale Schleckerei für eine Herrenrunde, zusätzlich zu Zigarren und Whisky. Für die Frauen gibt es steife Pimmel aus Schokolade. Die Zuckervulvas sind 11 mal 5 Zentimeter groß, hübsch verpackt und kosten 15,50 Mark. Bei *http://www.eroticconfiserie.de.* Die Firma sitzt in Augsburg und hat noch weitere erotische Leckereien zu bieten.

Maske

(siehe auch ***Augenbinde, Henkersmaske, Phantasie, Rollenspiele***) Blinde Kuh. Kinder denken, wenn sie eine dunkle Sonnenbrille aufsetzen, sieht sie keiner und sie können tun und lassen, was sie wollen. Ähnlich ist der Effekt einer Maske, ob nun Augen-, Halb- oder Ganzkopfmaske: Der Träger hat das Gefühl, getrost die Sau rauslassen zu können. Einmal im Jahr, zur Karnevalszeit, kann sich jeder hinter einer Maske oder gleich einem ganzen Kostüm verstecken und unerkannt seine geheimsten Phantasien ausleben. Für manche ist das ganze Jahr Karneval. Sie bewahren hinter geheimnisvollen Masken ihre Anonymität und geben sich so versteckt den wildesten Sexspielen hin. Und auch für den Partner hat es einen besonderen erotischen Reiz, mit einer Person zu tun zu haben, deren Identität hinter einer Maske verborgen ist. Masken werden auch im Pornofilm gerne eingesetzt. Wollen die Models nicht erkannt werden, oder sind sie einfach nur zu häßlich?

Es gibt reich verzierte Augenmasken, Latexmasken, die nur die Nasenlöcher frei lassen, kühle Stahlmasken, mondäne aus Federn oder hintergründige aus Leder und nicht zuletzt furchterregende Gasmasken. Enge Ganzkopfmasken werden gerne bei S/M- und anderen Rollenspielen getragen. Das Ausgeliefertsein, ohne sehen, sprechen und hören zu können, erhöht die Sensibilität des Fühlens bis zum Zerspringen. Im Sexshop ab circa 100 Mark, je nach Größe und Material.

Masochismus

(siehe auch ***Andreaskreuz, Augenbinde, Branding, Fesseln, Flagellantismus, Folter, Galgen, Hängekäfig, Maske, Nadel, O-Ring, Panikhaken, Peitsche, Pranger, Sadismus, Safeword, S/M-Spiele, Spanking***) »Quäl mich mit deiner Wimper«, stöhnt der vermeintliche Masochist. Der richtige Maso braucht da schon wenigstens eine neunschwänzige Katze, um Lust zu bekommen. Benannt ist der Masochismus nach dem Schriftsteller Leopold von Sacher-Masoch, 1836–1895, der in seinem berühmten Werk *Venus im Pelz* eine sado-masochistische Beziehung schildert. Dabei zieht der Gequälte seine sexuelle Lust aus der Angst und dem Schmerz, er will sich unterwerfen und von einem Herrn oder einer Herrin gedemütigt werden. In SM-Studios kann sich der Masochist, der im realen Leben unter Umständen eine hohe Position innehat, für viel Geld quälen lassen: Peitschen, Fesseln, Aufhängen gehört dazu, oder er muß den Urin seiner Herrin auflecken etc. Meist findet kein Geschlechtsverkehr statt, der Kunde kommt allein durch die brutalen Spiele zum Höhepunkt.

In Paarbeziehungen kann das Ganze zum Problem werden. Wem unter unseren Mitmenschen sieht man schon beim gemütlichen Essen mit Kerzenschein und Rotwein an, ob er/sie erst unter Schmerzen so richtig in Fahrt kommt? Wer sich beim ersten Mal vorsichtig in diese Richtung outet, kann schnell verlassen werden. Das tut dann auch weh! Daher ist es wichtig, die Vorlieben abzutasten und richtig hinzuhören, wenn der/die Neue Intimes preisgibt. Ein Testsatz, so nebenbei ins Gespräch eingeflochten wie »Manchmal gefällt es mir auch mal, so richtig passiv zu sein und ein bißchen gequält zu werden« kann da schon Gewißheit bringen. Eingespielte Paare haben es da schon leichter, falls beide »es« mögen. Denn ist nur einer von beiden gerne der Masochist und sie hat keinen Spaß an derartigen Spielchen, wird es für beide unerträglich, und die Beziehung steht ruck zuck auf der Kippe.

Massage

(siehe auch ***Body Paint, Honey Dust, Federn, Handschuhe, Massageöle, Massagestab, Vibrator***) Finger sind ein wunderbares Sextoy. Man hat es immer dabei und kann so viel damit machen. Zum Beispiel eine entspannende oder anregende Massage verabreichen. Eine solche Massage ist ein ideales Vorspiel, ein bißchen guter Wille und Einfühlungsvermögen vorausgesetzt. Manch westeuropäische »Experten« glauben jedoch, erotisierende Massagen mit zwei stochernden Fingern durchführen zu können! Das führt jedoch nur zu Verkrampfungen an der falschen Stelle. Nehmen Sie sich Zeit, ziehen Sie sich nackt aus und drehen Sie vorher die Heizung höher, sonst zittert das Objekt der Begierde nicht vor Genuß, sondern vor Kälte. Verwenden Sie ein Massageöl oder Honey Dust, benutzen Sie Massagehandschuhe, Federn, Vibratoren, Joghurt, Körperfarben, Pinsel, Gräser, Stoffe oder einfach die Handflächen und alle Finger, um den Partner zu beglücken. Musik, Kerzenlicht und Duftöle wären auch nicht schlecht.

Etwas anders geartet sind die Massagen, die einschlägige Clubs, Inserate oder als Massagesalons getarnte Bordelle anbieten. Hier meint man mit Massage ganz einfach Sex. In Fernost, zum Beispiel in Bangkok und anderen Drehscheiben zwischen Ost und West, gibt es besondere Massagen. Die Thai-Frauen versprechen eine Mischung zwischen Massage und Sex unter Einsatz ihres ganzen Körpers.

Massageöle

(siehe auch ***Federn, Gleitmittel, Honey Dust, Honig, Massage, Schokolade***) Massieren und Einölen ist eines der besten Vorspiele überhaupt. Vor allem Frauen profitieren davon, zwingt es doch die Herren der Schöpfung, auf sinnliche Art und Weise den *ganzen* Körper als erogene Zone zu behandeln. Besonders reizvoll können verzehrbare Massageöle sein: das Spezialöl wird nur an ein paar speziellen Körperstellen aufgetragen und dann wieder abgeleckt, das schmeckt beiden. Gibt es in den Geschmacksrichtungen Ambrosia, Cappuccino und Cherry-Almond, 118 ml ab 24,90 Mark.

Massagestab

(siehe auch ***Auto Arouser, Dildo, Double Stud, Eroscillator, Flex-o-Pleaser, G-Punkt-Stimulator, Kitzler-Stecher, Lover Boy, Madonna, Magic Wand, Pearl Tornado, Vibrator***) Massage ist gesund, egal ob außen oder innen. Mit einem Vibrator kann Frau die Klitoris streicheln oder die innere Scheidenwand richtig schön massieren. Oder er legt die Spitze des Stabes zwischen die Hoden. Und, und, und. Massagestab ist das verschämte Wort für Vibrator, und in Katalogen wie Quelle oder Otto werden sie immer noch ans Knie gehalten. Und mancher wundert sich, warum ans Knie??? Was wird da massiert? Ist das ein Vorspiel? Näheres siehe Vibrator.

Masturbationshilfen

(oder ***Masturbationsinstrumente, Selbstbefriedigungsinstrumente, Sexspielzeug***, siehe auch ***Ehehygiene, Hilfsmittel, Sextoys, Toys***) Altmodisches Wort für eine nützliche Sache. Masturbationshilfen sind Sextoys und alles andere, was die Lust allein oder zu zweit vereinfacht. Bis vor nicht allzu langer Zeit gab es noch das Gerücht, daß Masturbieren das Hirn aufweicht und impotent macht. Doch keine Sorge: Onanieren ist gesund, und wenn Sie gerne dabei Unterstützung haben, kaufen Sie sich ein Sextoy und genießen Sie es. Masturbationshilfen machen die schönste Sache der Welt noch schöner und einfacher. Wer, statt selber Teller zu spülen, einen Geschirrspüler hat, sollte sich auch einen Vibrator zulegen!

Masturbationsöl

(siehe auch ***Butter, Gleitmittel, Liebessalben, Vaseline***) Fette Lust. Mit ein bißchen Öl geht das Handwerk doch gleich viel leichter von der Hand. Sein bester Freund fühlt sich so richtig wohl, wenn er regelmäßig den Ölstand überprüft und auch den Ölwechsel nicht vergißt. Bei einsamen Spielen tut's natürlich auch das Backfett von Mama oder das kaltgepreßte Olivenöl von Aldi. Wer das Masturbationsöl von Orion für 19,80 Mark pro 200-ml-Fläschchen verwendet, schmiert gleichzeitig noch die Kasse der Sexmittelvertreiber. Doch: »Wo Masturbation draufsteht, ist wohl auch Masturbation drin!«, denkt sich der schuldbewußte Handwerker.

Masturbationspad

(siehe auch ***Goldene Hand, Handschuhe, Noppenlangfinger, Pelz***) Scharfe Abreibung. Viele haben sich als junges Mädchen vielleicht ihre Klitoris am zerknüllten Laken gerieben und sich so die ersten Orgasmen herbeigerubbelt. Wer mehr Reizung will als ein Stoff oder die bloße Hand hergibt, kann es mal mit einem Masturbationspad versuchen. Es besteht aus Silikon und hat Noppen. Ein Stück Pelz eignet sich auch ganz hervorragend für ein Masturbationsstündchen. Auch ein Noppenlangfinger, der über den Finger gezogen wird, kann ganz wunderbare Dienste erweisen.

Mata Kambing

(siehe auch ***Asiatisches Ziegenauge, Erektionsring, Hunnengurt, Penisring***) Ein geheimnisvolles Sextoy aus Indonesien. Näheres siehe Asiatisches Ziegenauge.

Matrose

(siehe auch ***Leder, Querelle, Uniformkult, Zofe***) Mast ahoi! In der Schwulenszene gibt es Gruppen, die total auf bestimmte Uniformen abfahren. Der klassische Matrosenanzug ist so ein geiles Outfit. R. W. Fassbinder setzte im Film *Querelle* erotische Dampferszenen mit strammen Schiffjungs in schwülstige Bilder um. Matrosenanzüge finden Sie am leichtesten zwischen Weihnachten und Fasching überall dort, wo Klamotten für die närrische Zeit angeboten werden. Und: Warum nur wurden früher kleine Buben von ihren Eltern gerne in Matrosenanzüge gesteckt?

Maus

(siehe auch ***Bügelbrettbezug, CD-ROM, Cybersex, Erotika, Kondomvase, Lara Croft***) Eine süße Maus für zu Haus. Wer gern mit seiner Computermaus rumspielt, ist mit dieser scharfen Maus bestens bedient. Eine blonde Sexbombe räkelt sich in Brillant-Multicolor auf der Maus und gleich unter den nackten Riesentitten steht »Klick me«. Damit ist kein Bürohengst mehr von seinem Arbeitsplatz wegzukriegen. Sollte in allen großen Firmen eingeführt werden. Gibt es bei Orion für 49,90 Mark. Vorsicht Nebenwirkung! Kann zu anhaltend feuchten Händen führen.

Melone

(siehe auch ***Gurke, Grüne Lippen, Kunstvagina, Lustgrotte, Oro-Stimulator***) Was für die Frau die Gurke, ist für den Mann die Melone, ein rundes, sinnliches Sextoy aus dem Obstgarten. Ein Loch reinschneiden und den Schniedelwutz reinbohren. Das Fruchtfleisch ist sündig rot und saftig. Das ideale Spielzeug, wenn die Frau mal wieder auf Geschäftsreise ist. Bleibt nur noch die schwierige Frage: Honig- oder Wassermelone?

Mendhi

(siehe auch ***Body Paint, Henna, Tattoos***) Öko-Tattoos auf Zeit. Wer seine Haut mit schönen Ornamenten schmücken und diese nicht für die Ewigkeit behalten möchte, greift am besten zu Henna. Mendhi, eine spezielle Paste aus Henna, ist mehr als 5.000 Jahre alt. Im alten Ägypten verzierten die Schönen der Wüste ihren Körper mit Ornamenten aus dem rot-orangenem Pflanzenpulver. Von Ägypten aus gelangte der Körperschmuck nach Indien, Pakistan und Afrika, wo er heute noch zur Verschönerung des Körpers benutzt wird. Madonna machte die Henna-Tattoos auch im Okzident populär. Seitdem wird das Mendhi in vielen Tattoo-Studios angeboten. Und jede kann sich Dekolleté, Gesicht, Hände, Füße und noch viel mehr mit feinen Mustern bemalen lassen. Der Vorteil: In ein paar Wochen ist der ganze Zauber wieder verschwunden.

Menstruationsfetischismus

(siehe auch ***Fetisch, Schweißsocken, Tittenfetischismus, Urophilie, Vampirismus***) Rote Liebe. Manche Männer finden das Regelblut und den Geruch davon besonders anregend. Der höchste Genuß für sie ist Sex mit einer Frau zu haben, die gerade menstruiert. Was für viele Frauen eher lästig ist – die Monatsblutung –, ist dem Menstruationsfetischisten heilig. Er geilt sich an allem auf, was damit zu tun hat. Blutflecken im Höschen oder Bett, volle Binden oder andere

Zeichen der weiblichen »Unpäßlichkeit«. Selbst eingetrocknete Blutspuren törnen diese Männer noch an.

Für viele Naturvölker gilt die Regelblutung als Zeichen der Fruchtbarkeit. Ein Mädchen, das erstmals die Regel hat, Menarche genannt, gehört von diesem Zeitpunkt an zum Kreis der heiratsfähigen Frauen. Einige Kulturen kannten für die Menstruation besondere Reinlichkeitsriten und -gegenstände. Auch der Ort, an dem die menstruierende Frau diese Zeit verbrachte (spezielle Menstruationshütten zum Beispiel), war Teil der Kultur. Diese Zeichen haben jedoch nichts gemein mit dem Fetischismus unserer Tage, den manche Männer mit den sichtbaren Spuren der Blutung betreiben.

Mieder

(siehe auch ***Dessous, Korsett***) Korsett light. Ein alter Begriff für schon damals heiße Unterwäsche. Früher hießen Dessousläden ganz artig Miederwarengeschäfte. Mieder waren die Vorläufer des Korsetts, also Unterwäsche, die »quetscht«, da bis an die Grenze des Erträglichen geschnürt. Doch manche mögens eng, denn genauso wie das Korsett feiert das Mieder in unserer Zeit des Voyeurismus und Fetischismus seine Auferstehung. Für eilige Zeitgenossen ist das Einschnür-Dessous jedoch nicht geeignet. Es erfordert Muße und viel guten Willen. Am besten läßt Frau sich dabei helfen oder läßt es besser gleich sein.

Miedergürtel

(siehe auch ***Dessous, Korsett, Mieder***) Demi-Korsett. Der Miedergürtel ist einfach ein sehr breiter Gürtel aus Stoff mit oder ohne Versteifungen und zum Schnüren. Betont die Taille, macht sie schlanker und läßt Po und Busen mehr zur Geltung kommen.

Military Look

(siehe auch ***Krankenschwester, Leder, Matrose, Stewardeß, Stiefel, Uniformkult***) Es gibt nichts Schärferes als einen Soldaten in vollem Wichs, sagen diejenigen, die Männer in Uniformen verehren. Ob Frauen oder Schwule, es gibt einfach Menschen, die finden das strenge Einheits-Outfit eines Polizisten oder Militärs so richtig geil. Die schwarzen Stiefel, der keilförmige Schnitt dieser Garderobe, der korrekte Sitz – diese Attribute törnen manche an, andere nehmen reißaus.

Für den Military Look gibt es spezielle Magazine und Pornofilme. Sexkataloge und wenige, in der Regel aber gut sortierte Shops bieten die notwendigen Ausstattungsgegenstände – bis zur Peitsche und Trillerpfeife.

Möbel

(siehe auch ***Andreaskreuz, Beckenkissen, Galgen, Gynäkologenstuhl, Hängekäfig, Hoppe-Hoppe-Kissen, Liebesschaukel, Liebesschleuder, Liegesitze, Nachtkästchen, Pranger, Schlafzimmer, Sklaventisch, Slingmatte, Spiegel, Waschmaschine, Wasserbett***) Aufgemöbelte Stellungen. Ohne Möbel kein Sex. Denn das Bett ist nun mal der häufigste »Austragungsort« für die schönste Sache der Welt. Nicht umsonst wird sie auch mit Schläferstündchen umschrieben. Allerdings verbringen wir nicht wegen des Liebesspiels soviel Zeit im Bett, sondern um glücklich vor uns hin zu schlummern und uns vielleicht noch mit feuchten Träumen zu erfreuen. Daher ist das Bett das wichtigste Möbelstück in der Wohnung und sollte die richtige Härte haben, zum Vögeln wie zum Schlafen. Es sollte eine duftende Bettwäsche haben, die auch ruhig mal der Mann wechseln kann! Schließlich hinterläßt er die meisten Flecken und läßt manchmal sogar sie drauf schlafen. Neben dem Bett steht das Nachtkästchen mit den Kondomen, dem Gleitmittel, Massageölen, dem Cockring und was man halt so an Accessoires am Matratzenlager braucht. Nicht weit entfernt befindet sich in deutschen Schlafgemächern oft der große Spiegelschrank für Voyeuristen. Wer nämlich »dabei« das Licht anläßt, spiegelt sich beim Sex, was auch recht antörnend sein kann.

Während in Filmen eher Küchentische und Schreibtische zweckentfremdet werden, dürfte das Sofa das zweithäufigste Lustmöbel sein. Zu verachten ist auch eine Stuhl-Vögelei nicht. Manche setzen sich auf die Waschmaschine, das kann ganz schön stoßen – auf der höchsten Schleuderstufe. Überhaupt sind Dusche oder Badezimmer, wenngleich nur beschränkt möbliert oder vielleicht gerade der Nacktheit wegen, erwähnenswerte Lustorte. Beistelltische mit ausgespartem Loch in der Mitte zur verkomplizierten Begattung sind zum Glück nicht der Renner in deutschen Wohnzimmern geworden.

Die Möbeldesigner orientieren sich mehr an Avantgarde-Ideen denn an der lustvollen Einsetzbarkeit von Möbeln. Moderne Einrichtungsgegenstände sind daher eher cool als lustvoll anregend gestaltet. Wer besondere Sexvorlieben hat, braucht dazu auch spezielle Möbel. Sado/Masotischler fertigen auf Bestellung Sklaventische, Andreaskreuze, Käfige und andere Folterinstrumente. Die Möbel kosten viel Geld, ab circa 2.000 Mark. Dafür machen sich manche Spezialtischler auch die Mühe, Geräte zu entwickeln, die beim Besuch der Steuerfahndung ganz schnell in ganz biedere Möbel verwandelt werden können.

Mond

(siehe auch ***Duft, Feng Shui, Kerze, Licht, Räucherstäbchen, Tao, Serailpastillen, Wasser***) Ein Spaziergang im Mondlicht hat ohne Zweifel aphrodisierende Wirkung. Vollmond macht die Menschen sinnlich, verwirrt oder auch aggressiv. Bei uns ist der Mond männlich, während er in den meisten anderen Sprachen weiblich ist. Und in vielen Kulturen werden schöne Frauen auch mit dem Mond verglichen: »Sie ist schön wie der Vollmond«, ist eines der tollsten Komplimente, das Frau kriegen kann. Für viele Frauen ist es auch erstrebenswert, zum vollen Mond zu menstruieren, das gilt als besonders eins mit der Natur zu sein. Manche schneiden sich Haare und Nägel nur zu bestimmten Mondphasen, andere gehen sogar soweit und haben Sex nur bei Vollmond. Oder war es der Neumond?

Motorrad

(siehe auch ***Chaps, Leder, Stiefel, Uniformkult, Waschmaschine***) PS wirken auf viele Männer aphrodisierender als jedes andere Lustmittel. Starke Maschinen und Sex gehören nicht nur in der Werbung zusammen. Ein vibrierender Motor bringt so manchen Asphaltcowboy auf Hochtouren. Das Motorrad gilt als Symbol der Freiheit und Coolness, vor allem in der Rocker- und Lederszene. Das Fetischobjekt ist jedoch kein Privileg des starken Geschlechts, auch Frauen benützen den vibrierenden Sitz eines Motorrads gern mal, um sich zum Höhepunkt zu reiben.

Müll

(siehe auch ***Batterien, Reinigung, Verpackung***) Ohne Lust keine Entsorgungslast! Der ganze Fummel, Lack, Leder und Latex muß, nachdem er es dem Benutzer viele Male besorgt hat, irgendwann selbst entsorgt werden. Ist der Vibrator leergelaufen, müssen neue Batterien her. Die alten müssen zum Altbatteriensammelpunkt. Dort sieht man den Dingern nicht mehr an, wofür der Saft genutzt wurde. Besser gleich ein Aufladegerät (für 10 Mark bei Aldi) mit aufladbaren Batterien besorgen. Das spart Geld, schont die Umwelt und erspart Verdruß, wenn mittendrin die Ladung leer ist. Oft wird dann die Batterie aus dem Wecker zweckentfremdet oder das Spielzeugauto vom Sohnemann geplündert, nur damit Mami ihre Freude zu Ende bringen kann.

Auch Kondome zu entsorgen, ist nicht leicht. Auf dem Kompost verrotten die Naturkautschukteile unter UV-Licht, zerfallen zu Staub, aber bis dahin muß man sich das Gespött der Nachbarn vom Schrebergarten nebenan anhören! Im Klo spülen die Teile sich schlecht runter, und die Rechen der Klärbecken unserer Altwasseranlagen sind voll damit. Auch behindern sie den geregelten Abfluß. Im Faulturm bzw. Klärschlamm wird das Latex schlecht abgebaut. Die meisten der 190 Millionen in Deutschland jährlich verbrauchten Verhüterli wandern wohl versteckt im Hausmüll zur Deponie oder Verbrennungsanlage. Zusammen ergibt das zehn volle Sattelzüge mit 380 Tonnen Latexmüll.

Schleierhaft bleibt die Entsorgung der Vibratoren. Egal ob Latex oder Plastik, wie bringt Frau das gute Stück zur letzten Ruhe. Vermutlich tritt der Luststab heimlich, in eine Tüte gewickelt, tief unten im gelben Sack seine letzte Reise zur Verbrennung an. All ihre heißen Träume fahren dahin, wenn morgens die starken Männer der Reinigung den Behälter abholen und auskippen. Auf einen Berg geschüttet, hätte dieser schnell die Größe eines kleinen Einfamilienhauses, bei geschätzten 120.000 Stück im Jahr, ein wahrer Scheiterhaufen der Luststäbe!

Die Plastikpuppen und Folterwerkzeuge sind in jedem Fall seltener in den Greifbaggern der Verbrennungsanlagen zu finden. Vermutlich verstecken unsere Mitmenschen die Fronwerkzeuge der Lust in alten Klamotten oder Säcken. Nur weg damit, aber diskret! Wann kommt endlich die Ökobilanz eines Vibrators? Eine echte Aufgabe für eine engagierte Studentin der Entsorgungstechnik mit Sinn für weibliche Lustbarkeiten.

Multi-Orgasmus-Set

(siehe auch ***Cockring, Dildo, Gleitmittel, G-Punkt-Stimulator, Vibrator***) Sieht aus wie ein Werkzeugset für den Heimwerker. Und damit kriegt bestimmt jeder Lust-Handwerker den einen oder anderen Orgasmus zustande. Er oder sie hat verschiedene Instrumente zur Auswahl: dicke und dünne Vibratoren, diverse Aufsätze und Manschetten, G-Punkt-Stimulator und Cockring. Von der Qualität des Sets kann natürlich bei 39,90 Mark nicht gerade das Beste erwartet werden.

Muschiabdruck

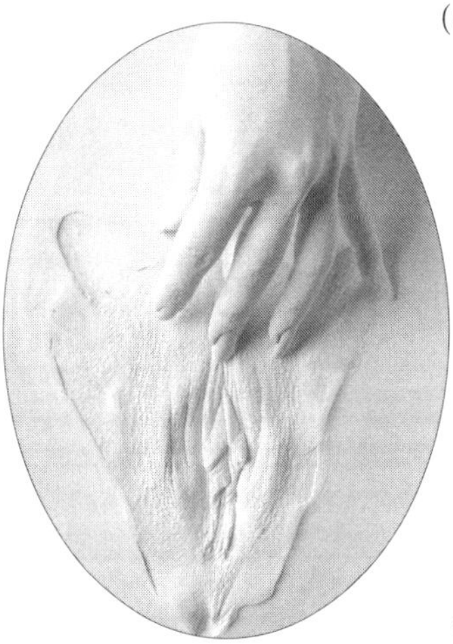

(siehe auch ***Intimplastiken, Klitorisamulett, Silbernippel***) Früher war es die Kerbe am Bett des Schürzenjägers oder das Hirschgeweih an der Wand, heute kann sich der Frauenheld quasi als Skalp einen Muschiabdruck anfertigen lassen. So eine Galerie mit den Intimplastiken der Verflossenen, schön mit Name und Datum versehen, imponiert bestimmt den Jagdgenossen. Wie allerdings Neueroberungen zu so einer Art von Ahnengalerie stehen, ist eine andere Frage. Aber es muß ja nicht gleich eine Sammlung sein. Jeder kann sich im Studio beim Experten oder auch zu Hause einen Abdruck seiner intimsten

Stelle fertigen lassen. Zum an die Wand hängen oder geschrumpft und in Gold als Kettenanhänger. Zu beziehen zum Beispiel bei Relief. Adresse siehe Anhang.

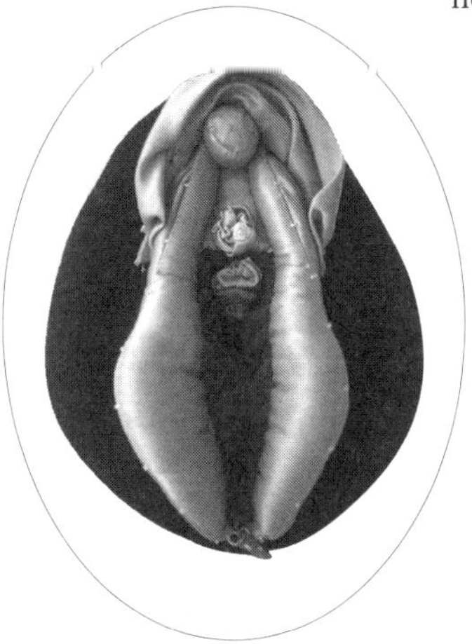

Muschi-Kissen

(oder ***Vulvapuppe***, siehe auch ***G-Punkt-Stimulator, Sprinkle***) Vagina aus Samt und Seide mit allem Drum und Dran, die die amerikanische Sexpertin Annie Sprinkle gerne zu Demonstrationszwecken benutzt. Etwa in Filmen zum Thema: »Wie find ich meinen G-Punkt«. Das Ganze ist wie eine Handpuppe gefertigt. Finger von hinten reinschieben und die Puppen tanzen lassen. Der G-Punkt ist eine gerüschte Stelle im Inneren der Vulva-Puppe, den man auch nach außen wölben kann. Das kann unbedarfte Lover schon mal ziemlich erschrecken. Irgendwann gewöhnt er sich jedoch daran und hat beim Fernsehen die Hand nicht immer in der Chipstüte! Stattdessen wühlt er gedankenverloren in der seidigen Muschi. Auch ein hübsches Geschenk für die Geliebte oder als etwas anderes Sofakissen. Das einzigartige rosa-lilafarbene Prunkstück gibt es in Frauensexshops für circa 150 Mark.

Muschipumpe

(siehe auch ***Dildo, Double Stud, Eroscillator, G-Punkt-Stimulator, Vibrator***) Maßgeschneiderter Vibrator. Der Gummischwanz hat eine Ballpumpe, mit der Frau/Mann den Massagestab, einmal in der Vagina, auf die gewünschte Größe aufpumpen kann. Kommt gut, da Frau damit bestimmt jederzeit richtig ausgefüllt ist. Circa 70 Mark.

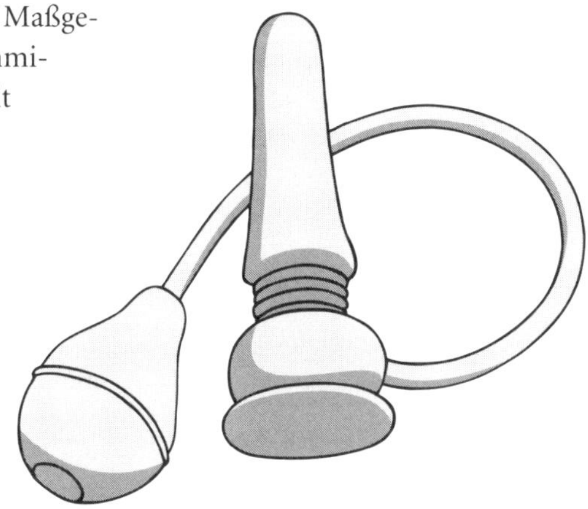

Muse

(siehe auch ***Prothese, Skat, Vakuumpumpe, Viagra***) Nicht die leichte Muse hilft dem aus körperlichen Gründen impotenten Manne, sondern das gleichnamige Präparat der Pharmafirma Astra. Muse ist die Abkürzung für »Medizinisches Urethrales System zur Erektion« und funktioniert als medikamentöse Erektionshilfe, die mittels eines speziellen Applikators in die Harnröhre gebracht wird. Der Wirkstoff ist ähnlich dem der Skat-Methode ein Prostaglandin, das die Muskulatur stimuliert und das über die Harnröhre in den Penis und Körper aufgenommen wird. Die benötigte Menge des Wirkstoffes (zwischen 125 und 1.000 Mikrogramm) wird zunächst unter ärztlicher Kontrolle mittels Ultraschall ermittelt. Nach Verabreichung einer ersten Dosis untersucht der Arzt den Penis und dessen Schwellkörper und stellt dann den Patienten endgültig »ein«.

Der kann sich bei Bedarf selbst seine Dosis in die Harnröhre schieben. Diese Methode ist verglichen mit der Spritze beim Skat wesentlich schmerzfreier. Auch tritt die Ereketion nicht sofort, sondern verzögert und damit »natürlicher« auf. Die Anwendung ist laut Hersteller diskret möglich, der Sex kann spontaner stattfinden, verglichen zum Beispiel mit der Erektionspumpe. Nicht alle Männer vertragen jedoch den Wirkstoff: Schmerzen im Penis, den Hoden oder in der Harnröhre können auftreten. Wichtig: Dieses Medikament ist unbedingt im Kühlschrank zu lagern und nur in der Apotheke auf Rezept zu bekommen. Es gilt zu klären, ob nicht die Krankenkasse, zum Beispiel im Fall von Altersdiabetes, die Kosten übernimmt. Wieviel der Spaß kostet, hängt von der Häufigkeit und individuellen Dosis ab.

Musik

(siehe auch ***Duft, Farben, Licht, Lustschrei, Möbel, Schlafzimmer, Verbalerotik***) Wer verliebt ist, dem hängt der Himmel voller Geigen. Musik ist sinnlich und gehört zu einem Schläferstündchen einfach dazu: die Beats erregen, beruhigen oder heizen auf. Je nachdem. Leonhard Cohen oder Celine Dion, anmachen tut das, was gefällt. Die einen turteln gern zu Blasmusik, andere halten es mit den Sex Pistols, und wieder andere fahren auf Techno ab, die ideale Musik zum rhythmischen Stoßen.

Wenn im Film geküßt wird, spielt die Viola, und selbst der einfallsloseste Pornofilm läßt ein elektronisches Geduldel laufen, damit die Rammlerszenen nicht zu trist rüberkommen. Oswald Kolle widerum durfte bei seinen Aufklärungsfilmen keine erotische Hintergrundmusik verwenden, statt dessen lief unterkühlter Jazz. Damit sollte die Gefahr für die unaufgeklärte Bevölkerung reduziert werden. Ob ein bestimmtes Musikstück besonders scharf macht, hängt vom Geschmack ab. Oft ist es die Erinnerung, die wir mit einem Titel verbinden, die das Musikstück zum Aphrodisiakum macht. Erste Begegnungen finden oft in Discos statt, und da ist der »Klammerblues« ein softer Übergang vom Kennenlernen zum Knutschen. Hat ein »Kühlschrank« Platz zwischen zwei Menschen, kann auch die Musik die beiden nicht zusammen antörnen. Viele mögen es, beim Sex Musik spielen zu lassen, auch wenn dann die Lustlaute weniger zu hören sind, denn die allein sind bereits eine Musik für das Ohr.

Liebe und Sex spielen auch bei den Texten vieler Songs eine wichtige Rolle: Ob nun »Rock me Baby« oder »Let's spend the Night together« bis hin zu dem berühmten »Je t'aime« oder »Voulez vous couchez avec moi – ce soir?« – Titel, die schon mit der Tür ins Haus fallen. Die Fetisch-Zeitschrift *Twilight* bietet in ihrem Internet-Shop unter *http://www.twilight.de/webshop/shopset.htm* diverse CDs für S/M-Liebhaber, etwa »La Comtesse Rouge« oder »Les Fleurs du Mal«, Musik aus der Hamburger S/M-Party-Szene.

Musikkondom

(siehe auch ***Kondom, Gag-Kondome, Leuchtkondom***) Ein singender Pimmel, der seine Prinzessin nicht in den Schlaf singt, sondern zum Höhepunkt. Nette Idee, die natürlich aus dem Zentrum der Lustmittelindustrie, aus Hongkong, kommt.

Und so geht's: Ein billiger Chip ist am Schaftende des Kondoms befestigt, der Chip reagiert auf Wärme und schon geht im Bett die Musik ab: »Hoch soll er leben – dreimal hoch!« schreit das Kondom oder »Love me tender«. Das singende Verhüterli kostet circa 12 Mark im Kondomfachhandel. Zur Verhütung ist es jedoch nicht geeignet.

Muttermilch

(siehe auch ***Busenspritzpistole, Fetisch, Graviditätsfetischismus, Menstruationsfetischismus, Tittenfetischismus***) Manna für gierige Leckermäuler. Nicht nur Babys schlecken gerne Muttermilch. Bei vielen Frauen spritzt ein Tröpfchen oder auch ein Strahl Milch aus den Brüsten, wenn diese gedrückt und gewalkt werden. Beim Liebesspiel kann es daher ein besonderer Reiz für ihn und sie sein, Muttermilch zu spritzen. Diese schmeckt gut, und beim Saugen an Brüsten von Frauen, die bereits einmal gestillt haben, suckelt sich auch mal ein Tröpfchen der guten Muttermilch. Warum auch nicht.

Die Muttermilch gehört in jedem Fall zu den Körpersekreten, die Lust bereiten können. So eine kleine Dusche kurz vor dem Orgasmus ins Auge zu bekommen, stimuliert ungeheuerlich.

N

Nabel

(siehe auch ***Body Art, Haut, Massage, Piercing***) Natürlich ist unser Schatz der Nabel der Welt: keiner, keine ist schöner und erotischer und überhaupt. Und der Nabel unseres Nabels der Welt ist ein Prunkstück, sexy lugt er über den Rand der heißen Unterhose, manchmal strahlt uns ein Brillie daraus entgegen oder ein Goldring ziert den wulstigen Rand. Warum auch immer, Nabel galten schon immer als sexy, und mit der bauchfreien Mode kann man sie im Sommer nicht nur im Schwimmbad bewundern. Manch lasterhafter Mensch bohrt auch seine Zunge in die coole Kuhle und holt sich eine Himbeere raus.

Nachtkästchen

(siehe auch ***Cruising Pack, Möbel, Schlafzimmer, Toy Bag, Wichskiste***) Es soll ja immer noch Leute geben, die ihre Kondome im Badezimmer aufbewahren. Ein Rätsel: Haben sie nur Sex auf kalten Fliesenböden, haben sie riesige Bäder, fesseln sie ihre Geliebte an die Duschstange? Meistens wird doch nach wie vor im guten alten Bett gevögelt, ist ja schließlich auch am bequemsten, und da ist es höchst unpraktisch, wenn man – kurz bevor es wirklich zur Sache geht – aufspringen muß, um ins Bad zu laufen. Was sagt man, wenn es das erste Mal ist? »Liebling ich bin im Bad«, und sie denkt, er muß mal, mitten beim Küssen. Dabei wühlt er im Medizinschrank zwischen Hämorrhoidensalbe und Hühneraugenpflaster. Lange Rede, kurzer Sinn: Kaufen Sie sich ein Nachtkästchen mit möglichst vielen Schubladen, die sie dann mit »Kondome«, »Anal«, »Vibrator«, »Gleitgel« etc. beschriften können. Aber um Himmels willen, stellen Sie es nicht ins Bad!

Nachttopf

(siehe auch ***Einlauf, Goldene Dusche, Kaviar, Klistiersex, Stechbecken, Urophilie, Wasser, Windelsex***) Fängt Tag und Nacht goldene Duschen auf. So ein Nachttopf für die meisten ein eher abturnendes, stinkendes Ding, ist für Klistierfans und Adult Babys ein wunderbares Sextoy. Fans von Wasserspielen fangen darin den Natursekt auf. Strenge Mamis schicken ihre erwachsenen Babys auf den Topf. Baby-Fetischisten lieben Sex in Babykleidern und Strampelhosen, sie lassen sich gern ein Fläschchen machen und sich wickeln, und so ein Nachttöpfchen ist für sie ein wichtiges Accessoire. Für die Babysex-LiebhaberInnen gibt es extra Kataloge mit Ausstattungen. Dort kann der richtige Nachttopf bestellt werden. Gibt es aber auch billiger beim Drogeriemarkt um die Ecke.

Nadel

(siehe auch ***Folter, Piercing, S/M-Spiele, Tit Press***) Nicht nur tapfere Schneiderlein nähen gern mit heißen Nadeln. Manche nehmen die Nadeln mit ins Lotterbett und spielen dort ganz spitzfindig auf dem seidigen Körper ihres Schatzes rum. Der Effekt ist nur ein bißchen klinischer und schärfer als Knabbern mit den Zähnen oder Zwicken mit den Fingernägeln. Zum Nadelspiel kann man in Mutters Nähkästchen wühlen oder auch Kanülen beziehungsweise Akkupunkturnadeln kaufen. Himmlische Stecher klauen zu Weihnachten die Nadeln vom Christbaum. Der sieht danach gar nicht mehr festlich aus! Bei schmerzhaften und blutigen S/M-Spielen muß unbedingt auf absolute Sterilität geachtet werden. Ein professionelles Pieks-Set kostet 19 Mark zum Beispiel unter *http://www.arachnes-web.com/*.

Natursekt

(siehe auch ***Doktorspiele, Goldene Dusche, Irrigator, Klistiersex, Stechbecken, Urophilie***) Getränk für Biofreaks? Nicht unbedingt, obwohl angeblich schon Paracelsus, der berühmte Arzt aus dem Mittelalter, dem Urin große Zauberkraft zugeschrieben hat. Er empfahl Liebenden, sich gegenseitig Harn in die Speisen zu mischen: als Aphrodisiakum. Der gelbe Saft ist seit einigen Jahren nicht nur bei Anhängern von Naturheilverfahren en vogue. Natursekt wird bei Doktorspielen und anderen fetischistischen Sexpraktiken in großen Mengen versprüht. Das gelbe Naß macht geil, und ein Spieler läßt den Strahl aus Lust auf den anderen prasseln. Dies geschieht häufig auf der Toilette: Der eine sitzt, der andere steht und pinkelt so auf die Muschi oder den Schwanz des Partners. Andere haben Stechbecken und Gummilaken, um sich der plätschernden Geilheit auch im Liegen hingeben zu können. Natursekt-Experten empfehlen, vor der Pinkelorgie viel Kaffee, Bier, Entschlackungstee und harntreibendes Mineralwasser zu trinken, damit der goldenen Strahl auch nicht versiegt. Natursekt, ein billiges Sextoy, an dem die Lustindustrie nur wenig verdienen kann.

Negligé

(siehe auch **Baby Doll, Dessous, Kimono**) In sinnlichen französischen Filmen machen Frauen die Türen oft in einem seidig glänzenden Unterkleid mit Spaghettiträgern, dem sogenannten Negligé, auf. Über das Kleidchen haben sie ganz nachlässig einen ebenfalls meist pastell schimmernden Morgenmantel gehängt. Die Füße sind nackt und die Nägel tiefrot lackiert. Gilt – wie gesagt – eher für französische Filme, in deutschen Haushalten stehen Frauen eher im Jogginganzug da.

Und aus dem Französischen kommt das Wort Negligé auch (»negliescheh« ausgesprochen), übersetzt heißt das »ganz wenig verführerisch«, »vernachlässigt«, womit wir wieder beim ausgebeulten Jogginganzug wären. Im 18. Jahrhundert wurde jedes bequeme Morgen- oder Hauskleid im Gegensatz zum höfischen Gesellschaftskleid als Negligé bezeichnet.

Nekrophilie

(oder **Leichenfetischismus**, siehe auch **Amelotatismus, Menstruationsfetischismus, Vampirismus**) Tote Lust. Wenn es mit den Lebenden nicht klappt, dann eben mit den Toten, denkt sich der Nekrophile. Er macht es am liebsten mit Leichen. Diese sind wehrlos, schön kühl und abweisend. Das jagt dem Leichenschänder Wonneschauer durch den Körper. Er steigt in Leichenhäuser ein, befriedigt sich und verschwindet wieder. Da ihn seine Vorliebe immer wieder an dieselben Orte hintreibt, wird er irgendwann entdeckt. Die Verwandtschaft ist entsetzt, die Gemeinde schockiert. Zum Glück eine seltene Form der Lust. Nur alle paar Jahre berichtet die Presse mal wieder von einem Fall, in dem ein Mann weibliche Leichen sexuell heimgesucht hat.

Netzbody

(siehe auch **Catsuit, Dessous**) Wenn sie sich im Netzbody räkelt, geht ihr bestimmt ein dicker Fisch ins Netz. Was früher das frivole Negligé war, ist heute der sportliche Netzbody. Als Catsuit oder nur als Body. Das Fangspiel mit meist schwarzen Stoffstreifen und nackter Haut macht so manchen Hai so richtig scharf. Wenn das Netz dann noch im Schritt offen ist, kann der Fischer seine Angel gleich auswerfen.

Neunschwänzige Katze

(siehe auch **Flagellantismus, Geißel, Gerte, Klatsche, Rohrstock, Paddel, Peitsche, Safeword, Spanking**) Wer mehr als einen Schwanz hat, ist gestraft. Mit dieser Peitsche werden auch solche bestraft, die nur einen oder gar keinen Schwanz haben. Die neunschwänzige Katze tanzt gerne auf prallen Hintern oder hinterläßt rote Striemen auf Rücken und Busen. Wie die meisten Foltergeräte stammt auch diese Lederpeitsche aus dem Mittelalter, als man damit Tiere und Sklaven zur Fronarbeit trieb und nach Lust und Laune bestrafte. Neunschwänzig heißt die Peitsche, weil sie neun Riemen hat. Aber auch Schlaginstrumente mit mehr oder weniger Riemen, werden oft als neunschwänzige Katze bezeichnet. Und Katze heißt das scharfe Ding, weil es bei intensivem Gebrauch Verletzungen hinterläßt, die den blutigen Kratzspuren einer wilden Katze gleichen. Die neunschwänzige Katze ist was für alle die, die ein bißchen mehr brauchen, um ihren Kick zu kriegen. Die abgebildete Peitsche heißt »die Macht des Fetisch«. Der Peitschengriff ist aus hochglanzpoliertem Edelstahlrohr, die Kardelen wahlweise aus runden Leder- oder Gummischnüren gefertigt. Mittels eines Zugbandes, an dessen Ende ein Ring eingeknotet ist, können die Kardelen herausgezogen und so die Länge der Peitsche variiert werden. Zu beziehen ist die Designerpeitsche für 269 Mark im Internet über *www.sabasin.com.*

Nintendo

(siehe auch **CD-ROM, Rollenspiele, Spiele**) Wer hätte das gedacht: Der spätere Marktführer für elektronisches Spielzeug für Kids produzierte zuvor erotische Spielkarten mit eindeutigen Sexdarstellungen. Vermutlich fehlt dies in der offiziellen Darstellung der Firmengeschichte, die jetzt mit dem Joy-Stick große und kleine Kinder glücklich macht.

Nipple Enlarger

(siehe auch ***Busencreme, Busen-Vakuumpumpe, Implantate, Silicon Vibration Demi Cup, Tittenfetischismus***) Brustwarzensauger. Die süßen kleinen Plastikpumpen mit Gummiball sehen aus wie aus der Puppenstube des Doktorspielens. Sie sollen die Spitzen mittels Vakuum aufstellen, hart und steif machen. Während die Milchpumpen für Stillende großflächig den Warzenhof umschließen, ist der Durchmesser der Nippelpumpen höchstens 15 mm groß, gerade so, daß die Knospen hineinschlüpfen können. Für 29 Mark kann sie sich so stimulieren. Selber an der Brust saugen geht nun mal nicht.

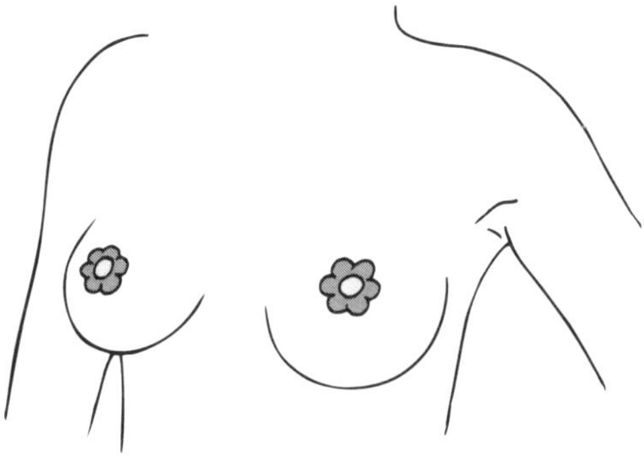

Nipple Flowers

(siehe auch ***Busenkette, Büstenhebe, Brustklemmen, Intimschmuck, Silbernippel, Tittenfetischismus***) Blumen für die Knospen. Die Nipple Flowers sind der kleinste BH der Welt, ohne Träger und rückenfrei. Der Flower-Power-BH besteht nur aus einer Blüte, meist aus Plastik oder auch Leder, die auf die Nippel aufgeklebt wird. Erinnert an die 50er Jahre, als in Nachtclubs die Animateusen barbusig im Slip tanzten. Ihre Brüste waren nur mit Kunststoffblumen bedeckt, die an die Brustwarzen angeklemmt waren. Zusammen mit knappen Hulahula-Röckchen eine geschmackvolle Erscheinung. Die Nipple Flowers zum Aufkleben wirken weniger »gewaltvoll« als Piercing-Ringe in den edlen Brustspitzen. Nur zu erhalten in Sexboutiquen für 20 bis 30 Mark.

Nonne

(siehe auch ***Krankenschwester, Madonna, Stewardeß, Uniformkult, Zofe***) Manchen Männern geht nur einer ab, wenn sie unter schwarzen, weiten Nonnenröcken wühlen. Für solche Klosterfetischisten muß sich die Geliebte als Nonne verkleiden und symbolisch den »Schleier nehmen«. Keusche Ordensschwestern sind für nicht wenige Männer ein Objekt der Begierde, viele Männerphantasien ranken sich um das Sexualleben der Himmelsbräute. Und in Pornomagazinen und Filmen werden sie regelrecht mißbraucht, wobei die Phantasie der Produzenten und Betrachter wenig mit dem Alltag von Nonnen zu tun hat. Den Kick kriegt der Nonnenlover von der Vorstellung, daß es einer sexfrei lebenden Frau endlich mal so richtig »besorgt« wird. Viele Männer hoffen halt, ohne langes Vorspiel zum Ziel zu kommen und denken, der Sex mit einer »ausgehungerten« Himmelsbraut sei leichter. Auch von lesbischen Umtrieben in Klöstern träumen die Herrn der Schöpfung gerne und vergessen dabei, daß Lesben mit Männern nun gar nichts am Hut/Bett haben wollen.

Frauen können sich mit »Ninja Nonne« vergnügen, einem High-Tech-Vibrator mit rotierendem, mit Perlen bestückten Mittelteil im Inneren. Die kleine elektrische Ordensschwester kommt aus Asien und kostet circa 200 Mark.

Noppenkondom

(siehe auch ***French Tickler, Gag-Kondome, Kondom, Sleeves***) Dickes Gummikleid mit Struktur für sein bestes Stück. Ein Spezialkondom, das um einiges dicker ist als ein normaler Pariser. Es hat Noppen, die die Frau zusätzlich reizen. Viele Frauen fahren ab auf diese Art Stimulation, während Männer den warzigen Dingern nicht viel abgewinnen können, da sie viel weniger spüren.
Manche meinen, es fühle sich an wie wenn man vor dem Sex einen Lappen um den Penis gedreht hätte. Allerdings ist das Plastikkleid nützlich für Männer, die sonst zu früh kommen! Da das Gummi ziemlich hart ist, sollte unbedingt Gleitgel verwendet werden, sonst kann es zu Rissen im Inneren der Vagina kommen. Außerdem ist ein Noppenkondom nicht zur Verhütung geeignet, weil das Gummi dickwandig ist und daher leicht bricht. Falls nötig, muß zusätzlich ein Kondom unter das Spezialpräservativ gezogen werden. Dafür kann das Noppenkondom immer wieder verwendet werden. Mit lauwarmem Wasser und milder Seife abspülen und an der Luft trocknen lassen. Wer seinen Mann nicht zur Verwendung bewegen kann, kann das Kondom immer noch über den Vibrator stülpen! Circa 10 Mark.

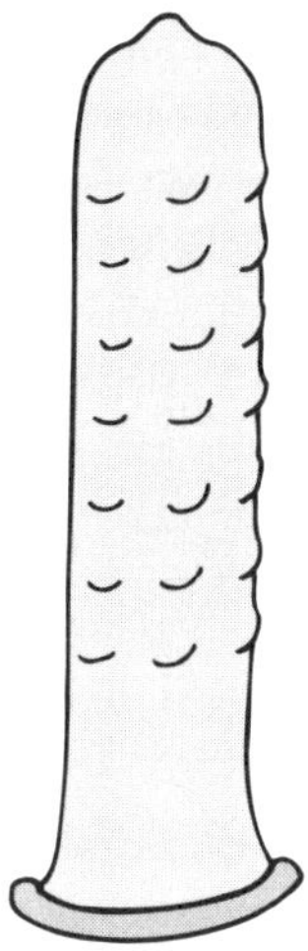

Noppenlangfinger

(oder ***Chinesischer Lustfinger, Kitzelfinger, Stachelüberzieher,*** siehe auch ***Fingerling, Reizfinger, Venusfinger***) Wenn dieser Langfinger mit seinen Noppen auf Ihrem Körper unterwegs ist, klaut er Ihnen bestimmt den einen oder anderen Lustschrei, und vielleicht noch viel mehr. Der Fingerling aus Plastik wird über den Finger gestülpt. Seine Noppenstruktur intensiviert das Vorspiel, weil die Noppen die Klitoris und den G-Punkt durch den vergrößerten Finger ganz besonders reizen. Manchmal zu sehr, schließlich ist Plastik nicht so weich und seidig wie Haut. Die Fingerlinge kommen meist im Doppelpack daher und kosten um die 20 Mark.

Noppenvibrator

(siehe auch ***Double Stud, Eroscillator, Noppenlangfinger, Orgasmen-Space, Pearl Tornado, Vibrator***) Wer es nicht ganz so glatt mag, nimmt den Vibrator mit den Noppen. Erinnert ein bißchen an eine Gurke und sorgt für noch mehr Gefühl genau an der richtigen Stelle. Wer will, kann sich auch Sleeves, also Überzieher für den glatten Vibrator kaufen und sich so je nach Laune mit Noppen, Rillen oder Wellen vergnügen.

Nylons

(siehe ***Beine, Fußfetischismus, High Heels, Seidenstrümpfe, Sexstrumpfhosen, Strapse***) Knisternde Verführung. Feine Nylons lassen das Blut von Mann und Frau in Wallung geraten. Die hauchzarten Strümpfe waren vor allem in den 40er und 50er Jahren der Traum der Frauen. Endlich keine gestrickten Wollstrümpfe mehr, jetzt mußten die frivolen Nylons her. Sie galten als Sinnbild der Erotik und noch heute fetischieren viele Männer die Seidenstrümpfe. Vor allem die mit Naht, symbolisiert sie doch den Weg zum gelobten Ort. Nylons bringen ein Bein bestens zur Geltung, und als besonders verrucht gilt es, die sündigen Strümpfe beim Sex zu tragen. Halterlos oder mit Strapsen. Wer mehr wissen will guckt sich *German Leg Show* an, das Nylon-Fetisch-Magazin, oder kauft echte, auf einer historischen Maschine hergestellte Nylons aus den 50er Jahren bei Ars Vivendi.

O

Oberschenkelgurt

(siehe auch ***Cophalfter, Dildo, Harness, Kopfharness***) Wer keinen Pimmel dabei hat, schnallt sich eben einen um. Und das muß nicht immer im Schritt sein. Mit dem praktischen Geschirr für den Oberschenkel kann Mann/Frau den Dildo auch am Bein tragen. Der Oberschenkelgurt ist meist aus Leder und hat eine Öffnung, in die man den Dildo einsetzen kann, der Gurt wird wie ein ein Gürtel am Oberschenkel befestigt. Ein beliebtes Toy für Lesbierinnen. Circa 100 Mark.

Oberschenkel-Hand-Fessel

(siehe auch ***Bondage, Fesseln, Kettenspiele, Seil, Rückenknebel***) Statt Hände hoch, heißt es hier: Hände an die Beine. Bondage ist eine Kunst für sich, und wenn der Oberschenkel-Hand-Gefesselte auch noch auf die Knie gegangen ist, entsteht wahrlich eine erregende Position. Sich Fesseln lassen bedeutet passiv genießen oder ertragen. Bei der Hand-Oberschenkel-Fessel-Methode kann der Aktive gemütlich quälen und der »Bottom« (Sklave in der S/M-Fachsprache) stilvoll leiden. Als erweiterte Kombination gibt es auch die

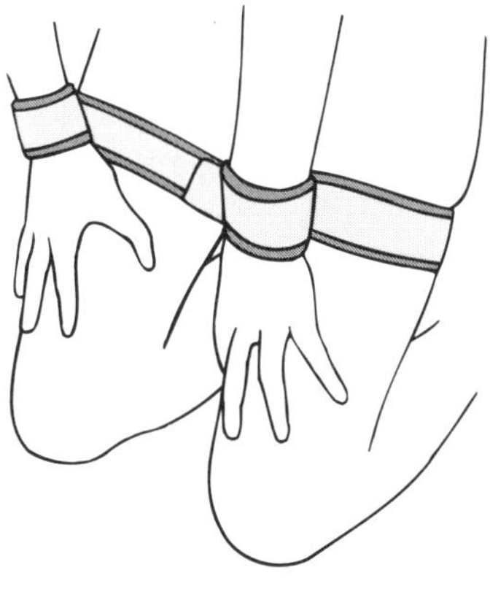

Oberschenkel-Hals-Fessel, bei der eine Kette oder ein Lederband eine Verbindung zwischen der Halskrause und der Oberschenkel-Fessel herstellt. Gekrümmt und in besonders devoter Haltung empfängt so der S/M-Fan seine Befehle oder läßt sich quälen. Achtung: Bei Hexenschußgefahr ist diese Stellung nicht unproblematisch. Die Oberschenkel-Hals-Fessel gibt es nicht in jedem Sex-Shop, aber im gut sortiertem S/M-Bedarfshandel, das Stück für circa 99 Mark.

Oetang

(siehe auch ***Ampallang, Clit Clip, Dydoe, Intimschmuck, Piercing***) Gestochener Keuschheitsgürtel für seinen besten Freund. Nach alter burmesischer Sitte wird in manchen Stämmen der Penis mit Hilfe eines Oetangs »verschlossen«. Dabei werden in die Vorhaut zwei oder mehr Ringe eingehängt, die dann mit einer Kette und einem Schloß verbunden werden. Die Ringe können auch ohne Schloß als reiner Schmuck getragen werden. Sie reizen beim Vögeln die Muschi und können außerdem als Träger für Gewichte dienen. Der Oetang ist ein Piercingschmuck, der leicht zu stechen ist und auch relativ schnell verheilt. Beschnittene Männer können den Oetang allerdings nicht tragen, für sie gibt es jedoch den Dydoe.

O-Halsband

(siehe auch ***Devotismus, Fesseln, Flagellantismus, Masochismus, O-Ring, Peitsche, Sadismus, S/M-Spiele***) Das O steht hier nicht für Orgasmus, obwohl es durchaus etwas mit Orgasmen zu tun haben kann beziehungsweise soll. Das O erinnert an die lustvollen Leiden der Sklavin in der *Geschichte der O.*, einer beliebten Vorlage für Sado-Maso-Spiele. Das Halsband der O. ist aus edlem, weichen Nappaleder und schmiegt sich um den zarten Hals der Dienerin. An einem weiteren Lederband hängt ein harter Metallring, an dem man dann das böse Mädchen oder auch den schlimmen Jungen an den Pranger fesseln kann. Alternativ auch an den Heizkörper. Je nach Drehbuch. Etwa bei Kastley für 138 Mark.

Olisbos

(siehe auch ***Dildo, Vibrator***) Ein Name wie eine schöne Blume. Olisbos nannten die erfinderischen Griechen ihre Lederdildos. Diese wurden in Griechenland schon vor über 2.000 Jahren zur Selbstbefriedigung benutzt. Die antiken Olisben sind die Vorbilder und Vorläufer der heutigen Vibratoren und Dildos.

Omas

(siehe auch ***Krankenschwester, Stewardeß, Video***) Bekanntlich ist mit der Geilheit erst nach dem letzten Atemzug Schluß. Trotzdem springen in der Werbe- und Sexvideowelt nur vollbusige, blonde Girlies herum. Manche Männer stehen aber auf ältere, vom Leben gezeichnete Frauen. »Omas« nennt sich salopp ein neues Pornofilm-Genre. Statt junger Frauen aller Hautfarben und Nationalitäten behandeln die Produzenten das Thema ältere Frauen mit jüngeren Männern. Die Filme »Oma-Pornos« zu nennen, ist jedoch falsch. Die Darstellerinnen sind Frauen zwischen 45 und 60 Jahren. Eine neuere Variante des Pornofilms, die eine Randgruppe von Betrachtern ergötzen soll. Angesprochen werden dadurch vor allem Altersfetischisten, sogenannte Gerontologen, die Sex mit alten Frauen und oft sogar Greisinnen wollen. Sie suchen dabei wohl Mütterlichkeit, die brave, liebe Oma eben, wollen sich aber oft nur ihre »Überlegenheit« beweisen.

Orange

(siehe auch ***Busenspritzpistole, Gag-Artikel, Punching Penis, Senfglas***) Rund, sinnlich und knallfarben liegt sie im Obstkorb. Irgendeiner greift immer zu, drückt sie und: »Sssssst« flutscht ein Plastikpenis aus der Orange. Das Opfer kichert oder kreischt. Auch für Ökofreaks, weil garantiert ungespritzt.

Orgasmen-Space

(oder ***Smusy-Love-Soft***, siehe auch ***Eroscillator, Pearl Tornado, Vibrator***) Der Anbieter dieses Spezialvibrators kann sich vor Versprechen kaum wieder einkriegen: »Jetzt gibt es den Millionen-Schwingen-Weitraumorgasmus. Im Gegensatz zum Punktorgasmus (einfache Klitorisreizung) wird bei dem Weitraumorgasmus das Wollustzentrum des ganzen Schoßbereichs erfaßt …« Zu dem spacigen Wahnsinns-Höhepunkt tragen 120 Rundpyramiden bei, die zirkulär um den Plastikpimmel angeordnet sind, an der Spitze spalten sich die Pyramidennoppen noch einmal, O-Ton des Hestellers: »Die ganze Schoßpartie gerät in Ekstase und scheint ein einziges Bündel Wollustfleisch zu sein. Jede Frau schwingt von einem Lusttaumel in den anderen.« Einem geht es hier bestimmt ab, und zwar dem Verfasser dieses Werbetextes, der sich mit der Wollust der Frau bestimmt gut auskennt!

Orgasmuskugeln

(siehe auch ***Ben-Wa-Bälle, Geishakugeln***) Rien ne va plus. Roulette in der Muschi. Zwei Kugeln rollen ihr einen Orgasmus oder auch nicht. Siehe Geishakugeln.

Orient

(siehe auch ***Erotikparties, Schlafzimmer, Venusmahl***) Um eine Nacht mit 1001 erotischen Reizen zu verbringen, müssen Sie nicht wirklich in den Fernen Orient reisen. Im Wiener Hotel Orient können Sie sich die Nacht der Nächte im sündigen Serailambiente gönnen: roter Plüsch, riesige Betten, goldgerahmte Spiegel, lüsterne Kronleuchter und schwulstige Tapeten. Ab 180 Mark die Nacht. Anreise am besten stilgerecht im Orient-Express, der verkehrt einmal die Woche von Paris über Wien und Budapest nach Istanbul.

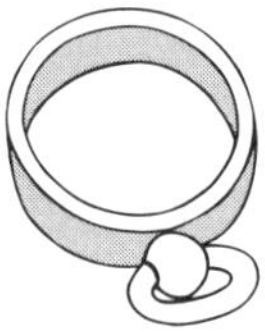

O-Ring

(oder ***Ring der O., Sklavenring***, siehe auch ***Andreaskreuz, Augenbinde, Branding, Fesseln, Flagellantismus, Folter, Galgen, Hängekäfig, Maske, Masochismus, Nadel, Peitsche, Panikhaken, Pranger, Sadismus, Safeword, Spanking, S/M-Spiele***) Manche gucken, ob das Objekt der Begierde einen Ehering trägt, andere wiederum halten Ausschau nach dem O-Ring. Der eiserne Ring ist ein Symbol aus dem Sado-Maso-Roman *Geschichte der O.* Am oberen Ende des Rings ist ein weiterer, kleinerer Ring eingelassen. Im deutschsprachigen Raum dient er als Erkennungszeichen unter Sadomasochisten. Achten Sie darauf, auf welcher Hand der Ring getragen wird: links bedeutet »aktiv«, rechts »passiv«. Verwechseln kann unangenehme Folgen haben!

Oro-Stimulator

(siehe auch ***Deep Throat, Flutschfaust, Grüne Lippen, Kunstvagina, Lustgrotte, Lusttorso, Seemannsbraut, Simulacrum***) Freihändig zum Höhepunkt. Welcher Mann träumt nicht davon: eine Zigarre rauchen und gleichzeitig einen geblasen kriegen? Mit dem Oro-Stimulator kann sich jeder diesen Traum selbst erfüllen. Der weiche Gummischlund wird über den Penis gestülpt, dann wird gepumpt, gestöhnt und gespritzt. Vorsicht: Nicht vor Schreck die Zigarre fallen lassen. Doch die Gefahr der Ekstase ist nicht so groß: Plastik ist eben nicht warm und geschmeidig wie die eigene Hand, geschweige denn eine echte Mundhöhle mit Zunge zum Verwöhnen. Leider sind viele Männer nicht wählerisch und kommen im wahrsten Sinn des Wortes »second hand« im Plastikschlund des Oro-Stimulators. Ab 19,80 Mark.

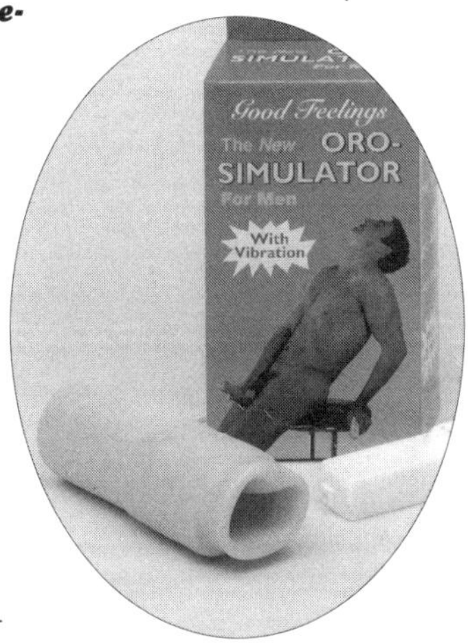

P

Paarungsgleiter

(siehe auch ***Butter, Crisco, Gleitmittel, Vaseline***) In Trockenzeiten kann ein Tropfen Gleitmittel dafür sorgen, daß die Liebenden ganz leicht in den Sündenpfuhl abgleiten. Näheres siehe Gleitmittel.

Paddel

(siehe auch ***Flagellantismus, Geißel, Gerte, Klatsche, Neunschwänzige Katze, Peitsche, Rohrstock, Spanking***) Damit zu Hause nichts aus dem Ruder läuft, greift so mancher Hausherr oder manche Hausherrin gern mal zum Paddel und rückt alles wieder ins rechte Lot. Ein paar kräftige Schläge mit dem Paddel aus schwarzem Leder können Wunder wirken: Aufmüpfige Mitbewohner verwandeln sich flugs in emsige Geschirrspüler oder devote Staubsauger. Wenn die Herrin zufrieden ist, darf er vielleicht sein eigenes Ruder auspacken und beide paddeln zufrieden ihrem Höhepunkt entgegen. Circa 48 Mark. Gibt es auch aus Holz.

Päderastie

(siehe auch ***Pädophilie, Porno***) Sonderform der Pädophilie, bei der es ausschließlich um Sex mit Jungen geht. Dabei verführen und mißbrauchen schwule Männer Knaben, die meist zwischen acht und vierzehn Jahren alt sind. Päderasten verteidigen ihre Gelüste mit dem Argument, daß es sich um wahre Liebe und »Förderung« der Kinder handle. Dabei berufen sie sich gerne auf pädagogische »Verhältnisse« im antiken Griechenland, wo die Knabenliebe gesellschaftlich anerkannt war und als Initiation für den Jungen galt. Noch heute versteht man unter »griechisch« Analverkehr. Bei uns wurde diese Form des Mißbrauchs lange Zeit auch von der Schwulenbewegung nicht klar ausgegrenzt und als sexuelle Gewalt an Kindern gebrandmarkt. Sie stand jedoch schon immer unter Strafe (§174 StgB). Päderasten-Magazine und Filme werden »schwarz« verkauft und im Internet angeboten.

Pädophilie

(siehe auch ***Päderastie, Porno, Schulmädchen***) Kommt aus dem Griechischen von »pais« = Kind und »philia« = Liebe. Gemeint ist aber nicht die gebende Liebe zum Kind, sondern geraubter Sex an einem wehrlosen Wesen. Der wohl berühmteste Pädophile ist Humbert Humbert aus dem Roman *Lolita* von Vladimir Nabokov. Humbert ist vierzig und verfällt der vierzehnjährigen Lolita mit Haut und Haaren. Pädophile begehren und mißbrauchen Kinder. Es sind meist Männer, die Mädchen oder Jungen zum Geschlechtsverkehr zwingen.

In den letzten Jahren ist diese schreckliche Perversion als Verdienst der Frauenbewegung zunehmend ins Licht der Öffentlichkeit gerückt worden. Die Zahl der entdeckten Fälle von Mißbrauch nimmt zu, wenngleich die Zahl der eröffneten Verfahren oder gar Verurteilungen nach wie vor gering ist. Dies hängt unter anderem mit dem häufig engen, meist familiären Verhältnis zwischen dem Täter und Opfer zusammen. Frauen, die minderjährige Knaben oder Mädchen verführen, kommen selten vor. Wohl deshalb differenziert der entsprechende Schutzparagraph des Strafgesetzbuches auch zwischen den Geschlechtern: Bis vierzehn Jahre sind alle Kinder gleich geschützt. Danach schützt das Gesetz nur noch minderjährige Mädchen. Offenbar ging der Gesetzgeber davon aus, daß ein Junge mit 15 Jahren, falls er von einer erwachsenen Frau verführt beziehungsweise mißbraucht wird, dabei keinen Schaden nehmen könnte. Zur Gesetzgebung beim Mißbrauch von Jungen durch Männer siehe Päderastie. Der Mißbrauch Schutzbefohlener (zum Beispiel SchülerInnen, Auszubildende) ist gesondert im Gesetz geregelt, nicht mehr jedoch bei über 18jährigen (Studentin-Professor-Verhältnis etwa). Die Pädophilen kommunizieren per Internet, produzieren im Untergrund Magazine und Filme und lassen sich auch durch hohe Strafen nicht abschrecken. Einige Kinderschänder fahren gerne als Sextouristen nach Asien oder Südamerika, um dort ihre Lust auszuleben.

Panikhaken

(siehe auch ***Bondage, Fesseln, Folter, Spanking, Safeword, S/M-Spiele***) Das Netz für Seiltänzer im S/M-Zirkus. Der Panikhaken, eine Art Karabinerhaken, ist die Sollbruchstelle beim Fesselspiel. Wenn es dem Gequälten zuviel wird, geht der

Panikhaken auf, und die Inszenierung des Lustspiels ist fürs erste unterbrochen. Den Rettungshaken gibt es im Eisenwarenladen oder im Geschäft für Bergsteigerbedarf.

Papiertaschentücher

(siehe auch ***Gummilaken, Joy Cup, Peep Show, Schlafzimmer***) Fleckenteufel. Papiertaschentücher gehören zum richtigen Sex dazu. Aber es wird wohl noch eine Weile dauern, bis wir eine Werbung wie die folgende im Fernsehen sehen: Er tupft ihr nach dem Verkehr mit einem Papiertaschentuch die Muschi trocken. Sie flüstert entzückt: »Oh, es ist ein Kleenex« oder was auch immer. Auf jeden Fall darf eine Box mit den kleinen praktischen Papiertüchern neben dem Bett nicht fehlen. Egal, ob damit der Partner oder das Sextoy abgewischt wird. Viele Männer benutzen die Tüchlein zum Wichsen, um auch ja keine Flecken im Bett zu hinterlassen. Sonst schimpft Mami.

Parachute

(siehe auch ***Gewichte, Hodenstimulator, Hunnengurt, Stretcher***) Französische Höhenflüge. »Parachute« ist Französisch und heißt Fallschirm. Wer abheben will, kann sich so einen kleinen Lederfallschirm über die Hoden ziehen. Der breite Hodenring ist aus weichen Leder und sieht ein bißchen aus wie ein Röckchen für die Glöckchen, das mit Druckknöpfen geschlossen wird. Am Leder ist eine dreiteilige Chromkette befestigt, an die nach Lust und Laune Gewichte oder anderer Christbaumschmuck gehängt werden können. Etwa bei Good Vibration für 55 Mark zu haben.

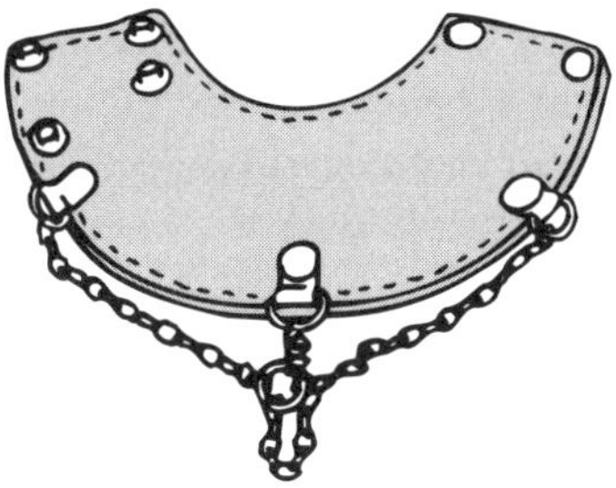

Parfum

(siehe auch ***Ätherische Öle, Duft, Intimspray, Pheromone, Räucherstäbchen, Quickie, Serailpastillen***) Daß Düfte ganz schön anturnen können, ist ein uralter Hut. Sogar die Kirche greift auf die anmachende Wirkung von Duftwerk zurück, wenn es darum geht, ihre Klientel abhängig zu machen. Zum Beispiel auf Weihrauch, einem bekanntermaßen euphorisierenden Duftstoff, der auch in dem einen oder anderen Mittelchen aus dem Sexshop enthalten ist. Genauso verhält es sich mit der Myrrhe, die schon die heiligen drei Könige dem Jesuskind in die Krippe legten. Was das bei dem wohl bewirkte?

Eins steht fest: Wer das richtige Parfum trägt, kann auch auf den richtigen Partner treffen. Denn wir können nur jemanden mögen, den wir auch riechen können. Die Mode- und Kosmetikbranche macht mit ihren Duftwässerchen riesige Umsätze, und die Sexindustrie will da auch nicht hinten anstehen. Sie offeriert Spezialdüfte und verspricht, daß Mann damit der Hahn im Korb ist. Ein Hersteller: »Die Frauen können nicht mehr von Ihnen lassen und wollen ohne Ende Sex«. Das Parfum »Long John intim« von Inverma soll laut Packungsbeilage zu »schneller Erregung und erotischer Hochstimmung beitragen«. »No limits« von Beate Uhse wirbt mit schneller und intensiver weiblicher Aufmerksamkeit. Unglaublich, aber nicht wahr.

Pariser

(siehe ***Kondom***) Kein hübscher Junge aus der Stadt der Liebe, aber immerhin vielleicht der letzte Chic im Erektionsbekleidungsdesign. Die Pariser nennen ihre Kondome natürlich nicht Pariser, sondern »capote anglaise«, was soviel wie englisches Hütchen heißt. Näheres siehe Kondom.

Partnerbeglücker

(siehe auch ***Action Rubber, Double Fun, Erektionsring, Japanriemen***) Plastiksex pur. Ein etwas kompliziertes Sextoy, das beiden Partnern gleichzeitige Stimulation verschaffen soll. Es besteht aus einem Cockring aus Gummi, einer genoppten Zunge mit Vibrierfunktion und einem Analfinger. Und so geht's zum Tandem-Orgasmus: Der Ring wird bis an die Peniswurzel gezogen, die Noppenzunge zeigt nach oben, so daß beim Vögeln damit die Klitoris massiert werden kann, und der Analfinger wird nach unten in den Po gesteckt. Wenn's klappt. Für circa 60 Mark bei Beate Uhse.

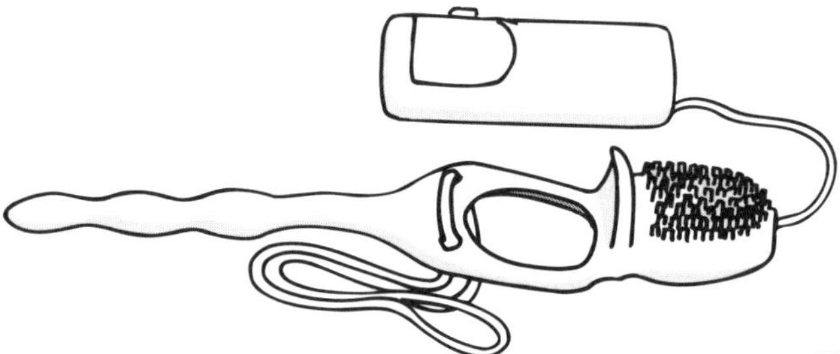

PC-Muskel

(siehe auch ***Beckenbodenübungen, Kamasutra, Tantra***) Sex-Muskel. Dieser Muskel im Beckenbereich ist Potenzmittel und Sexspielzeug in einem. Wer ihn ordentlich trainiert, kommt schneller und einfacher zum Orgasmus. Frauen können ihren Partner durch Kontraktionen dieses Orgasmusmuskels in den siebten Himmel bringen. Sie benutzen den Wundermuskel, wenn Sie beim Pinkeln den Urinstrahl stoppen. Näheres siehe Beckenbodenübungen.

Pearl Tornado

(siehe auch ***Auto Arouser, Double Stud, Eroscillator, Madonna, Magic Wand, Muschipumpe, Vibrator***) Wirbelsturm im Schlafzimmer. Dieser stürmische High-Tech-Vibrator aus Japan hat es in sich: Er dreht und windet sich, vibriert, stößt und hat einen Schnabel beziehungsweise einen Fortsatz, der je nach Wunsch zur Stimulation der Klitoris oder des Anus eingesetzt werden kann. Im Mittelteil des Vibrators, der sich unabhängig nach links oder rechts dreht, je nach Belieben, befinden sich hinter durchsichtigen Plastik Kunststoffperlen, die zusätzlich reizen. Soviel Lust hat natürlich ihren Preis: je nach Laden zwischen 200 und 250 Mark. Dabei verschafft soviel Aufwand nicht jeder Frau unbedingt mehr Befriedigung. Die meisten Vibratorfreundinnen lassen sich von dem Luststab nämlich ausschließlich die Klitoris massieren und kommen so zum Höhepunkt.

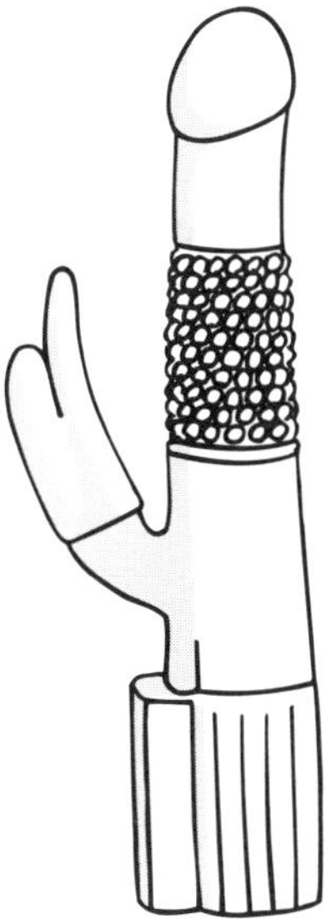

Der Perlenvibrator, manchmal auch »Madonna«, »Magic«, »Lavender«, »Perlentaucher« oder »New ET Special« genannt, ist was für Frauen, die sich gerne vaginal stimulieren. Der Schnabel kann zwar Klitoris oder Anus reizen, meist ist aber der Abstand zwischen Vibrator und Schnabel nicht groß genug, so daß sich der Fortsatz irgendwo anders hineinbohrt.

Peep Show

(oder ***Guckkastensex, Masturbationskabine, Wichsothek***, siehe auch ***Joy Cup, Papiertaschentücher, Table Dance***) Der Kick für Voyeure und Onanisten. En vogue in den 70ern und 80ern. Das Wort Peep Show kommt aus dem Englischen von »to peep« und heißt »heimlich zugucken« beziehungsweise gaffen. Der Kunde, meist ein Mann, tritt in eine enge, von innen verschließbare Einzelkabine ein, wirft Geld in einen Schlitz, und eine Klappe oder Jalousie öffnet sich. Eine Minute lang für eine Mark. Dem Voyeur präsentiert sich, getrennt durch eine Glasscheibe, eine nackte, sich räkelnde Frau auf einem Drehteller. Ungefähr alle fünf bis zehn Minuten erscheint eine neue Darstellerin. Die Kabinen, auch »Wichskabinen« genannt, sind im besten Fall mit einem Wichskübel und/oder Papiertaschentüchern ausgerüstet. Der Peep-Show-Kunde hat nur ein Problem: er sollte immer genug Markstücke parat haben, denn sonst muß er ständig mit Geld herumhantieren, und das ist bei offenem Hosenlatz nicht gerade einfach. Rechtshänder haben es zusätzlich schwer, weil sich der Einwurfschlitz meist rechts oben befindet. Schon eine Wissenschaft für sich, so eine »Wichsothek«.

Aber diese Probleme gehören ohnehin der Vergangenheit an, da nach langen gerichtlichen Streitigkeiten Peep Shows in dieser Form in Deutschland nicht mehr zugelassen sind. Der Bundesverwaltungshof entschied 1982, daß Peep Shows gegen die im Grundgesetz geschützte Menschenwürde verstoßen. Der Frau würde dabei eine objekthafte Rolle zugewiesen, ihr Anblick würde wie die Ware eines Automaten durch Münzeinwurf verkauft, hieß es in der Begründung der Richter. Bis Ende der 80er Jahre mußte der Guckkastensex verschwinden. Die meisten Betreiber der Wichsotheken wandelten die Kabinen in Einzel-Videokabinen um. Die Drehteller gibt es noch in offener Form, das heißt ohne Glaswand. Die Männer stehen direkt davor mit dem Bierglas (siehe Bier) in der Hand. Wer es privater will, muß über die Grenze nach Österreich, dort gibt es noch die alten Peep Shows.

Doch die Peep Show der 90er Jahre findet ohnehin im Internet statt. Tausende von Anbietern zeigen diverse Fotoshows von nackten Frauen und auch Männern. Diese sind zwar eher für ein schwules Publikum gedacht, aber für den Voyeur spielt das ja nicht wirklich eine Rolle. So können auch Frauen mit Hang zum Voyeurismus auf ihre Kosten kommen.

Peitsche

(siehe auch **Flagellantismus, Folter, Geißel, Gerte, Kettenspiele, Klatsche, Kochlöffel, Neunschwänzige Katze, Paddel, Reitgerte, Rohrstock, Safeword, Seil, Spanking, Teppichklopfer**) Der Philosoph Friedrich Nietzsche war wahrscheinlich einer der ersten Sado-Maso-Anhänger Deutschlands. Von ihm stammt der berühmte Satz: »Wenn du zum Weibe gehst, vergiß die Peitsche nicht«, der immer wieder gerne zitiert und nicht immer goutiert wird. Doch eins ist klar: Die Peitsche gehört zur Grundausstattung eines jeden, der gerne auf dem Grat zwischen Lust und Schmerz wandert. Peitschen und Schlagen durchblutet den Körper, treibt den Adrenalinspiegel hoch und führt zur Ausschüttung von Endorphinen: So wird der Höhepunkt schnell herbeigepeitscht.

Doch Peitsche ist nicht gleich Peitsche: Ein Teppichklopfer verursacht ein ganz anderes Gefühl als ein dickes Holzlineal oder eine Reitgerte. Jeder muß für sich selbst herausfinden, was ihm am besten gefällt. Das kann allerdings ganz schön ins Geld gehen, denn billig ist so eine neunschwänzige Katze aus Leder nicht, und auch ein Paddel ist nicht für einen Appel und ein Ei zu haben. Wer es günstiger haben will, kann es ja einmal mit einem Ledergürtel probieren. Am besten ist es ohnehin, wenn die Peitscherei ausschließlich im Kopf stattfindet, das kostet nichts und gibt garantiert keine Striemen. Wer es stilgerecht mag, findet in einem Geschäft für Reiterbedarf bestimmt sein Glück und im S/M-Handel natürlich. Und noch etwas: Vor der Session nicht vergessen, ein Safeword zu vereinbaren!

Pelz

(siehe auch ***Gummi, Goldene Hand, Latex, Leder, Masturbationspad, Samt, Seide***) Tierische Verführung. Ein echter Großwildjäger verführt seine Angebetete auf dem Tigerfell vor dem Kamin. Cowboys treiben es lieber auf der Kuhhaut vor dem Bett. Frauen wälzen sich weniger gern auf den Tierhäuten, sondern hüllen sich lieber in das teure Fell. Das gibt einen Hauch von Verruchtheit. Marilyn Monroe führt das ganz betörend in *Manche mögen's heiß* vor, wo sie im Pelz über den heißen Strand stöckelt. In letzter Zeit ist der echte Tierpelz allerdings in Verruf geraten, und frivole Frauen tragen heute eher Kautschuk als Tierhaut. Was der erotisierende Pelz noch in dem Sado-Maso-Roman *Venus im Pelz* darstellte, ist heute das sündige Gummikleid. Auch Fetische gehen eben mit der Mode.

Als Sextoy hat der Pelz allerdings noch nicht ausgedient. Manche Frauen schwören auf die Stimulation mit einem Pelzstück: Sie reiben damit an ihrer Rose, was im übrigen gar nicht so verkehrt ist, denn laut Psychopapa Sigmund Freud symbolisiert der Pelz das Schamhaar.

Penibello

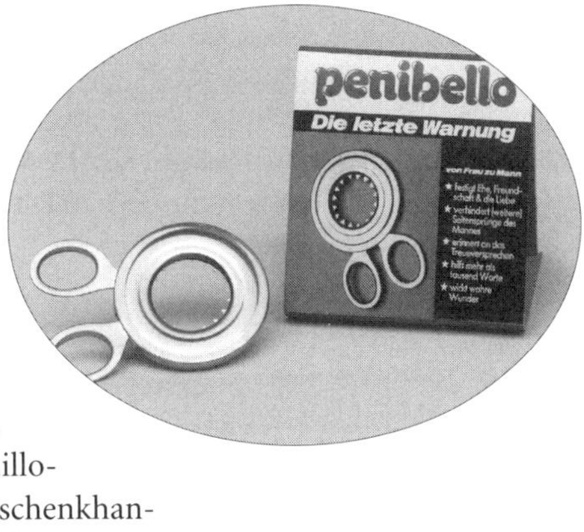

(siehe auch ***Gag-Artikel, Punching Penis***) Der Alptraum eines jeden Mannes. Falls er nicht spurt, malträtiert sie ihn mit dem Penibello. Seitensprünge werden gefährlich, denn dieser scharfe Eierköpfer nimmt ihm jede Lust dazu: schon beim Anblick. Ein provozierendes Geschenk. Zum Glück hat sich die Pimmel-Guillotine nicht durchgesetzt. Früher im Geschenkhandel, derzeit nicht mehr käuflich erwerbbar.

Penisfutteral

(siehe auch ***Kondom***) Beliebtestes Bekleidungsmittel für einen schön stehenden Schwanz. Und auch bei Ladendieben sind Kondome der Renner, vor Energiesparlampen und Rasierklingen! Ob da ein Zusammenhang besteht?

Penishantel

(siehe auch ***Busenspritzpistole, Gag-Artikel***) Fitness light für den Sportmuffel, der lieber im Morgenrock vor dem Fernseher hockt. Dabei kann er zumindest sein bestes Stück ein bißchen trimmen. Die eher zierliche Penis-Hantel wird auf den Schniedel gelegt und dann geht's hoch und runter, hoch und ... Eine gute Übung für das Rein- und Rausspiel.

Penishülle

(siehe auch ***Erektionsring, Kondom, Prothese, Vakuumpumpe, Verlängerungskondom***) Penishüllen sind aus Latex und etwa stärkeren Kondomen vergleichbar. Sie stützen den schlaffen Penis und verlängern ihn ein bißchen. Die Hüllen werden einfach abgerollt und übergestreift. Der Mann spürt beim Geschlechtsverkehr mit Penishülle weniger, die Partnerin erfreut sich seiner nicht natürlichen Größe, die sie ausfüllt. Ganz ohne eine Erektion klappt jedoch gar nichts. Ein Hilfsmittel für Männer, die besorgt sind, einen zu kleinen Penis zu haben. Eine echte Stütze für Herren mit Penisminderwuchs. Preis um die 10 Mark. Nur im Sexshop und über Versand erhältlich.

Penisköcher

(siehe auch ***Japanriemen, Keuschheitsgürtel, Penismanschette***) Häuschen für seinen Pfeil. Manch gestrenge Ehefrau sperrt sein bestes Stück gerne in einen Köcher, wenn sie außer Haus geht. Frau weiß ja nie, auf welche Ideen der Ehemann sonst kommt. Der Penisköcher ist eine Art Keuschheitsgürtel aus Leder. Das Futteral wird über den Penisschaft geschnürt, die Eichel ist mit mehreren Lederriemen umgurtet. Sieht schick aus, und die Herrin bestimmt, was wann passiert. Etwa bei Kastley für 132 Mark. Ein ähnliches Teil gibt es auch bei *http://www.ars-vivendi.de.*

Penismanschette

(siehe auch ***Japanriemen, Penisköcher***) Überraschen Sie Ihre Angebetete doch einmal und kleiden Sie Ihren Penis in eine knackige Lederjacke. So eine Penismanchette, am besten mit aufreizendem Schnürverschluß, macht schon was her. Die Manschette verstärkt außerdem die Erektion, und das Entkleiden durch die Partnerin bringt mehr als eine elektrisierende Berührung.

Penispasta

(siehe auch ***Busennudeln, Fun Food***) Seine Nudel als Eiernudel zum In-den-Mund-schaufeln. Das Pendant zu den Busennudeln, extra für hungrige Damen oder Strohwitwen. Am besten al dente verzehren! Und mit einer scharfen Sauce!

Das Pfund kostet pralle 8 Mark und ist nicht überall in Geschenkartikelläden zu finden.

Penisring

(siehe auch ***Asiatisches Ziegenauge, Cockring, Erektionsring, Hunnengurt, Parachute, Stretcher***) Wer seinen Schwanz liebt, streift ihm ab und zu einen Ring über: das verstärkt die Erektion und verlängert den Höhepunkt. Näheres siehe Erektionsring.

Penissalben

(siehe auch ***Busencreme, Erektionscreme, Hodensalbe, Itchcream, Intime-Küsse-Creme, Liebessalben, Masturbationsöl, Potenzmittel, Rheumasalbe***) Schmieriger Sex. Im Sexhandel werden unzählige Salben und Mittelchen angeboten, die angeblich die Erektion verstärken und vor allem verlängern. Sie tragen so schicke Namen wie »Casanova Cream« oder »Ejacupra« und kosten circa 25 Mark.

Es ist jedoch davon abzuraten, da viele dieser Erektionssalben Nikotin-Derivate zur Förderung der Durchblutung enthalten. Diese lösen sich in der Scheide auf und können bei der Frau unangenehme Nebenwirkungen hervorrufen. Sie kann zum Beispiel schwere Kopfschmerzen davon bekommen, und dann jammert er über ihre Migräne und springt mit seinem gut durchbluteten Schwanz frustriert durch die Wohnung.

Penis-Streck-Expander

(siehe auch ***Body-Building-Kondom, Vakuumpumpe***) Die Streckbank für den Schniedel. Das Gerät sieht auch tatsächlich wie aus einem Horrorladen aus: eine halboffene Plastikhülle mit Gummizügen für 150 Mark. Dabei kann sich der geplagte Mann die Qual und das Geld sparen, denn strecken, gar mit Gummizügen, kann Mann sein edelstes Teil nicht. Warum auch? Die Scheide ist in der Regel 13cm tief. Alles, was er über 18 bis 20 cm Länge zu bieten hat, bleibt ohnehin draußen im Freien und vermindert eher die notwendige Reibung und Stimulation durch den Penisschaft am Kitzler für die Partnerin. Und wenn der Schwanz tatsächlich zu kurz sein sollte, kann er die Zunge strecken und damit seiner Partnerin große Glücksmomente bescheren.

Pfennigabsatz
(siehe auch ***Fußfetischismus, Fußsklave, High Heels, Stiefel, Stilettos***) Der Cent im Euro-Land kommt, der Pfennigabsatz bleibt. Je hochhackiger die Schuhe, desto kleiner die Absätze. Manchmal kleiner als ein Pfennig. Vermieter und Museen mit Holzfußböden fürchteten die spitzen Hacken und verbannten derlei beschuhte Damen bisweilen außer Haus. Falls die Angebetete mit diesem Schuh in einem Gitter hängenblieb, war die Pracht schnell abgebrochen, und der Schuster bekam was zu reparieren.

Solange es jedoch Mode gibt, werden wir auch Pfennigabsätze haben. Die kosten allerdings mehr als ein paar Cent. Für Fußsklaven und andere Fußfetischisten bedeutet der scharfe Absatz drohender Schmerz, doch ein Schuhfetischist kann nun mal keine Herrin in Gesundheitslatschen verehren!

Phantasie
(siehe auch ***Rollenspiel, Roulette, Spiele***) Ohne warme Gedanken geht gar nichts. Phantasie ist stärker als Viagra. Und wilde Ideen im Kopf haben wesentlich weniger Konsequenzen als reale Spiele im Schlafzimmer. Ein Einlauf als Phantasievorstellung kann genauso anturnen wie ein reales Natursektspiel. Virtuelle Vergewaltigungsphantasien, Fessel- und Peitschenspiele, alles ist ganz ohne Gefahren möglich: Der pickelige junge Mann wird zum dunklen Don Juan, die dürre Frau zur kurvigen Sirene und so weiter und so fort. Der Einbildungskraft sind bekanntlich keine Grenzen gesetzt, man kann sie überall und jederzeit aktivieren. Und wer keine hat, ist arm dran.

Offenbar brauchen wir heute sehr viel mehr davon als früher: In der Renaissance hat ein aufblitzender Frauenknöchel genügt, um das Blut in Wallung zu bringen. Heute ist das nackte Fleisch permanent präsent. Wir brauchen also einiges mehr an Einfallsreichtum, um uns zu erregen. Eine Fundgrube für mögliche Inszenierungen im Kopf sind die Bücher *Sexuelle Phantasien der Frauen* und *Sexuelle Phantasie der Männer* von Nancy Friday.

Pharmaka
(siehe auch ***Anaphrodisiaka, Potenzmittel, Viagra***) Es gibt viele Medikamente und Mittel, die die Potenz steigern, aber sicher ebenso viele, die dämpfend auf die sexuelle Erregungsfähigkeit wirken. Das neue Wundermittel gegen Glatzen etwa soll die Potenz gänzlich zum Erliegen bringen. Da hilft dann nur Viagra. Doch Viagra macht vielleicht blind. Dann sieht der Mann zumindest seine Glatze nicht mehr im Spiegel. Weitere Medikamente, die seine Standfestigkeit gefährden können: blutdrucksenkende Mittel, Antidepressiva, Beruhigungsmittel und sogar das gute alte Aspirin.

Potenzmittel aus dem Sexshop oder im Sexversand sind keine Medikamente und nur in der Psyche des Anwenders wirksam. Salben, Tabletten oder Tropfen, die Körperfunktionen beeinflussen, sind Arzneimittel und somit apothekenpflichtig. Daher: Hände weg von der Scharlatanerie. Dann besser Aufbaupräparate mit Vitaminen kaufen und futtern. Wenn überhaupt. Ein Apfel bringt's auch.

Pheromone

(siehe auch ***Aphrodisiaka, Duft, Parfum***) Körpereigener Sexuallockstoff. Durch zuviel Waschen und aggressive Reinigungsmittel geht der natürliche menschliche Sexuallockstoff verloren und muß durch künstlich hergestellte Duftwässer ersetzt werden. Tierforschern sind Pheromone schon lange als Sexuallockstoff bekannt. Ohne den spezifischen Geruch würden sich Tiere nicht paaren. Versuche, menschliche Düfte zu extrahieren und bei Versuchspersonen zu testen, waren erfolgreich, so zum Beispiel das Adrostenon im Männerschweiß und Kopuline im Vaginalsekret. Zwar bezweifeln viele Wissenschaftler immer noch die Fähigkeit, daß der Mensch mit der Nase feinste Unterschiede erkennen kann, Experimente scheinen jedoch zu bestätigen, daß es geht. Der Arzt und Geschäftsmann David Berliner forscht bereits seit 30 Jahren an der Extraktion von menschlichen Duftstoffen. Er gründete in Kalifornien die Firmen Erox und Pherin und brachte 1993 das Parfüm »Realm« auf den Markt, das Pheromone enthalten soll.

Pheromone beeinflussen unsere Partnerwahl und bestimmen damit auch, mit wem wir im Bett landen. Frauen, die die Pille nehmen, werden dabei von ihrer Nase offenbar eher zum falschen Partner gelockt, als Frauen, die nicht hormonell verhüten. Dies wies der Berner Forscher Claus Wedekind 1995 nach, konnte aber auch nicht herausbekommen, welche Duftstoffe unsere Nase genau herausfiltert. Vielleicht setzen Sie ja beim nächsten Mal vor der Partnersuche die Pille ab? Und vielleicht wissen sie jetzt endlich, warum Sie seit Jahren unglücklich mit dem Mann sind, den sie zwar damals mit Pille riechen konnten, der ihnen heute mit anderer Verhütung jedoch stinkt!

Reines Pheromon kann man im Internet bestellen. Ein winziges Fläschchen, das angeblich für 6 bis 8 Wochen reicht, kostet 149 Mark. Die Pheromone können ins Aftershave oder Parfum gemischt werden und locken das andere Geschlecht angeblich magisch an. Ob die Pheromone allerdings beim Menschen tatsächlich wirken, ist – wie gesagt – wissenschaftlich noch nicht einwandfrei belegt. Untersuchungen mit dem Sexlockstoff haben allerdings ergeben, daß Frauen an einem Marktstand zu den Tomaten greifen, die mit Pheromonen eingenebelt wurden, auch wenn diese Tomaten faulig sind und teurer! Die Designerin Vivienne Westwood hat ihrem neuen Parfum »Boudoir« den pheromonartigen Wirkstoff Aldron beigemischt, der aus Sandelholz gewonnen wird.

»Viele Männer sind verunsichert ...«

Interview mit dem Frankfurter Sexualmediziner und Facharzt für Allgemeinmedizin Haydar Karatepe, 41, über Lust und Frust in deutschen Betten, über Gummipuppen, die Angst des Mannes vorm Vibrator und die Zukunft des Sex in Deutschland. Dr. Haydar behandelt und berät in seiner Praxis in Frankfurt ausschließlich Männer.

Was genau ist ein Sexualmediziner?

Also, man muß da unterscheiden, es gibt Sexualtherapeuten und Sexualmediziner. Ein Sexualtherapeut ist ein Psychotherapeut, der sich in erster Linie mit den psychischen Aspekten der Sexualstörungen befaßt, während der Sexualmediziner in seiner Funktion als Arzt vorrangig organische Ursachen, die für die Sexualstörungen verantwortlich sind, untersucht. Darüber hinaus darf er aber auch soziale und psychische Probleme nicht unberücksichtigt lassen.

Welchen Ansatz haben Sie, oder welcher Schule, Richtung gehören Sie an?

Einen ganzheitlichen. Mein Anliegen ist es, von der hochspezialisierten Betrachtungsweise Abstand zu nehmen, weil sie dazu führt, daß man den Mann in seiner Ganzheitlichkeit aus den Augen verliert. Gerade in der Sexualität kann man Funktionsstörungen schwer von psychischen oder sozial-gesellschaftlichen Aspekten trennen. Ich habe auch koordinierende Funktion. Ich schicke die Männer zu Psychologen, Fachärzten, Sozialarbeitern usw., und wir besprechen das dann alles gemeinsam.

Wie viele Sexualtherapeuten gibt es ungefähr in Deutschland?

Ich würde mal sagen circa 50. Auf jeden Fall gibt es viel zu wenig. Dann gibt es noch die Pro Familia, Männerzentren und Frauenzentren. Mediziner, die neben der Organmedizin auch die Psychotherapie in die Diagnostik mit einbinden, gibt es jedoch sehr wenig.

Warum sind das Ihrer Meinung nach zu wenig?

Weil die Sexualität einen großen Teil unseres Lebens ausmacht und sehr viel zu unserer Lebensqualität und Zufriedenheit beiträgt. Bedauerlicherweise wird dem in vieler Form und auch in der Medizin nicht Rechnung getragen.

Warum denken Sie, daß das so ist?

Der Hauptgrund liegt in der Tabuisierung der Sexualität in unserer Gesellschaft. Man beschäftigt sich nicht damit, man spricht nicht darüber, man macht es nicht, und wenn doch, dann im Dunkeln. Meiner Meinung nach sind diese Erscheinungen wie S/M und Fetischismus auch eine Reaktion auf diese Doktrin im Kopf, daß man Sexualität verstecken muß, daß sie eben ein Tabu ist. Es gibt sehr wenige Menschen, die wirklich eine erfüllte Sexualität haben, die wirklich frei sind. Theoretisch ist alles erlaubt, und die Medien suggerieren uns Toleranz, in der Realität jedoch, insbesondere in den eigenen vier Wänden, herrscht Un- bzw. Falschwissen vor.

Aber es ist ja nicht verboten …

Im Kopf schon. Ist man persönlich betroffen, ist es plötzlich doch verboten. Dann geht es los mit dem Schlucken und den Verlegenheiten dem anderen gegenüber. Wenn mit Distanz darüber gesprochen wird, ist es kein Problem.

Wer sind Ihre Klienten?

Querbeet, alle Alters- und Berufsgruppen. Mein ältester Patient ist 87. Das Spektrum reicht vom Bauarbeiter bis zum Kopfarbeiter.

Gibt es einen Trend hin zum Sexualtherapeuten. Oder gehen eher weniger Menschen in die Sexualtherapie?

Meine Erfahrung ist eindeutig dahingehend, daß ein verstärkter Zulauf stattfindet, was wohl auch daher rührt, daß Sexualstörungen in der Öffentlichkeit immer öfter thematisiert werden, daß man ohne weiteres über Erektions- oder Ejakulationsprobleme sprechen kann.

Wird die Therapie von der Krankenkasse gezahlt?

Die normale Psychotherapie ja, aber die »Lifestyle«-Elemente der Organmedizin nicht.

Mit welchen Problemen kommen die Klienten zu Ihnen?

Mit Erektionsstörungen, das heißt, die Erektion findet nicht statt oder eine Härte ist nicht ausreichend, Ejakulationsproblemen, wie vorzeitigem Samenerguß, verzögerter Ejakulation bis hin zum totalen Ausbleiben, Libidostörungen, Lustlosigkeit, Beeinträchtigung der sexuellen Erlebnisfähigkeit.

Libidostörungen sind doch eher etwas, was man den Frauen nachsagt?

Es gibt immer mehr Männer, die keine Lust haben. Das steht im Zusammenhang mit dem wachsenden Selbstbewußtsein der Frau und dem damit einhergehenden Selbstverständnis, ihre sexuellen Wünsche einzufordern. Solange es für den Mann unproblematisch war, ob er zu früh, zu spät oder gar nicht kam, solange die Frau nicht darüber geklagt hat, bedurfte es auch keiner Behandlung. Formuliert sie jetzt aber ihre Unzufriedenheit, führt das zur Verunsicherung des Mannes.

Wie sieht die Therapie bei einer Libidostörung aus?

Zuerst mal muß man die Partnerschaft, in der der Patient sich befindet, betrachten. Es kann ja sein, daß der Mann sich aus der Beziehung zurückziehen will. Dann wird der Hormonspiegel bestimmt und gegebenenfalls das Hormon Testosteron als Pflaster oder Spritze verabreicht.

Sie sprechen von mangelnder Lust im Bett. Glaubt man jedoch Funk und Fernsehen, haben wir derzeit eine Gesellschaft, die aus Kinderschändern, Peitschern und Fetischisten besteht. Was ist Ihre Meinung?

Mit dem Bild kann man unglaublich viel Emotionen wecken und Meinungsmache betreiben. Aber ich glaube, daß das nicht der Fall ist. Ich glaube nicht, daß sich die sexuellen Extreme in letzter Zeit besonders vermehrt haben. Ich habe eher den Eindruck, daß es einfach öffentlicher wird und daß man eher zu seinen sexuellen Praktiken steht und daß Toleranz eingefordert wird. Aber gegeben hat es das schon immer, nur ist darüber nicht so viel gesprochen worden.

Warum gibt es viel mehr Männer mit fetischistischen Neigungen als Frauen?

Vielleicht hängt es mit der Grundhaltung zusammen. Zum Fetischismus muß man agieren und Männer neigen eher zum Agieren als Frauen. Auch in ihrer sexuellen Rolle. Traditionell gesehen. Im Fetischismus muß man aktiv etwas bewegen und viel Energie reinstecken. Außerdem wachsen Frauen bezüglich ihrer eigenen Weiblichkeit und Sexualität in einem natürlicheren Umfeld auf. In einer vaterlosen Gesellschaft, wo die Mütter zu Hause sind, ist ein Mädchen viel besser im Verständnis der eigenen Sexualität verankert, deswegen haben auch Frauen eher eine Busenfreundin, authentische Männerfreundschaften sind eher selten. Aus dieser Sicherheit heraus kann es auch weniger Extreme geben. Es ist nicht notwendig. Wenn ein Mensch unzufrieden ist, muß er Extreme veranstalten, um einen Kick mehr an Lustgewinn zu bekommen.

Ihrer Meinung nach haben es die Männer also schwerer mit ihrer Sexualität als die Frauen?

Ja, die Grundunzufriedenheit ist unter den Männern eindeutig höher. Sie neigen auch immer mehr dazu, extreme Sportarten zu betreiben, um sich selbst zu beweisen, ohne sich bewußt zu sein, daß das allenfalls ein Weg ist, die Unzufriedenheit zu kompensieren, nicht jedoch diese zu bekämpfen. Eine wirkliche Befriedigung kann hier nicht stattfinden. Ein Mann, der ein ausgeglichenes Sexualleben hat, braucht sich keinen Extremen zu unterziehen.

Extreme Sportarten, extreme Praktiken im Bett. Wo steht da S/M, ist das ein Zeitphänomen?

Wir haben keine Möglichkeit mehr, unsere devoten und aggressiven Impulse in einer adäquaten Art im zwischenmenschlichen Bereich auszuleben. Wir müssen es immer verkleiden. Ob Autofahren, Boxen gehen, Wettbewerbe machen, an der Börse spekulieren. Warum soll es nicht S/M sein?

Welche Trends können Sie anhand Ihrer Erfahrung mit Klienten erkennen?

Der Trend geht immer mehr in Richtung Entmaterialisierung der Sexualität, das heißt die technischen Möglichkeiten, die Sexualität in den verschiedensten Facetten erleben zu können, werden zunehmend genutzt. Das Internet zum Beispiel bietet optimale Möglichkeiten zum unverbindlichen Sex, unkompliziert, distanziert und keine Angst auslösend. Das ist viel wert. Die Zukunft wird beispielsweise auch Cybersex im Daten-Anzug bringen, die extreme Individualisierung ist auf dem Vormarsch. Man wird unabhängig von den sexuellen Unzulänglichkeiten eines anderen Menschen.

Es wird immer mehr über Sex geredet, passiert auch mehr in den Betten oder passiert immer weniger?

Es wird zwar mehr ausprobiert, aber ob mehr an Quantität und Intensität erlebt wird, würde ich bezweifeln. Solange die Sexualität nicht zu einer positiven Selbstverständlichkeit wird, wird das so bleiben. Solange man einfach nur verschiedene Stellungen ausprobiert und man nicht wirklich in seiner Sexualität verankert ist, wird die Vereinsamung voranschreiten.

Was halten Sie von Sexspielzeug?

Insofern es der Zufriedenheit und der Partnerschaft dient, ist es vollkommen in Ordnung, nur müssen beide Partner es befürworten. Piercings oder Klammern können beim Sex nämlich auch stören oder sogar schmerzen. Wenn ein Partner ein Spielzeug nicht will, der andere es aber dennoch zum Einsatz bringt, dann ist das eine Grenzüberschreitung. Die Partner sollten sich aber bezüglich ihrer Stilbildung Gedanken machen: Warum soll es genau dieses Spielzeug sein, und ist dieser Kick der Partnerschaft förderlich, oder gibt es nicht auch noch andere Möglichkeiten, um sich gemeinsam erfreuen und befriedigen zu können.

Welche Lustmittel würden Sie empfehlen, wovor würden Sie eher warnen?

Dient ein Lustmittel ausschließlich der sexuellen Befriedigung, ist der Einsatz unbedenklich. Wenn ein Mann einen Cockring natürlich den ganzen Tag trägt, dann ist das schädlich, weil das einen Blutstau bewirkt, der die Venenklappen schädigt. Ein Vibrator, der unphysiologisch lange zum Einsatz kommt, kann Schäden in der Vaginalschleimhaut verursachen. Auf keinen Fall sollten Gegenstände wie Flaschen anal oder vaginal, weiterhin Klammern und Kugelschreiber in die Harnröhre eingeführt werden, weil das autoaggressiv ist und ein zu hohes Verletzungsrisiko beinhaltet.

Was ist mit Vakuumpumpen, da hört man auch immer wieder, daß sie gesundheitsschädigend sein können?

Nicht, wenn sie adäquat verwendet werden. Das heißt zum Erlangen einer Erektion bei Erektionsschwäche. Wenn aber ein gesunder Mann sie verwendet, um seinen Penis zu vergrößern, als Enlarger sozusagen, dann ist das schädlich. Eine substantielle Vergrößerung des Penis ist nicht möglich. Man kann das Gewebe nur dehnen oder anatomisch auffälliger plazieren.

Warum haben Männer Angst vor Vibratoren, warum sehen Sie sie als Bedrohung?

Ein Vibrator könnte in der Phantasie als Ersatz dienen, insbesondere seine Unermüdlichkeit ist eine Bedrohung. Weiterhin sind Vibratoren nichts anderes als künstliche Penisse. Das führt bei vielen Männern nicht nur zu Neid und Konkurrenzgefühlen, sondern auch zu homophoben Ängsten.

Aber Frauen benutzen einen Vibrator weniger zur Penetration, als zur Stimulierung der Klitoris.

Sehr viele Männer benutzen den Penis weniger zum Stimulieren der Klitoris als zum Penetrieren. Selbstverständlich könnte ein Vibrator auch dem Mann beim Sex Spaß bereiten, wenn er den Vibrator zum Beispiel zusätzlich zur Stimulation der Klitoris einsetzt. Jedoch sind viele Männer in ihrer Männlichkeit sehr fragil und kommen sich insuffizient vor. Mit einem Konkurrenten, auch wenn er nur phantasiert ist, kann nur ein Mann gut umgehen, der in seinem Gefühl zu sich und in seiner Sexualität gefestigt ist.

Der sich in seiner Männlichkeit gut fühlt und ein gesundes männliches Selbstbewußtsein hat. Und das ist nicht die Regel.

Was halten Sie davon, wenn sich Männer mit Gummipuppen befriedigen?

Das ist safe.

Aber warum brauchen Männer ganze Puppen, während sich Frauen mit einem Vibrator zufriedengeben?

Männer brauchen oft zur Aufrechterhaltung ihrer männlichen Selbstsicherheit eine Zustimmung. Eine Vagina allein gibt keine Zustimmung. Bewundert den Mann nicht. Eine Puppe kann diese Phantasie zumindest fördern. Diese Abhängigkeit der männlichen Sexualität von der weiblichen Zustimmung ist mitunter auch der Grund für viele sexuellen Störungen bei Männern.

Was halten Sie von Pheromonen? Dem körpereigenen Sexuallockstoff?

Werden in der Zukunft bestimmt eine ganz große Rolle spielen. Das Phantastische daran ist, daß viele dieser Lockstoffe, die man weder bewußt riechen noch anders bewußt wahrnehmen kann, derart unter die Haut gehen. Es ist ein non-verbaler Vorgang. Auch wenn man nach Gründen sucht, oft kann man gar nicht begründen, warum ein Mensch einem sympathisch ist, ein anderer aber nicht. Wir haben bis jetzt nur Ansätze davon, was Pheromone für die Partnerschaft bedeuten können. Was bis jetzt angeboten wird, ist in seiner Wirkung sehr fraglich, auch wenn es noch so teuer ist. Die Forschung ist noch nicht soweit, diese Stoffe gereinigt isolieren zu können.

Deutschland ist das Land mit der größten Sexshopdichte der Welt. Worauf führen Sie das zurück?

Das dürfte an der sexuellen Unzufriedenheit liegen. Die Deutschen gehen öffentlich mit dieser Unzufriedenheit um. Die Amerikaner sind in der Öffentlichkeit viel prüder. In Deutschland ist man zwar so streng katholisch, aber intellektuell und nach außen sehr freiheitlich und tolerant. In Holland, Dänemark, Schweden ist die Schere im Kopf viel stumpfer.

Pics

(siehe auch ***Cybersex, Fotografie, Pin Up***) Das moderne Pin Up für Bürohengste. Hatte der Arbeiter früher seine pralle Blondine in den Spind geklebt, holt sich der smarte Manager heute seine Schöne direkt aus dem Netz auf den Bildschirm, um sich im besten Fall einen runterzuholen. »Pic« ist die Abkürzung von »Picture« und heißt Abbildung, Foto. Für pornografische Pics aus dem Internet wird meist Geld verlangt.

Piercing

(siehe auch ***Body Art, Intimschmuck, Tattoos***) Löchere mich! Piercing kommt aus dem Englischen von »to pierce« = durchstechen. Piercer sind also Stecher und Gepiercte Durchlöcherte. Gelocht wird alles: Ohrläppchen, Nabel, Schamlippen, sein bestes Stück, Augenbrauen, Lippen, Nasenflügel, sogar die Zunge. Das Piercen ist eine uralte Art des Körperschmucks, die in vielen Kulturen gesellschaftlich verankert und oft Teil eines Ritus ist. Bei uns ist das Piercen im Prinzip auch ein alter Hut, denn schon unsere Großmütter und auch Großväter ließen sich ihre Ohrläppchen durchstechen. Das seit den 90er Jahren aktuelle Piercing verschiedener Körperteile kam aus der schwulen und sadomasochistischen Subkultur.

Heute regt ein Lippen- oder Augenbrauenpiercing niemanden mehr auf. Nur Ärzte warnen immer wieder vor den Komplikationen, die durch nicht fachgerechtes Stechen auftreten können. Vor allem die Hygiene würde in manchen Piercingstudios nicht wirklich ernst genommen, und Krankheiten wie Hepatitis C oder Aids können durch unreine Nadeln übertragen werden! Daher: Jeder, der sich löchern lassen will, sollte bei der Wahl seines Stechers äußerst wählerisch sein!

Die Varianten des Piercingschmucks sind eine Wissenschaft für sich. Gewählt werden kann aus verschiedenen Ringen, Stäben, Klemmkugelringen, Hanteln (Barbells) oder »Bananaas«, bananenförmige, krumme Stege mit jeweils einer Kugel am Ende. Preise ab circa 25 Mark.

Pimmelschocker

(oder ***Pimmelblitz***, siehe auch ***Elektrosex, Shock Wave, Reizstrom***) Manche lieben es elektrisch. Sie setzen sich unter Strom, etwa mit dem Pimmelschocker. Der Beipackzettel verspricht, daß Mann/Frau dabei »schier wahnsinnig wird vor Geilheit«. Und so wird man wahnsinnig: Die Pads aus Gummi werden mit Hilfe eines Gurts da am Körper befestigt, wo es guttut: am Penis, an den Hoden, im Analbereich, an der Vagina. Dann jagt man mittels des Impulsgebers Stromstöße durch die Gummiplättchen. Zum 19-Volt-Super-Gerät gehören auch zwei »Intimbeißer«. Das sind gezackte, spitze Klemmen für die Brustwarzen oder andere neuralgische Stellen. Die Stromwellen verursachen ein schmerzhaftes, heftig stechendes Kribbeln, das wahrlich nicht jedermanns Sache ist. Der Vertreiber nennt das Ganze »Transkutane elektronische Nervenstimulation«, auch zur gefahrlosen Behandlung von Schmerzen. Kann also bei steifen Knien, Kopfschmerz etc. am ganzen Körper angelegt werden, am besten auf Nervenbahnen und an Akupunkturpunkten. Für Menschen mit starken Nerven und dicken Brieftaschen. Das Foltergerät kostet 298 Mark und ist nur selten im Handel zu finden.

Pin Up

(siehe auch ***Fotografie, Kalender, Pics***) Angeklebte Wichsvorlagen. Von »to pin« = anheften. Pin Ups sind Poster von vollbusigen, nackten Schönheiten, die sich früher der Arbeiter oder Soldat an die Innenseite seines Spinds klebte. Vor allem in den 40er und 50er Jahren in Amerika en vogue, meist blonde Schauspielerinnen mit Kegelbrüsten. Die Pin Ups kamen noch vor den Pin Boards über den großen Teich zu uns. Der Reifenhersteller Pirelli veröffentlichte einen Kalender mit viel nackter Frau und wenig Autoreifen, der zum Kult wurde. Pin Up-Girls finden sich bevorzugt in Schränken oder auch in LKWs. Männer finden es offenbar toll, ein Abbild von aufreizender Weiblichkeit bei sich zu haben. Ob *Playboy* oder *Hustler*, die Herrenmagazine bieten das Girl des Monats immer noch zum Raustrennen und An-die-Wand-pinnen. Heute sind die Pin Ups jedoch meist Models und posieren auch gerne flächendeckend auf Plakatwänden für jedermann. Beliebt sind vor allem die freizügigen Plakate der schwedischen Bekleidungsfirma H&M und der österreichischen Reizwäsche-Kette Palmers, die mit ihrem Po-Pin Ups Furore machte.

Pixelsex

(siehe auch ***CD-ROM, Cybersex, Fotografie, Kalender, Pics***) Virtuelle Befriedigung für Voyeure. Pics, Fotos von nackten Frauen im Internet, sind je nach Qualität scharf oder gepixelt. Bei großen Pixeln ist nicht mehr viel zu sehen und der Voyeur muß versuchen, sich auf andere Art und Weise scharf zu machen.

Po

(siehe auch ***Gummipuppe, Kunstvagina, Oro-Stimulator***) Leck mich am A... Manche mögen's eben lieber von hinten, und da die Sexindustrie keinen Wunsch offen läßt, zumindest für einfach gestrickte Männer, gibt es nicht nur Gummimuschis, sondern auch Plastikpos. Dieser pralle Frauenpo aus Latex hat sogar eine rasierte Vagina und ein vibrierendes Po-Loch! Gibt es unter *http://www.erotik-boutique.de/index2.htm* und kostet 249 Mark.

Pocket Rocket

(siehe auch ***Cophalfter, Handtaschenvibrator, Hummel, Vibrator***) Der etwas andere Pausensnack für unterwegs. Selbst ist die Frau, es genügt bereits, eine Handtasche dabeizuhaben. In der hat nämlich der Pocket Rocket, ein Handtaschenvibrator, ganz hervorragend Platz. Der kleine, feine Vibrator hat mehrere Aufsätze mit Noppen und Stacheln. Damit kann sich Frau die Migräne wegmassieren oder die Wut auf den Chef oder sich einfach nur was Gutes tun.

Polyurethankondom

(siehe auch ***Kondome, Schafsdarmkondom***) Nicht alle Menschen vertragen Kondome aus Naturkautschuklatex, dem Saft des Gummibaumes. Latexallergien haben seit Mitte der 80er Jahre dramatisch zugenommen: 4 Prozent der »normalen Bevölkerung« und 8 bis 10 Prozent der Berufstätigen in medizinischen Bereichen (Krankenhäusern, Zahnärzte etc.) reagieren mit Hautreizungen auf Latex. Daher forschten verschiedene Firmen nach anderen Werkstoffen und fanden Ende der 80er Jahre Polyurethan als geeignet. Dieses Material ist allerdings glatter, weniger dehnbar und nicht so hautfreundlich wie Latex. Als Alternative zu Latexkondomen brachte zunächst die Firma Chartex Plc. 1990 in England ein »Femidom«, das Verhüterli für die Frau aus Polyurethan, auf den Markt. London International folgte mit dem Kondom »Avanti« 1997. Es ist das erste richtige Kondom für Männer, das nicht aus Latex oder Schafsdärmen gefertigt ist. Allergiker können aufatmen. Eine Aidsprävention ist auch für sie möglich geworden, wenn auch zu einem viel höheren Preis, denn die Doppelpackung kostet 14,80, fünf Stück circa 28 Mark.

Pony Play

(siehe auch ***Knebel, Ponyspiele, Reitgerte, Reiterspiele, Sporen, Zaumzeug***) Das Toy für tierische Spiele. Der Pferdeschwanz zum in den Po stecken. So kriegt auch sie einen Schwanz, oder er hat eben zwei. Das Spielzeug besteht aus einem Analstöpsel, an dem ein 30 Zentimeter langer Schwanz aus schwarzen Kunsthaaren befestigt ist.

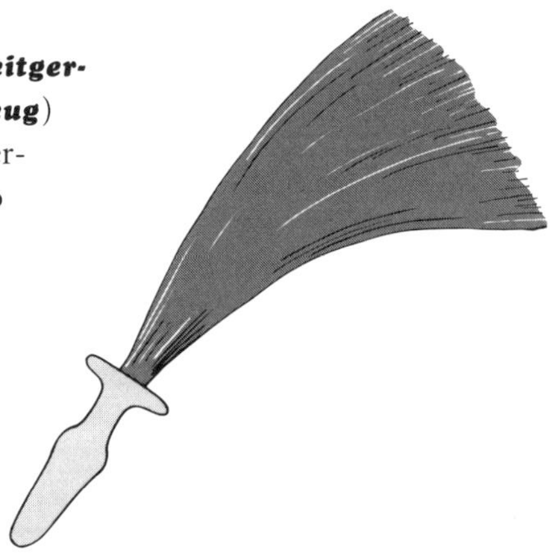

Ponyspiele

(siehe auch ***Knebel, Pony Play, Reiterspiele, Reitgerte, Sporen***) Animalischer Sex. Das Hoppe-Hoppe-Reiter ist ein S/M-Rollenspiel, bei dem der Unterworfene das Pferd spielt und auf allen vieren durch die S/M-Gemächer kriecht. Der besondere Gag ist der Schweif: ein echter Schwanz aus Pferdehaar oder Plastik, der mittels Anal Plug rektal aus dem blanken Gesäß herausbaumelt. Nicht zu vegessen die schwarze Reitgerte und das Geschirr zwischen den Zähnen. Das Ponygeschirr besteht aus einer Metallstange, die quer durch den Mund kommt, Augenklappen und einem Lederhalfter.

Popopumpe

(siehe auch ***Analkugeln, Anal Plug, Analvibrator***) Aufgeblasener Arsch. Maßgeschneidertes Sextoy für Analerotiker. Der Analstöpsel kommt in den Po und wird dann mittels einer pneumatischen Ballpumpe aufgepumpt, bis er die angenehme Größe hat. Preis: Circa 100 Mark.

Poppers

(siehe auch ***Amsterdam Poppers, Drogen***) Illegale Sexdroge, die kurz vor dem Höhepunkt gesnifft wird und den Orgasmus um einiges verlängert. Näheres siehe Amsterdam Poppers.

Porno

(siehe auch ***Softporno, Magazine, Videos***) *Williger Schlund, Pussy-Trainer, Die Pimmel-Puppen, Am Boulevard der tausend Sünden, Samenräuber, Canale Anale* oder *Doppelstecker*, ein paar für sich sprechende Titel von Pornovideos. Innerhalb des Sexmarktes in Deutschland (geschätzter Umsatz 800 Millionen) hat die Pornographie einen Anteil von gut 65 Prozent. Im Pornobereich wiederum sind die Videos mit rund 80 Prozent führend. Magazine und Texte sind mit 15 beziehungsweise 5 Prozent eher rückläufig, da das Kaufvideo immer billiger wird. Pornographie (von griechisch »porne« = Hure, »porneuo« = Hurerei treiben und »graphie« = Schrifttum) ist streng genommen unzüchtiges Schrifttum. Texte, Bilder und Filme bilden heute das Genre »Porno«. Was unzüchtig ist, ist nicht exakt festgelegt. Jugendgefährdend waren in den 50er und 60er Jahren noch Nacktdarstellungen aller Art, die heute jedoch an jedem Kiosk frei erwerbbar sind. Ein intensiver, langer Zungenkuß gar war bis Ende der 60er Jahre unzüchtig und fiel damit unter den Pornographiebegriff. Heute verschwimmt diese Grenze. Eindeutige Fotos, Texte oder Filme mit deutlich sichtbarem Geschlechtsakt gelten grundsätzlich als »Pornos«. Andeutungen davon, verschwommene Bettszenen oder Umschreibungen fallen unter Sex oder Soft-Sex. Auch der Unterschied zwischen dem teuren Aktfotoband für 80 Mark in der Buchhandlung und dem Magazin für 25 Mark im Sexshop wird im wesentlichen vom Umfeld und Vertriebsweg bestimmt. Die Freiwillige Filmkontrolle (FSK) in Wiesbaden bekommt selten einen Pornofilm zur Einstufung vorgelegt. Brutale Gewaltstreifen sind dort eher in der Debatte.

Die Grenzen sind auch kulturspezifisch: in den USA werden weniger »harte« Sexszenen öffentlich präsentiert als zum Beispiel in Deutschland. Schweden ist restriktiver als Dänemark und die Niederlande. Geregelt wird die Pornographie in Deutschland durch den § 184 StGB. Dieser verbietet das Zugänglichmachen und Vertreiben von Pornographie. Die Versandhändler (Uhse, Orion, Kamana und andere) dürfen keine Pornofilme, sondern nur Sexfilme vertreiben. Denn beim Versand, anders als im Laden, kann der Verkäufer nicht sicher sein, in wessen Hände die bestellte heiße Ware gerät.

Pornos sind mit Ausnahme von Japan im wesentlichen eine amerikanische und europäische Schweinerei, in islamischen Ländern gibt es keine Pornoindustrie. Asiatische Länder wie Thailand sind erst vor kurzem in das Geschäft eingestiegen.

Pornos sind für Männer gemacht und werden von Frauen nur selten angesehen. Das liegt an den Rollenklischees und der vollkommen unrealistischen Art, Sex darzustellen. Frauen sähen sicher gerne Pornos, wo der Frau nicht dauernd große Mengen von Sperma ins Gesicht gejagt werden. Andererseits würden Männer gerne Pornos sehen, wo ihnen der Anblick von riesigen, erigierten Schwänzen möglichst erspart bliebe. Das stört sie nur. Wann kommen endlich schöne Pornos auf den Markt???

Postkarte

(siehe auch **Fotografie, Kalender, Pin Up**) Minipornos und Pin Ups für ein bis zwei Mark. Seit Ende des 19. Jahrhunderts sind die Postkarten, mit denen man so einfach jemandem eine Freude machen kann, im Umlauf. Neben den Andenkenkarten gab es von Anfang an natürlich auch solche mit erotischen Motiven, die die damals noch wenig mit sexy Bildern verwöhnten Menschen erfreuten. Heute findet man Karten mit nackten Hintern vor der Silhouette jeder größeren Stadt an fast jedem Kiosk. Leider nur Frauenhintern. Auch im Internet ist es beliebt, sich Karten mit erotischen Motiven zuzuschicken. In Geschenk- und Sexläden werden auch Postkartenbüchlein mit knackigen Körpern und mehr oder weniger pornografischen Bildern angeboten. Etwa Steven Underhills *Best of straight boys* oder etwa die Porn Postcards der Sexqueen Annie Sprinkle.

Potenzmittel

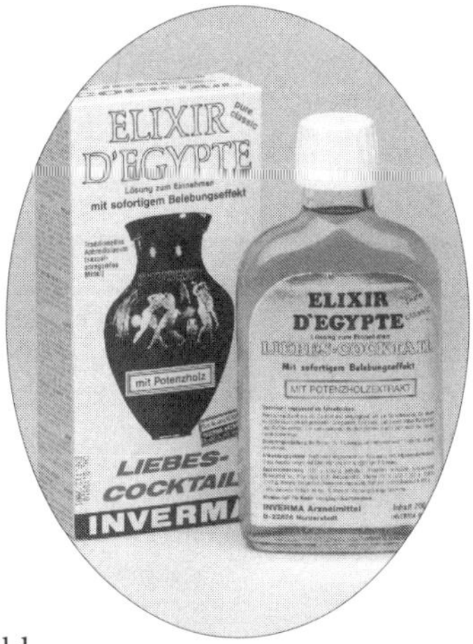

(siehe auch ***Ätherische Öle, Anaphrodisiaka, Aphrodisiaka, Austern, Brennessel, Busencreme, Chili, Dauer-Bums-Dragees, Drogen, Duft, Elixir d'Égypte, Enthemmungstropfen, Erektionscreme, Extasy Gum, Intime-Küsse-Creme, Itchcream, Koriander, Liebessalben, Liebeszucker, Maripuama, Masturbationsöl, Phantasie, Pheromone, Schokolade, Spanische Fliege, Ständertropfen, Stud 100, Weizenkeime, Viagra***) Potenz ist, wenn er möglichst lange steht. Und die Sexindustrie stößt sich an der Versagensangst der Männer gesund. Wo Frauen Zellulitis fürchten oder viel Geld für Brustoperationen ausgeben, haben viele Männer einen Riesenbammel davor, daß ihr bestes Stück zu kurz oder zu dünn ist. Daß er nicht will, wenn er es will, daß er kurz, bevor was passiert, sich wieder einrollt und so weiter und so fort. Um sich zu beruhigen, greift der Mann zur Beruhigungspille, schlicht Potenzpille genannt. Die Regale der Sexshops sind voll mit Tropfen, Dragees und Cremes, die alle nichts anderes können, als dem Mann das Gefühl zu geben, daß er können wird, wenn er können will. Bekanntlich kann der Glaube Berge versetzen, und so kann der Glaube an das Liebesmittelchen eben oft auch den Pimmel hieven. Seit allerdings Viagra auf dem Markt ist, werden die Potenzmittel-Hersteller einen großen Glauben brauchen, um mit ihrem Einnahmeverfall fertig zu werden.

Potenztrainer

(siehe auch ***Body-Building-Condom, Erektionsring Vakuumpumpe***) Potenz kann man zwar trainieren, aber nicht mit dieser Erektionshilfe. Der Potenztrainer ist eine Vakuumröhre mit Ballpumpe, mit oder ohne Vibrationsteil. Mittels des Vakuums kann zunächst eine Erektion aufgebaut werden. Dann muß aber ein Cockring (Stauring) darüber, sonst fließt das Blut schnell wieder ab, und das Glied ist schlapp.

Potenz trainieren kann Mann jedoch anders. Viele junge Männer haben einen vorzeitigen Samenerguß (ejaculatio praecox). Diese Männer können systematisch ihren Schließmuskel trainieren, indem sie beim Urinieren den Strahl immer wieder stoppen. Aber auch durch »Squeezen« (Daumendruck durch den/die Partner/in auf den Bereich des Frenulums) kann er sicherer werden und seine Potenz besser regulieren. Wichtig: Die Potenz spielt sich meist im Kopf ab und ist häufig kein organisches Problem! Den eingangs erwähnten Potenztrainer von der Firma Lavetra gibt es in gut sortierten Sexshops oder bei einigen Versendern ab circa 68 Mark ohne, für 119 Mark mit Vibration.

Powärmflasche

(siehe auch ***Busenwärmflasche, Diletto***) Welche Frau hätte nicht mal gerne 'nen warmen Arsch im Bett? Hiergegen hilft ohne große Anmache die Powärmflasche aus schwarzem Latex. Aufschrauben, heißes Wasser einfüllen und wieder verschließen. Der warme Po reicht für die ganze Nacht und schnarcht nicht! Für gut 40 Mark im Geschenkefachhandel zu erwerben.

Pranger

(siehe auch ***Folter, Galgen, Halsgeige, Henkersmaske, Peitsche, S/M-Spiele***) Die Henkersknechte und Hexenjäger aus dem Mittelalter haben sich die fiesesten Foltermethoden und Quälgeräte ausgedacht. Moderne Peiniger greifen gerne auf die Phantasie der mittelalterlichen Vorfahren zurück. So etwa auf den Pranger, der in neuzeitlichen S/M-Möbeltischlerein immer wieder gerne geschreinert wird. Ein Holzbock mit Öffnungen für Hals und Arme. Der Kopf steckt fest, der »Bottom«, also der Sklave, kann sich nicht wehren und bietet eine hervorragende Fläche für diverse »entspannende« Spielchen. Kann man zum Beispiel bei Tammy's, Torture Design bestellen, Adresse siehe Anhang.

Präservativ

(siehe auch ***Gag-Kondome, Kondom***) Altmodischer Name für ein wieder aktuell gewordenes Verhütungsmittel. Der Name kommt aus dem Lateinischen von »präservare« = verhüten, vorbeugen. Ein Gummikleid für sein bestes Stück ist nach wie vor die beste Methode, Krankheiten zu vermeiden und auch Schwangerschaften werden mit fast hundertprozentiger Wahrscheinlichkeit verhindert. Näheres siehe Kondom.

Präservativbläser

(siehe auch ***Kondomorgel***) Warum sollen nicht auch mal die Gummis einen geblasen kriegen? Das Kondomaufblasgerät ist ein kleiner Kasten mit integriertem Gebläse, der fünf bis sieben Kondome automatisch aufbläst und sie wieder zusammenfallen läßt. Lustiger Bläser, der gerne auf Messen, für Öffentlichkeitsarbeit (Aids) und im Schaufenster eingesetzt wird. Preis 800 Mark.

Prinz Albert

(siehe auch ***Ampallang, Dydoe, Intimschmuck, Piercing***) Untrennbarer Freund seines besten Freundes. Piercingschmuck, der durch die Harnröhrenöffnung reingeht und an der Unterseite des Gliedes am Vorhautbändchen wieder austritt. Ein nicht unproblematisches Piercing, da der Ring im schlimmsten Fall die Eichel spalten kann. Außerdem stört der Prinz beim Pinkeln, so daß der Urin in alle möglichen Richtungen abgeht.

Es kann auch vorkommen, daß Sexpartner so einen Ring am Pimmel abstoßend finden, andere wiederum finden es besonders erregend. Schon im Liebeslehrbuch Kamasutra wurden Penispiercings empfohlen, da sie der Frau Lust bereiten, wenn sich die Kugeln und Ringe an der Innenwand der Vagina reiben.

Wie der Name Albert schon sagt, geht dieser Piercingschmuck auf eine europäische Tradition zurück. Prinz Albert war der Gatte von Queen Victoria und zu deren Regierungszeit, also in der zweiten Hälfte des 19. Jahrhunderts, trugen die Herren eng anliegende »Strumpfhosen«. Der Prinz-Albert-Ring hatte die Aufgabe, die Schwänze der Soldaten des Königs hochzuziehen und mit einem Hosenknopf zu verbinden. Wer weiß, vielleicht gibt es in ein paar Jahren einen »Kanzler Schröder«?

Prothese

(siehe auch ***Dildo, Harness, Vakuumpumpe***) Nicht zu verwechseln mit dritten Zähnen, Brücken oder Kronen. Hier geht es um Penisprothesen, die das schlaffe Glied ersetzen. Umgeschnallt verhelfen sie dem aufeinander abgestimmten Paar zu einer Ersatzbefriedigung der Frau. Der Hilfspimmel wird mit einem Gürtel um die Hüften geschnallt und kann dem impotenten Mann oder dem Partner mit Erektionsschwäche über die Runden helfen. Befriedigender dürfte für sie allerdings die Stimulation mit der Zunge und dem Mund und/oder zarten Händen sein. Prothesen am besten zusammen mit Gleitmittel anwenden. Übrigens gab es derlei Hilfen in Deutschland schon vor dem Zweiten Weltkrieg, populärer wurden sie jedoch erst durch die Vertriebswege Versand und Sexshop seit Mitte der 60er Jahre. Preis: ab 30 Mark aufwärts, nur in Sexshops oder beim Spezialversender.

Puerilismus

(siehe auch ***Adult Baby, Bizarr Sex, Diaper Lover, Windelsex***) Jeder möchte gern einmal Kind sein, und manche Erwachsene treiben es sogar so weit, daß sie in Strampelanzüge schlüpfen, ein Babyhäubchen aufsetzen und in die Windel machen. Dann kommt Mama oder eine strenge Schwester und macht alles wieder weg. Wie im richtigen Leben. Die Gruppe der Adult Babys, der Erwachsenen-

Babys, hat ihr eigenes Magazin, *Baby Gum* (K. Lange Verlag), ist im Internet unter *http://www.babylon.cc* zu besichtigen, und natürlich gibt es eigene Läden beziehungsweise Versender, wo man die hübschen Babysachen auch kaufen kann. Billig ist so ein Riesenstrampler natürlich nicht: »Hoppel« etwa bei Kunzmann kommt auf 169 Mark und die Windel »Zimperl« aus Flanell mit Babymotiven auf 45 Mark, dafür wird sie mit ihren Maßen von 90 mal 120 cm auch jeden ausgewachsenen Hintern bedecken.

Punching Penis

(siehe auch ***Gag-Artikel***) Ideales Spielzeug für betrogene Frauen am Rande des Nervenzusammenbruchs. Statt eines Sandsackes können Sie diesen aufblasbaren Riesenpenis an den Kronleuchter hängen und draufschlagen. Immer und immer wieder. Das baut Aggressionen ab. Der rosa Plastikpenis ist auch ein beliebter Party-Gag für besondere Ballspiele. Circa 59,90 Mark für pralle 180 Zentimeter.

Puppe

(siehe auch ***Dolly-Buster-Puppe, Dolly Fresh, Gummipuppe, Liebespuppe, Puppen-Reparaturset, Real Doll***) Ständig verfügbare Plastiklust für einsame Herzen. »Liebesdienerin Nancy« etwa sitzt ergeben im Schlafzimmerschrank und wartet auf den geneigten Herren. Oder »Lovely Helena«, »ein Traumgirl, das sich bereits in einer Nacht bezahlt macht«. »Lovely Helena« kostet 49 Mark, bietet drei Lustöffnungen und hat keine Hemmungen. Sado-Girl Becky hingegen schlägt mit 249 Mark zu Buche. Näheres siehe Gummipuppe.

Puppen-Reparaturset

(siehe auch ***Dolly-Buster-Puppe, Dolly Fresh, Gummipuppe, Liebespuppe, Puppe, Real Doll***) Zwei Gummiblättchen und eine Tube Klebstoff, damit der Gummipuppe nicht die Luft ausgeht. Bei Beate Uhse für 2 Mark. Gibt's natürlich auch im Fahrradshop, aber die Kleber von dort treffen nicht unbedingt den Farbton der zarten Haut der Allerliebsten.

Push-up

(siehe auch ***Bulger Underwear, Implantate, Silikon, Umschnallbare Brüste, Wonderbra***) Was ausgestopfte Unterwäsche (Bulger Underwear) für ihn, ist der gepolsterte BH für sie. Schwindeln ist erlaubt, schließlich leben wir in einer Welt, die immer virtueller wird. Wen interessieren da schon noch nackte Tatsachen. Früher war es die Watte oder das Papiertaschentuch, heute bietet der Handel Polster aus Silikon, ein Material, das realer Haut sehr nahe kommt. Push-ups sind eine nicht chirurgische, ungefährliche Methode, die weibliche Brust zu vergrößern oder unterschiedlich große Brüste optisch auszugleichen. Der Push-up ist ein qualitativ hochwertiger BH mit Taschen, in die je ein Silikonteil eingeschoben wird: Entweder eine Halbschale für eine leichte Vergrößerung der Brust oder eine Vollschale, die dann die ganze, natürliche Brust der Trägerin in der Fülle in etwa verdoppelt. Die optisch vergrößerte Brust sieht mit der Kleidung darüber echt aus und fühlt sich auch wie ein realer Busen an. Ein Mann, der etwa beim Tanzen oder dem ersten Rendezvous die gepushten Brüste fühlt, bemerkt die Täuschung nicht. Push-ups werden in zwei Teilen erworben: der BH (gute Qualität!) in Weiß oder Schwarz lieferbar für circa 60 Mark, die Push-up-Einlagen dazu nochmals etwa 60 Mark. Auch für Frauen, die gerne mal ein prall gefülltes Dirndl tragen möchten.

PVC

(siehe auch ***Gummi, Klepper, Latex, Regenmäntel***) Kick für Plastikfetischisten. Die 68er Zeit, als es hieß: »Jute statt Plastik«, ist längst vorbei. Plastiktüten sind nicht mehr verpönt, und für immer mehr Menschen ist es erstrebenswert, sich in enge Gummi-, Plastik- oder Latexkleidung zu zwängen. Zur sexuellen Erregung. Doch während Latex und Leder noch natürliche Ursprungsstoffe enthalten, sind Kleidungsstücke aus Polyvinylchlorid aus reinem Kunststoff. PVC gast aus, riecht also immer etwas nach Plastik, verändert sich und ist daher nicht auf der Haut zu empfehlen. Zunächst waren nur Gummischuhe und billige Regenmäntel aus PVC am Markt. PVC als Ausgangsstoff für Kleidung beim Sex ist zeitweilig auch von der Haute Couture gefördert worden. Doch wer schwitzt schon gerne unter diesem Plastik? Nur der echte Fetischist, dem dieser Kick alles bedeutet. PVC-Klamotten wie Gummischuhe und Regenmäntel sind ganz normal im Handel erhältlich. In letzter Zeit gibt es auch spezielle Schneiderinnen, die für die kleine Gemeinde der PVC-Fans näht und klebt.

Q

Querelle

(siehe auch ***Erotische Literatur, Matrose, Video***) Kultfilm der Schwulenszene von Rainer Werner Fassbinder mit Brad Davis und Franko Nero in den Hauptrollen. Davis' tief ausgeschnittenes Shirt wurde kopiert und lange in der Szene getragen. Der Film ist eine Romanverfilmung nach Jean Genet und spielt im Matrosenmilieu. Das schwülstige Ambiente und die vielen deutlichen schwulen Sexhandlungen um Matrosenliebe und Gewalt machten diesen Fassbinder-Film zum Kultstreifen.

Quickie

(siehe auch ***Duft, Parfum, Pheromone, Potenzmittel***) Parfum für karrieregeile Männer: Ein Tag ist kurz, es gibt viel zu tun, da kommt die schönste Sache der Welt schnell mal zu kurz. Aber für einen Quickie kann sich auch der knallharte Broker oder der Manager oder sogar der gestreßte Hausmann mal Zeit nehmen. Doch woher die Frauen nehmen, die sollten ja auch wollen. Die Sexindustrie weiß Rat. Einfach das sexy Parfum mit dem eindeutigen Namen »Quickie« aufsprühen, »damit es ganz schnell klappt«. Und so schnell kann man 39,80 Mark los sein.

R

Rasender Willy

(siehe ***Gag-Artikel***) Party-Gag für Altmännerrunden. Oder soll dieser grellrosa Penis auf Rädern eher Frauen erfreuen? Nach dem Aufziehen rollt Willy über Tisch und Bein und wackelt dabei mit Eichel und Hoden. Ein kindischer Spaß für 7,90 Mark.

Räucherstäbchen

(siehe auch ***Ätherische Öle, Duft, Parfum, Schlafzimmer, Serailpastillen***) Wenn im Schlafzimmer das Spiel mit dem großen Stäbchen gespielt wird, kann der Duft von exotischem Rauchwerk wunderbar aphrodisierend wirken. Unsere Großväter schwörten vielleicht noch auf gut gelüftete Schlafzimmer, wo es höchstens nach Schmierseife und Mottenpulver roch. Wer aber sein Kamasutra brav gelesen hat, weiß, daß das Ambiente des »Austragungsortes« von großer Bedeutung ist. Also: Licht aus, Kerzen anzünden und Räucherstäbchen oder Duftampel anmachen. Dann fehlen nur noch die Komplimente, die Zärtlichkeiten und der Rest.

Räucherstäbchen kamen in den 70er Jahren aus dem asiatischen Raum nach Deutschland. Sie wurden zum Kultgegenstand bei Teestunden (Vorspiel?) oder beim Rauchen von Marihuana. Viele Nichteingeweihte verwechselten den süßlichen Haschischgeruch mit dem der Stäbchen und umgekehrt. Räucherstäbchen werden in Sexshops zu völlig überteuerten Preisen angeboten, besser in esoterischen Läden, Indienshops oder auf dem Flohmarkt kaufen. Hier kostet die Packung nur ein paar Mark. Am anturnendsten sind Sandelholz, Amber, Yasmin und Neroli.

Real Doll

(siehe auch ***Dolly-Buster-Puppe, Dolly Fresh, Gummipuppe, Liebespuppe, Lover Boy, Puppe, Puppen-Reparaturset, Schaf***) Die Turbopuppen unter den Kunstpuppen. Sie werden in einem Studio in Kalifornien handgefertigt und nach den Wünschen der Kunden maßgeschneidert. Der Auftraggeber so einer Real Doll kann alles selbst bestimmen: die Haarfarbe, die Augenfarbe, die Hautfarbe, die Farbe der Schamhaare und auch ob die Zukünftige rasiert oder frisiert ist, welchen Lippenstift, Lidschatten oder Nagellack sie trägt. Und sogar wie weit die Schenkel seiner »Verlobten« auseinandergespreizt sind. Ein bestimmt nicht unwichtiges Detail!

Die Real Dolls sind aus einem Spezialmaterial angefertigt, das auch die Spezialeffekt-Experten aus Hollywood benutzen. Ein hochwertiges Silikon, das in seiner weichen, elastischen Konsistenz der menschlichen Haut sehr nahe kommt. Die Wunderpuppen gibt es nur im Internet unter *http://www.realdoll.com.* Die Website bietet auch einen ausführlichen Chatteil, wo die speziellsten Fragen zum Thema »Ich und meine Puppe« beantwortet werden, also zum Beispiel: Kann ich meine Puppe piercen? Kann ich jetzt schon anfangen, Kleider für sie zu besorgen? Wie kann ich mit ihr baden? etc. Männer, die sich eine Real Doll für reale 4.999 Dollar bestellen, wollen schließlich genau wissen, was sie erwartet.

Realistics

(siehe auch ***Dildo, Vibrator***) Realistics sind Dildos oder Vibratoren, die möglichst so aussehen sollen wie ein realer Schwanz aus Fleisch und Blut. Das heißt sie sind meist schweinchenrosafarben, haben Adern und ausgeprägte Nachbildungen von Eichel und Hoden. Der Höhepunkt der Realität ist, wenn der Schniedel von Pornostars in Originalgröße nachgebildet wird. Das kostet dann. Frauen stehen jedoch eher auf blaue Delphindildos oder ganz einfache konische Formen: denn ein Vibrator ist ein Vibrator, und ein Schwanz ist ein Schwanz.

Regeln

(siehe auch ***Bondage, Folter, Panikhaken, Peitsche, Safeword, S/M-Spiele***) Auch im intimsten Bereich sollten ein paar Regeln beachtet werden. Die allerwichtigste Regel überhaupt lautet: Bei allen Dingen, die sexuell zwischen zwei Menschen passieren, müssen *beide* Partner damit einverstanden sein! Im Klartext, es darf zum Beispiel nur jemand gepeitscht, angepinkelt oder gefesselt werden, der das auch wirklich möchte. Selbstverständlich gilt das Einverständnis auch für ganz normalen Gänseblümchensex!

Falls Sie seinen Penis nicht lutschen möchte, vielleicht aus Ekel, darf er nicht auf Fellatio bestehen. Manchen Frauen ist es aus Hygienegründen unangenehm, vom Partner mit der Zunge befriedigt zu werden. Auch hier gilt die Regel, daß beide eine Sexualpraktik mögen müssen, um damit gemeinsam Spaß zu haben. Bei vereinbarten Qualen (S/M) gilt dies erst recht. Da ist das Safeword der Punkt, an dem das Spiel verändert oder abgebrochen werden muß. Beim ersten Mal mit einem/r neuen Partner/in im Bett heißt es daher sich vorzutasten: Was mag er/sie gerne, denn in der Regel kennen beide noch kaum die Vorlieben des anderen.

Hinterher über das zu sprechen, was einem/r gefällt oder stört, hilft ungemein beim Sex. Wie wollen sie sonst je an ihre Grenzen kommen? Deshalb muß der Sex ja nicht soweit geregelt sein, daß er wie ein Ritual immer gleich abläuft! Regeln beziehen sich auf die äußersten Grenzen, ansonsten ist die Phantasie zügellos.

Neben der wichtigsten Regel »Beide müssen wollen« gibt es natürlich noch diverse Nebenregeln: Man sollte sich waschen, die Zähne putzen, hübsche Unterhosen anziehen und beachten, daß Frauen mehr als ein simples Rein-Raus brauchen, um zum Orgasmus zu kommen. Man sollte nicht ständig fragen »War ich gut?«, man muß Präservative verwenden und Komplimente machen.

Regenmantel

(siehe auch ***Gummifetischismus, Klepper***) Manchen Menschen kommt es beim Tragen eines Regenmantels: Sie lieben das Gefühl von Gummi auf der Haut und erregen sich am Quietschen des Materials. Regenmantelfetischisten findet man – wer hätte es gedacht – hauptsächlich in Deutschland und England. Ein Regenmantelfetischist in Mali wäre schließlich ziemlich arm dran. Die Deutschen schwören auf den klassischen Klepper, während es die Engländer eher mit dem Mackintosh treiben. Wirklich beneidenswert, wenn man dem miesen Wetter soviel Lust abgewinnen kann.

Reinigung

(siehe auch ***Dolly Fresh, Latex-Spray, Müll***) Auch Gummipuppen und Dildos müssen gewichst und poliert werden. Der Sexhandel bietet dazu spezielle Reinigungsmittel an, die aber ihr Geld nicht wert sind, denn lauwarmes Wasser genügt für die meisten Toys vollkommen. Zumindest, wenn Sie das Spielzeug nur für sich selbst benutzen. Wenn das Lustmittel von mehreren verwendet wird, sollten, wenn möglich, Kondome übergezogen werden. Silikonspielzeug kann sogar ausgekocht oder in den Geschirrspüler gesteckt werden. Gummispielzeug hingegen wird leicht porös und ist daher nicht gut zu reinigen. Wenn das Toy elektrisch betrieben wird, muß beim Reinigen akribisch darauf geachtet werden, daß kein Wasser in den Motor oder das Batteriefach kommt. Sonst ist es sehr schnell vorbei mit der Vibration. Hier empfiehlt sich ein feuchtes Tuch mit eventuell etwas Seife oder Geschirrspülmittel.

Hilfsmittel, die in den After eingeführt wurden, dürfen nicht ohne Zwischenreinigung in die Scheide gesteckt werden. Anal-Instrumente müssen besonders penibel gereinigt werden, ohne daß dafür gleich Sagrotan-Spray notwendig wäre. Dessous aus Polyester lassen sich mit 40 Grad warmem Wasser und Waschpulver säubern. Lustvolle Stücke aus Baumwolle kann man schon mit 60 Grad von Erregungssekret und Sperma befreien. Kleidung aus Latex wird mit besonderem Puder geschmeidig gehalten, denn der Schweiß in diesen Klamotten klebt und riecht. Der Handel bietet dafür spezielle Pflegesprays (etwa Latexa Spray) zur Dauerpflege an. Lackkleidung sollte mit Wasser gesäubert werden. Für andere Liebesutensilien erkundigen Sie sich am besten gleich beim Kauf, falls Sie das Glück haben auf eine kompetente Verkaufskraft zu stoßen, was in der Branche aber die Ausnahme ist.

Reiterspiele

(siehe auch ***Geschirr, Pony Play, Ponyspiele, Reitgerte, S/M-Spiele, Sporen***) In deutschen Schlafzimmern wird gerne geritten. Dabei ist weniger die Position gemeint, bei der er auf dem Rücken liegt und sie oben ist, sondern die, wo er auf allen vieren durch die Wohnung galoppiert.

Die strenge Reiterin hat ihm einen schweren Sattel und Ledergeschirr umgelegt, sie trägt hohe Lackstiefel, möglichst mit Sporen und schwingt natürlich eine scharfe Reitgerte. Auch wenn die Gemeinde klein ist, so finden doch einige Zeitgenossen Spaß an diesem Reitfest, ohne den Turf dabei zu betreten.

Reitgerte

(siehe auch ***Gerte, Geschirr, Peitsche, Pony Play, Ponyspiele, Reiterspiele, Sporen***) Laut einer Umfrage zum Sexverhalten der Deutschen stehen 6 Prozent der Befragten auf Peitschen im Schlafzimmer. Peitsche ist jedoch nicht gleich Peitsche, es gibt circa 1.000 verschiedene Schlaginstrumente. Besonders beliebt ist allerdings die edle Reitgerte: Das hat was Königliches an sich, so eine schlanke Reitgerte, gehalten von einer behandschuhten Hand. Pfeift sie durch die Luft, dann entlockt sie dem Getroffenen ein lustvolles Stöhnen. Für circa 50 Mark im Geschäft für Reiterbedarf oder im Fetischladen zu haben.

Reizfinger
(siehe auch ***Fingerling, Noppenlangfinger, Venusfinger***) Reizende Gummihülle. Wem die Stimulation mit einem nackten Finger nicht reicht, der kann sich eine Gummihülle mit Noppen oder Stacheln überziehen. Das reizt vielleicht intensiver als pure Haut, ist aber dafür nicht so weich, warm und anschmiegsam. Ein eher überflüssiges Sextoy für circa 10 Mark.

Reizring
(siehe auch ***Action Rubber, Erektionsring, Venusfinger***) Der Ring fürs Ehebett. Ähnlich einem Action Rubber werden diese Ringe oder auch Pads über den Schwanz oder Dildo gezogen, um die Klitoris zu reizen. Die Ringe sind aus Silikon, Plastik oder Latex und haben Noppen, Stacheln oder Perlen. Das Angebot an Reizringen ist groß. Beim Kauf sollte unbedingt darauf geachtet werden, daß das Material weich und anschmiegsam ist, sonst wird der Reiz zum Schmerz. Außerdem sollten die Stacheln oder Noppen nicht zu hoch oder groß sein. Versuchen Sie einen Sexshop zu finden, in dem die Ware nicht nur eingeschweißt im Regal liegt. Sonst müssen Sie die meist ohnehin überteuerte Ware als Katze im Sack kaufen. Also tasten, fühlen und dann entscheiden. Die Preise der Reizringe liegen bei circa 20 Mark.

Reizstrom
(siehe auch ***Elektrosex, Pimmelschocker, Remote Control Vibration Egg, Shock Wave***) Wie reizend! Die kleine Heimfolterstube mit Elektroschocks zur Stimulation. Reizstromgeräte dienen eigentlich der Lösung von Verspannungen oder dazu, den Kreislauf und die Nerven an bestimmten Körperteilen zu aktivieren. Der Einsatz an den Genitalien ist die Vorstufe zur privaten Folter. Aus dem Kribbeln kann leicht ein kleiner Stromschlag werden. Dabei werden Elektroden zum Beispiel an Penis, Hoden oder Schamlippen angeklebt und dann an Niedervoltstrom aus Batterien angeschlossen. Ein kribbelnder Stoß und Sie werden hoch gehen – an die Decke!

Wir können nur abraten, Reizstromgeräte dieser Art zu mißbrauchen. Billig ist die Volt-Lust auch nicht, das Do-it-yourself-Quälgerät kommt im Sanitätshaus auf 249 Mark, im Spezial-Sexhandel wird es noch teurer. Im Internet bietet der »Pionier der Masturbation«, Dante A'more, Elektro-Stimulansgeräte an. Sein Highlight ist der »Erotic Chair«, der »elektrische Stuhl« sozusagen, der demnächst auf den Markt kommen soll. Der Stuhl aus Aluminium wiegt 23 Kilo, ist zusammenklappbar und eignet sich für Spiele zu zweit oder allein. Betrieben wird der Stromstuhl mit 9-Volt-Batterien oder wahlweise einem Netzgerät.

Außerdem hat der Elektromeister Dante noch einen »Electro Vaginal Plug« und einen »Juice«, einen Spezialvibrator, im Angebot. Doch so saftiger Sex ist nicht jedermanns Sache. Obwohl der Hersteller versichert, daß es nicht schmerzt und der Orgasmus in seiner Intensität verschärft wird, sollte nur ganz vorsichtig mit dem »Elektrischen Stuhl« umgegangen werden. Im Internet unter *http://www.soloworker.de* zu finden.

Reizwäsche

(siehe auch ***Dessous, Jockstrap, Slip Ouvert, Strapse, Unterwäsche***) Was heute frivol-französisch Dessous heißt, nannte man früher Reizwäsche. Ein schönes Wort, das klar aussagt, wozu derartige Unterhosen, BHs und Strümpfe gedacht sind. Offensichtlich weder zum Wärmen oder zum Stützen. Doch: Reizwäsche reizt nicht nur die Betrachter, sondern auch das Model. Denn, was in Sexshops an geilen Reiz-Fummeln angeboten wird, besteht meist aus kratzigem Polyester mit stechenden Nähten und Spitzenbordüren. Der einschnürende schmale Gummi macht das Desaster perfekt. Oft werden solche Dessous nicht von der Trägerin selbst ausgesucht und gekauft, der Lover bringt sie als scharfe Überraschung nach Hause. Für sein Auge und ihre Allergie. Also lieber in einen edlen Dessousladen gehen und ein bißchen mehr Geld für einen Hauch von Nichts aus Seide oder anderen hautfreundlichen Materialien auf den Tisch legen. Bleibt nur noch eine Frage: Warum nur gibt es für Männer so wenig Reizwäsche? Oder warum tragen Heteromänner noch immer keine sündigen Jockstraps?

Remote Control Vibration Egg

(siehe auch ***Elektrosex, Hummel, Japanische Tanzhose, Vibrator***) Ferngesteuerte Cyberlust. Dieses Sexspielzeug ist genauso abgehoben wie sein Name. Das Vibrationsei kann der Osterhase persönlich in der Muschi seiner Allerliebsten verstecken. Wenn er Lust hat, ihr Lust zu bereiten, aktiviert er den Ei-Vibrator per Fernsteuerung vom Nebenraum oder der Garage aus. Die Fernsteuerung soll über eine Distanz von 15 Metern funktionieren. Soll, denn nach ein paar Monaten wurde das Produkt vorläufig wieder aus dem Handel genommen. Es war nichts mit der Allmacht des Fernsteuerers, denn das Ei bewegte sich keinen Millimeter. Es dauert wohl noch eine Weile bis das mit der Cyberbefriedigung so richtig klappt. Bis dahin kann man es ja noch schön klassisch in der Missionarstellung treiben.

Retardierungskondom

(siehe auch ***Kondom, Potenzmittel***) Jüngere Männer haben oft das Problem, zu früh zu kommen. Die Lust übermannt sie, sie können sich nicht lange genug kontrollieren, so daß die Partnerin das Nachsehen hat und ohne genitale Stimulation zum Orgasmus kommen muß. Für diese jungen Männer hält die Sexmittelchen-Industrie ein Kondom bereit, dessen Spitze mit einer desensibilisierenden Paste gefüllt ist. Der junge Heißsporn streift das Kondom über und hofft. Doch die Lust spielt sich im Kopfe ab, und daher ist das Retardierungskondom nur eine Krücke, die ihm durch Glauben helfen soll. Schafft er es tatsächlich, kann es natürlich auch an dem dicken Latex des Kondoms oder seiner Ablenkung gelegen haben. Wem die Dinger helfen, sich zu kontrollieren, soll damit Sex haben. Schaden tut es nicht. Diese Verhüterli sind nicht überall zu bekommen, da die strenge Kondomverordnung chemische Zusätze in den Teilen nicht gerne sieht. Der verzögerte Orgasmus hat auch seinen Preis: Zwei bis drei Mark pro Kondom ist doppelt so teuer wie ein herkömmliches Präservativ.

Retardierungscreme

(siehe auch ***Dauer-Bums-Dragees, Erektionscreme, Potenzmittel, Stud 100***) Die einen kommen nie, die anderen sehr spät und einige viel zu früh! Die männlichen Zu-Früh-Kommer suchen Beistand bei Cremes, die Hilfe versprechen, diese aber nicht wirklich bieten können. Eine Creme gegen vorzeitigen Samenerguß gibt es nicht. Würden Retardierungscremes (kommt von »retardieren« = zurückhalten, verzögern) Wirkstoffe enthalten, die über eine pflegende Wirkung hinausgehen, wären sie Medikamente und damit apothekenpflichtig. Die im Sexshop und Versand angebotenen Cremes oder Gels wirken daher allenfalls mechanisch, desensibilisierend und im Kopf des Anwenders, der sich gestärkt fühlt, dem vorzeitigen Kommen zu trotzen. Für 12 bis 20 Mark im Sexhandel. Ohne geht es auch, mit etwas Übung und Geduld der Partnerin.

Rheumasalbe

(siehe auch ***Brennessel, Chili, Itchcream, Potenzmittel***) Manche greifen im Notfall anstatt einer aphrodisierenden Creme aus dem Sexshop auf Omas Rheumasalbe zurück. Ist aber nur was für harte Männer und starke Frauen, denn es prickelt bis zur Schmerzgrenze, wenn Sie diese Pomade auf den Pimmel streichen. Und auch die Klitoris fängt wie wild zu jucken an.

Rheumasalben lindern Verspannungen und Gliederschmerzen. Auch bei Hexenschuß helfen diese wärmenden Cremes aufgrund der durchblutungsfördernden Wirkung. Falls Sie zum Beispiel die bekannte ABC-Salbe auf den Rücken schmieren, läuft es ihnen heiß den Buckel herunter. Diesen Effekt machen sich manche bei Erektionsschwierigkeiten zu eigen. Durch Zweckentfremdung dieser Cremes versuchen sie, die Durchblutung am Penis oder am Scheideneingang zu steigern. Ein gefährliches Spiel. Die Rheumasalben sind agressiv und können verletzen. Wer aus Versehen etwas davon in die Augen bekommen hat, muß diese sehr lange spülen. Die Hersteller weisen daher immer darauf hin, daß die Hände nach dem Auftragen gründlichst zu waschen sind. Rheumasalben sind freiverkäufliche Arzneimittel in Apotheken. Für 10 bis 20 Mark können sie ohne Rezept eine Tube erstehen. Falls sie jedoch wegen Risiken und Nebenwirkungen für diesen speziellen Verwendungszweck den Apotheker befragen, werden sie großes Erstaunen ernten.

Rillenvibrator

(siehe auch ***Sleeves, Vibrator, Zauberstab***) Die meisten Sexliebhaber sind der Meinung, daß das Reinstecken der schönste Moment beim Sex ist. Mit dem Rillenvibrator kann sie sich diesen Kick Rille für Rille geben. Die Rillen sind zwar nicht sehr tief, dafür vibrieren sie und das gibt bestimmt noch einen Zusatzkick. Wer es noch intensiver will, sollte einen Kugel- oder den Zauberstab probieren.

Ringstring

(siehe auch ***Dessous, Erektionsring, Hunnengurt, Jockstrap***) Ein raffiniertes Dessous mit Erektionshilfe. Der Stringtanga aus Leder kann vorne aufgeklappt werden. Zum Vorschein kommt der Penis, gefangen von einem Cocking, der am Tanga befestigt ist. Nicht ganz billig mit 139 Mark, diese teure schwarze Spezialunterwäsche für den Herrn. Stützt und hilft ihm über Erektionsschwächen hinweg. Beim Kamana-Versand und in Sexshops mit Lederabteilung.

Rinotama

(siehe ***Ben-Wa-Bälle, Geishakugeln, Ruckzuck-Orgasmuslust***) Ein altes japanisches Spielzeug, das aus zwei Kugeln besteht, die in die Muschi gesteckt werden. Soll scharfmachen, aber nicht unbedingt befriedigen. Kann in der Öffentlichkeit getragen werden und macht ein Meeting oder die U-Bahnfahrt spannender. Näheres siehe Geishakugeln.

Rohrstock

(siehe auch ***Masochismus, Peitsche, Sadismus, Schulspiele, S/M-Spiele, Spanking, Uniformkult***) Mancher wird laut brüllen, wenn er mit diesem Züchtigungsinstrument aus dem viktorianischen Zeitalter bearbeitet wird. Wer sich das freiwillig antun läßt, schreit vor lustvoller Qual. Die Stöcke aus Rohr, meist Bambus, sind fest, hart und leicht im Gewicht. Deshalb hatte früher eine jede Lehrkraft den Rohrstock zum Zeigen an der Tafel und zum Züchtigen, solange dies noch erlaubt war.

Beim S/M-Sex wünschen sich die Gequälten, wie früher auf den blanken Po geprügelt zu werden. Rohrstöcke sind die Hardcore-Peitschgeräte überhaupt. Sie zischen furchterregend durch die Luft und verursachen einen sehr scharfen, begrenzten Schmerz. Dabei ist der Rohrstock neben der Hand das billigste Schlaginstrument. Im Blumengeschäft oder Baumarkt bekommt man Bambusrohr am laufenden Meter in vielen Stärken für ein paar Mark. Nur zu, bei Nichtgefallen können Sie damit noch Tomaten auf dem Balkon hochziehen oder Efeu über diese Erfahrung wachsen lassen. Wer es genauer wissen will, kann unter *http:// www.rohrstock.de/* das Magazin *RS Rohrstock* für europäische Flagellanten beziehen.

Rollenspiele

(siehe auch ***Augenbinde, Maske, Peitsche, Phantasie, Regeln, Safeword S/M-Spiele, Uniformkult***) Dem Alltag entfliehen und sich in eine andere Person verwandeln kann ganz schön befreiend wirken und Platz für die sexuelle Lust schaffen. Daß verkleiden Spaß macht, wissen wir alle vom Karneval. Sich einmal als Prinzessin fühlen, als Cowboy in Leder, als Nonne, Star, Matrose oder Flugkapitän. Alles, was anmacht, ist erlaubt, je nach Wunsch nur imaginär oder mit echten Kostümen und gespielten Szenen. Auch Masken helfen dabei, in eine andere Rolle zu schlüpfen. Mal als Alien vögeln oder als Fabelwesen verführen? Beliebt sind auch Schulspiele, er muß die strenge Lehrerin unter dem Schulpult oral befriedigen und kriegt ein paar mit dem Rohrstock verpaßt. Oder wie wär's mit einem kleinen Rollenspiel »Der Präsident und die Praktikantin«? Oder man kann auch Vergewaltigungsphantasien lustvoll und auf ungefährliche Art und Weise ausleben. Vorausgesetzt man vereinbart vorher ein Safeword: Wenn einer der Partner das Wort ausspricht, wird das Spiel *sofort* abgebrochen.

Rose

(siehe auch ***Duft, Rosenslip, Schlafzimmer***) Die Rose wurde oft mit der Vulva verglichen. Der berühmte chilenische Dichter Pablo Neruda nannte die Muschi wunderschön poetisch eine »Rose aus feuchten Feuer«. Und wenn jemand eine rote Rose schenkt, kommt das einer Liebeserklärung gleich oder ist als eindeutiges Angebot zu verstehen. Nicht umsonst geistern Nacht für Nacht unzählige Rosenverkäufer durch die Lokale. Nach dem Motto: Wenn dir sonst nichts einfällt, sag es durch die Blume! Wie eindeutig die Botschaft ist, zeigte der Frauenheld in dem französischen Film *Eine Frau für Zwei* von Josiane Balasko. Als der Macho im Café eine Rose angeboten bekommt, sagt er: »Danke, ich hab schon gefickt.« Die Geliebte neben ihm ist nicht gerade begeistert!

Rosenslip

(siehe auch ***Dessous, Gag-Artikel, Rose***) Sag es mit Blumen, die es nicht bei Fleurop gibt. Was zunächst wie eine Kunstrose von der Jahrmarkt-Schießbude ausschaut, entfaltet sich beim Öffnen zum geilen Slip. In einem Strauß roter Rosen versteckt, gilt dies als klare Botschaft fürs Vorspiel. Diese Rose können sie nur in Geschenkboutiquen oder Kondomgeschäften für sechs bis acht Mark pflücken.

Rot

(siehe auch ***Aphrodisiaka, Farben, Feng Shui, Schlafzimmer***) Rot ist die Farbe der Liebe und des Sex. Der Glut, Lust und Leidenschaft. Das Wort Rot kommt aus dem altindischen Sanskrit »Rudhia« und bedeutet Blut. Und ohne diesen Stoff kommt bekanntlich keine Erektion zustande. Je besser durchblutet, desto größer die Erregung von Mann wie Frau. Farbpsychologen zufolge sind Menschen, die Rot lieben, besonders temperamentvoll und leidenschaftlich. Rot angemalte Räume oder die Bestrahlung mit Rotlicht läßt Blutdruck und Herzschlag ansteigen. Der Kreislauf wird also aktiviert, und nicht viel mehr machen auch die im Handel angebotenen Liebespillen. Rot ist also ein ganz subtiles Aphrodisiakum. Nicht umsonst tragen Prostituierte vorwiegend rote Kleider, sind die neuen angesagten glänzenden Latexklamotten in Rot, heißt das Rotlichtviertel nicht Blaulichtviertel. Nur Huren trugen früher rote Schuhe, während rote Socken wieder ein anderes Kapitel für sich sind. Auch die erotische Urahnin, die Venus von Willendorf, war rot angemalt. Und bekanntlich ist mit einer Frau, der man rote Rosen bringt, gut Kirschen essen, auch wenn sie vorher schon die rote Karte gezückt hatte.

Roulette

(siehe auch ***Erotikquiz, Phantasie, Spiele, Strip Poker, Via Amore, Wunschzettel***) Wenn es Ihnen mal an Inspiration fehlen sollte und sie schwanken, ob sie lieber chipskauend vor dem Fernseher abhängen oder doch lieber an den Genitalien ihres Schatzes kauen wollen, versuchen Sie es doch mal mit dem Liebesroulette. Und so einfach geht's: Dieses Buch zur Hand nehmen und den anderen bitten, eine Zahl oder einen Buchstaben zu nennen, die Seite mit der Zahl oder dem genannten Buchstaben wird aufgeschlagen, und da steht dann, was heute ansteht. Analkugeln? Massageöl? Venusfinger? Oder gar der Rohrstock? Bei so einem Spiel kann einem ganz schön heiß werden. Und: Es verursacht bestimmt keine Speckröllchen wie die Alternative mit den Chips vor der Glotze!

Rubber

(siehe auch ***Kondom, Hot Rubber***) Einziges am Markt erhältliches Kondom ohne Reservoir! Ein Überzieher ohne Tropfsäckchen sieht besser aus und ist auch angenehmer beim Verwenden von Sextoys. Vor allem Lesbierinnen lieben es ohne Reservoir, die stehen nicht auf das Auffangsäckchen für Sperma. Wozu auch? Näheres siehe Hot Rubber.

Ruckzuck-Orgasmuslust

(siehe auch ***Ben-Wa-Bälle, Geishakugeln, Orgasmuskugeln***) Wieder einmal ein irreführender Name für ein Sextoy. Der Powername stammt offenbar wieder von einem Mann, der keine Ahnung von der weiblichen Sexualität hat. Mit »Ruckzuck-Orgasmuslust« sind Geishakugeln gemeint, zwei Kugeln, die Frau sich in die Muschi steckt. Die Kugeln erregen und stärken die Muskulatur, einen Orgasmus kann Frau sich jedoch damit nur sehr schwer herbeirollen. Näheres siehe Geishakugeln.

Rückenknebel

(siehe auch ***Bondage, Devotismus, Fesseln, Folter, Handschellen, Oberschenkel-Hand-Fessel, Peitsche, Sadismus, S/M-Spiele***) Im Alltag sprechen Geschäftsleute von Knebelverträgen, ansonsten gehören Knebel in den Bereich der Folterer. Bei gewissen S/M-Spielen werden die Hände gefesselt und hinter dem Rücken »geknebelt«, damit der Gequälte keine Chance hat, sich mit den Händen zu wehren. Auch eine Form der Qual – wem es gefällt. Ausstattung hierzu im S/M-Laden.

Ruhe

(siehe auch ***Farbe, Licht, Massage, Musik, Schlafzimmer, Zeit***) Wer kommt schon zum Höhepunkt, wenn er dabei daran denkt, daß der Müll runter muß oder daß er beim Chef vorgeladen ist. Es ist auch nicht gerade lustfördernd, an die Cellulitis oder die Schwimmreifen am Bauch zu denken. Das Gebell des Nachbarhundes oder die Blockflötenübungen von Lieschen im ersten Stock werden auch niemanden in Ekstase bringen. Also Abschalten! Ruhe ist die wichtigste Voraussetzung für ein befriedigendes Liebesspiel! Ein duftendes Bad und eine entspannende Massage können sehr aphrodisierend wirken und alle lusthemmenden Gedanken wegschwemmen. Duftlampen, kuscheliges Licht und antörndende oder beruhigende Musik tragen auch sehr zur Entspannung bei. Sorgen Sie außerdem dafür, daß nicht das Telefon neben dem Ohr steht, und vor allem verstecken sie die Kondome nicht im Badezimmerschrank! Es stört, wenn man mitten im heftigsten Liebesspiel ins Bad rennen muß!

Rute

(siehe auch ***Kochlöffel, Peitsche, Reitgerte, Rohrstock, Rollenspiele, Spanking***) Nicht seine Rute, sondern die der S/M-Folter ist damit gemeint. Knecht Ruprecht hatte sie schon, warum also nicht auch Sie? Jeden 6. Dezember auch offen im Wohnzimmer ganz familiär vorzeigbar. Zuerst wird ein bißchen mit der Rute rumgespielt und dann kommt der heilige Nikolaus mit seinem Sack zum Zuge und beschenkt die Mama.

S

Sadismus

(siehe auch ***Andreaskreuz, Augenbinde, Branding, Fesseln, Flagellantismus, Galgen, Hängekäfig, Maske, Masochismus, Nadel, O-Ring, Panikhaken, Peitsche, Pranger, Regeln, Safeword, S/M-Spiele, Spanking***) Einen anderen Menschen zu quälen, bereitet manchen Menschen sexuelle Lust. Sie peitschen, schlagen, brennen, knebeln oder fügen Stiche mit spitzen Gegenständen zu. Jeder Sadist braucht natürlich einen Masochisten. Die Grenze ist dabei eindeutig: Der/die Gequälte muß damit einverstanden sein. Der Sadist oder die Sadistin erregt es, den anderen Menschen zu beherrschen, ihm Qualen zuzufügen. Der Begriff wurde von dem Sexualforscher Krafft-Ebing eingeführt, der sich dabei auf den französischen Schriftsteller Marquis de Sade (1740–1814) bezog. Beide Partner erregt das Spiel, das oft schon Jugendliche in der Pubertät einüben. Jungens halten Mädchen fest. Diese kreischen und finden es toll, darüber in Kontakt zu kommen. Beide Seiten spielen mit Gewalt und wissen dabei, die Grenze einzuhalten. Wenn nicht, kippt die Sache sofort.

Beim S/M-Sex wird der Sadismus ritualisiert und in Rollenspielen genußvoll ausgeschmückt. Ob dabei der strenge Lehrer den Rohrstock schwingt oder die Krankenschwester Klistiere verpaßt, ist dem jeweiligen Drehbuch überlassen. Mit allerlei Hilfsmitteln, wie Peitschen, Streckbank, Pranger, Augenbinden, Knebeln und Fesseln, quält der Sadist sein Opfer und wird dadurch immer heißer. Dabei kann der Schmerz allein zur sexuellen Befriedigung führen, Geschlechtsverkehr findet nicht unbedingt statt.

Sadismus ist ein Teil von uns. Wer hat nicht schon aus Schadenfreude gelacht oder als Kind einen Regenwurm oder ein anderes Tier gequält. Beim Zweikampf zweier Kinder werden diese Grenzen und Kräfte erprobt. Beim Sex der Erwachsenen ist der Versuch, Grenzen zu überschreiten, Teil der erotischen Spannung, die sich über Grenzerlebnisse herstellt. Natürlich ist auch der Sadismus kommerzialisiert. Es gibt Domina-Studios, in denen sich der Masochist für viel Geld peinigen lassen kann.

Safer Sex

(siehe auch ***Dammits, Dental Dam, Eichelkondom, Ganzkörperkondom Gummipuppe, Handschuhe, Kondom***) Synonym für Kondom und Lolly. Safer Sex ist ein relativ neuer Begriff, der im Zusammenhang mit der Aidsprävention 1985 bis 1987 entstanden ist. Unter Safer Sex versteht Mann/Frau alle Sexualpraktiken, die »safe«, also sicher sind und davor schützen, HIV zu übertragen. Hierzu gab und gibt es zahlreiche Informationskampagnen von den Gesundheitsbehörden und der Deutschen Aidshilfe (Berlin). Am eindrucksvollsten waren dabei Piktogramme im *Stern*, die eindeutig zeigten, daß etwa Küssen und der Besuch im Schwimmbad unproblematisch sind, ungeschützer Verkehr ohne Kondome jedoch gefährlich ist. Für bestimmte Zielgruppen (Schwule, Lesben, Junkies, Prostituierte, HIV-Positive) gibt es mittlerweile spezielle Merkblätter, auf denen aufgelistet ist, was für sie bzw. deren PartnerIn »safe« ist. Zu bestellen bei der *Deutschen Aidshilfe Berlin* oder den örtlichen Aidshilfen in den Großstädten. Oder auch über den *Lesben- und Schwulenverband in Deutschland LSVD* unter *http://www.lsvd.de*. Die *Bundeszentrale für gesundheitliche Aufklärung* sendet ebenfalls kostenloses Material zu. Falls Sie unsicher sind, was für Sie persönlich »Safer Sex« ist, können Sie sich auch direkt unter den Info-Telefonnummern der Aidshilfen oder bei den Gesundheitsämtern informieren. Aidstests können Sie anonym bei einem Gesundheitsamt in Ihrer Nähe durchführen lassen.

Safeword

(oder ***Stop Code***, siehe auch ***Bondage, Fesseln, Folter, Gasmaske, Peitsche, Regeln, S/M-Spiele, Spanking***) »Safe« heißt »in Sicherheit«, und die ist bei einer S/M-Session nur gegeben, wenn beide Beteiligten vorher ein Safeword oder Zeichen zum Abbruch der Mißhandlung vereinbart haben. Denn irgendwann macht auch die schönste Qual keinen Spaß mehr. Dieser Code muß unbedingt respektiert werden! So kennt der Sadist den Punkt, mit dem Quälspiel aufzuhören, und der Masochist hat immer die Chance, die Reißleine zu ziehen, wenn es ihn in den Strudel der Schmerzen hinunterzieht. Kostet nichts, ist aber wichtig!

Samt

(siehe auch ***Goldene Hand, Gummi, Latex, Leder, Masturbationspad, Pelz, Seide***) Die Haut wird oft mit Samt verglichen und Samt auf nackter Haut verdoppelt das Gefühl von erotischer Weichheit und Sinnlichkeit. Samt ist wie ein künstlicher Pelz, fein und verführerisch, gerade der richtige Stoff für scharfe Kleider oder Bettüberwürfe. Ein Schlafzimmer mit roten Samtvorhängen ist nun mal erotischer als eins mit schwarzen Rollos.

Scarification

(siehe auch ***Body Art, Branding, Tattoos***) Nach dem Piercen und Tätowieren gilt Scarification (von »scar« = Narbe) als die neueste sexy Form, seinen Körper zu schmücken. Doch Scarification ist nur etwas für Hartgesottene: Man schneidet sich dabei Zeichen und Muster in die Haut, um Narben als Zierde davonzutragen. Klingt abwegig, ist aber in Deutschland eine alte Tradition, zumindest bei den Burschenschaften. Dort wird mit dem Degen das Gesicht aufgeritzt, um mit dem »Schmiß« als Narbe lebenslang zu zeigen, wie männlich man ist. Mehr zum Thema Scarification gibt es im Internet unter *http://www.BME.freeq.com.*

Schaf

(siehe auch ***Butterfly, Delphin, Hummel, Real Doll, Spinne, Sodomie***) Die Liebe zum Tier ist in Deutschland weitverbreitet und auch der Sextoyliebhaber muß nicht auf tierisches Vergnügen verzichten. Sie kann es mit einem Delphinvibrator treiben oder sich den ganzen Tag eine vibrierende Hummel auf die Klitoris schnallen. Für die Herren der Schöpfung hält der Handel ein Gummischaf bereit oder in Amerika ein »Real Sheep« aus Silikon mit echtem Wollhaar. So ein eigenes Fickschaf fürs Wohnzimmer ist eine tolle Sache, das hat uns schon Woody Allen in seinem Film *Was sie schon immer über Sex wissen wollten* gezeigt. Die fatale Daisy hat ihren Liebhaber allerdings total ruiniert und zum Penner gemacht. Also Vorsicht mit den lockigen Verführerinnen. Unter den Silikonschafen ist das Love-Schaf Gertrude laut Kundenaussagen das beliebteste. Billig ist die süße Gertrude allerdings nicht, stolze 4.999 US-Dollar zuzüglich 400 Dollar fürs Verschiffen müssen hingeblättert werden. Nun denn, ab ins Warenkörbchen mit der Bestellung unter *http://www.geocities.com/SunsetStrip/Palace/6314/*. Oder war das ganze doch ein Scherz? Das lassen sogar die Anbieter offen.

Schafsdarmkondom

(siehe auch ***Bikinikondom, Dental Dam, Kondom, Polyurethankondom***) Aus dem Blinddarm von Schafen wurden bereits vor Jahrhunderten Kondome zum Infektionsschutz angefertigt. Bis in unsere Tage wurde das Verfahren angewandt und verfeinert. Der edle Natursaitling fühlt sich wie Haut an. Wirklich gefühlsecht. Der Cadillac unter den Verhüterlis am Markt. Er hat jedoch auch große Nachteile. Zunächst die Gewinnung: Wollte die ganze Welt damit verhüten, würden die Schafsweiden sich über den gesamten Globus erstrecken müssen und Rindfleisch wäre abgeschafft. Solche Mengen sind nicht erzeugbar. Am offenen Ende hat das »Skincondom« einen Gummiring, eine Art Gummizug, der das Kondom am Penisschaft festhält. Der Preis liegt beim zehnfachen des Latexkondoms, 10 Mark das Stück. Da bietet sich eine Mehrfachbenutzung an, und die ist auch möglich, die Lagerung muß jedoch dann in einer Salzlake erfolgen (Glas Wasser mit Kochsalzlösung).

Das dicke Ende kommt zum Schluß: Es eignet sich zwar zur Familienplanung und beschränkt zum Infektionsschutz, ist jedoch nicht HIV-sicher! Bis zur Markteinführung der Polyurethankondome war das Schafsdarmkondom eine echte Alternative für Latexallergiker. Am Markt gab es zum Beispiel bis Mitte der 90er Jahre das Kondom Fourex von London (3er-Packung 27 Mark). Heute gibt es noch »Concep Skin« in wenigen Kondomfachgeschäften. Das Kunststoffkondom wird das Hautkondom endgültig verdrängen. Letztere sind übrigens komplett kompostierbar, trocknen an der Sonne und zerfallen dann zu Staub – wie alles Irdische.

Schamhaare

(siehe auch ***Enthaarungscreme, Haare, Intimrasur***) Was hat die Scham mit den Muschi- oder Schwanzhaaren zu tun? Muß man sich ihrer schämen? In Japan, dem Land, das uns so schönes Sexspielzeug wie die Geishakugeln bescherte und wo die besten Vibratoren und Kondome der Welt herkommen, gelten Schamhaare als obszön. Ein nackter Po oder Busen wird in Pornozeitschriften ganz locker hergezeigt, Schamhaare werden weggekratzt. Während bei uns wiederum die Schamhaarrasur als eher frivol gilt. In letzter Zeit wird sie aber immer öfter praktiziert. Als erotisches Vorspiel etwa, wo er sie rasiert oder sie ihn. Oder bei S/M-Spielen wird der Passive als Zeichen der Unterwerfeung von oben bis unten geschoren. Dabei unbedingt einen Naßrasierer verwenden, Elektrorasierer sind nicht geeignet, denn da bekommt man nach ein paar Tagen höllisch juckende Pickel. Und Epiliergeräte können Sie ganz vergessen, das ist sehr, sehr schmerzhaft in der Schamgegend, die zupfen die Härchen nämlich aus. Zu empfehlen ist dagegen der »New Body Shaver« von Klaus Veit in Wiesbaden, eine Mischung aus

Kamm und Naßrasierer. Das besondere daran ist, daß seine Form das Verstopfen der Klinge durch Haare verhindert. Das Teil funktioniert haarscharf auch ohne Wasser und Rasierschaum. Packung mit drei Rasierern kommt auf circa 13 Mark.

Rasierte Männer schwören auf ihre sauberen Eier und Schwänze und vor allem erscheint das beste Stück durch die Rasur auch um einiges größer. Beim Lecken ist es für ihn und für sie in jeden Fall angenehmer, nicht dauernd Haare zwischen den Lippen zu haben. Und auch für den Analverkehr ist ein ausrasierter Anus in jeden Fall luststeigernd. Manche trimmen ihre Schamhaare auch nur, das heißt, sie halten sie kurz – ähnlich einem Dreitagebart. Oder sie rasieren sich ein Herz oder andere Motive aus ihren Schamhaaren. Andere wiederum frisieren den Pelz, machen Zöpfchen oder befestigen Perlen und Kettchen. Wer will kann dazu sogar einen speziellen Schamhaarfriseur aufsuchen! Doch nicht jeder findet eine Rasur von Vorteil, denn viele Männer werden gerade durch üppigen Schamhaarwuchs erregt.

Schamhaarfärben

(siehe auch ***Body Art, Body Paint, Intimschmuck, Schamhaare***) Überraschen Sie ihren Partner doch einmal mit einer neuen Schamhaarfarbe. Blonde Löckchen statt schwarzem Pelz oder umgekehrt. Rot gilt als besonders verrucht. Nehmen Sie dazu am besten Henna, denn die chemischen Farben könnten der zarten Haut schaden. In ein paar größeren Städten wie Hamburg oder München bieten auch Intimfriseure den Dienst am Schamhaar an.

Schamlippenkitzler

(siehe auch ***Eroscillator, Klitoralstimulator, Sleeves***) Ein Hilfsmittel, das das kann, was den meisten Liebhabern schwerfällt: Nämlich beim Sex gleichzeitig Schamlippen und Klitoris reizen. Der Schamlippenkitzler kommt über den noch nicht ganz erigierten Penis, beim Rein-Raus-Spiel reizt er dann die Genitalien der Frau zusätzlich. Aber Vorsicht, nur sehr weiches Material ist angenehm, sonst schmerzt es eher, als daß es guttut. Näheres siehe Action Rubber.

Schlafzimmer

(siehe auch ***24 Grad, Ätherische Öle, Duft, Farben, Kerze, Licht, Musik, Nachtkästchen, Papiertaschentücher, Phantasie, Powärmflasche, Räucherstäbchen, Rollenspiele, Rose, Ruhe, Serailpastillen, Spiegel, Spiele, Wunschzettel***) Ein wichtiger Raum, denn hier sind wir nicht nur zum Schlafen. Im Schlafzimmer werden meist auch die lustvollen Highlights des Lebens verbracht. Daher sollte er als »Austragungsort« gemütlich und sinnlich sein: Ein kalter Raum verlockt nicht gerade zum Ausziehen, weiße Wände, schwarze Schränke und Chrom wirken auch nicht gerade lustfördernd. Ständer mit trocknender Wäsche könnten ihn hindern, einen Ständer zu kriegen. Grelles Deckenlicht, Geruch von Mottenpulver oder gar von Schweißsocken hat hier absolut nichts zu suchen! Der Ort des Geschehens sollte keinesfalls eine Kammer nur zum Schlafen sein. Denn im Schlaf hat Es noch niemand gemacht. Also bevor überhaupt an Sex gedacht wird oder an den Kauf eines Sextoys, nehmen sie sich mal das Schlafzimmer vor: streichen Sie es in warmen Tönen, bringen Sie hübsche Vorhänge an – der Voyeur von gegenüber muß nicht bei jeder ihrer erotischen Handlung dabeisein –, stellen Sie Duftampeln und Kerzen auf, kaufen Sie einen Kasettenrekorder, seidige Bettwäsche, und sorgen Sie dafür, daß die Kondome, Massageöle, das Gleitmittel und natürlich die Papiertaschentücher immer in Reichweite sind. Sie werden sich wundern, was ein sinnliches Outfit fürs Schlafzimmer alles bewirken kann.

Schleckerzunge

(siehe auch ***G-Punkt-Stimulator, Grüne Lippen, Orgasmen-Space, Oro-Stimulator, Vibrator***) Sieht aus wie ein riesiges Himbeereis am Stil. Die Schleckerzunge ist ein Vibrator in Zungenform, extrempink mit kleinen Geschmacksnoppen und Adern. Von der Größe vergleichbar mit der Zunge einer Kuh. Wenn Frau jetzt allerdings eine vibrierende Zunge erwartet, weit gefehlt. Bis die drei Mignonbatterien eingesetzt sind, hat sie sich mindestens die Hälfte der Fingernägel abgebrochen. Jetzt könnte es losgehen, der Motor brummt wie eine Harley Davidson, doch die Spitze der Zunge bewegt sich keinen Millimeter, da der clevere Designer den Motor nämlich an die Wurzel des Vibrators gesetzt hat, wo er so gut wie nichts bewirkt. Wieder mal ein Sextoy, das lediglich Kosten und Gummigestank in der Wohnung verursacht. Die 48 bis 70 Mark sind rausgeschmissenes Geld.

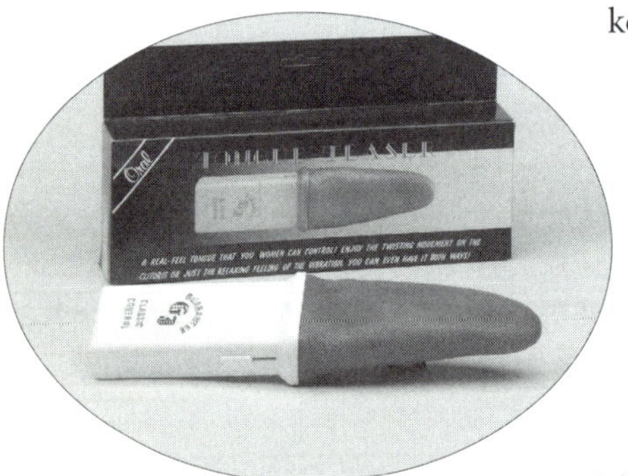

Schmetterling

(siehe auch ***Butterfly, Delphin, Hummel, Schaf***) Ein insektenförmiges Vibrationsteil aus Gummi zum Umschnallen über die Klitoris. Näheres siehe Butterfly.

Schokolade

(siehe auch ***Aphrodisiaka, Fun Food, Liebespärchen, Schokopimmel***) Schokolade ist lecker und außerdem als Aphrodisiakum bekannt, war sie doch schon das Lieblingsgetränk eines der berühmtesten Schwerenöters der Geschichte: Casanova tat es nicht ohne seine Schokolade. Und auch Frauenliebhaber Goethe schwörte auf die süße Lust. Schokolade gibt es auch flüssig zum Auftragen auf den Körper mit Finger oder Pinsel. Fühlt sich gut an und schmeckt vor allem beim Ablecken. Wer sich an der braunen Farbe stört, nimmt eben weiße Schokolade.

Den vitaminreichen Lustmacher gibt es auch in Penisform, als Busen oder als Paare in gewagten Kamasutrastellungen. So gibt es eine spezielle Kamasutra-Schokolade aus Oberitalien: 12 Pralinees, geliefert in dezenter Pralinenschachtel. Übrigens die einzige Schokolade, die nur an Personen über 18 Jahren verkauft werden darf, da sonst der § 184 StgB (Pornographie) verletzt wird. Orion will Orallüstlinge mit Schokobonbons in Sperma-, Po- und Penisform in einer rosa Dose mit Strapslady für 19,80 Mark befriedigen.

Schokopimmel

(siehe auch ***Busennudeln, Fun Food, Marzipanmuschi, Penispasta, Schokolade, Spermadrops***) Übungsatrappe für Frauen, die ein bißchen für die Fellatio üben wollen. Schließlich ist Schwanzlutschen eine Kunst, die nur wenige wirklich beherrschen. So süß wie dieser Schokopimmel schmeckt ein echter Pimmel allerdings nicht. Der braune Lutscher macht sich aber auch gut als Pausensnack für Sekretärinnen, Vorzimmerdamen und natürlich Praktikantinnen.

Schröpfmethode

(siehe auch ***Busen-Vakuumpumpe, Intimsaugschale***) Eigentlich ist das Geschröpftwerden etwas Positives. Nur das finanzielle Abschröpfen hinterläßt spürbare Löcher. Seit dem Altertum wird das Schröpfen mittels Kuhhörnern, gläserner Saugschalen oder Gummikappen als Heilmethode eingesetzt. Der oder die Kranke werden an bestimmten Körperteilen, je nach Krankheit, gezielt geschröpft, um die Durchblutung zu fördern.

Die heutigen Schröpfköpfe sind gläserne, omegaförmige, offene Kugeln, deren Luftraum kurz mittels eines in Alkohol getränkten und dann entzündeten Wattebausches erhitzt wird, um dann sofort auf den Körper aufgesetzt zu werden. Der quasi luftleere Schröpfkopf saugt sich extrem fest. Hier verbleibt er etwa zehn bis 15 Minuten. Auch nach dem Entfernen sind noch deutliche Ringe zu sehen. Die Anwendung von Plastiksaugschalen für die Brust oder die Vulva zur

Durchblutungsförderung ist eine zweifelhafte Anwendung, die jedoch auf jeden Fall nicht schadet. Der Hersteller schröpft die Kundin, diese wiederum ihren Body und hofft dabei auf mehr Schönheit der Brust und mehr Lust in Ihrem Geschlecht.

Schulmädchen

(oder ***Lolitas***, siehe auch ***Hochzeitsmuschi, Pädophilie, Uniformkult, Video***) Ein Genre für Pornos, Magazine und auch Bordelle, vor allem in Japan sehr verbreitet. Die Männer dort haben ein Faible für Mädchen in kurzen Faltenröcken, weißen Söckchen und rosa Lackschuhen. Das gibt ihnen ein Gefühl der Überlegenheit, auch wenn das süße Kind eine volljährige Hure ist.

In Pornos werden halbwüchsige Teenies gerne als nymphomane Wesen dargestellt. Männer, besonders diejenigen, die eine pädophile Neigung haben, mögen den sogenannten »Schulmädchenreport«, ein Genre, das in Deutschland bis zum Abwinken gedreht wurde. Mit Verkaufserfolg! Zum Schulmädchen gehört dann noch der junge Lehrer, der der schlüpfrigen Anmache der Girls aus der ersten Reihe verfällt. Schulmädchen werden auch in billigen Magazinen aufgeblättert, möglichst knapp an der Altersgrenze zu 18 Jahren. Die Filmchen gibt es mittlerweile schon ab 29 Mark, die Hefte ab 15 Mark im Sexhandel.

Schulspiele

(siehe auch ***Klistiersex, Rohrstock, Rollenspiele, Schulmädchen, S/M-Spiele, Spanking, Uniformkult***) Zuckerbrot und Peitsche. Manchen Menschen geht ihre Schulzeit nie mehr aus dem Kopf. Sie wünschen sich, beim Sex wie früher in der Schule behandelt zu werden. Sie wollen vom Lehrer oder der Lehrerin bestraft, möglichst mit dem Rohrstock auf den blanken Popo gehauen und in die Ecke gestellt werden. Als Vorspiel im eigenen Schlafzimmer brauchen sie Bestrafung und das Ambiente einer Schulsituation, um richtig in Fahrt zu kommen. Am schönsten ist natürlich eine alte ausrangierte Schulbank mit dickem Holzlineal und Rohrstock.

Wenn er beim Diktat wieder »das« und »daß« verwechselt, muß die Hose runter und das Lineal klatscht auf den nackten Hintern! Unkonzentriert? Da helfen halt nur ein paar hinter die Ohren. Im schlimmsten Fall bekommt die böse Schülerin ein Klistier unter dem Rock verpaßt. Das Outfit für heiße Schulspiele liefert etwa Dr. Müller: Zum Beispiel »Babsie«, bestehend aus weißer Bluse, streng englischem Minirock mit rot-schwarzem Karomuster, Rüschenslip und Kniestrümpfen, komplett für 85 Mark. Für den Rohrstock muß dann noch extra investiert werden.

Schweißsocken

(siehe auch ***Fußfetischismus, Getragene Unterwäsche, Schwimmflügel***) Was anderen vor Gestank eher die Sinne raubt, törnt einige männliche Fetischisten besonders an. Mit und in verschwitzten Socken zu onanieren ist ihr besonderer Kick. Manche mögen's halt stinkend. Kostet wenig und tut niemandem weh. Bitte unbedingt vorher die Löcher im Socken stopfen, sonst schaut der erigierte Schniedel heraus!

Schwimmflügel

(siehe auch ***Gummifetischismus, Kunstvagina, Latex, Regenmantel, Seemannsbraut***) In was manche Männer so kommen! Wenn Papa mal seine Seemannsbraut verlegt hat, greift er doch glatt nach den Schwimmflügelchen von Klein Otto. Der Penis kommt rein, die Größe läßt sich durch blasen perfekt regulieren. Vor allem Gummifetischisten stehen auf den Kick mit der quietschenden Schwimmhilfe. Nur Vorsicht: Ohne Kondom kann schon mal alles auf dem Teppichboden landen! Schwimmflügel sind auf jeden Fall billiger als eine Kunstmuschi aus dem Sexshop, sie sind für circa 11 Mark im Sportgeschäft zu haben.

Seemannsbraut

(siehe auch ***Flutschfaust, Grüne Lippen, Gummipuppe, Kunstvagina, Lustgrotte, Lusttorso, Oro-Stimulator, Simulacrum***) Plastikfrau für Matrosen, Fernfahrer und andere einsame Schwänze. Manche Männer brauchen zum Onanieren mehr als eine Hand. Für sie hat die Sexindustrie ein riesiges Arsenal an Muschis, Polöchern und saugenden Mündern entwickelt. Aus Plastik, Latex oder Silikon, mit Vibration und/oder Saugfunktion, mit Noppen, Piercing, Jungfrauenhäutchen oder integriertem Gleitmittel. Ab 50 Mark kann er so eine Kunstmuschi nach Hause tragen. Das Design orientiert sich zwar nah an der Realität, hautfarben mit Schamhaaren, Klitoris ist allerdings keine dabei. Vielleicht haben deswegen Männer immer wieder Probleme, das edle Stück zu finden. Wie bei den Vibratoren und Dildos wäre es an der Zeit, Röhren und Schläuche in einem frecheren Design und witzigen Farben zu entwickeln. Ein Sextoy sollte ein Zusatz und kein Ersatz sein. Ein Designobjekt zum Rumspielen eben. Das Material der meisten Seemannsbräute hält nicht, was es verspricht: Die billigen Kunstvaginas reißen sehr schnell auf und landen auf dem Müll. Und dann ist doch wieder Liebe auf eigene Faust angesagt.

Seide

(siehe auch ***Dessous, Latex, Neglige, Samt***) Was heute der Latexfetischist, war in den 20er Jahren der Seidenfetischist. Der glänzende, luxuriöse Stoff erregte die Phantasie von Trägerin und Betrachter. Der Sexualforscher Krafft-Ebbing berichtet von einem Seidenfetischisten, der sich an in Seide gekleideten Frauen zu schaffen machte und als Taschendieb verhaftet wurde. Doch er hatte die Frauen lediglich berührt, weil ihm der Stoff eine immediate Erektion bescherte. Wenn die kleinen Raupen wüßten, was mit ihrem Gespinst später alles so angestellt wird. Auch heute noch gilt Seide als sündig. Aus ihr lassen sich die edelsten Dessous und Bettwäschesets herstellen. Das schnöde Polyamid der Billigreizwäsche kann weder durch Baumwolle noch durch Samt so aufgewertet werden, wie es Seide vermag. Der glatte, federleichte und etwas kühle Stoff liegt einmalig auf der nackten Haut. Ein Stoff, in dem Träume wahr werden. Dessous aus Seide sind nur in noblen Wäschegeschäften zu erhalten. Richtig sexy Unterwäsche ist allerdings selten aus Seide gefertigt. Und natürlich nicht ganz billig!

Seidenstrümpfe

(siehe auch ***Beine, Fußfetischismus, Nylons, Sexstrumpfhose, Strapse, Strumpfband***) Seidenstrümpfe, zusammen mit Strapsen getragen, werden von vielen Männern als erregend empfunden, vor allem wenn sie beim Sex anbehalten werden. Die Strümpfe machen das Bein glatt, fest und straff. Praktischer sind natürlich die halterlosen Strümpfe mit einem mehr oder weniger breiten Rand aus Spitze. Erfunden wurden die Nylons 1937 in Amerika, und noch heute gibt es für Fetischisten die Möglichkeit, sich echte Nylons aus den 50er Jahren in Spezialläden zu besorgen, etwa bei Ars Vivendi (Adresse im Anhang). Anfang der 60er Jahre begann dann der Siegeszug der Strumpfhose, die allerdings für den Sex etwas unpraktisch ist. Immer wieder vergessen Liebhaber sie ganz auszuziehen und die Strumpfhose hängt dann unschön auf den Zehen. Für so eilige Lover gibt es Sexstrumpfhosen, die im Schritt offen sind. Für die Liebhaber von Beinen, die mit zarten Strümpfen umhüllt sind, gibt es eigene Zeitschriften, wie zum Beispiel *Laufmasche. Das Magazin für die Kunst am Bein.* Und noch ein Witz zur Lage der Nation: Das Ehepaar feiert Hochzeitstag. »Weißt du noch, damals?« erinnert sie sich. »Du hattest es so eilig, daß ich nicht mal Zeit hatte, mir die Strümpfe auszuziehen!« – »Ja, ja«, meint der Ehemann nachdenklich, »aber heute hast du genügend Zeit dir vorher ein Paar zu stricken ...«

Seil

(siehe auch ***Bondage, Fesseln, Peitsche, S/M-Spiele***) Ein Seil darf in einem sexy Haushalt einfach nicht fehlen. Egal, ob damit der Schatz an den Küchenstuhl gefesselt wird, oder ob das Seil als Peitsche dient oder ob gar daraus ein BH gefertigt wird. Da schlägt das Herz des Lieblings, der Mitglied im Alpenverein ist, höher: Bei so einem Dessous steht sein bester Freund wie ein Fels. Ein grober Strick aus Hanf riecht rustikal nach Bau und ist angenehmer auf der Haut als die Nylontaue der Hobbysegler. Die kleinen Härchen des Hanf kitzeln etwas – aber das dürfen sie auch. Gibt es am laufenden Meter im Baumarkt oder teurer im S/M-Sexshop. Der Meter kostet, gut gemessen, 12 bis 20 Mark, je nach vorrätiger Stärke. Geheimtip: Zur Not können Sie sich damit auch aus dem Liebesspiel abseilen, wenn es Ihnen zu dolle wird!

Senfglas

(siehe auch ***Gag-Artikel, Orange, Penibello***) Knapp am Überraschungsei vorbei. Ein scharfer Senf, vermutet das Partygirl – öffnet den Schraubdeckel und schon springt ihr ein Pimmel aus dem Glas ins Gesicht. Alle lachen, der Ulk ist vorüber, der Pimmel kommt wieder zurück in das vermeintliche Senfglas. Bis der nächste Partybesucher geschockt wird. Klappt gut. Kommt gut! Jedoch teurer als Löwensenf: ca. 12,80 Mark im Geschenkartikelgeschäft oder Sexshop.

Serailpastillen

(siehe auch ***Duft, Parfum, Räucherstäbchen***) Der Orient ist berühmt für seine herrlichen Düfte. Haben doch schon die drei Waisen aus dem Morgenland Myrrhe und Weihrauch als Geschenke in die heilige Krippe gelegt. Serailpastillen sind kleine kegelförmige Pastillen aus duftenden Substanzen, denen man aphrodisierende Wirkung nachsagt. Allein die Namen der Ingredienzien wirken verführerisch: Sandelholz, Amber, Myrrhe, Rosenwasser, Zimtblüte, Moschus, und der heilige Weihrauch durfte auch nicht fehlen. Schon im Kamasutra wurde das Abbrennen von Stäbchen oder Duftkonen empfohlen. Gibt es auch in esoterischen Läden.

Sexshop
(siehe auch **Condomeria, Hongkong, Kastner-Versand, Uhse, Verpackung, Versand, Virtueller Sexshop**) Allein in Deutschland gibt es über 1.200 Fachgeschäfte, die unter diese Kategorie fallen. Genaue Angaben gibt es allerdings keine, die Zahlen schwanken zwischen 1.000 und 2.000. Nur eines ist verbürgt: Den ersten Sexshop Deutschlands hat die alte Lady des Sex Beate Uhse 1962 in Flensburg gegründet.

Insgesamt gibt sich die Branche, die die Kohle mit offenherzigen Damen macht, äußerst zugeknöpft. Um nicht zu sagen verklemmt. Es gibt keine konkreten Angaben oder Marktanalysen. Für Interviews stellt sich keiner zur Verfügung. Denkt man etwa, daß Sex schmutzig ist? Auf jeden Fall ist die Branche stets um ein sauberes Image bemüht. Die Sexshops nennen sich »Erotik Boutique«, »Venus Shop« oder gar noch ganz altmodisch »Hygieneartikel«.

Zu finden sind diese Läden meist in den »1B-Lagen« der Innenstädte, also zwar in der City, jedoch eher in der Seitenstraße etwas versteckt. Und dies aus gutem Grund. Der Kunde möchte gerne diskret hinein- und wieder herauskommen.

Kein Land der Welt hat ein derartiges Sexshop-Netz wie Deutschland! Selbst kleine Kreisstädte haben ihre Quelle der Lustartikel. Und da ist viel Geld und hoher Umsatz dahinter. Die Spannen im Erotikhandel sind enorm, verglichen mit dem übrigen Fachhandel. Da die Kunden die Preise oft nicht vergleichen können und/oder mit schlechtem Gewissen »unmoralisch« einkaufen, kann der Händler entsprechend mehr erlösen. Muß er häufig auch, da die Ladenmiete für einen Sexshop oft doppelt so hoch ist, wie für den Bäckerladen ein paar Schritte weiter. Die Hausbesitzer machen dabei auch ihren Reibach.

Einige Unternehmen arbeiten als Franchise-Ketten organisiert, so zum Beispiel die 70 Orion-Fachgeschäfte des gleichnamigen Versandes. Der Beate Uhse AG gehört die Dr.-Müller-Kette und sie vergibt auch Lizenzen, den Namen zu führen. Es gibt 26 Uhse-Shops im deutschsprachigen Raum und über 50 Lizenzläden im Ausland. Allen gemeinsam ist ein Sortiment, das dominiert wird von Pornofilmen und Magazinen. Erst an dritter oder vierter Stelle kommen Wäsche, Hilfsmittel (Vibratoren etc.) und Hygieneartikel (zum Beispiel Kondome). Jugendliche unter 18 haben keinen Zutritt. Gut zwei Drittel der Kunden sind Männer. Frauen kaufen dort eher Reizwäsche oder Hilfsmittel, während Männer auf Magazine und Filme stehen. Die Preise für manche Artikel entsprechen nicht dem Warenwert. Ein Vibrator zum Beispiel muß nicht 30 bis 50 Mark kosten, wenn er aus einfachem Hongkong-Plastik geformt ist. Leider läßt auch die Beratung im Sexshop oft zu wünschen übrig. Angelerntes Personal kennt oft weder die

Produkte noch die wirklichen Bedürfnisse der Kunden. Hier wäre eine Schulung und Warenkunde für alle Beteiligten nützlich. Zumal die Kundschaft bekanntermaßen »Stammkunden« sind. Ladenbesitzer berichten, daß manche Kunden zwar nur monatlich oder einmal im Jahr kommen, dafür aber immer wieder das gleiche Geschäft aufsuchen. Viele haben zunächst Hemmungen, einen Sexshop zu betreten. Wer sich jedoch einmal überwunden hat und in einen Sexshop gegangen ist, traut sich beim zweiten oder fünften Mal oft leichter wieder hinein.

Die Atmosphäre in den Geschäften wandelt sich. Während ältere Geschäfte düster und schwülstig sind, Herren verschämt in Magazinen blättern, sind die neueren Shops heller und mehr wie ein Super- oder Drogeriemarkt aufgezogen. Einen völlig neuen Weg trauen sich seit 1988 die Kondomfachgeschäfte, die auch für Jugendliche ab 16 zugänglich sind und die verstärkt auf Aufklärung setzen. Seit Mitte der 90er Jahre gibt es auch Frauen-Erotikshops. Dort herrscht eine offenere Atmosphäre mit Beratung, und Frauen fühlen sich in diesem Geschäftstyp sichtbar wohler. Da können sich die traditionellen »Shopper« noch was abgucken, falls sie etwas dazulernen wollen!

Und zum Dazulernen gäbe es viel! Nur ein Beispiel: die meisten Sextoys tragen englische Namen wie Double Stud, Butterfly, Cockring oder Auto Arouser, und der Normalbürger kann sich darunter nicht viel vorstellen. Die Toys sind meist aufwendig in Plastik verschweißt, der Kunde kann nichts anfassen oder ausprobieren und muß also die teure Puppe oder den Vibrator für 200 Mark auf gut Glück kaufen. Das Prinzip »Katze im Sack« vermitteln meist auch die Schaufenster, die nicht viel mehr als Glitzerfolie und ein paar verstaubte Dessous präsentieren. Für die Auslagen gibt es allerdings sehr strenge Bestimmungen, was gezeigt werden darf und was nicht, unter anderen kein erigiertes Glied, kein Dildo in Penisform und keine weibliche Scham.

Die Alternative: Sexshops für Frauen gibt es in Bremen (For Ladies), Frankfurt (InsideHer), Köln (Ladys Toys), München (Ladies First), Hannover (Obsession), Hamburg (Good Vibrations) und in Berlin (Sexclusivitäten). Zwei in der Schweiz: Clit Clip in Zürich und Femintim in Rapperswil sowie einen in Wien, Marg, in der Gumpendorferstraße 118.

Am liebsten berate ich Frauen!

Dagmar Rieger hing ihren Beruf Industriekauffrau an den Nagel, um nun schon seit vier Jahren mit Begeisterung Sexspielzeug an Frau und Mann zu bringen. Sie erzählt von schüchternen Kunden, die bei guter Beratung gerne wiederkommen: Schließlich verrät nicht jeder Sexshopbetreiber den Trick mit dem warmen Wasser …

Was verkaufen Sie am liebsten?

Hilfsmittel, also Sexspielzeug wie zum Beispiel Vibratoren oder Geishakugeln, sowohl an Männer wie Frauen.
Da ist zum Beispiel der »Hansi«, ein Vibrator in Penisform aus hautfarbenem Latex, mit einem Sauger daran, um ihn auf den Tisch zu stellen.
Den habe ich immer ausgepackt hier als Demonstrationsmuster, zum Anfühlen. An zweiter Stelle kommt dann die Kleidung.

Was macht Ihnen an Ihrem Beruf Spaß?

Daß man Kontakt zu Menschen hat. Am Anfang ist es manchmal etwas steif, entwickelt sich dann aber auf angenehme, diskrete Art und Weise. Da war zum Beispiel ein junges Pärchen, beide sehr attraktiv, sie etwas introvertiert. Er wollte gerne mit ihr in einen *Club* gehen. Denen habe ich Swingerclubs für Paare erklärt, und sie haben sich daraufhin entschieden, einen Pärchenclub zu besuchen. Sie fand das positiv und ihr gefiel auch die Atmosphäre. Diesem Paar hatte ich auch von Hansi, dem Vibrator, erzählt. Gekauft haben beide jedoch bei diesem ersten Gespräch nichts. Eine Woche später kam die junge Frau alleine wieder. Sie stand hier im Laden, richtig süß, mit verschränkten Beinen und sagte, sie hätte gerne den Hansi. Sie habe schon davon geträumt und es hätte ihr keine Ruhe gelassen.

Warum heißt der »Hansi«?

Den habe ich so getauft. Ich empfehle den Paaren, ihrem Vibrator einen Kosenamen zu geben, zum Beispiel Hansi oder Lolly oder Willi. Das hört sich einfach liebevoller an: Komm wir schau'n mal, was der Hansi macht. Den kann man auch sehr gut ins warme Wasser legen.

Warum in warmes Wasser?

Damit er sich warm anfühlt, bevor er an die »Prinzessin« kommt.

Welche Sextoys gehen am besten?

Dildos, Vibratoren, Vaginas für die Männer, im Alltag leicht einsetzbare Lustmittel halt. Kleine handliche Sachen, die einfach zu bedienen und problemlos verstaubar sind – eben kein halbes Dominastudio für zu Hause.

Wo geht der aktuelle Trend hin?

Deutlich zu mehr S/M-Sex und zur Anwendung von mehr Lustmitteln, weil die Frauen aufgeschlossener werden.

Gibt es etwas, was Sie nie verkaufen würden?

Ja, zum Beispiel zensierte Produkte, die auf dem Index stehen. Dazu gehören Videos und Magazine zur Kinderpornographie. Die finde ich verantwortungslos. Dagegen sollte von staatlicher Seite wesentlich mehr unternommen werden und härtere Strafurteile ausgesprochen werden. Auch hier im Sexshop habe ich schon mit betroffenen Opfern gesprochen. Die haben ein Leben lang die Last zu tragen. Der oder die Täter werden nur kurze Zeit zur Verantwortung gezogen, wenn überhaupt.

Auch würde ich nie Kugeln mit Nägeln, die es für den S/M-Bereich gibt, anbieten, da diese bei unsachgemäßem Gebrauch schwere körperliche Verletzungen hervorrufen können.

Wer sind Ihre KundInnen?

Das ist eine Entwicklungssache: in erster Linie zunächst der Mann. Er bringt dann die Partnerin mit. Das Verhältnis ist etwa 60 Prozent Männer, zu 40 Prozent Frauen. Meist sind es Kunden aus höheren Bildungsschichten.

Wie hoch ist Ihr Anteil an Stammkunden?

Mindestens 60 Prozent, wenn ich die Kinoecke mit berücksichtige. Zwischen den Käufen liegen lange Zeiträume. So möchte Frau/Mann nach zum Beispiel einem Jahr, wieder was Neues ausprobieren. Altersmäßig kommen Kunden ab 18 Jahren bis weit über 60 Jahren. Der Großteil ist zwischen 30 und 45 Jahren.

Wie alt ist Ihre älteste Kundin?

Gut über 70. Nicht immer bekomme ich das Alter mitgeteilt. Neulich kam zum Beispiel eine 73jährige Dame rein. Sie war sehr vital und aufgeweckt und hat sich einen kleinen Dildo, der nicht zu groß sein sollte, gekauft. Es war ihr erster Dildo. Tage darauf kam sie wieder und erzählte freudestrahlend, welchen Spaß sie mit ihm auch in der Badewanne hatte. Sie bedankte sich nochmals für das gute Beratungsgespräch.

Warum ist Ihr Sortiment eher an Frauen orientiert?

Die möchte ich mehr ansprechen. Wenn Frau mehr Spaß am guten Sex hat, möchte Frau auch mehr Sex haben. Dadurch gibt es mit Sicherheit mehr Harmonie in der Partnerschaft.

Was kaufen Frauen am liebsten?

Dessous, Vibratoren und Liebeskugeln. Eher mal einen spielfilmartigen Video als zum Beispiel Magazine.

Es gibt immer mehr »ältere« Menschen über 60 Jahre. Welche Lustmittel könnten für diese Käufergruppe interessant sein?

Eher Bücher, weniger Magazine, einfache Lustmittel als Hilfen und zur Stimulation. Dabei ist die Beratung notwendig, um ihre Hemmschwelle abzubauen. Zum Beispiel ein älteres Paar, beide so Mitte 70. Zunächst kam er alleine zweimal vorbei. Dann haben sie einen Vibrator mit Kitzlerstimulator gekauft. Beide erzählten später, wieviel Freude sie zusammen damit hatten. Die ältere Generation hat noch zu viele Blockaden. Die hören gerne eine Anregung oder Idee und probieren diese dann aus. Ich bin ihre Beraterin, und wenn »die« das macht, dann trauen sich die Kunden und versuchen es auch.

Welches neue Lustmittel vermissen Sie oder würden Sie gerne herstellen?

Eigentlich gibt es nichts, was es nicht gibt. Sogar ein Liebesei mit Fernbedienung.

Sexstrumpfhosen

(siehe auch ***Büstenhebe, Dessous, Nylons, Slip Ouvert, Strumpfband***) Wenn es zur Sache geht, haben Strumpfhosen schon so manchen zur Verzweiflung gebracht. Um das lästige Rumwursteln beim Ausziehen zu umgehen, bieten Erotikartikelläden Strumpfhosen, die am Po und im Schritt offen sind. In den Farben des Sex: Rot, Schwarz und Weiß. Sexstrumpfhosen erleichtern den Quickie oder überraschen beim heimischen Strip mit den großen Öffnungen. Scheide und Po sind ausgespart, der Slip oder das blanke Geschlecht blitzen dem Betrachter entgegen. Es bereitet Spaß, in diesen Nylons Sex zu haben, der auch ohne das lästige Ausziehen möglich wird. In sündigem Schwarz, mit kurzem Röckchen darüber, darunter nichts, ein scharfes Vorspiel für den müde gewordenen Lover. Die Strumpfhosen bestellen Sie am einfachsten in Ihrer Größe beim Sexversender oder gehen ins nächste gut sortierte Erotikgeschäft. Ohne 45 Mark dagelassen zu haben, werden Sie jedoch nicht wieder herauskommen.

Sexsucht

(oder ***Sexaholic*** = ***Sexsüchtiger***, siehe auch ***Drogen***) Die Sucht nach Genußmitteln, Drogen, Essen und Spielen sind bekannte Formen der Abhängigkeit. Sex wird jedoch von der Gesellschaft selten als Sucht angesehen. Männer, die unersättlich rumvögeln, werden oft anerkennend und neidvoll als Don Juan oder Casanova bezeichnet. Für männliche Sexsüchtige gibt es keinen Spezialausdruck. Frauen hingegen werden als Nymphomanin bezeichnet, was durchaus den Beiklang von »krankhaft« hat und als gesellschaftlich nicht konform gilt. Manchmal wird die sexsüchtige Frau gleich als Nutte bezeichnet, ein Gedanke, auf den im Zusammenhang mit Casanova niemand verfallen würde.

Sexsucht ist jedoch eine ernstzunehmende Krankheit: Betroffene Menschen sind ständig auf der Jagd nach Sex, ohne jemals wirklich Befriedigung zu finden. Sie haben keine Kontrolle mehr über ihre Sexualität und erleben es selbst als Sucht, unersättlich sexuellen Begegnungen hinterherzurennen. Ihre Sexgier hat sie im Griff. Ein Symptom dieser Sucht könnte zum Beispiel sein, daß ein Mann fast täglich Pornofilme betrachtet oder Videoshows mit Pornographie aufsucht. Wenn sein Pornokonsum zu einem ständigen, zentralen Lebensinhalt geworden ist und er sich nicht mehr steuern kann, ist er süchtig danach. Zwei Elemente kennzeichnen die Sucht: Entzugserscheinungen, wenn die sexuelle Stimulanz fehlt, und das Leiden an dem Zwang. Die Sexsucht kann sich auch in häufigen, zwanghaft ritualisiert wiederkehrenden Bordellbesuchen manifestieren. Neu ist das Ausleben der Sexsucht via Internet. Um sich zu stimulieren, vergeuden surfende Männer viel Geld in der virtuellen Welt und kommen nicht davon los.

In den Selbsthilfegruppen für Sexsüchtige (Sexaholics) finden sich Männer und Frauen zusammen und versuchen, sich gegenseitig zu stützen und Erfahrungen auszutauschen. Diese Selbsthilfegruppen gibt es bisher nur in wenigen Großstädten. Adressen im Anhang.

Sextoy

(siehe auch ***Ehehygiene, Hilfsmittel, Masturbationshilfen, Toy***) O-Ton einer Sexshopbesitzerin: »Der Trend geht eindeutig hin zum Zweitdildo«. Wer also etwas auf sich hält, hat heute ein Sextoy. Eben kein »Hilfsmittel«, wie man die dicken Kondome und nach Gummi stinkenden Dildos früher nannte. Aber auch keine »Masturbationsmittel«. Man betreibt auch nicht mehr »Ehehygiene«, in dem man sich ein sexy Dessous kauft. Nein, man erklickt sich im Internet in einem der vielen E-Commerce-Shops einen knallbunten Vibrator aus Silikon oder einen verstellbaren Cockring. Auch Sexspielzeug geht mit der Zeit.

Shock Wave

(siehe auch ***Elektrosex, Pimmelschocker, Reizstrom***) Impulsiver Sex. Shock Wave ist ein elektronisches Präzisionsgerät, das elektrische Impulse erzeugt. Sieht ganz harmlos aus, einfach ein schwarzer Kasten mit einem Regler, schmalen Kabeln und Klemmen. Die Krokodilklemmen werden an der Stelle am Körper befestigt, wo der Elektroreiz anschlagen soll, ob an der Brust, an den Hoden oder an den Schamlippen. So ein Stromschlag-Instrument ist jedoch nicht Jedermanns/-fraus Sache. Das Teil wird mit einer 9-Volt-Batterie betrieben und kostet circa 250 Mark.

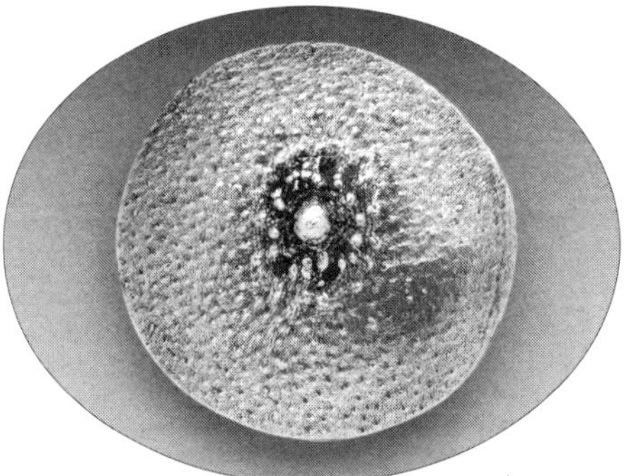

Silbernippel

(siehe auch ***Busenkette, Erotika, Intimschmuck, Klitorisamulett, Labienspange, O-Ring, Zauberstab***) Damit Ihr Schatz auf Geschäftsreisen nicht auf dumme Gedanken kommt, lassen Sie ihm doch ein Silbermodell Ihrer Brustknospen in seine Jackentasche gleiten, da hat er dann was zum Rumspielen! Der Berliner Gold- und Silberschmied Rodalquier fertigt diese ästhetischen Brustabdrücke in Diskusform einzeln an. Zunächst wird die Form abgenommen, dann vom Abdruck das

Schmuckstück aus Silber gegossen. Beide Brustspitzen und der Hof darum ergeben zwei Silbernippel, die jeweils etwas größer als ein Fünfmarkstück sind. Die Nippel, Rückseite an Rückseite verbunden, ergeben einen schmucken und sehr persönlichen Handschmeichler. So kann er oder sie die zarten Knospen immer mal fühlen und sich an liebevolle Stunden erinnern. 880 Mark und etwas Zeit für die Anfertigung muß die Kundin oder auch der Kunde mitbringen.

Silicon Vibration Demi Cup

(siehe auch ***Busen-Vakuumpumpe, Nippel Enlarger***) Kürzer und leichter verständlich: Ein Nippelstimulator, bestehend aus zwei kleinen vibrierenden Silikonkissen zum Einlegen in den BH. Mittels Schnur und Batterien werden die Brustwarzen gerüttelt und geschüttelt. Das funktioniert zwar, ist aber auch nicht der wahre Otto! Mal wieder eine Männererfindung, die den Mann ersetzen und den Bastler reich machen soll. Die vibrierenden Halbschaleneinlagen gibt es neuerdings für 60 Mark das Paar im Sexshop. Zarte Hände oder Lippen gefallen Frauen bestimmt besser.

Silikon

(siehe auch ***Implantate, Lack, Latex, Polyurethankondom, PVC, Reinigung***) Silikon gilt als der Mercedes unter den Werkstoffen für Sexspielzeug. Berühmt und berüchtigt wurde das Material als *der* Busenvergrößerer schlechthin. Es ist aber auch als Kondombeschichtung und als Gleitmittel im Handel. Zur Herstellung von Sextoys wird der aus Stein gewonnene Werkstoff erst in den letzten Jahren genutzt. Silikon ist biegsam und trotzdem fest, es ist samtig und kommt der Beschaffenheit von Haut sehr nahe. Ein Silikondildo kann in Wasser gelegt werden und hält die gewünschte Temperatur, warm oder kalt, sehr lange. Außerdem ist Silikon geruchsneutral und vor allem das hygienischste Material für Sexspielzeug: Es ist nicht porös und läßt sich daher sehr leicht von Bakterien etc. befreien. Ein Dildo kann sogar ausgekocht werden, wenn auch nicht zu häufig. Dildos und Vibratoren aus Silikon verhelfen auch der von Latexallergie geplagten Frau zum Orgasmus. Silikon ist etwas kühler und glatter als Latex, aber auch schöner zu formen, zum Beispiel als Delphin – »Mit meinem Flipper komm ich immer!« – oder kleine Raupe Nimmersatt, ein schmaler Dildo mit kleinen Verdickungen wie der Zauberstab. Silikontoys gibt es von Fun Factory in kräftigen, fröhlichen Farben und phantasievollem Design. Oder von dem Künstler Tobias Ballweg (siehe Interview S. 56) oder der Designerin Stefanie Dörr aus Berlin. Adressen im Anhang.

Die Kondomhersteller verwenden bereits seit Jahrzehnten Silikonöl als Beschichtung für Päservative. Es wird kurz vor dem Folieren auf das aufgerollte

Kondom getropft und »kriecht« dann während der Lagerung auf die gesamte Oberfläche des Verhüterlis. Beim Auspacken werden die Hände vom Silikonöl zwar etwas benetzt, dafür gleitet es dann besser – zunächst über das Glied, später dort, wohin er seinen Schniedel führt. Über 98 Prozent aller Kondome auf dem Markt sind damit beschichtet. Trockene Kondome gibt es nur noch von zwei Herstellern (Mapa: »Fromms Classic«/Condomi Erfurt: »Joy«) am Markt. Als Gleitmittel für Sex mit oder ohne Kondom schätzen nicht nur Schwule das reine Silikonöl. Im Gegensatz zu wasserlöslichen Lubricants verbindet sich dieses nicht mit den Körperflüssigkeiten. Es bildet keine Emulsion und dringt nicht in die Haut ein. Aus diesem Grund bleibt es stundenlang glitschig und bildet einen Film auf der Haut. Silikonöl ist nicht unbedingt ein Hauttonikum, aber schaden tut es auch nicht. Für 22 bis 25 Mark überall im Sexhandel (Marken: »Eros«, »Eroticum« u.a.).

Simulacrum

(siehe auch ***Flutschhand, Gummipuppe, Melone, Oro-Stimulator***) Manche Männer sind eifersüchtig, daß Frauen so schöne, kleine Sextoys haben. Ein Vibrator ist nun mal handlicher als eine sperrige Gummipuppe, und ein Kugelstab aus Silber um einiges ästhetischer als eine Plastikmuschi mit ein paar verkümmerten Kunststoffschamhaaren. Und wenn kein Vibrator im Haus ist oder die Batterien den Geist aufgegeben haben, gibt es immer noch Gurken, Flaschen oder Bürstenstile. Männer sind, was Sextoys betrifft, in der Tat das benachteiligte Geschlecht. Via Internet machen sich die minderprivilegierten Herren der Schöpfung daher eifrig Gedanken, wie sie diesen Mißstand beheben könnten. Die Lösung. Das Simulacrum, eine Art Muschiersatz aus Schaumstoff, Gleitgel, Kondom, Metallring und einer Wäscheklammer aus Holz. Wie es geht und was man noch alles mißbrauchen kann, erfahren Sie unter *http://www.beer.org/~tpark/masturbation.html* im Internet.

Skat

(siehe auch ***Vakuumpumpe, Viagra***) Skat wurde, als es 1983 auf den Markt kam, genauso hochgejubelt wie jetzt die Potenzpille Viagra. Skat kommt aus dem Englischen, heißt »Self kavern autoinjection therapy« und ist ein Mittel gegen Impotenz, das direkt in den Penisschaft gespritzt wird. Es entsteht eine Versteifung, die circa drei Stunden anhält und auch nach der Ejakulation bleibt, was als unangenehm empfunden werden kann. Wird nur vom Arzt verschrieben. Bei längerer Anwendung kommt es zu schmerzhaften Nebenerscheinungen, da der Penis dauernd mit einer Nadel malträtiert wird. Mit der Zeit bildet sich ein Narbengewebe. Diese Nebenwirkungen schränken den Kreis der Daueranwender ein.

Die Skat-Methode sollte nur nach ärztlicher Konsultation, zum Beispiel eines Urologen, angewandt werden, die Partnerin sollte in die Therapie dieser organisch bedingten Erektionsstörung einbezogen sein. Sie sollte wissen, welche Auswirkungen die Methode auf das beiderseitige Sexleben hat. Falls die Therapie für die sogenannte »erektile Dysfunktion« nicht medizinisch verordnet wurde, müssen für den Injektor, der etwa die Form eines dickeren Füllers hat, und für das Medikament zusammen mehr als 80 Mark auf die Theke der Apotheke gelegt werden. Da es sich um ein Arzneimittel handelt, besteht Apothekenpflicht. Das Medikament ist erst seit Anfang der 90er Jahre in Europa erhältlich, nachdem die Erprobungsphase in den USA positiv verlaufen war.

Sklaventisch

(siehe auch ***Andreaskreuz, Galgen, Halsgeige, Liebesschaukel, Liebesschleuder, Möbel***) Es gibt Leute, die haben ein Katzenklo zu Hause, andere wiederum haben einen Sklaventisch. Jeder wie er's mag. Wer einen Sklaven hat, sollte auf dieses besondere Möbelstück auf keinen Fall verzichten. Und so sieht's aus: Auf den ersten Blick wie ein normaler Couchtisch, vor allem dann, wenn das weiße Spitzendeckchen draufliegt. Aber darunter, oho, da liegt der Sklave, auf dem Rücken mit angezogenen Beinen. Der Tisch hat nämlich nur auf der einen Seite Füße, die anderen muß der Sklave durch seine hochgehaltenen Beine ersetzen. Wenn er schwach wird und etwa der Kaffee auf dem Tisch überschwappt wird er bestraft. Vielleicht kriegt er ein paar Analkugeln verpaßt oder einen Peitschenschlag. Den praktischen Tisch können sie bei Tammys oder Sahm für etwa 2.000 Mark in Auftrag geben.

Sleeves

(oder ***Lustmanschette***, siehe auch ***Action Rubber, Fingerling, Japanriemen, Noppenkondom, Vibrator***) Überzieher für Überflieger. Die etwa sechs bis sieben Zentimeter langen Hüllen aus Silikon, Latex oder Polyurethan werden über den Penis oder einen Vibrator gestülpt. Sie haben mehr oder weniger starke Noppen oder Rillen, um damit die Frau besser zu reizen. Als Hilfsmittel, um den Penis aufzumotzen, sind sie nicht so einfach darüberzuziehen. Das kann weh tun, auch beim Entfernen. Glatte Vibratoren werden damit neu eingekleidet, je nach Noppen- oder Rillenlust. Bei ersterem kann man eigentlich gleich einen Noppenvibrator erstehen. Die Hüllen finden Sie meist in Sammelpackungen mit sieben Stück in verschiedensten Ausführungen: ein Stachelschweinchen für jeden Tag. Das Latex-Set kommt auf circa 50 Mark.

Slingmatte

(siehe auch ***Gynäkologenstuhl, Liebesschaukel, Liebesschleuder, Möbel***) Und wieder ein englischer Begriff für ein Sexspielzeug. »Sling« heißt aufhängen, schleudern. Die Slingmatte ist ein an Ösen aufgehängtes Lederstück, wenn möglich in Bettlakengröße, und ist die Liebesschaukel für Leute, die auf schwarzes Leder und vielleicht auch S/M stehen. So eine Lederschleuder hat natürlich mit 500 bis 1.000 Mark ihren Preis, und vor allem sollte der Nachbar nicht in den wilden Sex auf der Hängematte hineingezogen werden, indem sie ihm die Decke aufreißen.

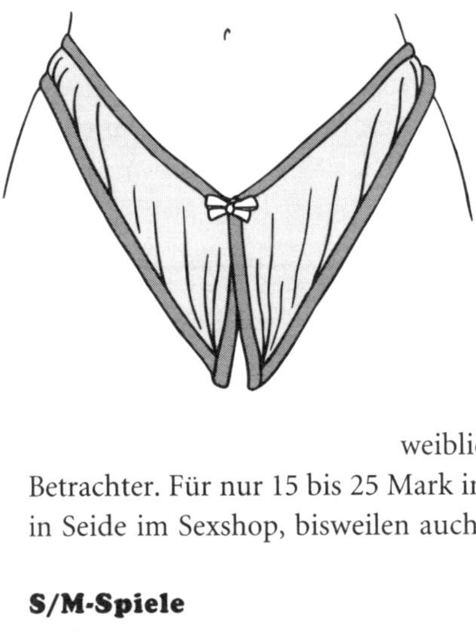

Slip Ouvert

(siehe auch ***Dessous, Klappbikini, Reizwäsche, Ringstring, Sexstrumpfhose***) Einladender Slip. »Ouvert« ist Französisch und heißt »offen«. Das Höschen, ein uraltes, reizvolles Dessous, hat vorne einen Schlitz direkt über der Vagina. Durch diesen Zugang kann die Geliebte geleckt oder penetriert werden. Manche Slip Ouverts haben am Popo eine zweite Öffnung. Luftig und frivol für das weibliche Geschlecht und dessen voyeuristischen Betrachter. Für nur 15 bis 25 Mark in einfachem Polyamid, für 50 Mark aufwärts in Seide im Sexshop, bisweilen auch schon über den Otto-Versand zu erhalten.

S/M-Spiele

(siehe auch ***Andreaskreuz, Bondage, Branding, Brustklemmen, Devotismus, Domina-Spiel-Set, Fesseln, Flagellantismus, Folter, Fußsklave, Galgen, Hängekäfig, Handschellen, Henkersmaske, Kettenspiele, Kerze, Klistiersex, Knebel, Lustangst, Masochismus, Nadel, O-Ring, Panikhaken, Peitsche, Phantasie, Regeln, Reizstrom, Rollenspiele, Sadismus, Safeword, Seil, Spanking, Züchtigung, Zwangsjacke***) Heutzutage weiß jedes Kind, daß S/M für Sado/Maso steht, und daß dabei Erwachsene in schwarzen Lederklamotten

Peitschen schwingen und Stiefel lecken. Denn die privaten Fernsehsender haben sich seit ein paar Jahren auf die S/M-Szene fixiert: Überproportional zur Realität in deutschen Schlafzimmern wird da ein Trend geschaffen, eine Mode, der einige glauben folgen zu müssen. Die Qual im Alltag der deutschen Schlafgemächer ist allerdings eine ganz andere. Bei durchschnittlich 2,5mal Sex in der Woche ist sie oder er froh, daß überhaupt noch etwas läuft. Langjährige Paare pflegen die »eheliche Pflicht« gar noch seltener. Die wenigen Liebhaber von S/M-Spielen fallen aus dieser Statistik. Sie wollen den besonderen Kick, suchen neue Grenzen des Vorspiels oder ersetzen den Sex gleich ganz durch den Kick mit der Angst und dem Schmerz. Wer dabei unterdrückt und wer von beiden Partnern dominant ist, ist egal. Hauptsache beiden macht es Spaß. Schwierig werden S/M-Spiele, falls einer der beiden dieser Form des Sex ablehnend gegenübersteht. Daran können Beziehungen zerbrechen.

Das besondere der S/M-Spiele sind kleine oder längere Sequenzen des lustvollen Quälens oder Gequältwerdens. Dabei spielen beide Rollen und erfüllen diese mit sinnlicher Lust. Höhepunkt ist die Erlösung, der Orgasmus am Ende eines Spiels, wobei der genitale Sex oft weniger wichtig ist als die im Spiel erlebte Lust am Zufügen oder Ertragen des Schmerzes. Hilfsinstrumente und Fetische sind häufig Lederkleidung, Fesseln, Knebel, Augenmasken, Peitschen und diverse Möbel. Wird eine Grenze überschritten, zieht der Gequälte die Reißleine und erlöst sich mittels des Safewords von seinen, nun echten Qualen, die stärker als die Lust geworden sind.

Snapper

(siehe auch ***Gasmaske, Knebel***) Sexuelle Ekstase durch Atemreduktion. Angst und Lust liegen sehr nah beieinander. Ein Snapper ist jemand, der sich mit einer Plastiktüte über dem Kopf selbst die Luft zum Atmen nimmt, um sich sexuell zu befriedigen. Fürs Understatement ist die Aldi-Tüte ideal, Angeber tun es lieber mit einer Joop-Tüte. Österreicher, für die das Wort Tüte einem Schimpfwort gleichkommt, nehmen ein Plastiksackerl von Billa oder eins mit Hundertwasser-Design. Vorsicht ist allerdings geboten, immer wieder kommt es bei dieser Form der sexuellen Stimulation zur Hyperventilation und zu Todesfällen.

Sodomie

(siehe auch ***Ponyspiele, Schaf, Tiere***) Die körperliche Liebe beziehungsweise Unzucht mit Tieren. Früher verstand man unter Sodomie oft auch Sex unter Schwulen. Der Begriff leitet sich her von der altbiblischen Stadt Sodom, wo die Menschen angeblich besonders ausschweifend lebten und sich auch mit Tieren sexuell vergnügten. Sodom lag am Toten Meer und kommt im 1. Buch Mose, Abschnitt 19, vor. Sodomie ist in Deutschland seit dem 1. 4. 1970 nicht mehr strafbar. Die Verbreitung von Pornographie, die Sodomie darstellt, ist jedoch ebenso verboten wie die Darstellung von Sex mit Kindern.

Trotzdem ist sie ein in der Pornographie sehr beliebtes Motiv. Und in einem Land wie Deutschland, in dem es Hunde oft besser als Obdachlose haben und Tierschützer eine stärkere Lobby auf sich vereinigen als Menschenrechtsorganisationen, wird bestimmt das eine und andere mal der Sodomie gefrönt. Ein Tabuthema, das vielleicht dann seine Outingphase durchmacht, wenn sich niemand mehr für Peitscher, Knebler, Urinsäufer und Gummifetischisten interessiert. Irgendwann wird auch die alte Dame mit ihrem Dackel in der Talkshow auftauchen oder der Landfreak mit seinem Esel. Doch wo fängt der Sex mit Tieren eigentlich an? Wenn der Wauwau zu Hause im Bett schläft, die Katze mit rauher Zunge zärtlich den salzigen Schweiß am Körper ableckt oder erst, wenn der Bauer seine Hühner fickt?

Während manche Männer vom genitalen Sex mit Schafen, Pferden, Kälbern oder anderen Tieren mit geeigneten Öffnungen phantasieren, träumen Frauen bisweilen vom langen erigierten Schwanz eines Maultieres oder einem stattlichen Hengst. In einigen sexuellen Romanen werden Frauen gewaltsam von einem Hengst bearbeitet. Wunsch, Phantasie, Wirklichkeit verfließen hier miteinander. Wie viele Frauen durch das Schmusen mit normalen Haustieren wie Hunden oder Katzen sexuell stimuliert werden, ist nicht ermittelt. Für viele Alleinstehende ist das Haustier ein Partnerersatz. Viele Frauen knuddeln und küssen gerne ihr Tier, ob sie sich deshalb auch mit der Zunge befriedigen lassen? Vorkommen wird es schon hin und wieder. Die Sodomie bleibt jedoch im Privaten verborgen. Trotz des Verbotes in Deutschland, Sodomie darzustellen oder als Pornographie zu verbreiten, gibt es einen Schwarzmarkt dafür, der über Holland importiert wird.

Softporno

(siehe auch ***Magazine, Porno, Video***) Ein schwammiger Begriff für Sexfilme, die durchaus mehr zeigen als nur einen Zungenkuß. Beim Softporno dürfen Sie zwei Menschen beim Geschlechtsakt beobachten und die eindeutigen Geräusche belauschen. In Abgrenzung zum Hardcorefilm wird die Kamera hier jedoch nicht porentief und schamhaargenau an die Genitalien herangeführt, die Vereinigung wird nicht in Großaufnahme abgefilmt. Hardcorefilme zeigen Dinge, die privat nur mit Spiegeln und größtem Aufwand zu sehen sind. Der Softporno ist der Übergang vom Sexfilmchen zum Hardcore. Er läuft schon mal nach 23 Uhr im Fernsehen und ist in jüngster Zeit von der FSK (Freiwillige Film-Selbstkontrolle) ab 16 Jahren freigegeben worden. Softpornofilme können über den Sexversand oder im Sexshop bezogen werden. Auch die breiten Medienversender wie zum Beispiel Mail Order Kaiser in 80791 München bieten bereits ein breites Sortiment dieses Genres.

Soft-Tampons

(siehe auch ***Bikinikondom, Gummilaken, Menstruationsfetischmus***) Wer steht schon auf rote Blutflecken auf dem Bettuch? Das ist wohl eher ein Kick für solche, die in der Hochzeitsnacht den Beweis der Jungfräulichkeit rot auf weiß haben wollen, und für Menstruationsfetischisten. Alle anderen können Softtampons verwenden, wenn sie während der Periode Lust auf Sex haben. Die Dinger sind etwas kürzer und weicher als die normalen Tampons, und vor allem haben sie keinen Rückholfaden. Das ist allerdings der Haken, und am besten läßt Frau das Tampon danach von ihrem Schatz wieder rausfriemeln. Ein Nachspiel, bei dem man sich noch einmal so richtig schön nahe kommt. So ein kleiner Blutsauger aus Schaumstoff kommt auf knapp drei Mark. Ganz schön happig. Also auch hier den Schatz losschicken, denn Tamponseinkaufen gehört zu den wenigen Abenteuern, die Männer heute noch bestehen können.

Spanische Fliege

(siehe auch ***Aphrodisiaka, Pharmaka, Potenzmittel***) Die geilste Fliege der Welt. Die Spanische Fliege ist das berühmteste und berüchtigteste unter den Potenzmitteln und wurde schon im Altertum und im Mittelalter angewendet.

Die Fliege ist eigentlich ein Käfer. Der Wirkstoff wird aus dem Ölkäfer Lytta gewonnen, der in Südeuropa, Nordafrika und Kleinasien vorkommt. Der 12 bis 21 mm lange, metallisch-grün glänzende Käfer wird getrocknet und pulverisiert. Das gewonnene Gift Cantharidin ist äußerst wirksam, es greift ins Nervensystem ein und führt zu einem lustvollen Brennen und Prickeln in den Geschlechtsteilen. Da die Dosierung sehr schwierig ist, starben im Mittelalter immer wieder Fliegenesser in den Armen ihrer Geliebten. Schon 4 mg des Wirkstoffes sind tödlich. Das Gift kann zum Wahnsinn führen, schwere Entzündungen im Bereich der Blase und der Geschlechtsorgane hervorrufen und zum Priapismus, einer äußerst schmerzhaften Vergrößerung des Penis, führen.

In den 50er Jahren war der Bestseller unter den Potenzsteigern in Deutschland verboten. Die heute im Erotikhandel erhältlichen Präparate sind allerdings so niedrig dosiert, daß sie weder schaden noch wirken. Die Spanische Fliege aus dem Sexshop bewirkt nicht mehr als ein Fliegenschiß. Hier spielt nur noch die suggestive Kraft des Namens eine Rolle. Die Tropfen können in jedes Getränk gemischt werden und sind sowohl bei Männern als auch Frauen äußerst beliebt. Gibt es auch in Tablettenform. Die Blaue Fliege heißt auch in Amerika Spanische Fliege und wird dort als das Potenzmittel aus Europa angepriesen. 10 ml kosten circa 25 Mark.

Spanking

(siehe auch ***Flagellantismus, Klatsche, Kochlöffel, Peitsche, Rohrstock, Rute, Schulspiele, S/M-Spiele, Teppichklopfer***) »Spanking« ist das englische Wort für »den Hintern versohlen«. Klingt einfach cooler und professioneller. Schmerzen tut es so oder so. Ob englisch oder deutsch, kräftige Schläge auf den Allerwertesten oder auch auf Rücken, Brust oder Beine machen nur Anhängern von sado-masochistischem Sex Spaß. Dazu reicht selten die bloße Hand. Doch Spanker können auf ein ganzes Arsenal an Schlaginstrumenten zurückgreifen. Peitschen aus Leder, Klatschen oder Gerten, nicht zu vergessen der gute alte Rohrstock oder Teppichklopfer. Eines sollte auf jeden Fall bedacht werden: am besten eignet sich der Hintern zum Draufschlagen, der ist mehr oder weniger gut gepolstert. Nicht auf Bauch oder Brust schlagen, es könnten innere Organe verletzt werden!

Spanner

(siehe auch ***Bildtelefon, Cybersex, Video, Voyeurismus***) Der Welt berühmtester Spanner ist wohl Sonderermittler Kenneth Starr, der am liebsten in Präsident Clintons Schwanz kriechen würde, um ja alles mitzukriegen. Spanner, meist Männer, sind Menschen, die sich am Sexleben oder auch nackten Körpern anderer aufgeilen. Sie schauen durch Schlüssellöcher oder stieren in Nachbars Garten. Voyeure treiben sich auch gern in Schwimmbädern und Parks herum, und nerven die Frauen mit ihren gierigen Blicken, den Schniedel immer schon in der Hand, jederzeit bereit zum Loswichsen. Deswegen werden Spanner im Volksmund auch Wichser genannt.

Seit das Internet immer populärer wird, kann jeder zu Hause seinem Voyeurismus frönen. Es gibt genug Exhibitionisten, die Privatestes mit Hilfe einer Webcam, einer Kamera, die an den Computer angeschlossen ist, ins World Wide Web einspeisen.

Auch Frauen spannen des öfteren. Sie beobachten mehr oder minder heimlich andere beim Entkleiden, beim Duschen, beim Sex oder in der Toilette. Der Reiz liegt in der »verbotenen« Beobachtung und natürlich dem gebotenen Programm. Spanner erregen sich an dem Gesehenen, masturbieren gelegentlich dabei oder danach und genießen sexuell das, was sie mit den Augen erhaschen können. Ob dabei mittels Feldstecher die Wohnung im Block gegenüber observiert wird oder an einschlägigen Parkplätzen Paare beim Auto-Tête-à-tête mit Blicken verfolgt werden, ist dabei eine Frage des Geschmacks. Jeder Spanner braucht seinen ganz persönlichen Kick. Es gibt Männer, die beobachten Frauen an Autobahnparkplätzen (ohne WC) beim Urinieren im Wald! Andere glotzen stundenlang am Strand nach weiblichen Brüsten und straffen Popos. Auch unter Schwulen gibt es diese Form des Gaffens, vor allem wenn es in der Nähe zum direkten Sex (siehe Klappe) kommt.

Spermadrops

(siehe auch ***Busennudeln, Dessoustorte, Fun Food, Liebespärchen, Marzipanmuschi***) Manche Frauen sollen allergisch gegen Sperma sein, zumindest bei der oralen Einnahme. Gegen diese Spermien aus Schokolade oder Lakritze hat bestimmt kein Leckermäulchen was einzuwenden. Circa 20 Mark die Dose.

Spiegel

(siehe auch ***Feng Shui, Lippenstift, Möbel, Schlafzimmer, Voyeurismus***) Gedoppelte Lust. Spieglein, Spieglein an der Wand, wer ist der/die Schönste beim Sex in diesem Land? Verspiegelte Flächen vergrößern optisch das kleine Schlafzimmer. Außerdem kann Mann/Frau sich selbst beim Sex zuschauen, was ungemein anregend sein kann. Geschickt plazierte Spiegel geben Ihnen einen Einblick, wie sie es miteinander treiben. So sehen sie sich sonst selten: von hinten, ganz nackt, in Bewegung und natürlich auch Ihren Partner oder die Partnerin. Ob deshalb total verspiegelte Schlafzimmerschränke angeboten werden?

Spiele

(siehe auch ***Erotikquiz, Phantasie, Rollenspiele, Roulette, Strip Poker, Via Amore, Wunschzettel***) Wir Menschen lieben Rituale. Unser Liebesspiel hat häufig den gleichen Ablauf, das gibt Sicherheit und beschert beiden Seiten Zufriedenheit.

Kann aber auf Dauer auch ganz schön langweilig werden, und bei vielen Paaren entscheidet sich der eine oder andere Partner immer öfter für den Fernsehabend als für das erotische Miteinander. Dann sind Ideen gefragt! Mit verschiedenen Spielen kann Mann/Frau wieder Spaß und Farbe in den Beziehungsalltag bringen. Verwandeln Sie ihren Schatz in ein Sandwich und schlürfen Sie das Dessert von seinem Hintern. Oder versuchen Sie sich mal als Sharon Stone oder Richard Gere, wer will kann auch den »Alten« mimen. Hauptsache, man hat was zu lachen. Denn Humor hat sehr wohl auch im Bett was zu suchen. Bei den Rollenspielen sind keine Grenzen gesetzt, man kann auch eine Vergewaltigungsphantasie auf diese Weise ausleben.

Auf ganz andere Weise wollen Hersteller von Karten oder Brettspielen den Sex ins Spiel bringen. Ob plump-schlüpfrige Pin Up-Girls als Skatkarten oder Frage- und Antwortspiele als Herausforderung, immer wird das Spiel sexualisiert. Das Brettspiel »Love Affairs« mit intimen Fragekärtchen konnte Anfang der 90er Jahre schon heftigste Spannungen zwischen Partnern entfachen – mit Entladung im Liebesspiel oder Beziehungskrampf. Leider wurde es nicht wieder aufgelegt.

Spinne

(siehe auch ***Butterfly, Delphin, Hummel***) Die meisten Menschen finden Spinnen eklig. Weshalb dieser Sextoy-Produzent gerade diese Form und diesen Namen gewählt hat, bleibt schleierhaft. Das Teil wird wie der Butterfly mit Gummibändern vor die Klitoris gespannt. Dort soll die schwarze Spinne rubbeln und die Frau zum Höhepunkt bringen. Denkste. Eher wird sie das billige Hongkong-Spinnenteil in hohem Bogen wegschmeißen. Wie jede Spinne, die ihr zu nahe kommt. Spinnen sind eklig und diese stimuliert nun mal gar nicht. Eignet sich höchstens als Horrortrip für schwarze Messen. Die Spinne gibt es im Sexshop für 14,80 Mark. Stecken Sie das Geld lieber ins Sparschwein.

Sporen

(siehe auch ***Gerte, Leder, Pony Play, Reiterspiele, Stiefel, Zaumzeug***) Wer den Hengst oder die Stute reiten möchte, braucht die entsprechende Ausrüstung. Zum echten Lederoutfit der S/M-Reiterin gehören scharfe Sporen, die an die Fesseln geschnallt werden. Die Quälinstrumente sind aus Silber mit schwarzem Lederband und werden im Galopp in die Flanke des devoten Zweibeiners auf allen vieren gebohrt. Sporen gibt es im gut sortierten S/M-Zubehör-Shop für circa 55 Mark.

Sport

(siehe auch ***Beckenbodenübungen, Kamasutra, PC-Muskel, Penishantel, Punching Penis***) Treibt mehr Sport! So lautete schon die Aufforderung von Turnvater Jahn, der uns vor hundert Jahren zur Körperertüchtigung antrieb. Körperliche Fitneß wird heute mehr denn je als Kulthandlung betrieben.

Im schönen Körper steckt nicht nur ein schöner Geist, sondern auch mehr Erotik, so die allgemeine Ansicht, und deshalb wird der Sex immer mehr durch schweißtreibenden Fitneßwahn ersetzt. Eins stimmt jedoch: Schlanke Menschen tun sich leichter bei manchen Stellungen im Bett als Korpulente. Doch obwohl der Sex wie auch der Sport dem Körper und der Seele guttun, werden öffentlich nur die Leibesübungen im Sinne Turnvater Jahns anempfohlen. Warum fordern die Krankenkassen nicht: Habt mehr Sex – und ihr bleibt gesund! Besonders Jugendlichen in der Entwicklung wird Sport zur körperlichen Ertüchtigung angeraten. Dabei wissen alle längst, daß die Entspannung in der Pubertät eher durch die Masturbation zu erreichen ist. Onanieren ist gesund! Nur welche Krankenkasse oder Schule schreibt sich dies auf die Fahnen?

Die Sportvereine, Fitneßcenter und Sportartikelhersteller leben nicht schlecht vom Fitneßwahn. Aber auch Voyeure kommen beim Sport auf ihre Kosten. Die strammen Schenkel der Fußballer erfreuen die Hausfrau und manchen schwulen Betrachter an der Mattscheibe. Grazile Turnerinnen im engen Anzug zeigen Figur, die in der aufreizenden Sportkleidung oft deutlich sexuell betont rüberkommt. Wissen Sie jetzt, warum Männer so gerne Sport sehen? Die Grenzen zwischen Sex und Fitness sind eben häufig fließend. Der Fitneßwahn bescherte uns zum Beispiel die Radlerhose als erotisches Dessous. Manche treiben's im Taucheranzug und gefesselt wird mit Seilen und Gurten aus dem Bergsteigershop. Nicht zu vergessen die Utensilien, die aus dem Reitsportgeschäft ins Schlafzimmer geschleppt werden!

Spreizstange

(siehe auch ***Andreaskreuz, Galgen, Halsgeige, Pranger, S/M-Spiele***) Noch so ein nettes Spielzeug aus der S/M-Folterkammer. Wem der Bettpfosten zum Festschnallen seines Sklaven nicht reicht, der muß in eine Spreizstange investieren. Kostet ja grade mal 300 bis 400 Mark. Die Stange, meist aus Metall, hat an beiden Enden Fesselvorrichtungen. Entweder werden die Arme ausgebreitet daran gebunden, beziehungsweise die Beine gespreizt oder beides an zwei Spreizstangen gebunden. Diese Spezialausrüstung für S/M-Sex beziehungsweise die kleine Folter zu Hause findet man nicht in jedem Sexshop. Wer sich näher für diese Form des Sex begeistert, weiß schon, welches Fachgeschäft dergleichen führt. Auch im Internetshop oder über Spezialkatalog zu ordern.

Sprinkle, Annie

(siehe auch ***Muschikissen***) Amerikanische Performance-Hure, Feministin und Sexgöttin, die Aufklärung spielerisch und künstlerisch betreibt. Berühmt-berüchtigt wurde sie mit Performances, bei denen Männer und Frauen mit Spekulum und Taschenlampe ausgerüstet einen Blick in ihre Gebärmutter werfen durften. Sprinkle hat auch verschiedene sinnliche Aufklärungs-Videos herausgegeben, etwa zu Themen wie »Wie masturbiere ich mich?«, »Wie find ich meinen G-Punkt?« oder auch einen Film über weibliche Ejakulation, der unpornografische Nahaufnahmen der Genitalien in jedem Stadium der Lust zeigt.

Sprinkle ist die Göttin des feministischen Spaß-Sex und hat außerdem das Muschikissen, ein anderes erotisches Aufklärungsmittel, erfunden. Sprinkle-Produkte und -Bücher gibt es im Berliner Laden Sexclusivitäten oder im Internet unter *http://www.heck.com/annie/sprinkleshow.html*, wo sie über den »intervaginal highway« der Sex-Künstlerin surfen können.

Ständertropfen

(siehe auch ***Aphrodisiaka, Potenzmittel, Vakuumpumpe, Viagra***) Einen platteren Namen konnte der Hersteller dieses Wundermittels wohl nicht finden. Wäre alles nicht so schlimm, falls die Tropfen dem erektionsschwachen Mann wirklich in das Glied fahren würden. Fehlanzeige, dem ist leider nicht so. Erstens gibt es keine Tropfen zur Versteifung des Gliedes und zweitens müßte eine Wunderdroge dieser Art dann als Arzneimittel in der Apotheke gehandelt werden. Die Ständertropfen aus dem Sexshop um die Ecke helfen niemandem, außer dem Hersteller. Dessen Geldbeutel schwillt allerdings mächtig an. Für 15 bis 25 Mark im Erotikfachhandel.

Stechbecken

(siehe auch ***Birnspritze, Doktorspiele, Goldene Dusche, Gummilaken, Klistiersex, Nachttopf***) Wer diesen irreführenden Namen für das kleine Gummibecken erfunden hat, war nicht herauszubekommen. Denn wer mit spitzen Gegenständen zusticht, wird diesem Becken schnell den Garaus machen. Stechbecken sind aus rotem Gummi, rund oder oval, und sehen wie ein kleines Kinderplanschbecken aus. Der Durchmesser beträgt gut 45 cm, so daß er oder sie sich mit dem Gesäß daraufsetzen kann. Wer es sich auf dem Gummiwulst bequem gemacht hat, kann nun dem Urin- und Ausscheidungssex frönen, ohne daß die Exkremente in das Bett oder auf die Couch geraten. Die Stechbecken sind Hilfsmittel für die kleine Gruppe der Ausscheidungsfetischisten. Daher finden Sie diese Gummiteile auch nur im Spezialversand oder Sexgeschäften, die dahingehend sortiert sind. Die Preise liegen bei 95 Mark und darüber, je nach Form, Größe und Geschäft.

Steherschlaufe

(siehe auch ***Erektionsring, Cockring, Cockringvibrator, Hunnengurt, Stretcher***) Ständerpower für ausdauernden Sex. Plastikschnur, die mit einer Perle oder einem anderen Verschluß verstellbar und somit für jede Schwanzgröße geeignet ist. Billige, flexible Form des Cockrings. Die Schlaufe hilft dem impotenten oder erektionsschwachen Mann, sein Glied aufzurichten. Wird über den erigierten Penis an der Wurzel festgezurrt: Damit wird das Blut gestaut, so daß es in den Schwellkörpern verbleibt und der Ständer länger hält. Nach dem Akt unbedingt entfernen. Die Schlaufen sind angenehmer überzustreifen als ein Ring, da sie individuell der Größe des Penisschaftes angepaßt werden können. Kleiner Nachteil: Frau sieht die Schlaufenenden deutlich, der Cockring ist diskreter zu verbergen und sieht besser aus, vor allem wenn er aus Metall ist. Für 14 bis 22 Mark im Sexhandel erhältlich.

Stewardeß

(siehe auch ***Krankenschwester, Matrose, Military Look, Nonne, Uniformkult***) Viele Mythen ranken sich um diese Berufsgruppe: Stewardessen gelten als sexy, führen angeblich ein Jet-Set-Leben und haben in jeder Stadt und in jeder Crew einen anderen Lover. Außerdem tragen sie eine Uniform, was viele Menschen erregt, und haben ihren Hintern bei der Arbeit ständig in Augenhöhe der Passagiere. Da geht einigen die Phantasie durch, vor allem natürlich den Herstellern von Videos: Sie titeln gerne derb wie *Schwanzgeile Engel der Lüfte* oder *Stewardessen, Freiwild über den Wolken*. Wer mal eine wirklich coole Stewardeß im Film sehen will, sollte sich *Jackie Brown* von Quentin Tarantino reinziehen, die würde aber nicht lange fackeln und jedem Grapscher eine Kugel in den Bauch jagen.

So weit hergeholt sind manche Klischees jedoch gar nicht, wenn man bedenkt, daß Stewardessen früher nicht verheiratet sein durften. Schick und adrett gekleidet, dienen sie dem Gast an Bord. Viele männliche Fluggäste plagt es über den Wolken arg: Der langweilige Flug – alleine –, der Alkohol und die Freiheit 30.000

Fuß über den nackten Tatsachen auf der Erde haben zur Folge, daß so manchen die Phantasie durchgeht. Sie versuchen die plumpe Anmache beim Personal, grapschen auch mal von hinten an die Uniform und machen eindeutige Angebote. Die Stewardessen können sich nur begrenzt wehren. Keiner kann einfach während des Fluges aussteigen. Der Fluggast ist König, bekommt fast alles – und dabei immer nur lächeln!

Stiefel

(siehe auch ***Beine, Fußfetischismus, High Heels, Reiterspiele, Spiele***) Je nach Drehbuch des Sexspiels werden Stiefel entweder devot geleckt oder zum Treten eingesetzt. Stiefel drücken Stärke, Macht und Besitz aus. Dominas tragen diese Lederhüllen oft bis weit übers Knie, am besten geschnürt und in glänzendem Lack oder Leder. Lederschwule wären ohne schwere Stiefel nicht ernst zu nehmen und jeder Minirock wird erst in Kombination mit Stiefeln richtig sexy. Manche Männer mögen es, wenn die Frau die Stiefel im Bett anbehält und er sie in voller Montur vögeln kann.

Stilettos

(siehe auch ***Beine, Fußfetischismus, High Heels, Pfennigabsatz, Seidenstrümpfe, Stiefel***) Spitz und scharf wie ein Stilett sind diese hochhackigen Schuhe. Die Absätze sind lang und schmal wie ein Bleistift, oft aus Metall und silbern glänzend. Ein Traum für jeden Beinliebhaber, ein Alptraum für viele Frauen. Denn auf Stilettos zu balancieren will gelernt sein. Es lohnt sich, wenn Frau gerne verwerflich mit dem Po wackeln und umwerfende Hüftschwünge zeigen will. So frivoles Schuhwerk eignet sich jedoch nicht für jeden Tag und paßt auch nicht zum Kostüm oder Faltenrock. Das allerdings sind die richtigen Schuhe, um einen Mann ins Netz gehen zu lassen. Stilettos werden gerne für Bühnenauftritte in Nachtklubs oder auf dem Strich eingesetzt. Zu finden sind die Wolkenkratzer-Schuhe nur in Spezialgeschäften oder beim entsprechenden Versand für 160 Mark und mehr.

Strapse

(siehe auch ***Dessous, Korsett, Nylons, Reizwäsche, Sexstrumpfhosen, Slip Ouvert***) Schon die Klangmalerei dieses Dessous hat etwas reizvolles. Streng genommen sind Strapse nur die elastischen Bänder, die an einem Strumpfhaltergürtel befestigt sind. Meist meint man aber mit Strapsen den Gürtel und die Halter zusammen. Die Strumpfhalter kamen erst gegen Ende des 19. Jahrhunderts in Mode und waren ein fast unvermeidliches Kleidungsstück bis ins Jahr 1968, in dem endlich die Seidenstrumpfhose erfunden wurde. Bis dahin hatte der Strapsgürtel für die wenigsten Frauen einen erotischen Beigeschmack. Die Gürtel kniffen, schnitten ein, und im Winter mußten dicke lange Unterhosen über das Stück nackte Haut zwischen Strumpf und Slip gezogen werden, wollte Frau sich keine Verkühlung holen.

Die bunte Welt des Sex hat die Strapse jedoch überleben lassen. Heute gelten die Strumpfhalter als frivol. Zu einer sexy Underwear sind Strapse fast ein Must: Sie hängen von Korsetts, Hemdchen und Höschen und sind oft abnehmbar. Auch zum Striptease eignen sich Strapse besonders, denn Frau braucht ewig, um sich davon zu befreien. Ein Tip: Nehmen Sie zum Strippen halterlose Strümpfe, die schnurren nämlich nicht gleich in die Kniekehle. Manche Männer fahren eher auf ein nostalgisches Strapsoutfit ab als auf geile Slips oder BHs. Strapsgürtel finden Sie in Miederwarenabteilungen der Kaufhäuser (ab 35 Mark) oder im Sexshop mit Wäscheabteilung. Die Farben reichen von weiß, schwarz über rot bis Bordeaux, Champagner oder getigert. Glatt, aus Leder, Latex oder mit Rüschen. Im Erotikdessousbereich finden Sie auch Slips mit Strapshaltern, dies sind keine reinen Strumpfhalter, sondern der Tangaslip hat Strumpfhalter. Die Größe richtet sich nach Ihrer Taille. Und noch was: Ein gutes Mädchen zieht den Slip drunter, ein böses zieht ihn drüber. Sonst wäre nämlich der Quickie kein Quickie mehr.

Streichelhandschuh

(siehe auch ***Federn, Haut, Honey Dust, Massage***) Wer liebt es nicht, am ganzen Körper gestreichelt zu werden. Und das ist sogar gesund. In Afghanistan werden zum Beispiel die Kühe täglich gestreichelt, damit sie mehr Milch geben! Zartes Über-die-Haut-Streichen ist wohltuend, und wenn dabei die erogenen Zonen sanft liebkost werden, ist es das schönste Vorspiel der Welt.

Mit dem Streichelhandschuh aus Plüsch kann sich alles noch toller anfühlen, dieser bringt eine Abwechslung zu manchmal vielleicht rauhen Arbeiter- oder Hausfrauenfingern. Auch mit einer Federboa oder einer Bürste aus Ziegenhaar können Sie sich gegenseitig ins Nirwana streicheln. Der sanfte Handschuh kann bei Kamana für 27 Mark bestellt werden, die Bürste kostet 14 Mark.

Stretcher

(siehe auch ***Cockring, Gewichte, Hodenband, Hunnengurt, Parachute***) Ein englischer Begriff für das Hodenband. Hier wird zwar nichts gedehnt (»to stretch« = dehnen, strecken), sondern am Schaftende des Penis zusammengezogen, doch Stretcher klingt halt sportlicher.

Stringtanga

(siehe auch ***Dessous, G-String, Seide, Slip Ouvert***) Schnurslip für die Pofalte. »String« ist Englisch und heißt Schnur oder Bindfaden. Diese besonders knapp ausfallende Unterhose ist nicht viel mehr als ein Stoffetzchen für sein Gehänge oder ihr magischen Dreieck, einem Band mit Gummizug für die Hüften und einem String für die Pofalte. Der Hintern kommt knackig ins Bild, das schmale Band durch die Pobacken kneift manches mal oder stimuliert auch mal den Anus. Stringtangas trägt Mann oder Frau entweder, um möglichst schlank in der engen Jeans zu wirken, oder als besonderen Augenschmaus für das Vorspiel.

Strip Poker

(siehe auch ***Erotikquiz, Roulette, Spiele, Via Amore***) Manch ein Zocker hat schon beim Spiel sein letztes Hemd verloren. Beim Strip Poker ist das Hemd- und Höschenverlieren ein Must. In gemischter Runde muß jede(r) statt harten Dollars ein Kleidungsstück ablegen. Je angespannter die MitspielerInnen, desto prickelnder die Runde. Wer sein letztes Stoffetzchen versetzt hat, kann nur noch sich selbst zum Einsatz bringen! Achtung: Das Pokern ist nur lustig, wenn *alle* Spaß daran haben und niemand gegen seinen Willen strippen muß! Ein Skatspiel reicht aus, Alkohol und warme Beleuchtung erleichtern den Spielverlauf.

Striptease

(siehe auch ***Bauchtanz, Dessous, Getragene Unterwäsche, Kimono, Peep Show, Seidenstrümpfe, Strapse***) Das langsame, tanzartige Ausziehen mit Musikuntermalung vor begierigen Blicken ist eine alte Kunst, die nicht von Tutti-Frutti-Showmaster Hugo Egon Balder zum Sendestart bei RTL erfunden wurde. Er ließ fast nackte Frauen mit Fruchtnamen reihenweise in einer Halle bei Mailand ablichten und plapperte dazu seine Talkmastersätze. Und ganz Deutschland war im Tutti-Frutti-Fieber, wenn am Freitagabend auch die Gäste strippten.

Striptease kommt vom Englischen »to strip« = ausziehen und »to tease« = necken, hänseln. Meist wird in einschlägigen Etablissements vor Publikum gestrippt oder auch in erotischen Filmen wie *Neuneinhalb Wochen*, wo Kim Basinger ein lustvolles Kleiderabwerfen hinlegte. Wer das sündig-kunstvolle Ausziehen in seinen eigenen vier Wänden praktizieren will, kann einen Stripkurs besuchen und dort das Handwerk lernen oder es mit dem Videofilm *Striptease* probieren, ein qualifiziertes Lehrprogramm mit Insider-Tips wie zum Beispiel: »Wenn Sie Strapse tragen, am besten halterlose Strümpfe dazu anziehen, die anderen sausen nämlich, sobald die Strapse offen sind, unweigerlich in die Kniekehlen.« Und das sieht nicht sehr sexy aus. Die Kunst ist es, die ZuschauerInnen in den Bann zu ziehen, Lockerheit zu zeigen und immer zu lächeln. Doch genußvoll Stück für Stück die Kleidung abzulegen, ist gar nicht so einfach, soll es wirklich erotisch wirken. Vor allem steifhüftige, europäische Männer tun sich da offenbar schwer. Wie ein Durchschnittsmann beim Strippen aussieht, kann in dem preisgekrönten Film *Ganz oder gar nicht* begutachtet werden. Einfach zum Schreien. In jedem Fall ein Riesenerfolg: Vielleicht weil Frauen so selten einen Strip geboten bekommen?

Striptease-Kugelschreiber

(siehe auch ***Busenspritzpistole, Fun Food, Gag-Artikel, Walnuß***) Ein uralter Spaß für Bürohengste. Hier strippt das Schreibgerät: Je nachdem wie der Kugelschreiber gehalten wird, ist ein mehr oder weniger obszönes Bild zu sehen. Pin Up-Girls, nackte Männer und pornografische Darstellungen, alles wurde schon im Kugelschreiber gezeigt. Mit Striptease ist hier das langsame Herabgleiten der Abdeckung des Bildes gemeint. Die Kugelschreiber sind beliebt bei pubertierenden Knaben und schmierigen älteren Herren, die auch gerne Zoten erzählen. In einigen Sexshops für 5 oder 6 Mark zu erstehen. Achtung: Keinen Parker erwarten – Hongkong läßt grüßen.

Strumpfband

(siehe auch ***Dessous, Nylons, Reizwäsche, Strapse***) Sexy Hinweisschild kurz vor dem schönsten Tunnel der Welt. Das Strumpfband war bis zur Erfindung der Strapse Ende des 19. Jahrhunderts ein in erster Linie funktionales Kleidungsstück, diente es doch dazu, den langen Strumpf am Oberschenkel festzuhalten. Das Strumpfband bildete den Abschluß des Strumpf-Beinkleides und war nahe dem intimsten Bereich einer Frau. Ergatterte ein Schürzenjäger ein Strumpfband seiner Angebeteten, so hatte er schon viel erreicht. Bisweilen diente es auch als Zeichen des Vertrauens. Sandte sie ihm per Botin ihr Strumpfband, konnte der Verehrer gewiß sein, weit zu ihr vorgelassen zu werden.

Heute wird das Strumpfband nur noch bei Hochzeiten in blendend weißer Ausführung getragen und steht für die jungfräuliche Unschuld der Frau. Und in Sexshops wird die sinnliche Schranke noch als erotisches Accessoire verkauft. Hie und da taucht es auch in historischen Kostümfilmen oder Western auf, wenn unter die Röcke geleuchtet wird. Und dann steckt auch schon mal ein Colt im roten Strumpfband. Ein derartiges stoffüberzogenes breites Gummiband können Sie sich auch selbst nähen oder ein Stirnband zweckentfremden, das es ab 5 Mark im Kaufhaus gibt. Aufpassen, daß es nicht zu fest einschneidet. Im Sexshop mit vielen Rüschen, Spitzen und aufgeklebten Glitzersteinchen für circa 10 Mark erhältlich.

Stud 100

(siehe auch ***Potenzmittel, Retardierungscreme, Ständertropfen***) Auf der kleinen Spraydose steht ein Hengst auf den Hinterbeinen, kraftvoll und tierisch. »Stud« ist wieder mal Englisch und heißt Zuchthengst und Sexprotz. Wer sich das Zeugs auf den Penis sprüht, hat folglich 100 Pferdestärken im Schwanz. Oder? Weit gefehlt. Das aus good old England kommende Spray ist für Männer, die zu früh ihren Orgasmus bekommen und enthält Lidocain. Dieser Wirkstoff setzt die Empfindlichkeit des Penis herab und führt so zu einer Verzögerung des Samenergusses, verspricht der Hersteller. Tatsache ist, daß Lidocain auch beim Zahnarzt zur örtlichen Betäubung gespritzt wird. Daher ist Stud 100 auch als Arzneimittel zugelassen. Ist allerdings trotzdem im Sexshop erhältlich. Warum – das wissen die Apothekengötter in Weiß! Der verlängerte Spaß ist nicht gerade billig. Die kleine Sprayflasche steht wie sein Anwender unter Druck, enthält nur 1,15 g Lidocain und kostet satte 30 Mark für 12 ml. Der vorzeitig kommende Mann soll zwei oder drei Pumpstöße des Stud 100 auf seinen Schniedel geben – nicht mehr als zehn. Sonst spürt er rein gar nichts mehr oder verletzt sich gar noch. Über mehr als drei Monate sollte das Wundermittel auch nicht gesprüht werden, empfiehlt der Hersteller.

Superbusen

(siehe auch ***Push-up, Wonderbra***) Virtuelles Busenwunder. Schein und Sein im BH. Die Busenpolster werden direkt über die Brust gestülpt und von einem BH in Größe C festgehalten. Angeblich merkt niemand, nicht einmal der Lover, daß der Busen falsch ist. Fühlt sich prall und weich zugleich an. Die Nippel sind praktischerweise immer steif.

Suspensorium

(siehe auch ***Bulger Underwear, Cache Sex, Dessous, Jockstrap, Ringstring***) Männergehängehalter. Dieser Tragebeutel für den Hodensack kommt eigentlich aus dem medizinischen Bereich. Gestützt werden müssen besonders schwere Hoden. Das enganliegende Suspensorium ist aber auch ein erotisches Dessous, das den Hoden hochhält. Gleichzeitig erregt es durch sein umfassendes Gefühl. Nur nicht zu lange oder gar dauernd tragen, da es sonst zu heiß wird, im wahrsten Sinne des Wortes. Denn die »Familienjuwelen« brauchen es etwas kühler, so gute 34 Grad. Zu warm gelagerte Hoden führen zur Unfruchtbarkeit. Die Suspensorien finden Sie im gut sortierten Herrendessous-Bereich und besonders leicht in Gay-Geschäften für circa 30 Mark. Dort gibt es ohnehin die affenschärfsten Slips für Männer.

T

Table Dance

(siehe auch ***Bauchtanz, Peep Show, Striptease***) Nicht die Mäuse tanzen auf dem Tisch, sondern für Mäuse räkeln sich halbnackte Damen auf Sichthöhe. Table Dance ist in Amerika eine sehr verbreitete Anmach-Show. Die fast nackten Frauen tanzen auf Tischen oder Laufstegen mit »Turnstangen«, Grapschen ist verboten, außer, um einen Dollarschein ins Höschen zu stecken. In Europa hat sich diese Form des Animationtanzes kaum durchgesetzt und das liegt daran, daß wir keine Dollarscheine haben. Beim Zehnmarkschein überlegt es sich der Kunde schon zweimal, ob er ihn in den BH schiebt. In ein paar deutschen Städten wird aber doch »tablegedanced«, mit Dollarnoten für 2,50 Mark das Stück. Sie können aber auch zu Hause auf dem Küchentisch tanzen: Am besten vorher abräumen und dann dem Schatz eine geile Show bieten, damit ihm beim Spülen nicht so langweilig ist.

Talkumpuder

(siehe auch ***Dolly Fresh, Müll, Reinigung, Silikon***) »Nicht ohne meinen Talkumpuder«, heißt es für den Gummifetischisten und Lackliebhaber. Denn ohne den Puder kann das Anziehen einer hautengen Gummimontur zur abendfüllenden Beschäftigung werden. Aber mit ein bißchen Pudern kann er schnell in die knappen Ganzkörperanzüge reingleiten und ab geht's zur Fetischparty. Nach der wilden Nacht darf der Gummifreak jedoch nicht gleich ins Bett, er muß das teure

Outfit erst mal pflegen. Waschen, trocknen und wieder pudern. In Österreich hat pudern übrigens noch eine andere Bedeutung: vögeln.

Tankstelle

(siehe auch ***Exhibitionismus, Spanner, Spiele***) Für manche ist die Stelle, wo der Sex stattfindet, wichtiger als die Stellung, in der er gemacht wird. Die Möglichkeit, dabei erwischt zu werden, finden die Liebhaber besonderer Verkehrsorte höchst stimulierend. Klassiker sind der Aufzug, der Strand, unterm Restauranttisch oder an der Tankstelle, für alle, die Benzingeruch scharfmacht und die auf die Zigarette danach verzichten. Eine spezielle Herausforderung auf diesem Gebiet ist nach wie vor das Flugzeug, wo Nachtflüge und dicke Decken den Akt erleichtern. Wer in der engen Jumbotoilette vögeln will, sollte das möglichst am Anfang des Fluges tun, danach wird es immer ungemütlicher und geruchsintensiver. Der Phantasie von Orts-Fetischisten sind keine Grenzen gesetzt: im Supermarkt, in der Bibliothek oder vielleicht gar auf der Aussichtsterrasse des Empire State Buildings. Schließlich: Wer tief hinein will, will auch hoch hinaus.

Tantra

(siehe auch ***Ätherische Öle, Beckenbodenübungen, Feng Shui, Kamasutra, Tao***) Altindische Sexmeditation, besonders für konsumgierige, hektische Europäer geeignet. Das Wort »Tantra« kommt aus dem Sanskrit und heißt verweben, ausdehnen. Das buddhistische Tantra ist ein mehrtägiges religiöses Ritual, bei dem Spiritualität, Psyche und körperliche Liebe miteinander verwoben werden. In den 70er Jahren haben die Hippies das Tantra genauso wie Räucherstäbchen, Haschisch und Indienkleider nach Europa gebracht. Seitdem kann man Tantra, und damit ist dann vorwiegend die Liebeskunst gemeint, in Workshops erlernen. Das besondere ist, daß hier nach dem Motto »Der Weg ist das Ziel« Sex gemacht wird. Kreative, ausgedehnte Berührungen und intensives Atmen spielen dabei eine Rolle. Er hat stundenlang seinen Schwanz in ihr, ohne dabei kommen zu dürfen. Trainiert den Willen und transformiert die sexuelle Energie laut Tantralehre in eine göttliche.

Tao

(siehe auch ***Ätherische Öle, Beckenbodenübungen, Feng Shui, Kamasutra, Tantra***) Die Taoisten wissen – ganz anders als die verklemmten Katholiken, daß Sex gesund ist und zu einem langen Leben führt. Aber Sex ist natürlich nicht gleich Sex, die Kunst des Liebens, die einen wesentlichen Teil der alten chinesischen Medizin aumacht, will erlernt sein. Dabei spielt das richtige Atmen eine entscheidende Rolle, denn das Ziel des Tao ist es, den Menschen aus seinen Verkrampfungen zu lösen, ein harmonisches Gleichgewicht zwischen dem Yin und dem Yang herzustellen. Yin und Yang sind das weibliche und das männliche Prinzip. Und das alles ohne jegliche Lustfeindlichkeit, denn der Taoismus ist eine ekstatische Lehre, der die christliche Einstellung »Sex ist gleich Sünde« vollkommen fremd ist. Sexuelle Praktiken und Positionen werden im Tao gelehrt wie bei uns das Vaterunser. Europäerinnen sollten ihrem Mann eine Ausgabe des *Tao der Liebe* unters Kopfkissen schieben. Die Grundprinzipien sind nämlich: Vorrangige Befriedigung der Frau, Steuerung der Ejakulation und die Einsicht, daß Orgasmus und Ejakulation des Mannes nicht notwendigerweise dasselbe sind.

Taschenvagina

(siehe auch ***Deep Throat, Handtaschenvibrator, Seemannsbraut***) Männer haben zwar selten Handtaschen, dafür haben manche eine Taschenvagina dabei. Das hat aber nichts mit der männlichen Variante des Penisneids, also dem Vaginaneid zu tun. Nein, diese Herren benutzen die Taschenvagina zum Masturbieren. In welche Tasche sie das Ding allerdings stecken ist unklar, denn für die Jacken- oder gar Hosentasche ist die Plastikmuschi nun doch wieder zu groß. Und Muschi ist auch übertrieben, denn eigentlich ist das Ganze ein in häßlichem Rosa gehaltenes Stück Schlauch. Ob es da nicht doch mit der Hand und einem Papiertaschentuch eher getan ist? Für 29,80 Mark können Sie sich mit der Kunstvagina für unterwegs belasten, immerhin hat sie einen Haltegriff und kann jederzeit benutzt werden.

Taste Tattoos

(siehe auch ***Eßbare Unterwäsche, Fun Food, Honey Dust, Tattoos***) Leck mich. Parfümierte Aufklebetattoos zum Wiederablutschen. »I love you« zum Beipiel mit Kokosgeschmack oder vielleicht »Fuck you« mit Erdbeeraroma. Wer wollte nicht schon immer dem heißgeliebten Schatz ein rotes Herz vom Hintern lutschen. Macht Spaß und bringt Abwechslung ins Ehebett.

Tattoos

(siehe auch ***Body Art, Body Paint, Branding, Intimschmuck, Klitorisamulett, Piercing, Scarification***) Schöne Sticheleien. Die eingestochenen Körperbilder kommen aus der Südsee, wo sie als Zeichen der Macht und Erotik gelten. Traditionell werden die Tattoos mit einem Stück Perlmutt oder einem Haifischzahn in die Haut eingehämmert und mit dem Saft der Baucoulenuß eingefärbt.

Das dauert und schmerzt. Heute wird die Tätowierung mit Nadeln durchgeführt und mit chinesischer Tinte gefärbt. Das Wort kommt vom polynesischen »tatau« und heißt klopfen, schlagen, stechen.

Seeleute brachten den Brauch nach Europa, sie ließen sich Herz und Anker in die Haut sticheln, Symbole, die die Macht des Meeres zähmen sollen. Außerdem wirkten die Seefahrer damit männlich und exotisch. Heute ist die Subkultur längst zur Mode geworden und Tattoos gelten als trendy und sexy. Man kann sich die bunten Körperbilder auf ewig tätowieren lassen oder aber als Aufkleber zur Zierde anbringen. Zweifellos ist ein Tattoo an intimer Stelle ein besonderes körperliches Merkmal. Jeder Lover merkt sich dieses Zeichen und verbindet damit ein persönliches Erlebnis. Eine Rose auf der Schulter, einen Tiger am Oberschenkel oder gar eine Katze auf dem Schamhügel können sehr erotisierend sein. Nur – wenn die farbigen Körperbilder einmal tief eintätowiert sind, gehen sie nicht mehr weg, zumindest nicht, ohne daß häßliche Narben zurückbleiben. Wer sich in jungen Jahren auf ein Symbol festgelegt hat, bereut das vielleicht später. Besonders peinlich sind Tattoos, die den Namen der Angebeteten haben. Beim Wechsel des Partners bleibt die frühere Liebe fest am Körper – ziemlich blöd beim ersten Sex mit der neuen Frau! Empfehlenswerter sind dann schon die Tattoo-Kleber, die es in Geschenkläden und Tattoo-Geschäften gibt. Eine echte Tätowierung dauert mehrere Stunden je nach Fläche. Die Preise hängen stark vom Aufwand ab, aber unter 120 Mark läuft hier wenig Farbe in die Poren der Haut. Die Aufkleber-Tattoos sind da wesentlich günstiger und je nach Design und Schutzrechten für 18 bis 35 Mark zu haben. Vorsicht bei der Wahl des Tattoostudios! Absolute Hygiene kann hier lebenswichtig sein.

Techno-Flex

(siehe auch ***Eroscillator, G-Punkt-Stimulator, Magic Wand***) Spezialvibrator aus den USA, der wie ein Handmixer aussieht. Damit können Sie sich einen Orgasmus nach den anderen rühren. Näheres siehe Flex-o-Pleaser.

Telefon

(siehe auch ***Bildtelefon, Cybersex, Dirty Talk, Peep Show***) Der Mensch hat schon immer die unterschiedlichsten Medien zum Sex umfunktioniert. Den Liebesbotschaften per Morsezeichen folgten die Treueschwüre am Telefon. Seitdem das Telefon in fast jedem Haushalt steht, wird es natürlich auch für Sex genutzt. Privates schwüles Geflüster läßt eine Hand am Hörer bleiben, die andere jedoch in den Schoß rutschen. Prominentester Telefonsexnutzer war kein geringerer als Prinz Charles, Herzog von Edinburgh. Er gestand seiner Außenbeziehung Camilla

Parker-Bowles – während der Ehe mit Diana –, daß er gerne Camillas Tampon sein würde. Der britische Geheimdienst war mit in der Leitung, so flog die Geschichte irgendwann Mitte der 90er Jahre auf und stand prompt in der *Sun*. Der anonyme Telefonsex gegen Gebühr kam erst in den 70er Jahren auf. Der Kunde, von Freier spricht man hier nicht, zahlte zuvor eine Gebühr auf ein Konto ein und konnte dann geile Dienstleistungen per Hörer empfangen. Safe war das allemal. Viele Filme thematisieren immer wieder das Thema Telefonsex, so zum Beispiel Robert Altmann in *Short Cuts*, wo eine Frau ihr vollgekacktes Baby wickelt, während sie dem geilen Typen am anderen Ende der Leitung heiße Worte ins Ohr flüstert. Da fiel es dann manchem Freund von Telefonsex wie Schuppen von den Augen: Alles nur gespielt, und die »geile Schlampe mit schwarzem Haar« verkam zum strähnigen, blonden Mauerblümchen.

Zu Beginn der 80er Jahre gab es zunächst nur ferne Überseetelefonnummern, bei denen der Anrufer ohne Vorkasse Sex bekam, dafür kletterte seine Postrechnung in die Höhe. Seit Beginn der 90er bieten inflationär viele Telefonsexagenturen ihre Nummern in den Werbeblöcken der privaten Sender an und versprechen alle Arten von hörbarer Befriedigung. Die Preise werden auch gleich eingeblendet und sind geradezu zivil. Wer in zwei Minuten zum Orgasmus per Telefon kommen kann, ist mit durchschnittlich 5 Mark dabei. Berühmt wurde der bayerische Landtagsabgeordnete, der vom Dienstapparat aus die Sexdamen anrief und so den Steuerzahler seine schwache Potenz finanzieren ließ. Er brauchte nachweislich mindestens 600 Mark zur Befriedigung. Damit hätte er gleich einen Abend im Puff verbringen können.

Schwaben und Schotten stimulieren sich am besten schon, bevor sie mit der freien Hand zum Hörer greifen! Tip: Nehmen Sie als Rechtshänder mal die Linke zum Masturbieren – Sie werden das Gefühl haben, als ob es Ihnen eine fremde Person macht! Ein Effekt ganz ohne Gebühren. Und noch was: Es muß ja nicht der teure Telefonsex sein, lesen Sie ihrem Schatz einfach eine erotische Geschichte auf den Anrufbeantworter. Der ruft bestimmt zurück.

Teppichklopfer

(siehe auch ***Kochlöffel, Neunschwänzige Katze, Peitsche, S/M-Spiele***) Für verstaubte Hintern. Der Teppichklopfer ist ein schön geformtes Schlaginstrument aus Rohr, das ein hübsches Muster auf dem Allerwertesten des Sklaven hinterläßt. Doch Teppichklopfer sind schon fast Historie. Viele Kinder kennen sie heute gar nicht mehr, denn der Staubsauger hat sie fast völlig verdrängt. Früher dienten die Klopfer nicht nur zum Ausklopfen des Drecks an der Teppichstange hinterm Haus. Bei Zoff im Heim, züchtigte manch ein Ehemann damit sein geliebtes

Weib. Männer prügelten ihre Frau, Frauen prügelten ihre Männer und beide [illegible] mit dem Teppichklopfer das Produkt der körperlichen Liebe: die Kinder. Kein Wunder, daß S/M Fetischisten auch dieses Instrument wieder zum Kultgegenstand der Bestrafung erhoben haben. Nur bekommen kann man die nützlichen Helfer nicht mehr überall. Auf Märkten in Südeuropa, in Besenfachgeschäften oder beim Ökoversand. Bei 25 bis 38 Mark liegen die Klopfer, die beim Durch-die-Luft-ziehen heulende Geräusche von sich geben.

Teufelsschwanz

(siehe auch ***Geißel, Neunschwänzige Katze, Paddel, Peitsche, Spanking***) Endlich wissen wir, wie der Schwanz des Satans aussieht! Beim Teufelsschwanz handelt es sich um ein Schlaginstrument aus schwarzem Leder. Die Peitsche in Paddelform läuft schmal zusammen und hat eine eichelähnliche Spitze. Wer sich gerne teuflisch versohlen lassen will, kann die Höllenpeitsche für 79 Mark im Internet bestellen unter *http://www.arachness-web.com.*

Thai Beads

(siehe auch ***Analkugeln, Bangkokperlen, Butt Plug***) Das uralte asiatische Sexspielzeug ist einfach in der Ausführung und groß in der Wirkung. Der Name ist Englisch, »bead« heißt Perle, oder in der Mehrzahl: Rosenkranz! Die Perlen dieses Rosenkranzes sind allerdings für den Hintern bestimmt. Drei Kugeln sind auf einem biegsamen Gummistab aufgereiht, der Abstand zwischen den einzelnen Kugeln beträgt mehrere Zentimeter, so daß die erste an besonders tief gelegene erogene Zonen gelangt. Der Thai-Rosenkranz ist ein echter Klassiker und gibt dem Ausdruck »einen Rosenkranz beten« eine vollkommen neue Bedeutung. Der Preis liegt bei circa 20 Mark.

Tiere

(siehe auch ***Butterfly, Delphin, Glühwürmchen, Hummel, Schaf, Sodomie, Spinne***) Nicht der Sex prominenter hoher Tiere ist gemeint, sondern die Triebbefriedigung mit Tieren. Ob im Film *Padre Padrone* die Einsamkeit den Hirten auf das Schaf treibt oder die sogenannten Hühnerficker schon sprichwörtlich als Sodomisten enttarnt werden, immer werden Tiere vom Menschen mißbraucht. Viele Frauen haben Phantasien, von Eseln mit langen Schwänzen genommen zu werden oder den »Hengst« gemacht zu bekommen. Die Penisse von Pferden, Eseln, Zebras und anderen Huftieren bieten nun mal etwas für das Auge. Aber auch kleine Schoßhunde haben flinke Zungen, Katzen schlafen bei Herrchen oder Frauchen im Bett und manches Hundebesitzerbein ist schon feucht geworden, wenn der Rüde darauf herumgeritten ist. Viele Mädchen haben ihr Bett voll mit Kuscheltieren – und die Plüschbärchen sind heilig wie ein Fetisch, andere Gören sind scharf auf Pferde und viele Männer lieben ihre Hunde über alles.

Sex mit Tieren ist erlaubt, die Darstellung jedoch streng verboten. Wieviel Sex mit Tieren privat, im trauten Heim, ohne Zuschauer stattfindet, kann niemand sagen. Singles mit Tier können sich noch outen – eine Marktlücke in Talk-Shows. Sex mit Tieren nennt sich Sodomie und hat eine sehr lange Tradition. Berühmt sind die »Verkleidungen« des Gottes Zeus, der sich verehrten, unerreichbaren Frauen in Tierform näherte, etwa Leda als Schwan. Die historische Liste tierischer Beziehungen ist sehr lang: Im alten Ägypten etwa sollen Frauen mit Ziegen verkehrt haben, was Darstellungen auf Gräbern beweisen. Die Männer hingegen sollen ihre Pimmel mit Honig beschmiert haben, um ihn dann von Ziegen absaugen zu lassen. In Sexshops gibt es manch Tierisches im Angebot, etwa den Klitorisstimulator in Schmetterlingform, aufblasbare Schweine oder den Vibrator in Delphinform. Das Haustier für die Muschi.

Tit Press

(siehe auch ***Brustklemmen, Gewichte, Klammern, Wäscheklammern***) Die Daumenschrauben für die Brustspitzen. Tit Press sind metallene Brustklemmen, die nicht wie die normalen Klemmen auf die Brust gezwickt, sondern mit einer verstellbaren Schraube mehr oder weniger fest zugezogen werden. Sieht martialisch aus, tut weh und kostet 65 Mark.

Tittenfetischismus

(siehe auch ***Busennudeln, Busenspritzpistole, Graviditätsfetischismus, Implantate, Muttermilch, Silikon***) Busenanbeter. Es gibt Männer, die sind auf Busen fixiert. Große Brüste bedeuten für sie ausgeprägte Weiblichkeit. Dieses irrationale Abfahren auf riesige weibliche Brüste ist weit verbreitet. Viele Männer verbinden damit ungeheuerliche weibliche Potenz, halten diese Frauen für besonders sinnlich und sexuell empfindsam. Der Tittenkult wird nicht nur von der Pornofilmindustrie gefördert. BH-Hersteller, Modeschöpfer und auch die täglichen Spielfilme im TV sind »brustfixiert«. Die meisten Männer wissen offenbar wenig über die weibliche Brust. Daß Frauen mit riesigen Busen auch darunter leiden, körperliche Belastungen wie zum Beispiel Rückenschmerzen haben können und sich manchmal auch für ihren Busen schämen, ist ihnen fremd. Die Fetischisten der Brüste verlieren leicht das Augenmaß, denn oft stimmen die Proportionen nicht. Ein riesiger Busen bei einer Frau von nur knapp 168 cm Körpergröße wirkt drall und unproportioniert. Der Tittenfetischimus hat schon einige Frauen dazu gedrängt, sich mit Silikon künstlich den Busen vergrößern zu lassen. Und aus vermeintlich ästhetischen Gründen eine gesunde Brust operieren zu lassen, hat schon manche Frau bereut.

Topaz

(siehe auch ***Dillinger, Kondom***) Der amerikanische Hersteller behauptete 1996, dies sei das erste Kondom der Welt mit Applikator zum Überstreifen. Stimmt nicht. Unter dem Markennamen »Mentor« gab es bereits acht Jahre zuvor in den USA ein Kondom mit Applikator aus Latex zum Überstreifen plus Döschen zum Entsorgen.

Die Latexkondome sind einzeln in der Dose verpackt. Dort liegt auch der Überstreifer, der wie ein zweites etwas stärkeres Kondom aussieht, aber nicht feucht ist. Derjenige, der das Verhüterli damit überstreift, kommt mit dem eigentlichen Kondom nicht in Berührung. Ein Produkt, das nur einem hysterischen Amerikaner einfallen konnte. Nach dem Erguß kann Topaz sauber in der Umverpackung entsorgt werden. Viel Plastikaufwand für wenig Effekt. Und daher natürlich sehr teuer. Zwei Stück für 7,80 Mark sind eine in jeder Hinsicht übertriebene Verhütungspackung, die sich nicht durchgesetzt hat. Meist nur im Kondomfachhandel zu beziehen.

Torten

(siehe auch ***Dessoustorten, Fun Food***) Süße Verführung. Die Idee ist alt und in vielen Filmen zelebriert worden. Aus einer mehrstöckigen Hochzeitstorte springt eine knapp bekleidete Tänzerin heraus. Der besondere Party-Gag für große Anlässe. Eine süße Marktlücke entdeckte auch ein holländischer Kuchenbäcker und zauberte Marzipantorten in Form eines Unterleibs. Ob Mann oder Frau, immer zieren den Beckentorso nette Dessous. Die geilen Torten schmecken gut und eignen sich als besonderer Leckerbissen und Geschenk zu 50sten oder 60sten Geburtstagen. Die Torten gibt es bundesweit demnächst über verschiedene Kühlketten in Styroporpackungen zu kaufen. 150 Mark kostet das Vergnügen von Cyrako.

Totemfinger

(siehe auch ***Analvibrator, Zauberstab***) Der Totempfahl der Indianer stand Pate bei der Namensgebung für dieses Hilfsmittel. Die Indianer schnitzten Zeichen und Geschichten in das Holz, so daß das Totem unterschiedlich dick und strukturiert war. Der Begriff Totemfinger ist in diesem Fall zwar weit hergeholt, doch das eigentliche Lustmittel kann sehr aufregend sein. Ein gewellter Stab, der nach oben hin schlanker wird. Wie ein Christbaum. Als Analspielzeug gedacht: Man fängt klein an, und plopp, plopp schiebt man den dickeren Teil des kleinen Marterpfahls in den Anus. Ab circa 30 Mark im Sexshop. Den echten Totemfinger gibt es nur im Völkerkundemuseum oder 6.000 km weit weg in den USA.

Toy

(siehe auch ***Ehehygiene, Hilfsmittel, Masturbationshilfen, Sextoy***) Wer cool ist, nennt seinen Vibrator ein Toy oder Sextoy. Wer altmodisch ist, spricht von einem Hilfsmittel. »Toy« ist der englische Begriff für Spielzeug. Kann gedanklich in die Irre führen, da Sextoys zwar kein Kinderspielzeug sind, jedoch von Erwachsenen spielerisch und lustvoll verwendet werden. Unter Sextoys fallen sowohl Vibratoren, Dildos und Seemannsbräute, aber auch Reizfinger oder die meisten S/M-Gerätschaften. Die Grenze zum S/M-Bereich ist dabei fließend.

Toy Bag

(siehe auch ***Condom Keeper, Cruising Pack, Just in Case, Nachtkästchen, Schlafzimmer, Wichskiste***) Wohin mit den Analkugeln? Oder dem Vibrator? Es macht sich ja doch nicht so gut, wenn das heiße Spielzeug neben dem Wecker rumfliegt und Mutter kommt zu Besuch. Im Toy Bag (zum Beispiel von Good Vibrations oder Ladies First) ist Sohnemanns liebstes Betthupferl bestens aufgehoben. Der Beutel ist aus Samt und hat ein farbiges Innenfutter. Verschlossen wird er durch eine Kordel. Ist auch gut geeignet, um heiße Geschenke dezent und fein zu verpacken. Solche Spielzeugsäckchen kann man natürlich auch selbst aus sinnlichen Stoffen wie Samt, Seide oder Lack zusammennähen. Gibt es auch aus Rindsleder für 65 Mark.

Truckerbraut

(siehe auch ***Gummipuppe, Seemannsbraut***) Scherzhafte Bezeichnung für eine Vagina aus Gummi, oft auch Seemannsbraut genannt. Warum eigentlich nicht Piloten- oder Managerbraut?

Tunesien

(siehe auch ***Hongkong***) Bei diesem Stichwort wird es manch einer Frau warm und kribbelig. Was viele Männer noch nicht wissen: Tunesien ist neben Jamaika und Indonesien *der* Geheimtip unter Frauen, falls sie alleine verreisen und trotzdem nicht auf sexuelle Abenteuer verzichten wollen. Die tunesischen Männer sind hübsch und braunhäutig, zuvorkommend und nicht aufdringlich. Nur ein Problem haben die maghrebinischen Lover: sie dürfen meist nicht ins Hotel mitgenommen werden, da die Hauser auf ihren Ruf achten. Da aber sehr viele weibliche Singles nur deshalb Tunesien anfliegen, wird die Begierde am Strand, hinter Büschen oder in Absteigen ausgelebt.

Denn nach Hause kann der tunesische Mann die Europäerin auch nicht mitbringen: Die islamische Familie würde im hernach die Hölle heiß machen. Trotzdem: Wer als Frau einen aufregenden Urlaub nicht zu weit weg und dazu noch günstig buchen möchte, fliegt nach Tunesien. Männer fliegen dazu meist nach Bangkok und bezahlen dort auch noch für ihre Abenteuer. So leistet Tunesien seinen Beitrag zur Gleichberechtigung der westeuropäischen Frau – Djerba, Hammamed und Tunis sind nur weniger bekannt als die asiatischen Tripper-Clipper-Ziele. Womit wir trotzdem bei der Empfehlung »Kondome nicht vergessen!« angekommen wären. Egal, wohin Sie fliegen, Sie sollten ohne die ewig juckenden Souvenirs wiederkommen.

Tungdom

(siehe auch ***Gag-Kondome, Ganzkörperkondom, Kondom, Lolly***) Ein Zungenspaß, der eigentlich zu nichts zu gebrauchen ist. Das Zungenkondom von Dr. Lick, 1992 in den USA erfunden. Die Latexhülle soll über die Zunge gesteckt werden, um diese vor direktem Genitalkontakt zu schützen. Der Quatsch funktioniert nicht, weil das Ding dauernd abrutscht, oft und gar noch auf Nimmerwiedersehen in der Muschi oder dem Po verschwindet. Verkauft haben sich die Tungdome trotzdem als Gag in der Hochphase der Aidshysterie. Für 11,80 Mark im Geschenkeladen, die Sexshops blieben von diesem »Zungenkondom« meist verschont.

U

Uhse

(siehe auch ***Condomeria, Hongkong, Kästner-Versand, Sexshop, Virtueller Sexshop, Versand***) Flensburg ist ein historischer Ort. Wenn Sie jetzt allerdings ans Punktesammeln denken, haben Sie nicht den richtigen Verkehr. Denn in Flensburg eröffnete Beate Uhse, die Old Lady des Sex, Weihnachten 1962 den ersten Sexshop Deutschlands. Manche sagen sogar der Welt. Der Nachname von Beate Uhse ist weltweit ein Begriff für Produkte im Bereich Sex. Doch ungewöhnlich war die Uhse schon immer: Vor und während des Zweiten Weltkrieges war sie Pilotin. Ihr Ehemann, der ebenfalls Pilot war, stürzte 1944 ab. Kurz darauf flüchtete die Witwe mit dem kleinen Sohn Klaus vor der Roten Armee per Flugzeug. Bei Flensburg kannte sie einen freien Flugplatz, landete und fand Quartier in einem evangelischen Pfarrhaus.

Hier begann sie Anfang der 50er Jahre in der Sexwüste Deutschland das weltgrößte Unternehmen für Sexartikel aufzubauen. Beate Uhses erstes »Produkt« war eine kleine Aufklärungsfibel über Empfängnisregelung nach Knaus-Ogino (Abzählmethode). Die Frauen im Dorf rissen ihr die »Schrift X« genannten Kopien aus der Hand. Da machte die Uhse weiter und stellte einen kleinen Katalog mit Kondomen und Liebeslehrbüchern zusammen: Als alleinerziehende Mutter hatte sie ein Ohr für die Frauen, die ihr Briefe schrieben und auf ihre Hilfe hofften.

Die Idee zum Vertrieb von »Ehehygieneartikeln« war geboren. Und der Name Uhse war zum Synonym für ihre Tätigkeit geworden, wenngleich sie längst Rotermund hieß, nach ihrem zweiten Mann. Verlängerungskondome, Dildos, Reizwäsche und vieles mehr kamen nach und nach hinzu. Dem Versand wurde ein Großhandel angegliedert, dann kamen eigene Shops hinzu.

Somit ist das Sexgeschäft in Europa in der Hand einer Frau, die mit einem Jahresumsatz von 170 Millionen keine kleinen Brötchen bäckt. Trotzdem wird sie bei Talkshows zum Frauentag keinesfalls als Idol der Frauenbewegung eingeladen. Denn sie ist Chefin in einer männerdominierten Branche, wo Frauen hauptsächlich in Videos und als Pin Up erscheinen, als Ware vermarktet werden. Im Laufe ihrer Karriere als Sexstar der anderen Art handelte sich die Uhse rund 2.000 Strafanzeigen ein. Die Sittenwächter lauerten und lauern überall. Doch die Uhse ist ein unschlagbares Phänomen, und erst vor kurzem ging die fitte Achtzigjährige als erstes europäisches Seximperium an die Börse.

Die Uhse war seit Beginn ihrer Karriere in der Branche die Pionierin schlechthin. Derzeit sind 600 Mitarbeiter damit beschäftigt, die Videos, Magazine, Dessous und das Sexspielzeug in die deutschen Schlafzimmer zu bringen. Im Angebot hat die Sexlady 5.000 Artikel, zu kaufen in 50 Sexshops und 87 Lizenzläden bundesweit. Viermal im Jahr werden ausgesuchte Produkte in farbigen Katalogen beworben, das wichtigste Werbemittel des Konzerns, die Kataloge gibt es auch am Kiosk für 5 Mark. Und auch im Internet hat Beate Uhse die Nase vorne, denn (auch) laut Uhse ist Multimedia die Zukunft. Die Uhse-Webpage wird im Monat 3,3 Millionen Mal aufgerufen! Zum Hause Uhse gehören heute nicht nur Tochterunternehmen in den USA, sondern auch die Dr.-Müller-Läden sowie der Großhändler ZBF (Zeitschriften Bücher Filme, Wiesbaden) und die Markenfabrik Lavetra in Offenbach.

Umschnallbare Frauenbrüste

(siehe auch ***Cross Dressing, Damenunterwäscheträger, Gender Bending, Herrenkorsett, Push-up***) Genauso wie Mann/Frau sich einen Schwanz aus Gummi oder Silikon umbinden kann, kann Man/Frau sich Brüste umschnallen. Die Variante für Männer, die sich gerne als Frau verkleiden, oder für Frauen, denen eine Schaumeinlage im BH nicht genügt. Laut Hersteller sind die Brüste »in fester fleischiger Ausführung mit knusprigen Knospen«. Was will man mehr??? Gibt es im Internet unter *http://www.sex-shop.de* für 23,90 Mark.

Uniformkult

(siehe auch ***Krankenschwester, Matrose, Military Look, Nonne, Stewardeß, Zofe***) Für viele Menschen sind Uniformen sexy, um das oft martialische Outfit ranken sich Phantasien um Macht und Unterwerfung. Besonders Militäruniformen versinnbildlichen das Herrische und das Ausgeliefertsein, das bei S/M-Rollenspielen Voraussetzung ist. Auch Polizistenuniformen sind erregend, allerdings nicht die deutsche, die mit ihren kackgrünen Hemden bestimmt die häßlichste Dienstkleidung der Welt ist. Was sich da der Designer nur gedacht hat? Italienische oder französische Polizisten und Polizistinnen sehen in ihren Uniformen hingegen oft zum Anbeißen aus, der Schnitt betont die als sexy geltende Keilform des Körpers, die Mütze tut das Ihre dazu. Im Gegensatz zu Militär- und Polizeiuniformen sind die beliebten Dienstkleidungen von Krankenschwestern, Serviererinnen, Stewardessen und Zofen das typische Outfit der Unterlegenen. Das Objekt der Begierde, das dem Herrn als ergebene Dienerin Lust bereitet. Wobei zumindest die Krankenschwester jedoch auch in die Rolle der Sadistin schlüpfen kann, die den Patienten mit Spritzen und Klistieren quält.

Uniformen gibt es in verschiedenen Fetischläden, damit man sich bei den Rollenspielen nicht nur auf seine Phanatsie verlassen muß. Bei Kunzmann etwa ein Servierkleidchen, schwarz mit weißen Rüschchen und einem neckischen Schürzchen aus Lack für 198 Mark. Dr. Müller bietet Schwesternkleider und Hauben: Die Schwesterntracht Carla etwa kommt auf 39,90 Mark, der Doktorkittel ist mit 69 Mark natürlich teurer. Daß ein Arztkittel sexy macht, weiß auch George Clooney, der seine Karriere vor allem seiner Rolle in Weiß verdankt. Aber auch die Videoindustrie kennt die erotisierende Wirkung, die Uniformen auf Männer und auch Frauen haben: das Genre Krankenschwester, Militäruniformen etc. wird schon seit Jahrzehnten immer wieder gewinnbringend abgedreht. Echte Uniformen können beim Kostümverleih geborgt oder gekauft werden. Spezialversender bieten Polizeiuniformen und Ledergarnituren.

Unterwäsche

(siehe auch ***Reizwäsche, Dessous, Getragene Unterwäsche***) Ein wenig sinnliches Wort, das mehr und mehr durch den französischen Begriff Dessous ersetzt wird. Unterwäsche ist deswegen so erregend, weil sie direkt die Genitalien bedeckt und den Intimgeruch des Trägers annimmt. Daher fetischieren manche Männer auch Unterwäsche und gehen sogar soweit, sich getragene Frauenslips zu kaufen, eine Sucht, der vor allem japanische Männer verfallen sind. Sie können sich die Slips sogar aus Automaten ziehen!

Es macht natürlich einen großen Unterschied, ob jemand einen sogenannten »Liebestöter« trägt oder scharfe Dessous in schwarz oder weiß mit Spitzen. Eine Unterhose kann schon mal zum jähen Abfall des Lustpegels führen, zum Beispiel wenn er den Slip in hellblau trägt, den ihm Mama letztens vom Schlußverkauf mitgebracht hat oder sie den Schlüpfer mit dem ausgeleierten Gummi aufträgt.

Erotische Unterwäsche ist laut Aussage des Geschäftsführers des Seximperiums Beate Uhse der meistverkaufte Artikel und hat damit Videos und Magazine überholt.

Urophilie

(siehe auch ***Doktorspiele, Goldene Dusche, Klistiersex, Natursekt, Stechbecken***) Damit ist die Liebe zum Urin gemeint. Glaubt man den vielen Anzeigen, in denen es um goldene Duschen und Natursektschlürfen geht, ist die Liebe zum gelben Saft derzeit en vogue. Und auch die Sexbranche tut das Ihrige dazu: mit Videos, Spezialmagazinen und allerlei Utensilien wie Stechbecken, Gummilaken, Klistieren und Schwesternuniformen.

Zur Urophilie gehören Vorgänge wie Wasser lassen und sich dabei zuschauen zu lassen. Manche macht es scharf, vor dem Partner zu pinkeln, Urin einzuhalten, vor dem Sex gezielt viel zu trinken, in bestimmte Gefäße pinkeln und überhaupt Geruch von frischem Saft aus der Blase zu riechen. Einige törnt es sogar an, in den Mund des Partners zu urinieren und/oder sich »aussaugen« zu lassen. Die Urophilie hat nichts gemeinsam mit denjenigen, die seit Jahren auf die Heilkraft des Urins setzen und den eigenen, potenzierten Saft trinken, um gesünder zu werden oder Wunden damit desinfizieren.

V

Vaginalkonus

(siehe auch ***Beckenbodenübungen, Dildo, PC-Muskel***) Trainingseier. Vaginalkonen sind medizinische Hilfsmittel aus Kunststoff, die der Gynäkologe zum Beckenbodentraining verschreibt. Die weißen Konen sind eiförmig, jedoch kleiner als ein Hühnerei, wiegen zwischen 30 und 50 Gramm und haben einen Faden, damit sie wieder aus der Scheide gezogen werden können. Frau braucht diese Konen jedoch nicht unbedingt, um die Beckenbodenmuskulatur zu stärken. Sie kann auch einen Finger tief in die Scheide schieben und mit den Muskeln fest dagegen drücken. Vaginalkonen zahlt die Krankenkasse zum Beispiel nach einer Entbindung zur Rückbildung oder bei Harninkontinenz zum Training der Muskulatur.

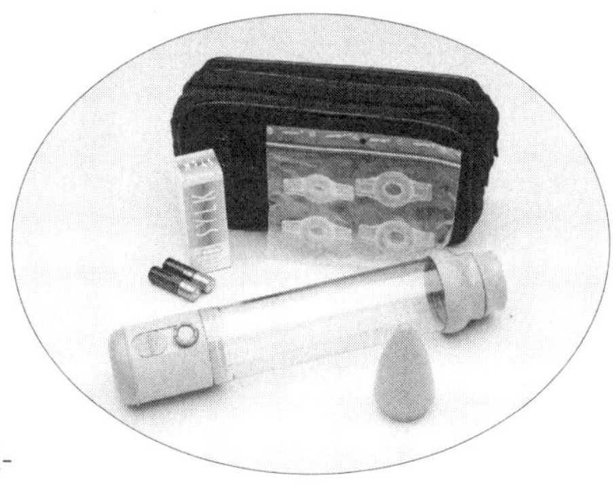

Vakuumpumpe

(oder ***Erektionshilfe***, siehe auch ***Body-Building-Condom, Muse, Penishülle, Penis-Streck-Expander, Prothese, Skat, Viagra***) Die sexy Pumpe fürs Bett. Schon zu Beginn des Jahrhunderts, lange bevor die Potenzpille Viagra überhaupt angedacht wurde, entwickelte ein Dr. Osbone den ersten Prototyp für die Erektionspumpe und ließ sich die Idee patentieren. Der Potenz-Trick ist ganz einfach und mechanischer Natur. Ein Mann, der Probleme hat, eine Erektion zu bekommen, führt sein schlaffes Glied in einen Zylinder aus transparentem Glas oder Kunststoff. Der Zylinder hat am Ende eine Absaugmöglichkeit, von dort wird die Luft mit einem kleinen batteriebetriebenen Motor oder per Handballpumpe gezogen. Das Vakuum im Zylinder führt dazu, daß mehr Blut in die Schwellkörper gelangt. Das beste Stück wird innerhalb weniger Minuten steif. Nun kann das Gerät entfernt werden. Manche Männer können dann die Erektion halten und normalen Geschlechtsverkehr haben. Die meisten brauchen jedoch einen Stauring, der sofort, wenn das Glied sich im Zylinder versteift, auf das Schaftende gestreift wird. Somit wird der Blutstau verlängert und ein Geschlechtsverkehr ohne Versagensangst ermöglicht. Nachteil dieser chemiefreien und ansonsten bewährten Methode ist, daß der Ring etwas stören kann und die Erektion nicht so fest wie früher ist. Der Vorteil ist allerdings die Wiederholbarkeit, das heißt, auch bei chronischen Erektionsproblemen kann die Pumpe immer wieder angewandt werden. Die Preisspanne bei Erektionspumpen liegt zwischen 80 und 800 Mark. Alles über 400 Mark ist jedoch überteuert, zumal diese Geräte oft als Hilfsmittel von der Krankenkasse finanziert werden, zum Beispiel bei Altersdiabetes. Grundsätzlich gilt aber auch hier: Qualität hat ihren Preis, wobei teurere Gerät länger halten und meist mit Garantie geliefert werden. Einfache Pumpen gibt es im Erotikfachhandel und -versand, qualitativ bessere, etwa »Active Erection System« mit vier Stauringen, über Apotheken und Sanitätshäuser oder im Internet unter *http://www.kessel-Marketing.com.*

Vampirismus

(siehe auch ***Menstruationsfetischismus, Nekrophilie***) Blutsauger. Dracula läßt grüßen. Laut Legende sind Vampire Verstorbene, die wiederkehren, um sich am Blut der Lebenden zu nähren. Klingt gruselig und geht auf bulgarische und rumänische Schauergeschichten zurück: dort glaubte man, daß jung verstorbene Ehefrauen zurückkommen, ihre Ehemänner leertrinken und sie so zu sich ins Grab holen. Aber auch Männer, so die Legende, sollen immer wieder schöne Jungfrauen ausgesaugt haben. Literatur und Film haben das blutige Thema gerne weitergetragen, am liebsten mit ätherischen, blutjungen Protagonistinnen. In der Realität ist der Vampirismus Gott sei Dank nicht nachweisbar. Oder hängt Ihr Lover gerne an Ihrer Halsschlagader??? Denn mancher Zeitgenosse soll sexuelle Lust daraus gewinnen, echtes menschliches Blut aus Verletzungen zu saugen. Wenig empfehlenswert und recht gefährlich zur Übertragung von allerlei Krankheiten wie Aids oder Hepatitis.

Vaseline

(siehe auch ***Butter, Crisco, Gleitmittel***) Billiges Schmiermittel. Vaseline galt lange Zeit als *das* Gleitmittel überhaupt für die Spiele im Schlafzimmer. Neben dem Salbengrundstoff beinhaltet Vaseline ein Kohlenwasserstoffgemisch, das aus Erdölderivaten gewonnen wird. Als Gleitmittel schmiert es zwar recht gut Maschinenteile, beim Sex hat es jedoch den Nachteil, daß es Latex, also zum Beispiel Kondome oder Diaphragmen, angreift und dann die Verhütung beeinträchtigt ist. Vaseline können Sie in kleinen Mengen in jeder Apotheke für ein paar Mark bekommen. Es pflegt auch die Hände und wird nicht ranzig.

Venusfinger

(oder ***Chinesischer Lustfinger, Kitzelfinger, Stachelüberzieher***, siehe auch ***Fingerling, Reizfinger, Noppenlangfinger***) Der reizende Gummi für das Vorspiel. Dieser Latexüberzieher wird über den Finger gestülpt, um damit die Muschi, den Kitzler oder auch den Anus zu stimulieren. Die Noppen oder Rillen reizen sanft, aber intensiv. Gibt es auch im Kaktusdesign mit feinen Plastikstacheln: Damit läuft der Lover allerdings Gefahr, die Klitoris aufzuspießen. Meist im Zweierpack, circa 20 Mark für Menschen, die nicht auf ihre Finger vertrauen.

Venusgurt

(siehe auch ***Keuschheitsgürtel, Italienisches Schloß, Penismanschette***) Keuschheitsgürtel sind wieder en vogue, viele Internetläden und Erotik-Spezialshops haben Modelle aus aktuellen Materialien wie zum Beispiel Neopren oder rostfreiem Edelstahl im Angebot. Ästhetisch ist etwa der Gurt aus purem Silber, den *http://www.ars-vivendi.de* anbietet, oder die abschließbare Keuschheitsschelle für ihn. Näheres siehe Keuschheitsgürtel.

Venusmahl

(siehe auch ***Erotikparties, Fun Food, Orient***) Sexy Werbegag aus dem Frankenland. Ein Hotelier im weltberühmten Rothenburg ob der Tauber möchte sich durch besondere »Tischtücher« von den unzähligen Herbergen an der romantischen Straße unterscheiden. Bei ihm kann der lüsterne Gast sein Mahl direkt vom nackten Körper einer zarten Jungfrau oder eines strammen Kerls schlürfen. Sie wollten bestimmt schon immer Calamares von einem Schniedel ablutschen oder Kaviar von Brustwarzen lecken. Wenn Sie lieber von Models speisen als von Ihrem Schatz, kostet Sie das eben 300 Mark. Die Schönheiten im Evaskostüm liegen auf dem Tisch, die süßen und salzigen Speisen liegen auf dem Körper, nur durch ein Salatblatt von der nackten Haut getrennt. Alleine oder in vertrauter Stammtischrunde – hier wird paradiesisch geschlemmt. Nur verwunderlich, daß das strenge Gewerbeaufsichtsamt noch nicht eingeschritten ist. Denn Speisen müssen an und für sich in einwandfrei sauberen Behältnissen dargeboten werden. Falls es Sie nach Rothenburg zieht, hier die Adresse: Venusmahl im Erotikhotel Bären, Hofbronnengasse 4–9, 91541 Rothenburg ob der Tauber, auch im Internet unter *www.erotikhotel.de.* Nach dem großen Hunger kann Mann/Frau sich auch weiter verwöhnen lassen: Erotische Massage, Body Painting und ein spezieller Whirl Pool helfen bei der Verdauung. Wer danach Streit mit dem Gatten hat, kann im Hotel gleich noch einen Kurs in Erotik als Lebenshilfe belegen.

Verbalerotik

(siehe auch ***Dirty Talk, Telefon***) Mit Komplimenten kann man fast alles erreichen! Wenn Sie ihrem Schatz jedoch ins Ohr flüstern, daß der Schniedel vom Vorgänger viel größer war, wird die Liebesnacht höchstwahrscheinlich zu Ende sein. Wenn Sie ihm allerdings erzählen, daß er der Beste ist, wird er Sie die ganze Nacht von einem Höhepunkt zum anderen schweben lassen. Das richtige Wort zur richtigen Zeit kann manchmal Wunder bewirken. Aber nicht nur Wunder: Es kann auch sehr viel Lust bringen, wenn man sagt, was man will. Denn der andere kann nicht immer erraten, wo es einem besonders juckt. Also nicht jahrelang hoffen, daß sie endlich diese ganz bestimmt Stelle mit der Spitze ihrer Zunge entdeckt: einfach sagen, was man sich ersehnt.

Verhüterli

(siehe ***Kondom, Lolly, Safer Sex***) Ein niedlicher Name für einen großen Verhüter. Denn was so ein Gummi alles abwimmelt, angefangen von Millionen von gierigen Spermatoziden über hartnäckige Pilz- und Herpeskulturen bis hin zu ganz fiesen Viren, das hat sich gewaschen. So ein Verhüterli ist ein richtiger Goliath aus dünnem Gummi, den jeder jederzeit dabeihaben sollte, wenn er/sie dabeisein will. Näheres siehe Kondom.

Verhüterlilampe

(oder ***Bügelbrettbezug, Gag-Kondome, Kondomlampe***) Designerlampe aus Glas und Holz als leuchtende Erinnerung am Bettrand. Der Kampf gegen Aids inspirierte viele Künstler Ende der 80er und zu Beginn der 90er Jahre zu Anti-Aids-Objekten, da keine andere Berufsgruppe der westlichen Welt derart viele Tote zu verzeichnen hatte. Zahlreiche Bildhauer, Maler, Musiker, Ballettänzer, Filmschauspieler, Sänger und Bühnenstars wurden Opfer einer HIV-Infektion.

Die Verhüterlilampe besteht aus einem Fichtenholzfuß mit Lampenfassung und Schnur, darauf steht eine dunkelblaue circa 35 cm hohe Glaskuppel in Kondomform. Die Lampe kostet 60 Mark und ist im Fachhandel oder Designer-Versand erhältlich.

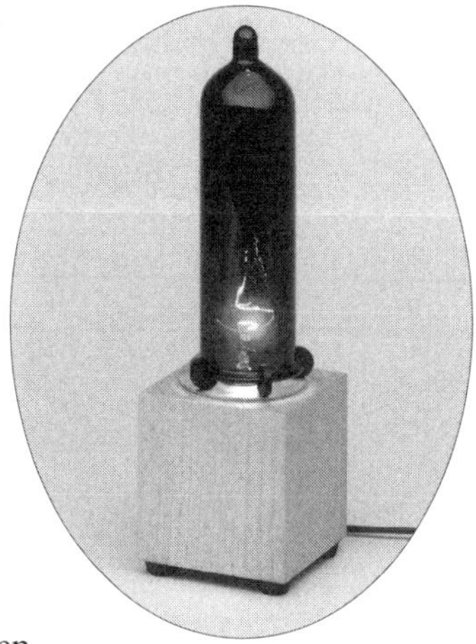

Verlängerungspräservativ

(oder ***Verdickungspräservativ***, siehe auch ***Body-Building-Condom, Dildo, Harness, Penis-Streck-Expander, Prothese***) Schon pubertierende Knaben vergleichen recht gerne die Größe ihres Gliedes. Und auch große Jungs machen sich Gedanken über die Größe ihres besten Stücks. Und die ist tatsächlich von Schwanz zu Schwanz unterschiedlich. Einige tausend Männer haben Penisminderwuchs und leiden darunter, unter anderem auch, weil sie damit schlechter ihre Partnerin befriedigen können und auch selten ein passendes Kondom (allenfalls ein »Mamba« der Firma Rfsu, 3 mm enger als der Euro- oder US-Standard) finden. Für diese Zeitgenossen und normal gebaute Kerle, die gerne mehr Penislänge vorweisen möchten, gibt es Verlängerungskondome. Strenggenommen sind das keine Präservative im Sinne des Medizinproduktegesetzes. Die Hüllen sind aus dickerem Latex als normale Kondome und haben in der Spitze eine Watte- oder Schaumstoff-Füllung. Das Spezialkondom läßt dem Mann weniger Gefühl und Reizung als die hauchdünnen Verhütungskondome. Die Verlängerungen gibt es nur in Sexshops und beim Spezialversender, für 12,80 Mark das Stück.

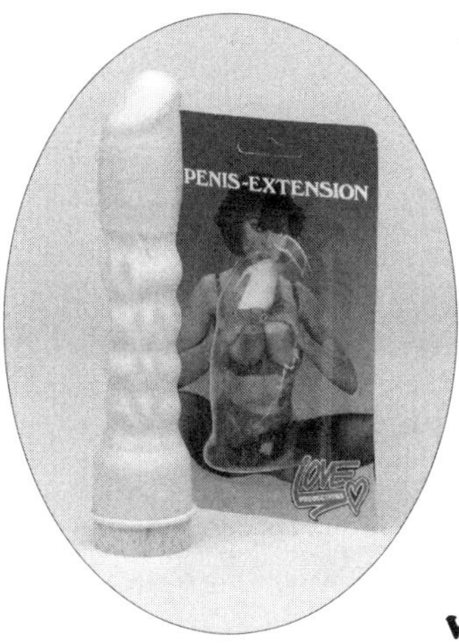

Verpackung

(siehe auch ***Sexshop, Versand, Virtueller Sexshop, Müll***) Außen pfui, innen na ja, könnte das Credo der Sexverpacker heißen. Wie wichtig die Aufmachung ist, erfuhr schon der damals junge Unternehmer Erich Trabold aus Bergen-Enkheim bei Frankfurt in den sechziger

Jahren. Er fertigte als einer der ersten in Deutschland Verlängerungskondome und Vibratoren in seiner Garage. Diese verpackte er in kleinen Schachteln und bot sie der zu jenem Zeitpunkt auch noch kleinen Firma Uhse in Flensburg an. Richtig erfolgreich wurden seine Produkte aber erst, als er innen rotes Seidenpapier und außen ein kräftiges Lila für die Verpackung benutzte. Die sündige Präsentation wurde zum Renner, mitsamt den kleinen Lustbringern innendrin.

Auch Sextoys verkaufen sich besonders gut über extravagante Verpackungen. Viel Plastik, Klarsichtpackungen oder auch Karton, grelle Farben und natürlich aufreizende Produktnamen. Der grüne Punkt verdient gut dabei, denn voluminöse Plastikpackungen kosten mehr als einfacher Karton. Von Umweltschutz wollen die Hersteller noch nichts wissen. Während in den 70er Jahren noch oft eine Faltschachtel zur Präsentation von Lustmitteln diente, dominiert heute auf der Packung die sexuelle Darstellung, die oftmals mit dem Inhalt nichts gemein hat. Meist räkeln sich da vollbusige, halbnackte Frauen mit gespreizten Beinen. Auch die Toys für Frauen sind so verpackt. Was denken sich die Hersteller dabei?

Großer Nachteil im Sexshop oder beim Versand ist, daß der Kunde oft nicht mehr als die Verpackung zu sehen bekommt. Alles ist eingeschweißt und selten darf etwas geöffnet oder angefaßt werden. So wurde schon mancher enttäuscht, als aus dem teuren Exterieur ein billiges Plastikhilfsmittel aus Hongkong herausfiel. Qualität können Sie vor allem an der Kennzeichnung und Beschreibung erkennen: Je vager und ungenauer die Bezeichnung, desto eher handelt es sich um Scharlatanerie. Qualitätserzeugnisse tragen besondere Kennzeichen, wie zum Beispiel das CE-Zeichen oder ein »VDE geprüft« (Vibratoren!), also zertifiziert durch den Verband deutscher Elektroingenieure. Einige Importprodukte sind nur mit englischen Erläuterungen zu haben. Und was die Inhalte der mehr oder weniger opulenten Verpackungen angeht, so würden, falls die Behörden wirklich einmal diese Branche untersuchen würden, einige Kunststoffe, Metallbeschichtungen und chemischen Zusätze in Aphrodisiaka vom Markt genommen. Strenggenommen handelt es sich zum Beispiel auch bei einem Vibrator um ein Hilfsmittel, das zeitweilig in den Körper eingeführt wird, und Produkte, die in den Body kommen, unterliegen ausnahmslos der europäischen Medizinprodukteverordnung (»Medical Devices Law«).

Diese schreibt eine Zertifizierung solcher Artikel vor. Cremes, Gels und Tropfen, die in den Körper aufgenommen werden, sind dagegen entweder Arzneimittel oder wirkungslose Kosmetika. Die wenigsten Aphrodisiaka sind jedoch arzneimittelrechtlich zugelassen! Wie kaum einer anderen Branche fehlt es der sexuellen Hilfsmittelindustrie an einer einheitlichen Deklaration und Kontrolle der Verpackungen wie der Inhaltsstoffe. Den Nachteil trägt der Verbraucher, der unter dem vermeintlichen Druck, gegebenenfalls etwas »Verbotenes« zu erwerben, leichtsinnig bereit ist, viel Geld für wenig Qualität hinzublättern. Und der Markt wird sich nicht so schnell regulieren.

Versand

(siehe auch ***Kästner-Versand, Müll, Uhse, Virtueller Sexshop***) Couch-Käufer. Das macht Spaß, im Bett lümmeln und zusammen mit dem Schatz oder auch solo die Seiten mit den Dildos in Delphinform und der heißen Unterwäsche für sie und ihn durchzublättern. Keine Umkleidekabinen mit grellem Licht, wo nur die Problemzonen unnötig angestrahlt werden und keine verschämten Blicke von Gummipuppenkäufern. Beim Sexversand geht es den Kunden vor allem um die Anonymität. Und die bringt Umsatz! Deutsche Spezialversender bieten Frau oder Mann so ziemlich alles auf dem Gebiet Erotik und Lustmittel. Marktbeherrschend sind Orion und Beate Uhse, beide in Flensburg beheimatet. Beide Versender arbeiten aber auch europaweit mit Filialunternehmen. Spezial-Mail-order-Häuser beliefern die kleineren Gruppen von Kunden, die zum Beispiel S/M-Sex betreiben, auf Windelsex stehen oder unbedingt Lederdessous suchen. Nicht wenige Versender kennen ihre Kunden daher sehr genau. Anregungen werden ernst genommen, Extrabestellungen besorgt oder auf Anfrage sogar hergestellt.

Die großen Versender Otto, Quelle, Neckermann, Bader, Schöpflin, um nur einige zu nennen, kommen an den Sexartikeln nicht mehr vorbei, ohne auf hohe Umsätze verzichten zu müssen. Und Katalogseiten mit Kondomen, Vibratoren und anderen Sextoys müssen immerhin gute 500.000 Mark Umsatz im halben Jahr bringen, sonst fliegen sie wieder heraus. Der einsamen Hausfrau kommt dieses Angebot zupaß. Sie würde niemals bei Uhse und Co bestellen, und der nette Massagestab von Quelle kommt äußerlich neutral verpackt ins Haus, zwischen dem T-Shirt für die Enkel und den Socken für den Gatten. Die großen Versandhäuser mögen keine sexistischen, geil aufgeputzten Verpackungen. Der Vibrator schlüpft im Gewand einer Grauen-Maus-Kartonage ins Regal, von dort ins Päckchen und von dort in die aufgeregte Hand der Kundin. Der Erfolg der Sexbranche in Deutschland ist eng verbunden mit der großen Bereitschaft der Deutschen per Versand einzukaufen. Und gerade in der Sexbranche macht es nicht viel Unterschied, ob der Kunde die Ware im Laden im Sack kauft oder vom Foto aus dem Katalog auswählt, denn in den wenigsten Sexshops werden die Artikel ausgepackt, mit Batterien versehen und dem Kunden vorgeführt. Und wer hat den Vibrator schon mal in der Hand gefühlt, bevor er ihn bezahlt hat???

Der Erfolg des Versandhandels wird sich daher auch im elektronischen Warenverkehr des Internet fortsetzen, den Versender als kostensparende Erweiterung ihres Vertriebs erkannt haben. Traditionell sind Frauen die besseren Versandhauskunden. Bei Sexprodukten via Internet dürfte das anders sein. Dort dominiert der Mann und ordert seinen Bedarf an Stimulanzhilfen. Ein zusätzlicher Markt, der gerade erst eröffnet worden ist.

Via Amore

(siehe auch ***Phantasie, Rollenspiele, Roulette, Spiele, Strip Poker***) Der Weg, der direkt zur Liebe führt. Oder auch nicht. Denn wie jeder weiß, können Frage- und Antwortspiele leicht auch einen heftigen Ehestreit zur Folge haben. Via Amore ist ein erotisches Kennenlernspiel für Paare oder Singles am heimischen Couchtisch. Das Spielfeld ist ein etwas lieblos gestalteter weiblicher Plastiktorso, in den Spielkarten mit Fragen und Aufgaben eingelassen sind. Die Spielkarten gibt es als Partnerschaftsversion oder Kennenlern-Kartenset. Beim Spielen können die Vorlieben der anderen Spielpartner/innen entdeckt oder auch deren Schwächen entlarvt werden. Via Amore finden Sie beim Erotik-Play-Vertrieb (Tel. 0 88 41/9 39 90), im Fachhandel für 90 Mark oder im Internet unter *http://www.erotik-play.de.*

Viagra

(siehe auch ***Aphrodisiaka, Erektionscreme, Massage, Muse, Pharmaka, Potenzmittel, Prothese, Skat, Vakuumpumpe***) Das blaue Wunder aus Amerika macht sogar Politiker zu gemeinen Dieben. Als in Israel im Mai 1998 aufgrund von Todesfällen nach Einnahme der Pille Viagra verboten wurde, kamen Mitglieder der Knesset zusammen, um über das Potenzmittel zu beraten. Ein vortragender Arzt hatte als Anschauungsmaterial ein paar blaue Potenzheber mitgebracht und ließ sie herumgehen. Als er sie nach Ende des Vortrags wieder einsammeln wollte, fehlte die Hälfte. Die Pillen tauchten trotz einer sofort eingeleiteten Suchaktion nicht wieder auf!

Viagra erregte die Öffentlichkeit wie schon lange kein Thema. Die Deutschen führten sich auf wie ein Haufen impotenter Wilder. Seit Herbst 1998 ist die Steherpille auch in Europa auf Rezept zugelassen, muß allerdings selbst bezahlt werden, was auf Dauer ein nicht gerade billiger Spaß ist. Eine Pille, das heißt ein Ständer kommt auf 18 bis 25 Mark. Es soll maximal nur eine Pille pro Tag geschluckt werden. In Japan ist die Steherpille (genauso wie bis vor kurzem noch die Antibabypille) nicht zugelassen, für verzweifelte Männer aus dem Land der Kirschblüten werden daher Flüge nach Hawai organisiert. Die Erektionstablette war anfangs nur in wenigen Ländern zugelassen: Argentinien, Brasilien, Rußland, Bulgarien, Mexiko, Kuweit, Schweiz und San Marino.

Und wer bekommt das blaue Objekt feuchter Träume hierzulande? Wenn ein Mann unter Erektionstörungen leidet, so muß er etwa sechs Monate lang ungenügend starke Erektionen gehabt haben, um vom Arzt »erektile Dysfunktion« bescheinigt zu bekommen. Bei den Männern zwischen 40 und 70 Jahren wird die Anzahl derjenigen mit vollständiger Dysfunktion auf zehn Prozent geschätzt. Viele Männer arrangieren sich mit dem sexuellen Unvermögen, so daß nur ein Teil der Leidenden überhaupt beim Urologen vorbeischaut. Einigen gelingt es, den Penis wenigstens kurzzeitig oder mit den Händen geführt in die Scheide zu bringen. Andere haben neuen Mut gefaßt mit Viagra, dem ersten oral einzunehmenden Potenzmittel. Nüchtern, etwa eine Stunde vor dem Geschlechtsverkehr wird eine Tablette (50 mg) geschluckt. Nach 12 bis 25 Minuten beginnt Viagra zu wirken. Bleibt der Erfolg aus, kann die Dosis auf 100 mg erhöht werden, war es beim ersten Mal zu heftig, reduziert der Anwender auf die Hälfte der Tablette (25 mg). Viagra hemmt im Körper ein Enzym, wodurch indirekt der Blutabfluß in den Venen vermindert wird. Infolgedessen hält die Erektion nach erfolgter sexueller Stimulation länger. Je höher die Dosis, desto wahrscheinlicher treten Nebenwirkungen auf: Kopfschmerzen, Erröten der Gesichtshaut und Schwellungen der Nasenschleimhäute. Lebensgefährlicher Blutdruckabfall und Herzrasen treten in Kombination mit Herzmedikamenten auf, die Nitrate enthalten. Deshalb ist vor jeder Verordnung und Einnahme von Viagra eine ausführliche Anamnese notwendig. Die Wirkung dieses Medikaments, das bald noch Konkurrenz von anderen Produkten, etwa *Vosomax*, am Markt bekommen wird, ist unbestritten: 50 bis 70 Prozent der Männer mit massiven Erektionstörungen konnten damit eine zufriedenstellende Sexualität erleben. Viagra gibt es nur über den Gang zum Hausarzt oder Urologen. Dieser verordnet Viagra per Privatrezept, das dann nur in der Apotheke erworben werden kann.

Übers Internet besorgen sich Männer bisweilen die Pille per Mail order. Doch aufgepaßt, daß Ihnen kein Placebo für teures Geld untergejubelt wird. Sonst ist zusätzlich noch ihr Portemonnaie schlaff! Für die anderen gibt es an Tankstellen seit kurzem für fünf Mark den Viagra-Drink, eine kleine Flasche mit tiefblauer Flüssikeit. Enthält jedoch keine aufgelöste Pille, sondern angeblich aphrodisierende Pflanzen. Aussehen tut es wie Tintenwasser.

Versuche, Viagra bei Frauen einzusetzen sind im Gange, jedoch noch nicht abgeschlossen. Ob sich die psychischen Faktoren weiblicher Unlust über eine verstärkte Durchblutung der Vagina und des Kitzlers lösen lassen, ist zweifelhaft. Seit Vertriebsbeginn im Oktober 1998 wurden in Deutschland 400.000 Packungen Viagra an 250.000 Patienten abgegeben. In den USA gab es von Mai 1998 bis Dezember 1998 sieben Millionen Verordnungen. Tendenz steigend.

» Masturbieren ist gesund ...«

Der Frauenarzt und Psychiater Knut Hoffmann aus Karlsruhe über Geishakugeln, Klistiersex, störenden Mundgeruch und Beckenbodentraining im schwedischen Turnunterricht.

Spielt die Sexualberatung eine Rolle in Ihrer Praxis?

Patientinnen stellen mir deutliche Fragen zur Sexualität. Äußerungen sind zum Beispiel: »Es tut immer weh beim Verkehr« oder »Es schmerzt, wenn er diese Stellung will.« Oder »Die Scheide ist zu trocken«, das ist besonders bei Frauen in den Wechseljahren der Fall. Daher habe ich eine extra Sprechstunde eingerichtet, bei der die Sexualthematik angesprochen wird.

Eine extra Sexual-Sprechstunde?

Ja, bei der Anmeldung wird geklärt, ob es um Fragen der Sexualität und Partnerschaft geht. Die Patientinnen erklären dann häufig: »Ich habe keine Lust« oder »Mein Mann möchte mehr Sex, ich aber nicht.« Oder »Ich habe Schmerzen beim Verkehr.«

Haben Patientinnen auch konkret Fragen zu sexuellen Hilfsmitteln, wie Vibratoren, Gleitmittel oder ähnlichem?

Gleitmittel werden relativ häufig angesprochen. Ich mache jedoch darauf aufmerksam, daß Gleitmittel nur die Symptome angehen. Im Hinterkopf habe ich: Wenig Flüssigkeit heißt weniger Lust und wenig Reaktion des Körpers auf Sexualität. Also, der Körper will nicht. Er sagt nein, obwohl die Frau glaubt, aus irgenwelchen Gründen, daß sie Sex zu wollen hat oder haben muß. Um ihr zu helfen, empfehle ich das Gleitmittel, um zunächst das mechanische Problem zu verbessern.

Empfehlen Sie auch Vibratoren?

Selten. Der spielt in erster Linie eine Rolle bei Transsexuellen, um die neu »gebaute«, also operierte Scheide bei »Mann zu Frau«-Transsexuellen, offenzuhalten. Sie haben in der ersten Phase gleich nach der Operation meist keinen männlichen Partner, und es ist auch nicht empfehlenswert, falls sie dann per Geschlechtsverkehr üben. Vibratoren können da gut sein. Sie dehnen nicht nur mit der vorgegebenen Größe eines Dildos, sondern schaffen sicherlich noch 1 bis 2 mm mehr durch die Vibration.

Sind Vibratoren in Ihren Augen Stimulanzhilfen für Frauen, die Orgasmusprobleme in der Partnerschaft haben?

Ganz selten. Aber es ist schon schwierig, diese Frauen überhaupt zu motivieren, selber Hand an sich zu legen, also zu masturbieren.Vielleicht gelingt es über einen technischen Weg leichter, also, wenn man sie direkt zum Masturbieren mit einem Vibrator ermutigt.

Warum erreichen viele Frauen mit Vibratoren leichter und schneller den Höhepunkt als mit dem Partner?

Das ist nicht nur mit dem Vibrator so. Auch bei Dildos oder manueller Masturbation fällt die Fremdkontrolle durch den Partner weg. Die Frau kann sich durch Phantasie ihre eigene Welt aufbauen. Bei der Selbstbefriedigung ist die Realität des Partners, zum Beispiel der Mundgeruch von Alkohol oder Zigaretten ausgeblendet. Und: Sie muß sich auch nicht die Frage anhören: Bist Du schon soweit?

Was halten Sie von Geishakugeln?

Geishakugeln spielen eine geringe Rolle bei der Harninkontinenz. Da werden sie häufig benutzt, sie wirken besser als die öfters propagierten Vaginalkonen. Geishakugeln bleiben in der Scheide, um mit längerem Üben ein Stabilisieren der Beckenbodenmuskulatur zu erreichen. Falls die Anwenderin dadurch noch eine bessere Lustempfindung hat, wird ihr dies eine stärkere Motivation geben. Während Vaginalkonen eine rein medizinische Trainingsmethode sind.

Wie gesund ist Masturbation mit Sexspielzeug?

Ziel ist die Befriedigung. Ob dies gesünder ist, wenn dies mit einem Dildo erreicht wird, ist schwer zu sagen.

Ist es denn prinzipiell gesund zu masturbieren?

Sicherlich, wenn die Frau keine Hemmungen hat und da vorurteilsfrei rangeht, ist es für viele eine mögliche Entlastung. Und die Frau erlebt: Es funktioniert. Sie erlebt eine Entspannung: Ich funktioniere, es klappt, es geht! Weil sie möglicherweise Versagensängste hatte aufgrund des Nicht-Erreichens des Höhepunktes mit einem Partner.

Hilft Selbstbefriedigung auch gegen Kopfschmerzen?

Ja, aber nicht unbedingt, es kommt auf die Art der Kopfschmerzen an. Masturbieren kann etwa einen Spannungskopfschmerz lösen, weil ein Orgasmus ein Total Körperereignis ist, das Verspannungen beheben kann.

Gibt es sexuelle Hilfsmittel, die schaden können?

Ja natürlich: spitze oder kantige Gegenstände, die mehr oder weniger große Risse in der Scheidenhaut verursachen können. Oder Objekte, die sich ganz stark an der Scheidenwand oder am Gebärmuttermund ansaugen. Das ist sehr problematisch.

Einige Menschen betreiben »Doktorspiele« mit Klistieren. Kann dies schaden?

Ich habe noch keine pathologischen Probleme gesehen. Es kann jedoch leicht zu Blasenentzündungen kommen. Harnklistiere und Darmklistiere sind ja sehr verbreitet. Es ist derzeit sogar en vogue bei Rennfahrern: sie entleeren sich den Darm völlig, weil sie meinen, durch weniger Gewicht schneller strampeln zu können.

Und was ist mit Analstöpsel, können die schaden?

Sogenannte Plugs im Enddarm verletzen allenfalls, indem sie kleine Einrisse verursachen oder schon vorhandene Risse vergrößern.

Kommt es vor, daß Patientinnen Gegenstände in der Vagina verlieren?

Das ist mehr ein Problem bei kleinen Kindern, die mit Kugeln oder Halma-Männchen spielen, aber das habe ich noch nicht erlebt. Einmal hatte ich bei einer Frau eine kleine Blähtonkugel gefunden, die sonst in Blumentöpfen das Wasser speichert. Diese Patientin ist nie wieder gekommen. Das war sicherlich die merkwürdigste Erfahrung mit verlorenen Gegenständen.

Fänden Sie es sinnvoll, sexuelle Hilfsmittel auf Krankenschein zu verordnen – nach dem Motto »Sex ist gesund und stärkt die Abwehrkräfte«?

Das ist bei dem gegenwärtigen Gesundheitsbudget nicht leistbar. Wer es haben möchte, sollte doch einen kleinen Beitrag selber bezahlen.

Was halten Sie von Beckenbodenmuskeltraining?

Das ist exzellent. Nicht nur für Frauen, die unter einem medizinischen Handikap, wie Harninkontinenz, leiden, sondern insgesamt. In Schweden lernen Mädchen im Turnunterricht von Anfang an, die Beckenbodenmuskel zu trainieren. Im Grunde ist der Beckenboden ein anatomischer Schwachpunkt bei der Frau. Hier kann es später nach Geburten, aber auch in der Sexualität zu Problemen kommen. Das sogenannte »Lost penis Syndrom« aufgrund geweiteter Scheide kann durch gezieltes Muskeltraining behoben werden.

Verschreiben Sie Vaginalkonen zum Beckenbodentraining?

Nur selten.

Werden diese von der Kasse bezahlt?

Ja, obwohl die Krankengymnastinnen der Ansicht sind, daß die Konen den physiologischen Abläufen widersprechen würden und ganz andere Übungen zur Stärkung der Beckenbodenmuskeln gemacht werden müßten.

Wissen die Frauen eigentlich über ihren Körper Bescheid, oder würden Sie ihnen raten, ab und zu einmal ein Spekulum zu nehmen, um sich selbst zu betrachten?

Ich bin überrascht, wie sehr Frauen davor zurückschrecken. Manche lehnen es ab und wollen nicht hineingucken. Nur aufgeweckte Frauen interessieren sich und sind dann sehr überrascht, wie es in der Scheide eigentlich aussieht. Sie sehen dann zum Beispiel auch den äußeren Muttermund. Wieviele Frauen sich selbst untersuchen ist nicht ermittelt. In der Sexualberatung ist es schwierig, die Frauen zu motivieren, sich selbst zu explorieren, sich vor den Spiegel zu setzen, mal die Schamlippen zu spreizen und zu gucken, was ist eigentlich der Scheideneingang.

Aber Frauen können in der Apotheke ein Spekulum kaufen?

Ja, das können sie, wissen es nur nicht.

Was halten Sie von sogenannten Orgasmuspillen für Frauen, die jetzt mit Viagra in der Debatte sind?

Grundsätzlich muß gesagt werden, daß der Grund, wenn jemand einen Orgasmus nur schwierig erreicht, in der mangelnden sexuellen Kommunikation liegt, also nicht an einem körperlichen Manko festzumachen ist. Bei Viagra ist der Ansatzpunkt die Steigerung der Durchblutung des anatomischen Aufhängebandes der Klitoris. Durch eine etwas andere Lage der Klitoris kommt es dann besser zum Orgasmus. Dies kann unterstützend wirken. Es stellt sich jedoch die Frage, wie häufig Frauen das anwenden würden. Frauen suchen beim Sex ein spezielles Gefühl, bei dem es nicht um medizinisch Unterstützbares geht, sondern um ganz andere Dinge: wie zum Beispiel das Verständnis des Partners. Bei Frauen geht es nicht um ein körperliches Problem, wie beim Mann um die Erektionsfähigkeit.

Der Begriff Potenz ist also rein auf den Mann bezogen, und es macht keinen Sinn, bei der Frau von einer Potenzpille zu sprechen?

Bisher sprach man bei dem Begriff Potenz immer nur im Zusammenhang mit dem Mann, seine Potenz zeigt sich durch die Versteifung, genauer gesagt die Erektions- und Zeugungsfähigkeit. Jetzt kommen aber immer mehr Vorträge über das »potente oder impotente Paar«. Damit ist das sexuell nicht könnende Paar gemeint. Gemeint ist das Unvermögen im bezug auf die Erregungsfähigkeit und Orgasmusfähigkeit.

Eine Frau, die keinen Orgasmus hat, wäre demnach »sexuell impotent«?

Ja, aber mir sträuben sich die Haare, wenn die bisher »frigide« Frau nun in eine »impotente« Frau verwandelt wird. Das ist wieder nur der Versuch, etwas medizinisch auszudrücken, was jedoch sehr ungenau ist. Denn, wie gesagt, geht es bei der Frau meist um emotionale Probleme. Im Rahmen der Viagra-Diskussion spricht man jedoch jetzt mehr und mehr vom impotenten Paar und der impotenten Frau.

Vibrator

(siehe auch ***Analvibrator, Auto Arouser, Cockringvibrator, Delphin, Double Stud, Eroscillator, Flex-o-Pleaser, Glühwürmchen, G-Punkt-Stimulator, Handtaschenvibrator, Japanische Tanzhose, Kitzler-Stecher, Lover Boy, Madonna, Magic Wand, Massagestab, Multi-Orgasmus-Set, Noppenvibrator, Orgasmen-Space, Pearl Tornado, Pocket Rocket, Remote Control Vibration Egg, Schleckerzunge, Techno-Flex, Vibratorständer, Vorhautstimulator, Waschmaschine, Willy The Wiggling Sperm***)

Der Klassiker. Vibratoren sind das am häufigsten benutzte Sextoy überhaupt! Meist als Massagestab bezeichnet, wird er in jedem größeren Versandkatalog angeboten, als Mother‘s Little Helper nach der harten Hausarbeit sozusagen. Ein Vibrator ist ein Sextoy mit Vibrierfunktion zum Stimulieren der Vulva oder zum Einführen in die Vagina. Oder auch zur Vibration von Eichel und Hoden. Es gibt Vibratoren, die realen Gegenständen nachempfunden sind und aussehen wie ein Maiskolben, wie ein Teufel, eine Nonne, ein Ei, eine Hummel oder wie ein Penis mit Eichelkopf und Adern. Am häufigsten ist jedoch eine phallusähnliche Form. Die Oberfläche ist glatt, genoppt, gerillt oder gewellt. Als Material wird meist weiches Latex oder härterer Kunststoff verwendet. Neuerdings auch softes Silikon. Auch Weich-PVC, das stinkt jedoch und belastet die Umwelt.

Erfunden wurden die Wunderstäbe in den USA im Jahre 1869 von dem Arzt George Taylor. Der erste Vibrator glich aber eher einer Dampfmaschine als einem Massagestab und die Geräte wurden anfangs nur in Arztpraxen und Kliniken angewendet. Und zwar zur Behandlung von Hysterie. Worunter man zu jener Zeit die Auflehnung des Unterleibs gegen sexuelle Unterversorgung verstand. Die Ärzte stimulierten die Frauen manuell und führten dadurch einen Orgasmus herbei, einen »hysterischen Paroxysmus«, wie man das ganz elegant umschrieb. Die geplagten Götter in Weiß waren glücklich über die Erfindung des Vibrators, weil sie sich dadurch stundenlanges mühevolles »Streicheln« ersparten. Um 1880 kamen dann die ersten elektrisch motorisierten und tragbaren Vibratoren auf den Markt, und bis in die 20er Jahre unseres Jahrhunderts wurden die Geräte ganz offen beworben und zur häuslichen Selbsttheraphie angewandt. Später verschwanden die eindeutigen Annoncen wieder aus Zeitschriften und Apotheken. Und selbst wenn heute jemand öffentlich für die gesunden Befriedigungsmaschinen wirbt, dann werden die Massagestäbe höchstens an Knie oder Wange gehalten. Egal, Hauptsache Mann und Frau weiß, wie gut so ein Freudenspender tun kann. Ihr, ihm und beiden zusammen. Denn – um gleich einen Mythos aus den Weg zu räumen – Vibratoren sind nicht nur für Frauen. Abgesehen davon, daß Vibratoren an jeden Millimeter Körper eingesetzt werden sollten, können sich Männer damit Hoden, Skrotum,

Damm, Anus und Eichel massieren. Und natürlich eignen sich die kleinen Brummer auch als Bereicherung beim partnerschaftlichen Sex, ein Vibrator ist nicht nur ein süßer Masturbator für einsame Stunden. Mit einem Vibrator können die erogenen Zonen der Partner im Liebesspiel erregt werden. So eine Ganzkörpervibration erweitert das oft penetrationsfixierte Sexspiel um eine lustbringende Variante. Schlanke Modelle wie der Eroscillator oder der Flex-o-Pleaser eignen sich aber auch, um beim Sex damit die Klitoris zu reizen. Frauen sind begeistert, da nun mal viele eher durch Klitorisreizung zum Orgasmus kommen, als durch vaginale Stimulation. Männer brauchen sich von einem Vibrator nicht bedroht fühlen, er ist kein Penisersatz, sondern ein Zusatzgerät, das beiden Lust bereiten kann. Ein vernüftiges Hilfsmittel also, das in jeden Haushalt gehört. Man kann zusätzlich Kondome mit Noppen, Rillen und Klitorisreizer über die Freudestäbe streifen, um besondere Reizimpulse zu erreichen.

Die meisten in Europa im Handel erhältlichen Vibratoren werden mit Batterien betrieben, während die Amerikanerin eher einen Vibrator mit Netzanschluß besitzt. Am verbreitetsten ist in den USA der Magic Wand, der auch bei uns in manchen Frauenerotikläden zu haben ist. In Europa gibt es mit dem Eroscillator nur einen Netzmassagestab, ein teures Produkt der Spitzenklasse mit einem vier Meter langen Kabel.

Seiner Schwingungen wegen vibriert und brummt der Massagestab. Oft hört sich der Luststab allerdings an wie ein Zahnarztbohrer und da vergeht den meisten dann die Lust. Achten Sie daher beim Kauf auf die Lautstärke und die Intensität der Vibration. Summt der nützliche Helfer leise bei gleichzeitig starken Schwingungen der Spitze, greifen Sie zu. Die wenigen Volt Spannung sind nichts gegen Ihre erlebte Entspannung mit dem kleinen Gerät, doch sollte es ein VDE-Prüfzeichen (Verband deutscher Elektoingenieure) tragen. Denn billige Hongkongvibratoren stören das Radio des Nachbarn oder führen zum Flimmern des Fernsehers, falls der Gatte gerade Sportschau guckt. Ob Frau sich damit eher in der Scheide oder äußerlich oder beides stimuliert ist eine sehr persönliche Entscheidung. Einfach ausprobieren. Meist werden die Geräte ohne Batterien geliefert, was Frau/Mann in die verzweifelte Lage bringt, das Kofferradio oder den Gameboy von Klein Lisa ausrauben zu müssen. Am besten Akku-Batterien verwenden, die sind immer verfügbar. Gute Geräte halten Jahre, nur die Batterien müssen im Ladegerät neue Kraft tanken. Man soll jedoch nur Akku-Batterien mit 1,5 Volt verwenden, andere können den Motor schädigen. Bei Nichtgebrauch die Batterien rausnehmen, da sie bei längerer Lagerung auslaufen könnten. Beim Waschen unbedingt darauf achten, daß kein Wasser ins Batteriefach kommt, denn auch dann ist schnell Schluß mit lustig. Am besten mit einem feuchten Tuch abwischen. Wir wünschen »Good vibrations«!

Vibratorständer

(siehe auch ***Vibrator, Hoppe-Hoppe-Kissen***) Bei dem Wort Ständer wird ihr bestimmt heiß um die Ohren. Dieser Ständer hat den Vorteil, daß er immer steht und daß er meist dort steht, wo sie ihn stehengelassen hat. Das befriedigende Objekt sieht ein bißchen aus wie eine Schreibtischlampe mit biegsamem Metallhalter, nur anstelle der Glühbirne steckt eben einen Vibrator. Der Ständer kommt aus den USA und ist bei *http://www.soloworker.de* für 188 Mark zu haben, der Vibrator plus Adapter schlägt noch extra mit 58 Mark zu Buche.

Vibro Egg

(siehe auch ***Glühwürmchen, Remote Control Vibration Egg***) Ach du dickes Ei! Dieses Stimulations-Ei kommt in die Scheide und dort brummt es der Trägerin einen Orgasmus, denn der kleine Motor läßt das Ei vibrieren. Die Steuerung plus Batterie befindet sich außerhalb und ist mittels Kabel verbunden. Das etwas andere Osterei ist allerdings nur was für Frauen, die sich gerne selbst vaginal stimulieren. Circa 80 Prozent aller Frauen kriegen ihren Orgasmus jedoch durch äußere Reizung an der Vulva, das heißt Klitoris, Schamlippen, Damm und auch Anus. Dem sollte die Sexindustrie einmal Rechnung tragen, die Hersteller der kleinen Freudenspender sind nämlich allzusehr penetrationsfixiert! Das Vibro Egg ist für circa 29,80 Mark im Fachhandel zu haben.

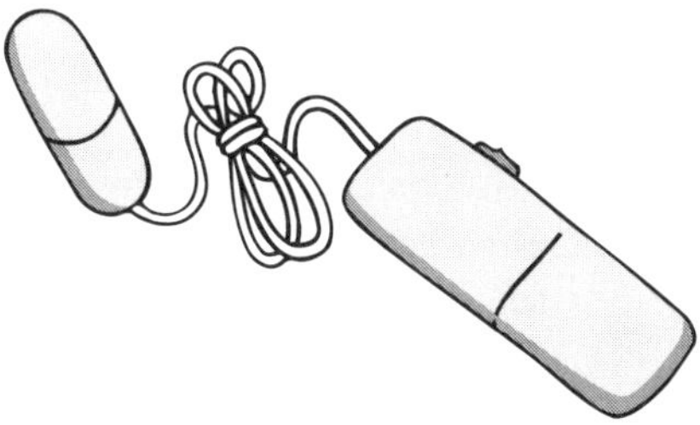

Video

(siehe auch ***Bizarr Sex, CD-ROM, Cybersex, Magazine, Porno, Softporno***) Ich schau dir auf die Titten, Kleines. Videofilme sind ein riesengroßer Markt, der trotz Internet und CD-Rom weiterhin bestens läuft. Der größte Umsatz in Sexshops wird über Sexfilme gemacht. Allein in Deutschland werden monatlich circa 480 Filme produziert. Das Mekka der Pornofilmer ist jedoch das San Fernando Valley in Kalifornien. Der größte Produzent ist Vivid. Vor allem das männliche Publikum steht auf den Reiz durchs Auge. Frauen haben meist so ihre Probleme mit dem banalen Rein-Rausspiel, das in diesen Streifen gezeigt wird. Die Pornoregisseure transportieren ein bedenkliches Rollenbild beim Sex: Er kann immer, sie will immer, außerdem ist Frau vollkommen schmerzunempfindlich und kann ohne Gleitmittel ganz einfach so anal penetriert werden. Der Zuschauer wird mit gynäkologischen Nahaufnahmen, Riesenschwänzen, Riesentitten und Litern von Sperma zugeballert.

Gerade mal ein Prozent der Videos sind für ein weibliches Publikum gedacht. Wen wundert's da, daß die meisten Frauen Sexvideos einfach nur eklig finden und gar nicht erst hinschauen. Viele behaupten, dadurch überhaupt nicht erregt zu werden. Was aber einer wissenschaftlichen Untersuchung zufolge nicht stimmt: Zwei Gruppen von Frauen wurden Sexvideos vorgeführt. In der einen Gruppe waren Frauen, die zugaben, von Videos erregt zu werden, in der anderen Frauen, die dies vehement abstritten. Aber auch die Ablehnergruppe wies nach der Ansicht von Sexvideos eindeutig Hormone im Harn auf, ein Beweis für sexuelle Erregung.

Pornographie gab es schon immer, im Altertum wurden Bilder von Männern mit erigierten Penissen auf Vasen gemalt, im alten Indien gibt es kopulierende Paare auf Wänden von Gotteshäusern. Das Auge ist also eines unserer wichtigsten Sexualorgane. Man kann sich dem Reiz nicht entziehen. Die Qualität der auf dem Markt erhältlichen Produktionen ist allerdings sehr unterschiedlich. Der Trend geht in letzter Zeit wieder hin zu Filmen, die tatsächlich auch eine Geschichte erzählen und bei denen auch Mann und Frau ein bißchen realistischer gezeigt werden. Und Produktionsfirmen wie die hessische Firma Femme Fatale produzieren gezielt Filme, in denen alles etwas softer zur Sache geht.

24 Grad

(siehe auch ***Duft, Farben, Licht, Massage, Musik, Ruhe, Schlafzimmer, Zeit***) Im Sommer wird mehr gevögelt als im Winter. Und das liegt am heißen Sommerwind. Denn die Temperatur kann wie ein Aphrodisiakum wirken: Je wärmer es ist, desto größer ist die Lust auf Sex. Im Winter drehen wir einfach die Heizung hoch, dann können die Frauen die dicken Wollsocken ausziehen, die nur bei Kim Basinger im Film sexy ausschauen. Ab circa 24° kann man sich locker leicht bekleidet präsentieren und dem Spaß stehen keine störende Winterpullis im Weg. Wenn's schön warm ist, müssen nur noch Hemdchen hoch- und der Rest reingeschoben werden. Wer steht schon immer auf Undercoversex!

Viktorianisches Zeitalter

(siehe auch ***Korsett, Rohrstock, Rollenspiele, Schulspiele***) Unter Queen Viktoria herrschte Zucht und Ordnung, daher gilt ihre Epoche als goldenes Zeitalter der Fetischisten. Sie suchen die Strenge und lassen sich gerne zum Aufgeilen bestrafen und reglementieren. Falls dann auch noch das Outfit aus dem letzten Jahrhundert getragen wird, ist das viktorianische Vorspiel perfekt. Am besten im Korsett und mit Rohrstock.

Virtueller Sexshop

(siehe auch ***Cybersex, Sexshop, Versand***) Touch-Mail. Der neue Markt für faule Shopper: anonym und praktisch. Schluß mit der Angst vor dem Sexshop, die Maus tut's und der Parcelservice bringt die »verbotenen« Spielsachen diskret verpackt ins Haus. Das Internet ist überhaupt eine riesige Spielwiese für Erotiker und natürlich auch für Perverse: Nationale Gesetze können leicht umgangen werden. Wenn in Deutschland kein Sex mit Tieren gezeigt werden darf, juckt das heute keinen Zoophilen mehr. Schließlich gibt es die Homepage vom holländischen Nachbarn. Am schlimmsten sind die Kinderpornos, die im Netz eine weite Verbreitung gefunden haben.

Wir sprechen hier aber von den vielen legalen Angeboten im Netz: Der hippe Youngster und das Girlie blättern nicht mehr im verstaubten Katalog aus Flensburg. Sie sitzen vorm PC, klicken sich einen ab und versuchen, sich den Sex-Kick via Internet zu holen. Dort bieten Sexversender schon fast alles an und er/sie kann gucken, was die Brüder und Schwestern auf der anderen Seite des Teiches für tolle Sextoys haben. Übers Internet kann der virtuelle Kunde direkt seine persönlichsten Wünsche befriedigen. Der Versand bietet auch Foren zum Debattieren und ermöglicht Kontakte zwischen Kunden. Die virtuellen Sexshops werden so überregional zum Treffpunkt von Gleichgesinnten, die per E-Mail abtasten können, mit wem sie es zu tun haben. Eine neue Dimension. Vorrausetzungen sind jedoch ein PC mit Internet-Anschluß und das nötige Kleingeld zum Surfen. 150 bis 200 Mark im Monat lassen Sie dort schnell, ohne richtig etwas auf die Hand oder in den Körper bekommen zu haben.

Vorhautstimulator

(siehe auch ***Madonna, Pearl Tornado, Vibrator***) Vibrator mit Vorhaut, die sich auf und ab bewegt und den Kitzler »streichelt«. Die Hersteller werben mit dem Spruch: »Das ist Natur pur«. Vielleicht lieben so was Amerikanerinnen, die ja hauptsächlich mit beschnittenen Männern zu tun haben. Da ist so ein Vorhautstimulator schon eine wirklich exotische Angelegenheit. Ab circa 50 Mark. Und nach Gebrauch immer schön abspülen, vor allem an der Eichel!

Vorspiel

(siehe auch ***Haut, Kamasutra, Massage, Spiele, Rollenspiele, Tao***) Sex ist ein tolles Spiel und das Vor-Spiel ist das schönste »Sexspielzeug« überhaupt. Aber was ist ein Vorspiel? Und wann beginnt der Geschlechtsverkehr? Vor dem Hintergrund der Sexaffäre von Bill Clinton mit Monica Lewinsky gab es 1998 eine Umfrage unter amerikanischen StudentInnen. Danach waren über ⅔ der Befragten der Ansicht, bei Fellatio und Cunnilingus habe man nicht richtig Sex miteinander. Erst das Einführen des Penis in die Scheide sei Sex. Interessant was laut dieser Umfrage alles zum Vorspiel gehört: Der Flirt mit den Augen und Worten, Händchenhalten und Tanzen, Küssen und Knutschen, Fummeln und Streicheln über und unter der Kleidung, nackt bei- und aufeinanderliegen und natürlich die gegenseitige manuelle und orale Stimulation. Wer sich – ohne Penetration – gegenseitig total befriedigt, hatte demnach nur ein Vorspiel?

Die Lebenserfahrung sagt uns jedoch, daß alles, was zum Vorspiel gehört, bereits einen Teil der Befriedigung der sexuellen Begegnung ausmacht. Ohne die vielen kleinen erotischen Momente gibt es kaum einen wirklichen Höhepunkt. Vom Quickie alleine wird selten jemand satt?! Das Vorspiel ist der entscheidende und zeitlich wesentlich längere Sex im Vergleich zum Geschlechtsverkehr.

Was dazu gehört und wie lange das Vorspiel dauert, ist bei vielen Paaren sehr verschieden. Frauen mögen es, ausführlicher und kunstvoll in Stimmung gebracht zu werden. Männer sind schneller bereit zum Verkehr. Doch ein Erguß ist nicht gleich Orgasmus. Auch Männer kennen den Unterschied zwischen einer kurzen Befriedigung durch Onanie und einem tiefen orgastischen Gefühl beim partnerschaftlichen Sex.

Voyeurismus

(siehe auch ***CD-ROM, Fotografie, Magazine, Pin Up, Spanner, Striptease, Table Dance, Videos***) Was ich seh, macht mich heiß. Im Grunde sind wir alle Voyeure und erhaschen gerne mal einen Blick auf knackige Körperteile oder gar nackte Stellen. Ohne unseren Voyeurismus könnte die Werbung und auch das Fernsehen einpacken. Voyeurismus kann aber ganz konkret auf sexuelle Momente oder Handlungen von meist nichtsahnenden Mitmenschen fixiert sein. Was ein echter Voyeur, steht den ganzen Tag am Fenster, in der einen Hand das Fernrohr in der anderen das Zweitrohr und begeilt sich an der schönen Nachbarin beim Duschen. Oder liegt am Strand auf dem Bauch und guckt sich die Augen aus. Andere wiederum lauern an Autobahnparkplätzen ohne WC auf Frauen, die mal müssen. Höhepunkt ist jedoch, anderen beim Sex zuzusehen. Voyeure befriedigen sich dabei oder hinterher selbst. Die Peep Show oder auch die Pornovideos, neuerdings der Sex übers Internet sind kommerzielle Formen, die den Voyeurismus befriedigen sollen.

W

Wachs

(siehe auch ***Kerze, S/M-Spiele***) Spiel mit dem Feuer. Was Mann oder Frau mit Kerzen so alles machen kann: erst spenden sie ein sanftes, warmes Licht beim Auftakt. Das Abendessen mit Kerzenschein – einfach romantisch. Aber die edlen Leuchter können Frauen auch noch anders heimleuchten, und das liegt an der oft phallischen Form dieser Wachsdildos. Die Krönung ist es jedoch, dem Partner oder der Partnerin langsam heißes Kerzenwachs auf die Haut zu tröpfeln. Das schmerzt kurz und erkaltet rasch, bis der nächste Tropfen auftrifft. Wenn die heißen Tropfen im Stakkato kommen und von einer erogenen Zone zur anderen tanzen, wird der Getropfte ganz schnell kommen. Für manche S/M-Freaks ist die wächserne Lustqual ein echtes Muß. Der Aufwand ist gering, denn Haushaltskerzen finden Sie schon für ein paar Mark im Supermarkt, besser verträgliche Stearinkerzen im Fachhandel. Wer es lieber nur mit echten, teureren Bienenwachskerzen treiben will, muß auf den Weihnachtsmarkt oder direkt zum Imker. Aber Achtung: Kerzen sind offenes Feuer – nicht vor lauter Lust die Bude abfackeln! Bei Hautempfindlichkeit die Kerzenart wechseln, denn vor allem billige Kerzen mit Farbe können die Haut reizen. Schließlich sind die Dinger ja auch nicht für S/M- und andere Spiele hergestellt.

Wäscheklammer
(siehe auch ***Brustklemmen, Klammern, Kochlöffel, Safeword, S/M-Spiele, Teppichklopfer, Tit Press***) Anfänger und Heimwerker verwenden beim Einstieg in erste S/M-Versuche gerne mal die rustikale Variante der Brustklemmen – einfache Wäscheklammern. Dies ist zwar gewöhnungsbedürftig und zieht ordentlich, die Nippel tun einem noch Tage später weh, aber wer hat schon immer gleich das richtige Equipment parat. Ein kleines Gebinde der nützlichen Haushaltshelfer finden sie für 3 Mark im Supermarkt. Noch billiger wird es, den S/M-Sex gleich in den Wäschekeller zu verlegen, dort liegen bestimmt noch ein paar Klämmerchen herum. Nur wird es auch mit diesem »Küchentoy« bald ein Ende haben wie mit dem guten alten Teppichklopfer: Der Wäschetrockner macht die sexy Klemmen nämlich überflüssig.

Walnuß
(siehe auch ***Gag-Artikel, Gag-Kondome, Rosenslip, Wochenendhose***) Das kleine Überraschungsspiel für lustige Nikoläuse. Sie legen die kräftige Walnuß in die Obstschale der nichtsahnenden Freundin und warten ab. Irgendwann wird die Nuß geknackt und unter großem Schreck-Geschrei das drinnen versteckte Kondom rausgezogen. Die Botschaft ist eindeutig und nicht nur in der Adventszeit kann die Walnuß zu lustigen Spielen führen, bei denen auch andere Nüsse eine Rolle spielen. Die Nußknackerei hat allerdings einen Nachteil: die Präservative sind häufig nicht mehr zur Verhütung geeignet! Die Walnüsse gibt es in Kondomfachgeschäften oder manchmal im Geschenkhandel für 3,50 Mark das Stück.

Waschmaschine
(siehe auch ***Liebesschleuder, Liegesitze, Möbel, Vibrator***) Laß dir einen schütteln. Die Waschmaschine: noch so ein Haushaltsgerät, das Mann/Frau mißbrauchen kann. Nicht beim Einweichen oder im Schongang etwa, sondern beim satten Schleudern mit guten 1.200 Umdrehungen. Da schafft die Maschine Vibrationen, die sich gewaschen haben. Einfach draufsetzen und das Ende des Waschganges abwarten. Die Höhe der Waschmaschine ist zugleich ideal für den Sex im Bad oder der Küche, und falls nötig, können Sie die Flecken im Slip dabei gleich herauswaschen. Wer braucht schon eine teure Liebesschaukel! Toplader sind jedoch ungeeignet: zuwenig Vibration! Es muß schon eine Trommelwaschmaschine sein. Der Wasserverbrauch ist in diesem Fall unwichtig. Auf die Schleuderzahlen kommt es an.

Wasser

(siehe auch ***Delphin, Duschkopf, Intimdusche***) Beim Gedanken an Wasser werden manche naß. Vögeln in der Meeresbrandung, ein klatschnasses T-Shirt im Sommerregen auf der Haut, Sex unterm Wasserfall oder im Whirlpool, solche Wasserspielchen lassen niemanden kalt. Und auch Hollywood läßt keines dieser Bilder aus. Im Alltag bleibt es dann eher bei der Masturbation unter der Dusche, beim gemeinsamen Baden in der Wanne oder dem gegenseitigen Einseifen unterm Brausekopf. So gereinigt und erregt, geht's dann ab in die Falle. Im Wasser rutscht der Penis weniger gut in der Muschi. Der durch die Erregung gebildete Gleitfilm fehlt. Und im Stehen zu kommen, ist auch nicht Jederfrau/-manns Sache. Ökofreaks können da schon gar nicht entspannen. Die Wasserverschwendung vor Augen, denken sie eher an die Stadtwerke-Rechnung als daran, einmal etwas anderen Sex erleben zu dürfen. In jedem Fall gilt: Wenn es Sie mal im Wasser überkommt – nutzen Sie den Moment. Sie werden dabei bestimmt nicht baden gehen.

Wasserbett

(siehe auch ***Hoppe-Hoppe-Kissen, Liebesschaukel, Liebesschleuder, Liegesitze, Möbel, Schlafzimmer***) In der Phantasie oder am Stammtisch sind mit Wasser gefüllte Betten mehr en vogue als in deutschen Schlafzimmern. Oder kennen Sie jemanden, der so ein Teil besitzt? Aber ausprobieren möchten wir insgeheim alle einmal das Wackelbett, und sei es nur für eine Nacht. Die Flüssigkeit wird temperiert, sonst bekommt man im Schlaf Rheuma. Das Gewicht ist ein Problem: Klären Sie beim Vermieter oder anhand des Bauplans die Statik. Sonst biegen sich die Balken – aber nicht wegen dem heftigen Sex! Das wiegende Gefühl auf diesem Schlafdampfer ist allerdings gewöhnungsbedürftig. Beim Sex fehlt der feste Untergrund, zum Beispiel beim Knien. Gehen Sie doch einmal mutig in ein Bettengeschäft und versuchen es mit Probeliegen. Dann wird ihnen klar, warum sich die Dinger nicht durchgesetzt haben. Der Preis tat sein übrigens: Unter 2.200 Mark bekommen Sie keine Qualität. Unbedingt eine Wasserschadenversicherung abschließen! Für RaucherInnen gilt: nicht mit brennender Kippe einschlafen, sonst freut sich der Mieter ein Stockwerk tiefer.

Weizenkeime

(siehe auch ***Aphrodisiaka, Austern, Chili, Koriander, Potenzmittel***) Trennung von Tisch und Bett aufgehoben. Das Aphrodisiakum aus dem Bioladen macht's möglich. Ein Bäcker in Sachsen verfertigt ein Erotikbrot mit viel Weizenkeimen und anderen lustfördernden Ingredienzen. Vor allem der hohe Vitamin-E-Gehalt der Keime soll die Lust steigern. Die Dorfbewohner finden's lecker und schlagen zu, in der Hoffnung, daß damit mehr als das tägliche Brot auf den Tisch/ins Bett kommt. Noch kriegen jedoch nur die Sachsen den Sex mit dem Brot geliefert, denn das Rezept ist streng geheim!

Wichskiste

(siehe auch ***Erotische Literatur, Fotografie, Nachtkästchen, Möbel, Toy Bag***) Es soll ja immer noch Männer geben, die eine Frau anflirten, indem sie sie fragen: »Willst du dir meine Briefmarkensammlung anschauen.« Ein Wiener Bekannter von mir hatte da einen ganz anderen Trick, er sagte: »Komm, ich zeig dir meine Wichskiste.« Ja, ganz eindeutig »Wichskiste«. Wer es wagte mitzugehen, bekam eine Obstkiste voller Bücher präsentiert. Natürlich gab es da die Klassiker wie Mutzenbacher, Sacher-Masoch und De Sade, aber auch Subtileres wie Altenberg oder Goethe. Dann wurde in der Kiste gestöbert, in den Bildbänden geblättert und aus dem einen oder anderen Buch vorgelesen. Dann hat man sich vielleicht entblättert und noch ganz woanders weitergestöbert.

Willy The Wiggling Sperm

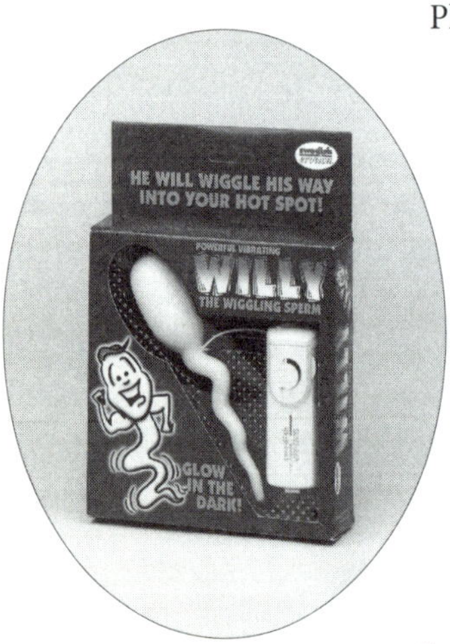

(siehe auch ***Delphin, Hummel, Spinne, Vibrator***) Plastiksperma. Warum soll sie sich nicht einmal mit Sperma befriedigen? Dieser Vibrator hat die Form eines übergroßen, weißen Spermiums, das sich schlängelnd in der Muschi austoben soll. Die Energie erhält der weiche Latex-Willy über Kabel aus Batterien, das ganze mit stufenloser Fernsteuerung. Der Vibrator sieht lustig aus und leuchtet sogar im Dunkeln. Im ersten Moment denkt Frau an eine gierige Kaulquappe. Beim Gebrauch wird der vibrierende Willy ziemlich laut und windet sich leider nicht. Da muß sie dann doch wieder selbst Hand anlegen und das faule Spermium schaut zu. Für 35 bis 48 Mark im Sexshop oder Spezialversand zu erstehen.

Willy-Wärmer

(siehe auch ***Cache Sex, Hautsock, Jockstrap***) Erinnert an die gehäkelte Klopapierhülle, die in den 70er Jahren die Hutablage vieler Autos zierte. Nur ist dieser Häkelstrumpf für seinen Schniedel gedacht. Es gibt wohl kein lächerlicheres

»Dessous« für sein bestes Stück. Meist sind die Farben auch noch himmelschreiend häßlich, manchmal können Sie den Willy-Wärmer sogar in den Landesfarben erstehen! Diese Dinger sind nur dazu gut, um Vodoozauber damit zu betreiben. Stellen Sie sich ihren Schatz, der Sie verlassen oder betrogen hat, darin vor. Sie werden ihm bestimmt keine einzige Träne mehr nachweinen.

Windelsex

(siehe auch ***Adult Baby, Diaper Lover, Puerilismus***) Regredieren nennt die Psychologie das Phänomen, wenn ein Mensch in ein früheres Stadium seines Wachstums zurückversetzt sein möchte. Kinder und Jugendliche haben diesen Wunsch bisweilen. Erwachsene fallen manchmal unter Drogen in kindliche Verhaltensweisen zurück. Männer, seltener auch Frauen, die auf Windelsex abfahren, treiben das Regredieren auf die Spitze. Sie lieben es, beim Vorspiel gewickelt und wie ein Säugling behandelt zu werden. Erwachsene Babys genießen das Versorgt- und Umhätschelt-Werden. Sie lassen sich trockenlegen und bekommen Strampelhöschen im Kingsize-Format.

Eine seltene Form des Liebesspiels, die nur funktioniert, wenn beide dieser Eigenart frönen. Bei der Partnersuche wird es allerdings schwer, jemanden zu finden, der diese Marotte teilt. Ausstattungsmittel gibt es bei Kunzmann. Im Sexhandel finden sich die Windeln, Höschen und Schnuller eher selten.

Wochenendhose

(siehe auch ***Crusing Pack, Gag-Artikel, Gag-Kondome, Just in Case***) Kein Auge blieb trocken vor Lachen, wenn Ende der 80er Jahre dem Jubilar im versammelten Freundeskreis die Wochenendunterhose als Präsent überreicht wurde. Die Shorts hatten aufgenähte kleine Täschchen, die mit je einem Kondom bestückt waren. Dazu den jeweiligen Verwendungstip: Freitagabend, Samstagmorgen, Samstagabend, Sonntagmorgen, Sonntagabend. Bürogemeinschaften und VereinskollegInnen legten zusammen, um dieses teure Betthupferl-Geschenk für 48 Mark nett verpackt zu überreichen. Da nun einmal gut 80 Prozent aller Geschenke von Frauen gekauft werden, selbst wenn beide zur Party gehen, war diese Wochenendkondomhose beliebt bei den Damen, die es dem Herrn einmal richtig zeigen wollten, wo es sicher lang geht.

Wonderbra

(siehe auch ***Büstenhebe, Dessous, Klappbikini, Push-Up, Superbusen***) Zauber-BH. Irgendwann wußte es jede Frau: der Wonderbra zaubert jeder ein magisches Dekolleté. Dieser BH wurde bereits vor 30 Jahren in den USA erfunden, aber erst in den letzten Jahren so richtig wahrgenommen. Das Ding besteht aus 40 einzelnen Teilen, quetscht die Brüste seitlich zusammen und schiebt sie dadurch nach oben und vorne. Sieht gut aus, ist aber nicht jederfraus Sache, denn angenehm ist dieser starke Druck auf die seitlichen Brustdrüsen bestimmt nicht, und gesund wird es wohl auch nicht sein. Wieweit und wie lang Frau bereit ist, in so einem Korsett-BH zu leiden, muß sie für sich selbst entscheiden.

Wunschzettel

(siehe auch ***Phantasie, Rollenspiele, Roulette, Spiele, Verbalerotik***) Früher haben wir unseren Wunschzettel aufs Fensterbrett gelegt, damit das Christkind weiß, was wir uns zu Weihnachten wünschen. Große Kinder legen ihren Wunschzettel unters Kopfkissen, damit der Schatz weiß, was er/sie denn so gerne hätte: »Fessle mich«, heißt es da, »Leck das eßbare Massageöl von meiner heißen Haut«, »Berühr meine erogenen Zonen mit einer Feder« oder »Lutsch doch Honig von meinem Schwanz«. Der Phantasie sind keine Grenzen gesetzt. Und: Papier ist geduldig. Der Erotikversand für Frauen, Kamana, hat sich dazu was Nettes ausgedacht: er bietet ein Set mit 64 Karten, auf denen die verschiedensten Wünsche vorformuliert sind. Praktisch, falls Ihnen mal kein Wunsch einfallen sollte. Mal sehen, ob ihre geheimen Träume dabei sind. Auch ein spannendes Spiel für ein Paar, das sich schon gut zu kennen glaubt. Zu bestellen für 23,80 Mark, erfüllen müssen Sie die Wünsche jedoch persönlich – was nicht immer einfach ist.

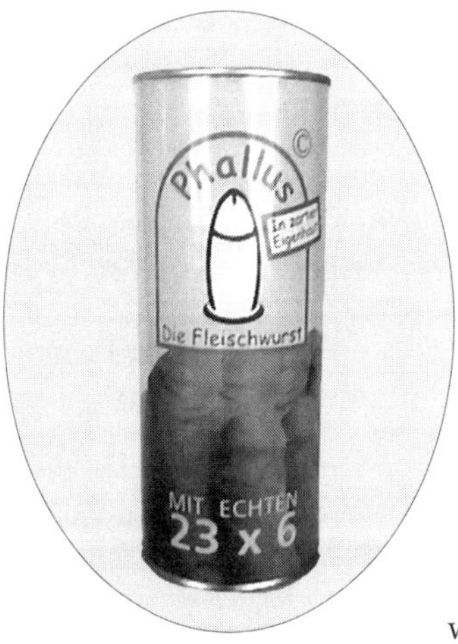

Wurst

(siehe auch ***Busennudeln, Dessoustorte, Fun Food, Gag-Artikel, Marzipanmuschi***) Fleischeslust aus der Dose. Frauen verzehren beim Kaffeekränzchen gerne mal eine kräftige Fleischwurst in Penisform. Genüßlich trennen sie mit einem scharfen Messer die Eichel vom Schaft und schieben sich die Vorhaut in den Mund. Der fleischige Phallus kommt in einer Dose mit postgelbem Etikett daher. Drauf steht »in zarter Eigenhaut«, geradeso wie beim echten Schatz, und »23x6«, womit die Größe in cm gemeint ist. Manchmal nehmen Mann oder Frau eben den Mund ein bißchen voll. Kann unter *http://www.rosarot.de* bestellt werden.

X, Y

Yohimbe

(siehe auch ***Aphrodisiaka, Maripuama, Potenzmittel, Viagra***) Magie aus Afrika, die müde Europäer auf Trab bringen soll. Ursprünglich wurde dieses Potenzmittel von Fetischpriestern auf dem Schwarzen Kontinent eingesetzt: als Zaubermittel oder auch, um die Stimmung auf Hochzeiten so richtig aufzuheizen. Bei uns darf nur auf Rezept gezaubert werden, aber dafür geht es dann angeblich so richtig ab. Und von Orgien muß man nicht mehr nur träumen. Das Naturmittel aus Afrika erweitert die Blutgefäße und erhöht den Blutstrom im Beckenbereich. Vorsicht: Eine zu hohe Dosis kann starkes Zittern auslösen. 100 Pillen aus der Rinde des afrikanischen Yohimbebaumes kosten 50 Mark.

Z

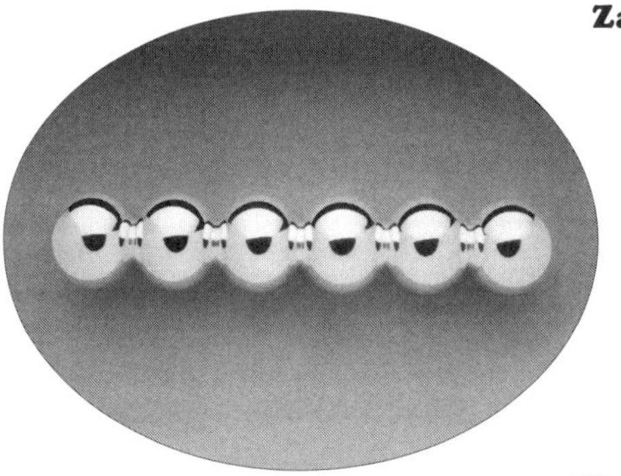

Zauberstab

(siehe auch ***Dildo, Klitorisamulett, Kugelstab, Labienspange, Silbernippel, Totemfinger***) Der Dildo als Designerstück. Schön, edel, praktisch und dekorativ. Der Zauberstab besteht aus mehreren aneinandergereihten Silberkugeln. Er liegt schwer und glänzend in der Hand, ein wahres Kunstobjekt, das man auf dem Couchtisch drapieren, als Zepter benutzen und mit dem man auch im Bett genüßlich rumspielen kann. Allein oder zu zweit. Der Wunderstab ist für das intime Spiel kreiert, er zaubert silberne Orgasmen. Besonders lustvoll wird es, wenn der Partner die Klitorisvorhaut zurückzieht und Kugel für Kugel über die freigelegte Perle gleiten läßt. Gefertigt wird der Verführstab von dem Berliner Erotik-Kreateur Biank Rodalquilar für 1.450 Mark nach den Maßen Ihrer Wahl, anatomisch angepaßt wie seine anderen Sextoys: Labienspangen, Geishakugeln, Cockringe in Silber, Gold, Marmor oder Messing.

Zaumzeug

(siehe auch ***Pony Play, Ponyspiele, Reiterspiele, Reitgerte, Rollenspiele, Sporen***) Wenn schon der Hengst gezähmt werden soll, dann richtig. Das Spezial-Zaumzeug wird bei den häuslichen Reiterspielen zum S/M-Sex angelegt – genau wie beim Pferd. Knebel in den Mund, Geschirr um Kopf und Brust und Zügel fest angezogen. Spurt er nicht, kriegt er noch die Sporen in die Flanken. Und nun geht's im Galopp durch alle Höhen und Tiefen der Qual. Ein sehr selten benötigtes Hilfsmittel aus Metall und Leder. Zu finden nur in speziellen Katalogen oder Geschäften für Fetischisten. Preis: von 120 Mark aufwärts.

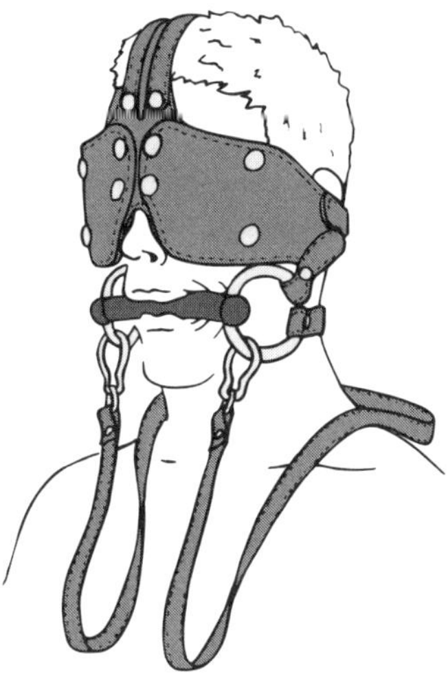

Zeit

(siehe auch ***Duft, Farben, Kerze, Licht, Musik, Phantasie, Räucherstäbchen, Ruhe, Schlafzimmer, Tao***) Zeit ist mehr als Geld! Wer zwischen Börse und Sqash schnell seine Liebste per Handy anruft und sagt: »Ich bin in fünf Minuten da, mach dich bereit«, mag zwar ein toller Hecht sein, sein Sexgehabe kann jedoch nur mit einer Sechs beurteilt werden. Denn zum Genießen der Sinnlichkeit gehört ausreichend Zeit. Ohne Störungen, ohne Fernseher und ohne Telefongenerve. Das wissen auch junge Paare mit Nachwuchs! Erst in der Ruhe kommt der Genuß. Wer immer nur todmüde, kurz vor Mitternacht schnell mal Sex zwischen Zähneputzen und Einschnarchen schiebt, wird bald keine Freude mehr miteinander haben. Ausprobieren und entdecken – auch dazu ist ungestörte Zeit Grundvoraussetzung. Sich Zeit miteinander zu nehmen ist wichtiger als manch ein Hilfsmittel!

Zigarre

(siehe auch ***Banane, Clinton-Shirt, Flasche Gurke, Kerze, Lewinsky***) Clinton hat es vorgemacht, was man mit so einem steifen, dicken Ding alles anstellen kann. Eine kräftige Havanna hat etwas phallisches. Zigarren zu paffen ist wieder in, auch wenn es fürchterlich stinkt. Schröder und Clinton versuchen, sich damit in Pose zu setzen, stärker zu wirken als sie sind. Dem amerikanischen Präsidenten sagt man nach, diese ins Sexspiel integriert zu haben. Ob Monica Lewinsky doch nicht nur seinen Phallus in den Mund nahm, sondern auch zur Raucherin wurde? Oder war es umgekehrt. Clinton konnte nicht so recht und mußte die Zigarre zu Hilfe nehmen? Alles bleibt im blauen Dunst des weißen Hauses hängen! Nur der Handel reagierte schnell und brachte den Zigarrenvibrator »Monica Blowinsky« für circa 50 Mark auf den Markt. Ob das Ding nicht doch besser »Billyboy« hätte heißen sollen? Das hätte die Damen doch bestimmt mehr angemacht.

Zofe

(siehe auch ***Uniformkult, Krankenschwester, Matrose, Stewardeß***) Ganz niedlich im schwarzen Kleidchen mit weißem kurzen Rüschenschürzchen kommt sie daher. Sie knickst, kniet nieder und gehorcht dem Herren ganz wie es ihm gefällt. Zofe und Meister: Noch so ein historisches Rollenspiel, das auf die Zeit zurückgeht, wo Mägde und Zofen wie Sklavinnen gehalten wurden und – wie in Figaros Hochzeit vorgeführt – selbst die Hochzeitsnacht noch dem Schloßherren gehörte. Damit die Phantasie nicht überstrapaziert wird, können Herr und Zofe das nötige Outfit beim Spezialversender bestellen, schließlich kommt heutzutage die Putzfrau und die trägt meist kein erotisches Minikleid mit Rüschen, sondern eher ein keusches Kopftuch. Das Kleid »French Maid« etwa, vierteilig mit Höschen, Schürze und Häubchen aus Latex kommt auf devote 570 Mark bei Caprice Moden. Ein brustfreies Dienstmädchenkleid mit Puffärmeln ist dort auch schon für 230 Mark zu haben.

Zoophilie

(siehe auch ***Delphin, Hummel, Schaf, Schmetterling, Sodomie, Spinne, Tiere***) Ob sich nun der Gott Zeus in einen Schwan verwandelt, um die angebetete Leda zu vögeln, oder ob der geplagte Großstadtmensch am Wochenende in den Zoo schleicht, um Tieren beim Geschlechtsakt zuzuschauen, der Homo sapiens liebt seine vierbeinigen Artgenossen oft mehr als nur platonisch. Zooangestellte berichten von Zuschauern, die gezielt stundenlang vor den Affenkäfigen ausharren, um den Geschlechtsakten der Tiere beizuwohnen. Und bei Hofe war es früher häufig eine Art Vorspiel, daß der Herrscher den Damen zur Paarungszeit die Hengste vorführte, wie sie auf der Weide die Stuten deckten. Die tierische Attraktion wurde zur voyeuristischen Stimulanz. Die Liebe zum Tier beschränkt sich aber nicht nur auf voyeuristische Momente: Männer, die Kamele besteigen, und Frauen, die sich von Hunden lecken lassen, kommen in vielen Witzesammlungen vor. Was in der Realität hinter verschlossenen Stall- und Wohnungstüren passiert, ist noch selten ans Licht der Öffentlichkeit gezerrt worden. Siehe auch Sodomie und Tiere.

Zucchini

(siehe auch ***Banane, Dildo, Gurke, Higo Zuiki, Kalebasse, Kerze, Melone***) Amore mio. Das zarte Gemüse hat lange gebraucht, um über den Brenner zu uns zu finden. Kaum war es an jeder Gemüsetheke zu haben, verdrängte es dort die Gurken und Karotten. Denn dieses einheimische Gemüse soll schon zuvor in Konkurrenz zu Dollarbananen zur Befriedigung der teutonischen Frau ausgeholfen haben. Zucchinis sind leicht rauh und werden besonders im Hochsommer riesig wie Papayas. Kleingärtner ernten sie frühzeitig. Da ist der Geschmack besser und die Melonenfrucht hat auch genau die richtige Größe, um von der Hausfrau vernascht zu werden. Je nach Jahreszeit finden Sie die Vollwertdildos an der Gemüsetheke, das Stück zwischen einer und zwei Mark. Vorher kurz abwaschen und die feinen Härchen entfernen, das piekt sonst so!

Züchtigung

(siehe auch ***Flagellantismus, Peitsche, Rollenspiele, Schulspiele, Spanking***) Züchtigen klingt eindeutig besser als strafen, hat es doch Dekadentes und Viktorianisches an sich: Zucht und Ordnung. War die Sklavin nicht züchtig, muß sie gezüchtigt werden. Natürlich als reine Erziehungsmaßnahme, das hat nichts mit Strafe zu tun, sagen die strengen Zuchtmeister. Der edle Sadist prügelt nicht einfach, nein er züchtigt. Er gibt sich meist auch nicht mit der bloßen Hand oder einem Kochlöffel als Schlaginstrument zufrieden. Ein echter Meister tut es gerne mit dem Rohrstock oder der neunschwänzigen Katze.

Zwangsjacke

(siehe auch ***Hängekäfig, Masochismus, Peitsche, Sadismus, S/M-Spiele***) Das Ausgeliefertsein des Sklaven ist wichtiger Bestandteil von S/M-Sessions. Egal, ob der Masochist nun geknebelt, gefesselt oder aufgehängt wird. Wer keine Lust mehr auf die klassischen Handschellen hat, kann sich im Sexhandel sogar eine Zwangsjacke kaufen. Die kommt aber dann nicht wie in der Psychiatrie aus grobem Leinen, sondern aus Fell, Nappa oder ganz frivol im Tigermuster daher. Das zwingende Dessous erhalten Sie auch nicht auf Krankenschein, dafür müssen Sie schon ordentlich blechen, bei Caprice etwa gibt es die Fesseljacken ab 925 Mark. Und dann kann die Qual losgehen. Während die Psychiatrie die Zwangsjacken angeblich nur zum Schutz des Patienten vor sich selbst eingesetzt – Jack Nicholsen demonstriert dies in *Einer flog über das Kuckucksnest* –, leidet der Masochist freiwillig. Allerdings nichts für Klaustrophobiker.

Adressen

Ars Vivendi
Nuitstr. 6
76185 Karlsruhe
Tel.: 07 21 / 9 55 38 83

AS – Anonyme Sexaholiker Deutschland
Postfach 1262
76002 Karlsruhe
Tel.: 09 31 / 66 34 37

Beate Uhse
24934 Flensburg
Tel.: 01 80 / 5 56 69
Fax: 01 80 / 5 24 26 61

Birotic: Schmuck und Toys
Biank Rodalquilar
Schlüterstr. 54
10629 Berlin
Tel: 0 30 / 88 55 19 02
Fax: 0 30 / 88 55 19 03

Bundeszentrale für
gesundheitliche Aufklärung
Ostmerheimer Str. 220
51109 Köln
Tel.: 02 21 / 89 92-0
Fax: 02 21 / 89 92-3 63

Dessoustorten:
Cyrako Deutschland
Grefartherstr. 5
41749 Viersen
Tel. / Fax: 0 21 62 / 8 06 16

Deutsche Aidshilfe
Dieffenbachstr. 33
10967 Berlin
Tel.: 0 30 / 69 00 87
Fax: 0 30 / 69 00 87–42

Deutsche Aidshilfe
Aha-Vertrieb
Postfach 610 149
10921 Berlin
Tel.: 0 30 / 69 00 87-13
Fax: 0 30 / 69 00 87-42

Dr. Müller
Läden in Bonn, Düsseldorf, Frankfurt,
Köln, München und Stuttgart
Tel.: 01 80 / 52 42 66
Fax: 04 61 / 9 86 13

Erotika Boutique
Elisabethenstr. 41
64283 Darmstadt
Tel.: 0 61 51 / 29 67 86

Frauenerotikladen
Obsession
Hildesheimer Str. 29
30169 Hannover

Gag-Condome:
Harlekineum
Thomas Berger
Wandersmannstr. 39
65205 Wiesbaden
Tel.: 06 11 / 7 40 01

German Leg Show
Nylon-Fetisch-Magazin
Postfach 651153
22371 Hamburg
Tel: 0 40 / 6 07 48 76

Good Vibration Toys Trading
Motzstr. 8
10777 Berlin
Tel.: 0 30 / 21 75 28 38
Fax: 0 30 / 21 75 28 37

Hotel Orient
Am Tiefen Graben 30-32
A-1010 Wien

Inside Her
Erotikparties, Frauenerotikladen
Sandra Maravolo
Vilbelerstr. 34
60313 Frankfurt
Tel.: 0 69 / 29 51 00

Institut für Sexualmedizin
Dr. Haydar Karatepe
Glauburgstr. 64
60318 Frankfurt
Tel.: 0 69 / 95 51 39-29

Intimplastiken:
Das Relief
Am Rückersgraben 35
63110 Rodgau
Tel.: 0 61 06 / 2 23 76

Intim-Rasierer:
Klaus Veit
City Video
Mauritiusplatz 1
65183 Wiesbaden
Tel.: 06 11 / 30 48 40

Kamana-Versand
Obere Talwiesen 13
72172 Sulz-Fischingen
Tel.: 01 80 / 5 22 41 07
Fax: 01 80 / 5 22 41 08

Kunzmann
Latex und Gummi
Postfach 10 47
75110 Pforzheim
Tel.: 0 72 31 / 98 23-0

Ladies First
Erotic Shop und Versand für Frauen
Kurfürstenstr. 23
80801 München
Tel.: 0 89 / 2 71 88 06

Ladies Toys
Erotikladen für Frauen
Augustiner Str. 6
50667 Köln
Tel.: 02 21 / 2 57 10 01
Fax: 02 57 / 14 88

Orion-Versand
Schäferweg 14
24941 Flensburg
Tel.: 04 61 / 5 04 01 41
Fax: 04 61 / 5 04 01 20

PC-Muskel-Training:
Institut für angewandte Biokybernetik
Gerhard Eggetsberger
Josefstädterstr. 72
A-1070 Wien
Tel.: 00 43 / 1-4 08 77 36

Peitsche:
Strict Dresscode
Meinhardstr. 16
»Kreidpassage«
A-6020 Innsbruck
Tel.: 00 43 / 5 12 58 95 54

pro-fun media
Versandhaus
Postfach 940132
60459 Frankfurt
Tel.: 0 69 / 97 07 43-10
Fax: 0 69 / 97 07 43-11

Sexclusivitäten
Fuckerwareparties, Sextoys
für Frauen, Hausbesuche
Laura Meritt
Fürbringer 2
10961 Berlin
Tel.: / Fax: 0 30 / 6 93 66 66

Silikondildos:
Playstixx
Stefanie Dörr
Waldemarstr. 24
10999 Berlin
Tel. / Fax: 0 30 / 6 15 24 10

S/M-Möbel:
Tammy's Torture Design
Haselmühle 1
91589 Aurach
Tel.: 0 98 04 / 91 38 80
und 01 72 / 8 14 44 14

S/M-Möbel:
Peter Sahm Holzdesign
Königsberger Str. 23
60487 Frankfurt
Tel.: 0 69 / 7 07 60 78

Spezial-Toys:
Kastley-Versand und Caprice Moden
Erwin-Bälz-Str. 73
70597 Stuttgart
Tel.: 07 11 / 76 90 74

Begriffsindex

A

B

Birne, Eroscillator, G-Punkt-Stimulator, [illegible], Vibrator

Birnspritze, Doktorspiele, Einlauf, Gummilaken, Irrigator, Klistiersex, Natursekt, Stechbecken

Bizarr Sex, Adult Baby, Amelotatismus, Branding, Diaper Lover, Elektrosex, Flagellantismus, Gasmaske, Getragene Unterwäsche, Hardcore, Kaviar, Klistiersex, Menstruationsfetischismus, Natursekt, Päderastie, Pädophilie, Omas, Scarification, Schweißsocken, Spanking, Snapper, Sodomie, Urophilie, Windelsex

Body Art, Body Paint, Branding, Henna, Intimschmuck, Lippenstift, Mendhi, Piercing, Scarification, Tattoos

Body-Building-Condom, Potenztrainer, Vakuumpumpe, Verlängerungspräservativ

Body Paint, Body Art, Henna, Lippenstift, Mendhi, Tattoos

Bondage, Andreaskreuz, Fesseln, Fesselsex, Handschellen, Kettenspiele, Knebel, Seil

Branding, Body Art, Scarification, Tattoos

Brennessel, Aphrodisiakum, Austern, Chili, Koriander, Potenzmittel, Weizenkeime

Brusthaartoupet, Haare, Intimrasur, Schamhaare

Brustklemmen, Alligator Clips, Brustklammern, Japanische Clover-Klammern, Klammern, Tit Locks, Tweezer Clips, Wäscheklammern

Bügelbrettbezug, Erotika, Kondomvase, Lover Boy, Maus, Pin Up

Büstenhebe, Busenkette, Dessous, Nippel Flowers, Push-up, Reizwäsche, Wonderbra

Bulger Underwear, Cache Sex, Hautsock, Jockstrap, Push-up, Tanga, Ringstring

Busencreme, Busenkette, Itchcream, Implantate, Nipple Enlarger, Piercing, Potenzmittel, Push-up, Wonderbra

Busenkette, Intimschmuck, Nippel Flowers, Piercing, Silbernippel

Busennudeln, Fun-Food, Penispasta, Schokopimmel, Spermadrops

Busenspritzpistole, Gag-Artikel, Orange, Punching Penis, Senfglas, Striptease-Kugelschreiber

Busen-Vakuumpumpe, Busencreme, Breast Pump, Brustpumpe, Nippel Enlarger

Busenwärmflasche, Gag-Artikel, Powärmflasche

Bustier, Dessous, Korsett, Reizwäsche

Butter, Crisco, Gleitmittel, Vaseline

Butterfly, Delphin, Hummel, Japanische Tanzhose, Schmetterling, Vibrator

Butt Plug, Anal Plug

C

Cache Sex, Bulger Underwear, Dessous. G-String, Jockstrap

Catsuit, Dessous, Korsett, Netzbody

CD-ROM, Cybersex, Maus, Porno, Video

Chaps, Cruising Area, Darkroom, Geschirr, Harness, Leder, Motorrad

Chili, Austern, Aphrodisiaka, Brennessel, Koriander, Liebeszucker, Spanische Fliege, Rheumasalbe

China-Bad, Brennessel, Potenzmittel, Rheumasalbe

Cholesterin, Aphrodisiaka, Butter, Sport

Clinton-Shirt, Gag-Artikel, Lewinsky, Spanner, Zigarre

Clit Clip, Intimschmuck, Labienspange, Piercing

Cockring, Asiatisches Ziegenauge, Erektionsring, Hunnengurt, Penisring

Cockringvibrator, Erektionsring, Vibrator

Comic, Erotische Literatur, Fotografie

Condomeria, Sexshop, Versand, Virtueller Sexshop

Condom Keeper, Cruising Pack, Just in Case, Nachtkästchen, Toy Bag

Cophalfter, Dildo, Dildohalter, Geschirr, Harness, Oberschenkelgurt

Crisco, Butter, Gleitmittel, Vaseline

Eichelkondom, Gag-Kondome, Ganzkörperkondom, Hodenkondom, Kondom, Tungdom

Einlauf, Birnspritze, Doktorspiele, Gummilaken, Irrigator, Klistiersex, Stechbecken

Eiswürfel, Fun Food, Phantasie, S/M-Spiele, Spiele

Elektrosex, Pimmelschocker, Reizstrom, Remote Control Vibration Egg, Shock Wave

Elixir d´Éypte, Aphrodisiaka, Potenzmittel

Enthaarungscreme, Haare, Intimrasur, Schamhaare

Enthemmungstropfen, Aphrodisiaka, Dauer-Bums-Dragees, Liebeszucker, Pheromone, Potenzmittel

Entjungferungsvagina, Hochzcitsmuschi, Jungfernhäutchen, Pädophilie, Schulmädchen

Erektionsbekleidung, Kondom

Erektionscreme, Dauer-Bums-Dragees, Elixir d´Égypte, Liebessalben, Penissalben, Potenzmittel, Rheumasalbe

Erektionspumpe, Vakuumpumpe

Erektionsring, Cockring, Dallas, Hodenband, Hunnengurt, Penisring, Steherschlaufe, Stretcher

Eroscillator, G-Punkt-Stimulator, Madonna, Magic Wand, Pearl Tornado, Vibrator

Eros-Scheckheft, ADAC-Schutzbrief, Gag-Artikel, Gag-Kondome

Erotika, Bügelbrettbezug, Gag-Artikel, Kondomvase

Erotikparties, Dessoustorte, Erotikquiz, Fun Food, Orient, Spiele, Venusmahl

Erotikquiz, Gag-Artikel, Spiele, Strip Poker, Via Amore

Erotische Literatur, Kamasutra, Phantasie, Spiele, Wichskiste

Erotographomanie, Cybersex, Exhibitionismus, Erotische Literatur

Eßbare Unterwäsche, Dessous, Fun Food, Gag-Artikel, Kandie Kondoms, Massageöle, Schokolade, Taste Tattoos

Exhibitionismus, Amelotatismus, Cybersex, Lustschrei, Spanner, Tankstelle, Voyeurismus

Extasy Gum, Austern, Dauer-Bums-Dragees, Liebeszucker, Maripuama, Potenzmittel

F

Farben, Licht, Rot, Schlafzimmer

Faust, Crisco, Dildo, Gleitmittel

Federn, Honey Dust, Massage, Streichelhandschuh,

Feng Shui, Ätherische Öle, Kerze, Mond, Räucherstäbchen, Schlafzimmer

Fesseln, Bondage, Handschellen, Kettenspiele, Knebel, Oberschenkel-Hand-Fessel, Panikhaken, Safeword, Seil

Fetisch, Fußfetischismus, Getragene Unterwäsche, Graviditätsfetischismus, Gummifetischismus, Handschuhe, Klepper, Latex, Leder, Menstruationsfetischismus Nekrophilie, Regenmantel, Tittenfetischismus, Uniformkult

Fingerling, Noppenlangfinger, Reizfinger, Venusfinger

Fisherman's Friend, Chili, Fun Food

Flagellantismus, Geißel, Gerte, Klatsche, Neunschwänzige Katze, Paddel, Peitsche, Teppichklopfer

Flasche, Dildo, Gurke, Kalebasse, Vibrator

Flex-o-Pleaser, Eroscillator, G-Punkt-Stimulator, Massagestab, Pearl Tornado, Vibrator

Florentinischer Gürtel, Italienisches Schloß, Keuschheitsgürtel, Penisköcher

Flutschfaust, Grüne Lippen, Gummipuppe, Masturbationspad, Oro-Stimulator, Seemannsbraut, Simulacrum

Folter, Andreaskreuz, Flagellantismus, Fesseln, Hängekäfig, Masochismus, Peitsche, Sadismus, S/M-Spiele

Fotografie, Kalender, Pics, Pin Ups

French Tickler, Gag-Kondome, Kondom, Noppenkondom

Gummitücher, Dental Dam, Latexschutztuch, Lolly, Safer Sex

Gurke, Banane, Dildo, Flasche, Kalebasse, Vibrator

Gynäkologenstuhl, Doktorspiele, Klistiersex, Krankenschwester, Natursekt, S/M-Spiele

H

Haare, Brusthaartoupet, Enthaarungscreme, Intimrasur, Schamhaare

Hängekäfig, Andreaskreuz, Folter, Möbel, S/M-Spiele

Hafada, Ampallang, Innerer Schamlippenring, Intimschmuck, Labienspange, Piercing

Halsband, Bondage, Devotismus, Masochismus, O-Halsband, Peitsche, Sadismus, S/M-Spiele

Halsgeige, S/M-Spiele, Devotismus, Sadismus, Masochismus, Peitsche, Pranger, Möbel

Handschellen, Bondage, Fesseln, Kettenspiele, Knebel, Oberschenkel-Hand-Fessel, Panikhaken, Seil

Handschuhe, Fetisch, Getragene Unterwäsche, Leder, Masturbationspad, Seide

Handtaschenvibrator, Butterfly, Hummel, Japanische Tanzhose, Pocket Rocket, Taschenvagina, Vibrator,

Hardcore, Bizarr Sex, Magazine, Porno, Softporno, Video

Harness, Cophalfter, Dildo, Geschirr, Kopfharness, Oberschenkelgurt

Haschisch, Amsterdam Poppers, Aphrodisiaka, Drogen, Potenzmittel

Haut, Body Paint, Federn, Honey Dust, Massage, Massageöle, Streichelhandschuh

Hautsock, Bulger Underwear, Cache Sex, Jockstrap, Suspensorium, Willy-Wärmer

Henkersmaske, Augenbinde, Galgen, Maske, Pranger, Sadismus, S/M-Spiele

Henna, Body Paint, Mendhi, Taste Tattoos, Tattoos

Herrenkorsett, Cross Dressing, Damenunterwäscheträger, Dessous, Gender Bending, Korsett, Umschnallbare Frauenbrüste

High Heels, Beine, Fußfetischismus, Fußsklave, Stiefel, Stilettos, Nylons

Higo Zuiki, Ben-Wa-Bälle, Geishakugeln, Gurke, Japanische Tanzhose, Rinotama

Hilfsmittel, Ehehygiene, Masturbationshilfen, Sextoy, Toy

Hochzeitsmuschi, Entjungferungsvagina, Jungfernhäutchen, Pädophilie, Schulmädchen

Hodenband, Arab Stahl, Cockring, Hunnengurt, Parachute, Stretcher

Hodenkondom, Eichelkondom, Ganzkörperkondom, Kondom, Safer Sex

Hodensalbe, Erektionscreme, Potenzmittel, Ständertropfen

Hodenstimulator, Cockringvibrator, Oro-Stimulator

Holzpenis, Kondom, Kondomorgel, Vaginalkonus

Honey Dust, Body Paint, Federn, Fun Food, Haut, Kandie Kondoms, Massageöl, Taste Tattoos

Hongkong, Kästner-Versand, Sexshop, Uhse, Versand, Virtueller Sexshop

Honig, Fun Food, Honey Dust, Massageöle

Hoppe-Hoppe-Kissen, Beckenkissen, Liebesschleuder, Powärmflasche

Hot Rubber, Kondom, Schafsdarmkondom, Polyurethankondom

Hummel, Butterfly, Delphin, Handtaschenvibrator, Japanische Tanzhose

Hunnengurt, Arab Stahl, Cockring, Dallas, Erektionsring, Hodenband, Penisring, Steherschlaufe, Stretcher

I

Implantate, Prothese, Push-up, Silikon, Superbusen, Tittenfetischismus, Verlängerungskondom, Wonderbra

J

K

Klitoralstimulator, Action Rubber, [illegible] Tigerauge, Madonna, Schamlippenkitzler, Sleeves

Klitorisamulett, Intimplastiken, Intimschmuck, Labienspange, O-Ring, Silbernippel, Zauberstab

Klitorisvorhautring, Äußerer Schamlippenring, Innerer Schamlippenring, Intimschmuck, Labienspange, Piercing

Knebel, Fesseln, Folter, Halsgeige, Henkersmaske, Maske, Pranger, S/M-Spiele

Kochlöffel, Domina-Spiel-Set, Flagellantismus, Neunschwänzige Katze, Peitsche, Reitgerte, Rohrstock, Safeword, S/M-Spiele, Teppichklopfer

Kondom, Erektionsbekleidung, French Tickler, Eichelkondom, Gag-Kondome, Ganzkörperkondom, Gummi, Hodenkondom, Leuchtkondom, Lümmeltütenhut, Musikkondom, Pariser, Präservativ, Schafsdarmkondom, Tungdom, Verhüterli,

Kondomautomat, Automat, Sexshop, Virtueller Sexshop

Kondomhut, Gag-Artikel, Lümmeltütenhut,

Kondomorgel, Kondom, Safer Sex

Kondomvase, Licht, Schlafzimmer

Kopfharness, Dildo, Geschirr, Harness, Oberschenkelgurt

Koriander, Aphrodisiaka, Austern, Chili, Weizenkeime

Korsage, Dessous, Korsett, Reizwäsche

Korsett, Bustier, Herrenkorsett, Schnürmieder, Viktorianisches Zeitalter

Krankenschwester, Doktorspiele, Gynäkologenstuhl, Klistiersex, Nonne, Stewardeß, Uniformkult

Kugelstab, Analkugeln, Geishakugeln, Rillenvibrator, Thai Beads

Kunstglied, Dildo, Godemiche, Gummipeter, Zauberstab

Kunstvagina, Flutschfaust, Grüne Lippen, Gummipuppe, Lustgrotte, Lusttorso, Oro-Stimulator, Seemannsbraut, Taschenvagina

L

Labienspange, Busenkette, Clit Clip, Intimschmuck, Klitorisamulett, O-Ring, Silbernippel, Zauberstab

Lack, Gummi, Gummifetischismus, Latex, Leder, PVC, Seide

Lara Croft, CD-ROM, Cybersex, Pixelsex

Latex, Lack, Leder, Gummifetischismus, PVC, Gummi, Talkumpuder

Latex-Spray, Dolly Fresh, Gummi, Lack, Latex, PVC, Reinigung

Latexschutztuch, Dental Dam, Lolly, Safer Sex

Leder, Chaps, Fetisch, Geschirr, Latex, Motorrad, Peitsche, Pelz, S/M-Spiele

Leuchtkondom, Gag-Kondom, Kondom, Musikkondom

Lewinsky, Clinton-Shirt, Spanner, Zigarre

Licht, Duft, Kerze, Mond, Musik, Räucherstäbchen, Schlafzimmer, Zeit

Liebespärchen, Dessoustorte, Fun Food, Honey Dust, Marzipanmuschi, Schokolade, Spermadrops

Liebessalben, Aphrodisiaka, Busencreme, Erektionscreme, Intime-Küsse-Creme, Itchcream, Penissalben, Potenzmittel, Rheumasalbe

Liebespuppe, Dolly Fresh, Gummipuppe, Kunstvagina, Lover Boy, Puppen-Reparaturset

Liebesschaukel, Hoppe-Hoppe-Kissen, Liebesschleuder, Liegesitze, Slingmatte, Waschmaschine, Wasserbett

Liebesschleuder, Liebesschaukel, Möbel, Liegesitze, Beckenkissen, Wasserbett, Slingmatte

Liebeszucker, Enthemmungstropfen, Honey Dust, Potenzmittel

Liegesitze, Beckenkissen, Liebesschaukel, Möbel, Waschmaschine, Wasserbett

Lippenstift, Rot, Tattoos, Piercing, Body Paint, Mendhi

Liquid Latex, Body Paint, Gummifetischismus, Latex

Lolly, Dammits, Dental Dam, Gummitücher, Latexschutztuch, Safer Sex

Lover Boy, Gummipuppe, Real Doll

Lümmeltüten-Hut, Gag-Artikel, Gag-Kondome, Kondomhut

Lustangst, Bondage, Fesseln, Folter, Peitsche, S/M-Spiele, Spanking, Tankstelle

Lustgrotte, Deep Throat, Grüne Lippen, Kunstvagina, Oro-Stimulator, Seemannsbraut, Simulacrum

Lustschrei, Aphrodisiakum, Dirty Talk, Knebel, Musik, Verbalerotik

Lusttorso, Lustgrotte, Deep Throat, Grüne Lippen, Kunstvagina, Oro-Stimulator, Seemannsbraut, Simulacrum

M

Madonna, Auto Arouser, Dildo, Double Stud, Eroscillator, Flex-o-Pleaser, G-Punkt-Stimulator, Kitzler-Stecher, Lover Boy, Magic Wand, Pearl Tornado, Vibrator

Magazine, erotische, Erotische Literatur, Fotografie, Pin Up, Porno, Video

Magic Wand, Auto Arouser, Dildo, Double Stud, Eroscillator, Flex-o-Pleaser, G-Punkt-Stimulator, Kitzler-Stecher, Lover Boy, Madonna, Pearl Tornado, Vibrator

Maripuama, Aphrodisiaka, Brennessel, Chili, Drogen, Intime-Küsse-Creme, Itchcream, Koriander, Liebessalben, Liebeszucker, Potenzmittel, Spanische Fliege

Marzipanmuschi, Busennudeln, Dessoustorte, Eßbare Unterwäsche, Fun Food, Liebespärchen, (ableckbare) Massageöle, Penispasta, Schokolade, Spermadrops, Taste Tattoos

Masken, Augenbinde, Henkersmaske, Phantasie, Rollenspiele

Masochismus, Andreaskreuz, Augenbinde, Branding, Flagellantismus, Fesseln, Folter, Galgen, Hängekäfig, Maske, Nadel, O-Ring, Panikhaken, Peitsche, Pranger, Sadismus, Safeword, S/M-Spiele, Spanking

Massage, Body Paint, Handschuhe, Honey Dust, Federn, Massageöle, Massagestab, Vibrator

Massageöle, Federn, Gleitmittel, Honey Dust, Honig, Massage, Schokolade

Massagestäbe, Auto Arouser, Dildo, Double Stud, Eroscillator, Flex-o-Pleaser, G-Punkt-Stimulator, Kitzler-Stecher, Lover Boy, Madonna, Magic Wand, Pearl Tornado, Vibrator

Masturbationshilfen, Ehehygiene, Hilfsmittel, Masturbationsinstrumente, Selbstbefriedigungsinstrumente, Sextoy, Sexspielzeug, Toy

Masturbationsöl, Butter, Gleitmittel, Liebessalben, Vaseline

Masturbationspad, Goldene Hand, Handschuhe, Noppenlangfinger, Pelz

Mata Kambing, Asiatisches Ziegenauge, Erektionsring, Hunnengurt, Penisring

Matrose, Leder, Querelle, Uniformkult, Zofe

Maus, Bügelbrettbezug, CD-ROM, Cybersex, Erotika, Kondomvase, Lara Croft

Melone, Grüne Lippen, Gurke, Kunstvagina, Lustgrotte, Oro-Stimulator

Mendhi, Body Paint, Henna, Tattoos

Menstruationsfetischismus, Fetisch, Schweißsocken, Tittenfetischismus, Urophilie, Vampirismus

Mieder, Dessous, Korsett

Miedergürtel, Dessous, Mieder, Korsett,

Military Look, Krankenschwester, Leder, Matrose, Stewardeß, Stiefel, Uniformkult

Möbel, Andreaskreuz, Beckenkissen, Galgen, Gynäkologenstuhl, Hängekäfig, Hoppe-Hoppe-Kissen, Liebesschaukel,

Liebesschleuder, Liegesitze, Nachtkästchen, Pranger, Schlafzimmer, Sklaventisch, Slingmatte, Spiegel, Waschmaschine, Wasserbett

Mond, Duft, Licht, Feng Shui, Kerze, Räucherstäbchen, Serailpastillen, Tao, Wasser

Motorrad, Chaps, Leder, Stiefel, Uniformkult, Waschmaschine

Müll, Batterien, Reinigung, Verpackung

Multi-Orgasmus-Set, Cockring, Dildo, Gleitmittel, G-Punkt-Stimulator, Vibrator

Muschiabdruck, Intimplastiken, Klitorisamulett, Silbernippel

Muschikissen, G-Punkt-Stimulator, Sprinkle (Annie)

Muschipumpe, Eroscillator, Double Stud, G-Punkt-Stimulator, Vibrator

Muse, Prothese, Skat, Vakuumpumpe, Viagra

Musik, Duft, Farben, Licht, Lustschrei Möbel, Schlafzimmer, Verbalerotik

Musikkondom, Gag-Kondome, Kondom, Leuchtkondom

Muttermilch, Busenspritzpistole, Fetisch, Graviditätsfetischismus, Menstruationsfetischismus, Tittenfetischismus

N

Nabel, Body Art, Haut, Massage, Piercing

Nachtkästchen, Cruising Pack, Möbel, Schlafzimmer, Toy Bag, Wichskiste

Nachttopf, Einlauf, Goldene Dusche, Kaviar, Klistiersex, Stechbecken, Urophilie, Wasser, Windelsex

Nadel, Folter, Piercing, S/M-Spiele, Tit Press

Natursekt, Doktorspiele, Goldene Dusche, Irrigator, Klistiersex, Stechbecken, Urophilie

Negligé, Baby Doll, Dessous, Kimono

Nekrophilie, Amelotatismus, Leichenfetischismus, Menstruationsfetischismus, Vampirismus

Netzbody, Catsuit, Dessous

Neunschwänzige Katze, Flagellantismus, Geißel, Gerte, Klatsche, Paddel, Peitsche, Rohrstock, Safeword, Spanking

Nintendo, CD-ROM, Rollenspiele, Spiele

Nippel Enlarger, Busencreme, Busen-Vakuumpumpe, Implantate, Silicon Vibration Demi Cup, Tittenfetischismus,

Nippel Flowers, Büstenhebe, Busenkette, Brustklemmen, Intimschmuck, Silbernippel, Tittenfetischismus

Nonne, Krankenschwester, Madonna, Stewardeß, Uniformkult, Zofe

Noppenkondom, French Tickler, Gag-Kondome, Kondom, Sleeves

Noppenlangfinger, Chinesischer Lustfinger, Fingerling, Kitzelfinger, Reizfinger, Stachelüberzieher, Venusfinger

Noppenvibrator, Double Stud, Eroscillator, Noppenlangfinger, Orgasmen-Space, Pearl Tornado, Vibrator

Nylons, Beine, Fußfetischismus, High Heels, Seidenstrümpfe, Sexstrumpfhosen, Strapse

O

Oberschenkelgurt, Cophalfter, Dildo, Harness, Kopfharness

Oberschenkel-Hand-Fessel, Bondage, Fesseln, Kettenspiele, Rückenknebel, Seil

Oetang, Ampallang, Clit Clip, Dydoe, Intimschmuck, Piercing

O-Halsband, Devotismus, Fesseln, Flegellantismus, Masochismus, O-Ring, Peitschen, Sadismus, S/M-Spiele

Olisbos, Dildo, Vibrator

Omas, Krankenschwester, Stewardeß, Video

Orange, Busenspritzpistole, Gag-Artikel, Punching Penis, Senfglas

Orgasmen-Space, Eroscillator, Pearl Tornado, Smusy-Love-Soft, Vibrator

Orgasmuskugeln, Ben-Wa-Bälle, Geishakugeln

Orient, Erotikparties, Schlafzimmer, Venusmahl

O-Ring, Andreaskreuz, Augenbinde, Branding, Fesseln, Flagellantismus, Folter, Galgen, Hängekäfig, Maske, Masochismus, Nadel, Panikhaken, Peitsche, Pranger, Sadismus, Safeword, S/M-Spiele, Spanking,
Oro-Stimulator, Deep Throat, Flutschfaust, Grüne Lippen, Kunstvagina, Lustgrotte, Lusttorso, Seemannsbraut, Simulacrum

P

Paarungsgleiter, Butter, Crisco, Gleitmittel, Vaseline
Paddel, Flagellantismus, Geißel, Gerte, Klatsche, Neunschwänzige Katze, Peitsche, Rohrstock, Spanking,
Päderastie, Pädophilie, Porno
Pädophilie, Päderastie, Porno, Schulmädchen
Panikhaken, Bondage, Fesseln, Folter, Safeword, S/M-Spiele, Spanking
Papiertaschentücher, Gummilaken, Joy Cup, Peep Show, Schlafzimmer
Parachute, Gewichte, Hodenstimulator, Hunnengurt, Stretcher
Parfum, Ätherische Öle, Duft, Intimspray, Pheromone, Quickie, Räucherstäbchen, Serailpastillen
Pariser, Kondom
Partnerbeglücker, Action Rubber, Double Fun, Erektionsring, Japanriemen
PC-Muskel, Beckenbodenübungen, Kamasutra, Tantra
Pearl Tornado, Auto Arouser, Double Stud, Eroscillator, Madonna, Magic Wand, Muschipumpe, Vibrator
Peep Show, Guckkastensex, Joy Cup, Masturbationskabine, Papiertaschentücher, Table Dance, Wichsothek
Peitsche, Flagellantismus, Folter, Geißel, Gerte, Kettenspiele, Klatsche, Kochlöffel, Neunschwänzige Katze, Paddel, Reitgerte, Rohrstock, Safeword, Seil, Spanking, Teppichklopfer
Pelz, Goldene Hand, Gummi, Latex, Leder, Masturbationspad, Samt, Seide
Penibello, Gag-Artikel, Punching Penis
Penisfutteral, Kondom
Penishantel, Busenspritzpistole, Gag-Artikel
Penishülle, Erektionsring, Kondom, Prothese, Vakuumpumpe, Verlängerungskondom
Penisköcher, Japanriemen, Keuschheitsgürtel, Penismanschette
Penismanschette, Japanriemen, Penisköcher
Penispasta, Busennudeln, Fun Food
Penisring, Asiatisches Ziegenauge, Cockring, Erektionsring, Hunnengurt, Stretcher
Penissalben, Busencreme, Erektionscreme, Hodensalbe, Intime-Küsse-Creme, Itchcream, Liebessalben, Masturbationsöl, Potenzmittel, Rheumasalbe
Penis-Streck-Expander, Body-Building-Kondom, Vakuumpumpe
Pfennigabsatz, Fußfetischismus, Fußsklave, High Heels, Stiefel, Stilettos
Phantasie, Rollenspiele, Roulette, Spiele
Pharmaka, Anaphrodisiaka, Potenzmittel, Viagra
Pheromone, Aphrodisiaka, Duft, Parfum
Pics, Cybersex, Fotografie, Pin Up
Piercing, Body Art, Intimschmuck, Tattoos
Pimmelschocker, Elektrosex, Reizstrom, Shock Wave
Pin Up, Fotografie, Kalender, Pics
Pixelsex, CD-ROM, Cybersex, Fotografie, Kalender, Pics
Po, Gummipuppe, Kunstvagina, Oro-Stimulator
Pocket Rocket, Cophalfter, Handtaschenvibrator, Hummel, Vibrator
Polyurethankondom, Kondom, Schafsdarmkondom
Pony Play, Knebel, Ponyspiele, Reiterspiele, Reitgerte, Sporen, Zaumzeug
Ponyspiele, Knebel, Pony Play, Reitgerte, Reiterspiele, Sporen, Zaumzeug

Popopumpe, Analkugeln, Anal Plug, Analvibrator
Poppers, Amsterdam Poppers, Drogen
Porno, Magazin, Softporno, Video
Postkarte, Fotografie, Kalender, Pin Ups
Potenzmittel, Ätherische Öle, Anaphrodisiaka, Aphrodisiaka, Austern, Brennessel, Busencreme, Chili, Dauer-Bums-Dragees, Drogen, Duft, Elixir d'Égypte, Enthemmungstropfen, Erektionscreme, Extasy Gum, Intime-Küsse-Creme, Itchcream, Koriander, Liebessalben, Liebeszucker, Maripuama, Masturbationsöl, Phantasie, Pheromone, Schokolade, Spanische Fliege, Ständertropfen, Stud 100, Viagra, Weizenkeime
Potenztrainer, Body-Building-Kondom, Erektionsring, Vakuumpumpe
Powärmflasche, Busenwärmflasche, Diletto
Pranger, Folter, Galgen, Halsgeige, Henkersmaske, Peitsche, S/M-Spiele
Präservativ, Gag-Kondom, Kondom
Präservativbläser, Kondomorgel
Prinz Albert, Ampallang, Dydoe, Intimschmuck, Piercing
Prothese, Dildo, Harness, Vakuumpumpe
Puerilismus, Adult Baby, Bizarr Sex, Diaper Lover, Windelsex
Punching Penis, Gag-Artikel
Puppe, Dolly-Buster-Puppe, Dolly Fresh, Gummipuppe, Liebespuppe, Puppen-Reparaturset, Real Doll
Puppen-Reparaturset, Dolly-Buster-Puppe, Dolly Fresh, Gummipuppe, Liebespuppe, Puppe, Real Doll
Push-up, Bulger Underwear, Implantate, Silikon, Umschnallbare Brüste, Wonderbra
PVC, Gummi, Klepper, Latex, Regenmantel

Q

Querelle, Erotische Literatur, Matrose, Video
Quickie, Duft, Parfum, Pheromone, Potenzmittel

R

Rasender Willy, Gag-Artikel
Räucherstäbchen, Ätherische Öle, Duft, Parfum, Serailpastillen, Schlafzimmer
Real Doll, Dolly-Buster-Puppe, Dolly Fresh, Gummipuppe, Liebespuppe, Lover Boy, Puppe, Puppen-Reparaturset, Schaf
Realistics, Dildo, Vibrator
Regeln, Bondage, Folter, Panikhaken, Peitsche, Safeword, S/M-Spiele
Regenmantel, Gummifetischismus, Klepper
Reinigung, Dolly Fresh, Latex-Spray, Müll
Reiterspiele, Geschirr, Pony Play, Ponyspiele, Reitgerte, S/M-Spiele, Sporen
Reitgerte, Gerte, Geschirr, Peitsche, Pony Play, Ponyspiele, Reiterspiele, Sporen
Reizfinger, Fingerling, Noppenlangfinger, Venusfinger
Reizring, Action Rubber, Erektionsring, Venusfinger
Reizstrom, Elektrosex, Pimmelschocker, Remote Control Vibration Egg, Shock Wave
Reizwäsche, Dessous, Jockstrap, Slip Ouvert, Strapse, Unterwäsche
Remote Control Vibration Egg, Elektrosex, Hummel, Japanische Tanzhose, Vibrator
Retardierungskondom, Kondom, Potenzmittel
Retardierungscreme, Dauer-Bums-Dragees, Erektionscreme, Potenzmittel, Stud 100
Rheumasalbe, Brennessel, Chili, Itchcream, Potenzmittel
Rillenvibrator, Sleeves, Vibrator, Zauberstab
Ringstring, Dessous, Erektionsring, Hunnengurt, Jockstrap
Rinotama, Ben-Wa-Bälle, Geishakugeln, Ruckzuck-Orgasmuslust
Rohrstock, Masochismus, Peitsche, Sadismus, Schulspiele, S/M-Spiele, Spanking, Uniformkult

Sexshop, Condomeria, Hongkong, Kastner-[illegible], Uhse, Verpackung, Versand, Virtueller Sexshop

Sexstrumpfhosen, Büstenhebe, Dessous, Nylons, Slip Ouvert, Strapse, Strumpfband

Sexsucht, Drogen, Sexaholic

Sextoy, Ehehygiene, Hilfsmittel, Masturbationshilfen, Toy

Shock Wave, Elektrosex, Pimmelschocker, Reizstrom

Silbernippel, Busenkette, Erotika, Intimschmuck, Klitorisamulett, Labienspange, O-Ring, Zauberstab

Silicon Vibration Demi Cup, Busen-Vakuumpumpe, Nippel Enlarger

Silikon, Implantate, Lack, Latex, Polyurethankondom, PVC, Reinigung

Simulacrum, Flutschhand, Gummipuppe, Melone, Oro-Stimulator

Skat, Vakuumpumpe, Viagra

Sklaventisch, Andreaskreuz, Galgen, Halsgeige, Liebesschaukel, Liebesschleuder, Möbel

Sleeves, Action Rubber, Fingerling, Japanriemen, Lustmanschette, Noppenkondom, Vibrator

Slingmatte, Liebesschaukel, Liebesschleuder, Möbel, Gynäkologenstuhl

Slip Ouvert, Dessous, Klappbikini, Knebel, Reizwäsche, Ringstring, Sexstrumpfhose

S/M-Spiele, Andreaskreuz, Bondage, Branding, Brustklemmen, Devotismus, Domina-Spiel-Set, Fesseln, Flagellantismus, Folter, Fußsklave, Galgen, Hängekäfig, Handschellen, Henkersmaske, Kerze, Kettenspiele, Klistiersex, Lustangst, Masochismus, Nadel, O-Ring, Panikhaken, Peitsche, Phantasie, Regeln, Reizstrom, Rollenspiele, Sadismus, Safeword, Seil, Spanking, Züchtigung, Zwangsjacke

Snapper, Gasmaske, Knebel

Sodomie, Ponyspiele, Schaf, Tiere

Softporno, Magazine, Porno, Video

Soft-Tampons, Bikinikondom, Gummilaken, Menstruationsfetischismus

Spanische Fliege, Aphrodisiaka, Pharmaka, Potenzmittel

Spanking, Flagellantismus, Klatsche, Kochlöffel, Peitsche, Rohrstock, Rute, Schulspiele, S/M-Spiele, Teppichklopfer

Spanner, Bildtelefon, Cybersex, Video, Voyeurismus

Spermadrops, Busennudeln, Dessoustorte, Fun Food, Liebespärchen, Marzipanmuschi

Spiegel, Feng Shui, Lippenstift, Möbel, Schlafzimmer, Voyeurismus

Spiele, Erotikquiz, Phantasie, Rollenspiele, Roulette, Strip Poker, Via Amore, Wunschzettel

Spinne, Butterfly, Delphin, Hummel

Sporen, Gerte, Leder, Pony Play, Reiterspiele, Stiefel, Zaumzeug

Sport, Beckenbodenübungen, Kamasutra, PC-Muskel, Penishantel, Punching Penis

Spreizstange, Andreaskreuz, Galgen, Halsgeige, Pranger, S/M-Spiele

Sprinkle, Muschikissen

Ständertropfen, Aphrodisiaka, Potenzmittel, Vakuumpumpe, Viagra

Stechbecken, Birnspritze, Doktorspiele, Goldene Dusche, Gummilaken, Klistiersex, Nachttopf

Steherschlaufe, Cockring, Cockringvibrator, Erektionsring, Hunnengurt, Stretcher

Stewardeß, Krankenschwester, Matrose, Military Look, Nonne, Uniformkult

Stiefel, Beine, Fußfetischismus, High Heels, Reiterspiele, S/M-Spiele

Stilettos, Beine, Fußfetischmus, High Heels, Pfennigabsatz, Seidenstrümpfe, Stiefel

Strapse, Dessous, Korsett, Nylons, Reizwäsche, Sexstrumpfhosen, Slip Ouvert

Streichelhandschuh, Federn, Haut, Honey Dust, Massage

Stretcher, Cockring, Gewichte, Hodenband, Hunnengurt, Parachute

Vaseline, Butter, Crisco, Gleitmittel
[illegible]finger, Chinesischer Lustfinger, Fingerling, Kitzelfinger, Noppenlangfinger, Reizfinger, Stachelüberzieher
Venusgurt, Italienisches Schloß, Keuschheitsgürtel, Penismanschette
Venusmahl, Erotikpartys, Fun Food, Orient
Verbalerotik, Dirty Talk, Telefon
Verhüterli, Kondom, Lolly, Safer Sex
Verhüterlilampe, Bügelbrettbezug, Gag-Kondome, Kondomlampe
Verlängerungspräservativ, Body-Building-Kondom, Dildo, Harness, Penis-Streck-Expander, Prothese, Verdickungspräservativ
Verpackung, Sexshop, Müll, Versand, Virtueller Sexshop
Versand, Kästner-Versand, Müll, Uhse, Virtueller Sexshop
Via Amore, Phantasie, Rollenspiele, Roulette, Spiele, Strip Poker
Viagra, Aphrodisiaka, Erektionscreme, Massage, Muse, Pharmaka, Potenzmittel, Prothese, Skat, Vakuumpumpe
Vibrator, Analvibrator, Auto Arouser, Cockringvibrator, Delphin, Double Stud, Eroscillator, Flex-o-Pleaser, Glühwürmchen, G-Punkt-Stimulator, Handtaschenvibrator, Japanische Tanzhose, Kitzler-Stecher, Lover Boy, Madonna, Magic Wand, Massagestab, Multi-Orgasmus-Set, Noppenvibrator, Orgasmen-Space, Pearl Tornado, Pocket Rocket, Remote Controll Vibration Egg, Schleckerzunge, Techno-Flex, Vibratorständer, Vorhautstimulator, Waschmaschine, Willy The Wiggling Sperm
Vibratorständer, Hoppe-Hoppe-Kissen, Vibrator
Vibro Egg, Glühwürmchen, Remote Controll Vibration Egg
Video, Bizarr Sex, CD-ROM, Cybersex, Magazine, Porno, Softporno,
24 Grad, Duft, Farben, Licht, Massage, Musik, Ruhe, Schlafzimmer, Zeit
Viktorianisches Zeitalter, Korsett, Rohrstock, Rollenspiele, Schulspiele
Virtueller Sexshop, Cybersex, Sexshop, Versand
Vorhautstimulator, Madonna, Pearl Tornado, Vibrator
Vorspiele, Haut, Kamasutra, Massage, Rollenspiel, Spiele, Tao
Voyeurismus, CD-ROM, Fotografie, Magazine, Pin Up, Spanner, Table Dance, Striptease, Video

W

Wachs, Kerze, S/M-Spiele
Wäscheklammern, Brustklemme, Klammern, Kochöffel, Teppichklopfer, Tit Press, Safeword, S/M-Spiele
Walnuß, Gag-Artikel, Gag-Kondome Rosenslip, Wochenendhose
Waschmaschine, Liebesschleuder, Liegesitze, Möbel, Vibrator
Wasser, Delphin, Duschkopf, Intimdusche
Wasserbett, Liegesitze, Hoppe-Hoppe-Kissen, Liebesschaukel, Liebesschleuder, Möbel, Schlafzimmer
Weizenkeime, Aphrodisiaka, Austern, Chili, Koriander, Potenzmittel
Wichskiste, Erotische Literatur, Fotografie, Möbel, Nachtkästchen, Toy Bag
Willy The Wiggling Sperm, Delphin, Hummel, Spinne, Vibrator
Willy-Wärmer, Cache Sex, Hautsock, Jockstrap
Windelsex, Adult Baby, Diaper Lover, Puerilismus
Wochenendhose, Cruising Pack, Gag-Artikel, Gag-Kondome, Just in Case
Wonderbra, Büstenhebe, Dessous, Klappbikini, Push-up, Superbusen